한말 유럽 학자의

고구려 연구

에두아르 샤반느
모리스 꾸랑

한말 유럽 학자의 고구려 연구

● 에두아르 샤반느
● 모리스 꾸랑

서길수 지음

여유당

차 례

둘째 마당 에두아르 샤반느의 고구려 국내성 유적 탐사(1907)

셋째 마당 관련 자료집

〈그림 차례〉

〈그림 차례〉

〈그림 차례〉

꾸랑 · 샤반느의 고구려사 연구와 100년 만의 재탄생

박 성 봉(경북대)

한국 전쟁 전 학창시절에 꾸랑과 샤반느의 업적을 귀담아 들었던 나는 김수경이 번역한 『조선문화사서설』(범장각, 1946)과 꾸랑(1865~1935)의 『조선서지』(書誌, 1-1894) 서론 부분인 한국 문화사 서술을 인상 깊게 읽었다. 그 뒤 자료를 수집하면서 꾸랑이 펴낸 불후의 한국 서지 4책 저서도 영인본으로 수장하였고, 박대헌이 쓴 『서양인이 본 조선=조선관계 서양서지 상, 하』(호산방, 1996)를 감수하면서 이들의 저작을 원본으로 만날 수 있었다.

특히 광개토왕비를 연구하면서, 또 서길수 교수가 이끄는 고구려연구회를 꾸려나가면서 『광개토호태왕 론저목록』(학연문화사, 2002)도 출간했으면서도 꾸랑의 호태왕비 연구 성과(1898)에는 미처 손대지 못한 채 지냈다. 그러다가 서 교수가 100여 년 만에 이들의 성과를 다시 번역하고 현재 상황과 비교 점검하여 학계에 물으니 반가울 데가 따로 없다. 주지하는 바와 같이 서 교수는 경제사 전공으로 10여 년 전 고구려사 연구에 뛰어들어 혁혁한 기여를 하고 있다. 중국 동북지역 산성을 중심으로 고구려 유적을 샅샅이 답사 연구하여 단연 이 방면의 권위자가 된 것도 그 한 면이겠다. 이에 서 교수가 연구사적 검토에도 손을 뻗쳐 깔끔한 단행본으로 학계에 내놓은 업적은 더욱 소중하고 치하해 마지않을 일이다. 아무리 외국인들이 자국의 사명을 띠고 착수한 것이라 하더라도 두 프랑스 학자의 집념이 아니었다면 최초의 과학적 탐사 연구가 있을 수 없었던 것처럼, 이 책도 서 교수 같은 마니아적 근성이 없었다면 출간 자체가 불가능했을 거라는 생각이 들어 새록새록 고맙기만 하다.

돌이켜 보면 1990년대 이래 백두산 길이 열리고 이벤트성 언론에다 근자에는 소위 동북공정 대응 전략이 가세하여 고구려 연구 열기가 고조되는 가운데 학문적으로도 신진 학자와 조직적 계획적 성과가 연이어 나오게 되었다. 고구려의 정치 · 사회 · 문화 등에 대한 개별 연구와 더불어 광개토(호태)왕비 · 중원고구려비, 고분벽화, 대외관계와 영역고찰 외에 국가체제와 정치사, 산성과 방어체계 그리고 정체성 등 연구가 본격화하였다.

그 중 광개토호태왕비 관계는 1884년에 일본 군부가 동 비문 탁본을 가져가 일본에서 먼저 잘못된 방향으로 줄곧 연구되었다. 한국에서는 1950~60년대에 북한 학자들이 연구를 전개한 한참 뒤인 1980년대가 다 되어서야 학문 업적이 나오기 시작하였다. 즉 일련의 정복기사 해석이 나오고 남진발전론 견해가 제시되며, 그 뒤 비문의 자구 해석과 조작 여부, 신묘년 기사 문제, 천하관, 수묘인 검토와 정복지역의 위치 비정, 그리고 비문의 구조 해석과 관련한 새 견해들이 잇대어 나왔다.

당시 고구려연구회(회장 서길수)는 제2회 국제학술대회를 마친 뒤 『광개토호태왕碑 연구 100년』(학연문화사 1996)을 편간했는데, 광개토호태왕비 탁본과 비문에 관한 연구사, 광개토호태왕비 연구의 주요 논쟁점, 광개토호태왕 시기의 고구려 사회 등 3부로 나누어 연구한 대작이었다. 또 제11회 대회(2005)에서는 '광개토태왕과 동아시아 세계'를 주제로 한 고구려 연구사의 동서양 동향, 의미 등을 다루었는데 유럽 쪽 검토가 서 교수에 의해 시도되었다. 이 주제는 당시 많은 주목을 끌었지만, 서 교수만의 저력에 힘입어 크게 보완한 것이 본 논저이다.

원래 꾸랑은 19세기 말 외교관 생활의 일방으로 서지 금석에 빠져 호태왕비를 알게 되면서 고구려 연구를 시작하였는데 왕계에 대한 논의, 호태왕의 정복기사 이하 각 방면을 굽이굽이 파고들었다. 아직도 우리 학계의 대세가 북방진출에 열중하는 편인데, 꾸랑은 남방경영을 사실대로 내세우고 이어 북방 경영에 손대며 평양 천도를 중국 세와 전쟁하고 한반도 남부의 대확장을 위한 것으로 옳게 보았다. 그리하여 한과 예도 백제 경략의 결과물로 기술하고 있는 것은 논의점도 있으나 그 방향 설정이 놀랍다 하겠다. 더욱 꾸랑은 이 비에 대한 서양인의 첫 연구 논문에서 과학적으로 치밀함을 보여, 상당히 주도한 석문도 꾀하고 유용한 역사 지도를 꾸미며, 중 · 일의 학문 자세에 일정한 판단을 내리고 있는 것이다.

다음 샤반느(1865~1918)는 꾸랑과 동갑, 동기, 동학의 단짝으로, 학자로는 먼저 정착, 동양학의 대가가 되었다. 처음 일본의 저술, 바라의 방한기(1892)와 단적으로는 꾸랑의 논문(1898)에 자극되어 사명을 띠고 고구려 유적 조사에 착수했다. 1907년 봄 한 달 동안 시베리아를 횡단하고 수도 국내성에 당도하여 탐사에 나섰는데, 그의 집안 체류는 단 닷새밖에 안되어 환도성에도 못 가는 등 한계가 있었지만 호태왕비 조사 같은 성과는 다부진 바가 있었다. 즉 비의 높이, 크기와 석재며 글자 조사 등 최초의 과학적 데이터를 연차 보고(1907)로 내고, 곧 주석 등을 갖추어 퉁파오(『通報』 1908)에 발표하는 한편, 탐사 사진 등을 도보(『北支那考古圖譜』 1909)에 남겼다. 게다가 비석 탁본을 구입하여 유럽에 처음으로 번역 소개하였는데, 당시 소중한 사진 자와 함께 현재 파리 국립도서관에 소장되어 있다.

또 국내성과 태왕릉 장군무덤 이하 여러 왕릉 고분을 자세히 조사하여 상당한 지견을 보여준다. 이들 무덤떼를 탐사하면서 벽화고분도 발견하여 동서양인 가운데 처음으로 학계에 소개하였으니 그 면밀함이 오늘에도 감탄스럽다. 따라서 고고 유물에도 주목하여 기와 벽돌(특히 태왕릉 문자 벽돌), 와당, 평기와, 수막새 등의 문자며 무늬를 다루었는데 기메박물관에는 그의 수집 유물이 잘 수장되어 있다.

이상 두 학자의 성과는 후계자가 없는데다 서 교수의 주관적 문제 제기도 보여 더 파고들지 못한 것이 아쉬움으로 남는다. 하지만 이때까지 이러한 학인들의 성과가 어쩌면 이번 연구를 위하여 남겨져 내려온 것이 경이롭기도 하다. 그 사이는 러시아 학자 짜를가시노바의 비 연구(「금석학으로 보는 한민족 발생과 민족사」, 1979)가 있고, 부셰의 꾸랑 찬양(「한국학의 선구자 모리스 꾸랑」, 『동방학지』 51 · 52, 1986)이 보이는 정도뿐이다. 한편 꾸랑 논문은 平山의 일역(수서월보 73, 1942)과 김정배의 국역(『백산학보』 21, 1976)이 나왔지만, 서 교수의 이번 연구 성과는 이런 역사를 다 수

렴하고 불어역 중어역에 간행물은 원문과 대역을 부록에 갖추었다. 심지어 일본 아세아협회의 회여록(『會餘錄』 1889)도 원문 대역을 구비하여 후계 연구의 편의를 최대한 살리려고 노력하였다. 또 서양인이 남긴 귀중한 사진 도판을 150면(그림 수량 140 표시)이나 옮겨 실어 본서의 효용성을 크게 높였다.

요컨대 꾸랑은 호태왕비를 유럽에 첫 소개하고 수준 높은 연구 성과를 남겼는데, 그가 참고한 일본측의 당시 선행 연구물은 신묘년조 등 애매하고 불순한 것이 대부분이었으므로 꾸랑은 사실상 첫 순수 과학적 연구자로 기록될 만하였다. 다만 고구려 문자사용을 부정적으로 보거나 비의 문장을 혹평하는 따위는 한 · 중학자의 극찬과 상반되는 특례라 하겠는데, 이는 한편으로 그의 한문 식견이 매우 높아서 기준을 선진 세련미에 둔 때문인 듯하다. 또 샤반느는 당대 최고봉의 석학으로 젊었을 때 최초로 고구려 현지를 답사한 학자였고, 최초 과학적 데이터, 그리고 사진을 갖춘 탐사기를 남겼으며 첫 벽화고분 소개자였다. 그러므로 이들 두 학자는 고구려 전 연구사에서도 길이 기억되어야 할 선구자였다. 여기에 이 책은 서길수 교수 특유의 국제적 기동성, 융통성을 발휘하여 예전에 그들이 탐색한 현지를 거듭 찾음은 물론, 거꾸로 유품이 있는 현존 파리도서관, 박물관 등 가능한 모든 앞뒤 상황까지 다 밝혀줌으로써 110년 밀린 갭을 훌륭하게 메워주고 그들의 업적을 오늘에 재탄생시킨 기념비적 저술이라고 평가된다.

2006년 10월

En Guise d'introduction....

Pierre Cambon(Musée Guimet)

L'ouvrage du professeur So Gil-su est une belle invitation à la recherche et au voyage, sur les traces de l'ancien royaume Koguryo (1er – 7ème siècle). Véritable archéologie du Savoir, mêlant érudition, réflexion, souci d'accéder aux sources originales et sens du contexte, il a rassemblé patiemment toutes les données sur l'histoire de sa re-découverte et cette quête l'a mené de Séoul à Tokyo, àShenyang et Paris sur les pas de Chavannes et de Maurice Courant. Car, dès le début, les recherches sur le Koguryo débordent très largement du cadre coréen. Elles intéressent en effet toute l'Asie du Nord. La stèle de Kwanggaeto est repérée en territoire chinois par des voyageurs japonais vers 1884. Dès 1898, moins de quinze ans après, Maurice Courant, qui fut l'adjoint de Victor Collin de Plancy, premier représentant diplomatique français à la cour de Séoul, publie la première traduction en langue occidentale du texte de la stèle d'après le relevé japonais: 《Stèle chinoise du royaume de Ko Kou Rye》, *Journal Asiatique*, Paris, 1898. En 1907, moins de dix ans plus tard, Edouard Chavannes se rend tout exprès de Pékin à Tung kou pour reconnaître la stèle et faire un nouvel estampage. Il est le premier à publier photo et documents sur l'ancien royaume de Koguryo: 《Les monuments de l'ancien royaume coréen de Kao-Keou-Li》, *T'oung Pao*, vol IX, Leiden, 1908 voir également les *Compte-rendus de l'Académie des inscriptions et Belles-Lettres*, Paris, 1907. Or, Chavannes à l'époque est une autorité. C'est l'un des meilleurs sinologues de l'époque, contemporain de Pelliot, respecté pour ses innombrables travaux sur l'archéologie et la statuaire chinoise. Connaissant parfaitement la région pour avoir sillonné la Chine du Nord au Sud, il sait reconnaître tout de suite la signification de cette 《découverte》, la 《redécouverte》 d'un royaume coréen, seule puissance régionale longtemps capable de s'opposer aux ambitions chinoises, et il le fait avec un regard neuf, celui d'un savant français qui se passionne pour l'Asie du Nord-Est et sait replacer l'existence du royaumedans un contexte global.

C'est cette émergence d'un pan de l'Histoire jusque-là oubliée que reconstitue pas à pas le professeur So Gil-su avec vie et passion, une reconstitution brillante, minutieuse et savante qui allie la critique des sources, la comparaison entre les documents, l'analyse des fragments rapportés même les plus modestes, à laquelle s'ajoute une connaissance de toute première main du terrain et des sites et le goût du voyage. Lui-même a arpenté inlassablement ces régions frontalières entre Chine et Corée où s'était établi la seconde capitale de Koguryo, avant que la troisième ne se fixe à Pyongyang en 427. Il a visité les sites Koguryo les plus anciens connus comme les plus récemment exhumés au printemps cette année - les champs de tumuli et de tombes à gradins perdus dans les vallées, les tombes à décor peint comme celle des 《danseurs》 ou bien les forteressesaccrochées aux montagnes, souvent inaccessibles, et met à profit son exceptionnelle connaissance du terrain et des sources pour reconstituer l'itinéraire de Chavannes qu'il suit avec une extrême précision, à l'issue d'une enquête méthodique et très systématique. Cette passion pour le Koguryo, le professeur So Gil-su sait la communiquer comme il sait faire parler un simple tesson ou un morceau de tuile, reconstituant avec la simplicité et la rigueur qui le caractérisent l'histoire d'un des plus grands royaumes de la péninsule coréenne qui du 1er au 7ème siècle s'étendit largement à l'intérieur des terres et sur le continent.

Dès le début, la recherche sur le Koguryo s'inscrit en fait dans un cadre régional, du fait de la singularité de ce royaume immenseet de sa position entre Chine et Japon, entre Altaï et puissances du Sud, Paekche ou bien Silla. Il est au carrefour des routes, à l'arrivée de la《route de la soie》et de la《route des Steppes》, un monde ouvert sur le Nord dans un contexte déjà mondialisé. C'est en ce sens que son étude parait fondamentale pour qui s'intéresse à l'Asie du Nord-Est et qu'elle déborde très largement le cadre des études strictement coréennes. Des savants comme Maurice Courant ou bien Edouard Chavannes l'ont parfaitement compris et il est fascinant de voir la rapidité des échanges à la fin du 19ème siècle, de Séoul à Tokyo, de Paris à Pékin. Il est fascinant aussi de voir la qualité de la recherche consacrée au royaume et on ne saurait jamais être assez reconnaissant au professeur So Gil-su d'avoir su mettre sa fougue et toute sa passion, sa rigueur, son exigence aussi, son expérience enfin des sites et des textes au service de la reconstitution de cette belle histoire, la renaissance et la re-découverte du royaume de Koguryo.

P.C., 04.11.06

고구려 왕국의 재발견 위한 열정에 감사드리며……

삐에르 깡봉(국립기메동양박물관 한국실 큐레이터)

서길수 교수가 쓴 이 저서는 고대 고구려왕국(1~7세기)의 자취를 찾아가는 탐사여행에 대한 멋진 초대장입니다. 학문과 식견, 폭넓은 지식, 아주 상세한 참고, 원전의 출처와 그 문맥의 참뜻을 찾으려는 수고가 들어 있는, 지식에 대한 진정한 고고학 자체를 다시 찾아내기 위해 모든 역사 자료들을 인내심 있게 모았습니다. 뿐만 아니라 이런 자료를 더듬어 찾기 위해 서울에서 도쿄로, 심양으로, 파리로, 에두아르 샤반느와 모리스 꾸랑의 발자취를 따라 돌아다녔습니다. 고구려 연구는 애당초 한국의 틀을 훨씬 넘어 실로 동북아시아 전역에 관한 것이기 때문입니다.

광개토태왕비는 1884년 무렵 일본 여행자들이 중국 영토에서 발견한 것입니다. 그 뒤 15년도 채 안 되어, 서울 궁정 주재 최초의 프랑스 외교관인 빅또르 꼴랭 드 쁠랑시(Victor Collin de Plancy)의 보좌관 모리스 꾸랑(Maurice Courant)이 일본어판을 참조하여 처음으로 비문의 텍스트를 서양어로 옮긴 '고구려왕국의 한문 비석'(『아시아잡지』, 파리, 1898)을 펴냅니다. 그리고 10년도 채 안 지난 1907년, 에두아르 샤반느는 비석을 확인하고 새 탁본을 얻기 위해 북경에서 통구로 가는데, 그는 고구려 고대 왕국에 대한 사진과 자료인 '한국의 고대 왕국 고구려 유적'〔『통보(通報)』(9), 라이덴, 1908 ; 『비문 · 순문학학회 1907년도 연차보고서』에도 같은 내용이 실림〕을 펴낸 최초의 인물입니다. 당시 샤반느는 대단한 권위자였습니다. 뻴리오(Pelliot)와 같은 시기의 인물인 그는 당시 가장 훌륭한 중국 전문가 가운데 한 사람이었고, 고고학과 중국의 조각기술에 있어서 수많은 연구로 존경받는 인물이었습니다. 중국의 북녘과 남녘을 두루 돌아다녀 중국을 훤히 알고 있는 샤반느는 그 지역에서 중국의 야망에 오랫동안 맞설 수 있었던 유일한 세력인 한국의 고대 왕국을 '재발견'하는 것이 얼마나 중요한지 바로 인식할 수 있었고, 새로운 시각으로 그 일을 해냈습니다. 그것은 동북아시아에 대한 열정이었고 총체적인 맥락 속에서 그 왕국의 존재를 재정립할 수 있었던 프랑스 학자의 시각이었던 것입니다.

이것은 지금까지 잊혔진 역사의 한 자락으로 떠올라 나타나는 것입니다. 서 교수가 활기찬 정열로 생생하고 세밀하고 지적인 복원작업을 한걸음 한걸음씩 해낸 것입니다. 원전에 대한 비판, 자료에 대한 비교 검토, 아주 보잘 것 없는 자료 하나하나까지도 분석해 놓았고, 거기에 그 지역과 유적지를 직접 답사해서 얻은 지식과 여행의 흥취까지 곁들였습니다. 427년 세 번째 수도를 평양으로 정하기 전까지 고구려의 두 번째 수도였던 중국과 한국의 국경지역들을 지칠 줄 모르고 직접 돌아다녔습니다. 지난 봄 가장 최근 발굴된 것으로, 알려진 것 가운데 가장 오래된 고구려 유적들, 즉 무덤떼와 계곡에 유실된 계단식 무덤들, 춤무덤 같은 벽화가 그려진 무덤들, 자주 가볼 수 없는 산에 있는 성곽들을 가 보았고, 그 지역과 원전에 대한 그의 해박한 지식을 이용하여 조직적이고 체계적인 탐사를 위하여 정확히 샤반느가 간 길을 그대로 따라가 봄으로써 그의 행로를 복원하였습니다. 서 교수는 그가 가진 특이한 소박함과 엄격함으로 1세기에서 7세기까지 이 지역에 넓게 퍼져 있던 한반도에서 가장 위대한 나라 가운데 하나의 역사를 복원함으로써 깨진 조각 하나, 기와조각 하나의 뜻을 알 수 있게 했을 뿐 아니라 고구려에 대한 열정을 주변에 널리 알릴 줄 알았습니다.

고구려 연구는 처음부터 거대한 왕국이 갖는 특이성과 중국과 일본 사이, 알타이와 백제 · 신라 같은 남부 세력들 사이에 자리 잡고 있기 때문에 그 지역과 맥락을 같이 합니다. 그곳은 교통로의 교차로에 있고, 비단길과 초원길의 도착점에 있기 때문에 이미 북쪽으로 세계화된 환경 속에 열려 있는 세계입니다. 이런 의미에서 그의 연구는 동북아시아에 관심을 갖는 사람에게 중요할 뿐만 아니라 엄격히 한국에만 한정되는 연구의 범위를 훨씬 벗어나는 것입니다. 모리스 꾸랑, 에두아르 샤반느 같은 학자들이 바로 이 점을 알아채고 19세기 말 서울에서 동경으로, 파리에서 북경으로 신속하게 움직인 것을 보는 것은 상당히 매혹적인 일입니다. 왕국에 쏟아 부은 양질의 연구 성과를 보는 것 또한 매혹적인 일이라는 점에서 우리는 이 멋진 역사의 복원, 고구려 왕국의 재생과 재발견을 위해 쏟아 부은 서길수 교수의 열정과 정열, 대담함과 집요함, 유적과 원문에 대한 경험에 대하여 아무리 감사를 드려도 충분치 않을 것입니다.

2006년 11월 4일

| Summary 1 |

European Scholars' Research on Koguryo in the Begining of the 20th Century

– Maurice Courant and M. Éd. Chavannes –

So Gilsu (Seokyeong University)

In this monograph, three European scholars who carried out researches on Koguryo in the beginning of the 20th century were discussed and analyzed. The first scholar is Maurice Courant(1865~1935) who wrote the first academic article in 1898 to introduce King Kwanggaet'o Stele to the Europe scholarship. It was entitled 「Stone Stele of Koguryo Kingdom Written in Classical Chinese」. Around 1898, the study on King Kwanggaet'o Stele was just at the beginning, and it was only ten years ago that 『會餘錄』, the first report of King Kwanggaet'o Stele in Japan came out. Before Maurice Courant, only a few Japanese scholars under the Japanese Army of the Joint Chiefs of Staff participated in the King Kwanggaet'o Stele study. Maurice Courant became the first Western scholar who joined in this research subject. In this book, I focused on finding out whether his research was just a mere translation and introduction of the monument, or whether he proposed his own new perspective and original interpretation.

Second scholar discussed here is M. Éd. Chavannes' (1865~1918) who wrote an article, 「Report on the Relics of the Ancient Korean Kingdom Koguryo (Les Monuments de L'ancien Royaume Coreen de Kao-keou-li)」. He was a French scholar who explored the Koguryo relic site first time as an European. On April, 1907,

Chavannes visited the Koguryo site for the five days. He sent an investigation report to the Academy that he belonged in May. He published this report in Comptes Rendus des Séances de L'année of Académie des Inscriptions & Belles-lettres in the same year. In the next year, the report was included in the periodical called Tongpao 通報 where Chavannes was an editorial member. The title and the content of the two publications were almost same with slight differences in that the one in Tongpao had a detailed commentary, geographical names, and a stele inscription with Chinese characters, which made it easier to understand.

While Maurice Courant is well known to the field of Korean bibliography, Chavannes is noted among Korean scholars in the field of ancient Korean history and art history for he was the first scholar who discovered Koguryo wall painting. In this book, I not only introduced Chavannes's exploration report, but also evaluated his exploration of the Koguryo site as comparing to the current condition of the site. Chavannes' report mentioned the other Koguryo relics besides King Kwanggaet'o Stele. But, the main focus of the discussion in this book will be King Kwanggaet'o Stele.

The third paper which I addressed in this book is 『The Study of the Origin and Nationality History of Han 韓 People with Epigraphy – King Kwanggaet'o Stele』 written by Russian scholar Jarylgasinova R. Sh. in 1979. Courant is credited to the first Western scholar publishing a scholarly article on King Kwanggaet'o Stele and Chavannesis is notable for the first scholar who visited and made archaeological investigation on King Kwanggaet'o Stele. On the other hand, Jarylgainova proposed in-depth and comprehensive research on King Kwanggaet'o Stele. Even though Jarylgainova's study came out half century later than the other two scholars. Jarylgasinova made a certain contribution on the study with highly accomplished research. It would have been easier if I could read Russian materials, but I leave it to the future scholarship, and in this paper, I mainly focus on introducing Jarylgasinova's important research accomplishment.

I. Evaluation on Maurice Courant's King Kwanggaet'o Stele (1898)

Maurice Courant was the first European scholar who dealt with King Kwanggaet'o Stele and Koguryo. Although his study was based on Japanese research materials, he clearly mentioned that "he did not accept all of the explanations and interpretations suggested by Japanese scholars." So, it is not surprising to find his independent and original opinion in his paper comparing to Japanese scholars' previous research. Analysis on Maurice Courant's Research about King Kwanggaet'o Stele (1989)

1) Northern Puyo 北夫餘 is supposed to be Puyo 夫餘 located in the north of Koguryo.

2) Umridae River 奄利大水 is Songhwa 松花 River.

2) Piryu River 沸流水 is aprok 鴨綠 River.

4) Holbon 忽本 and Cholbon 卒本 are the same places, and Hulsunggol 紇升骨 was located in the neighbor.

5) Wina'am Fotress 尉那巖城, Pulyi Fortress 不而城, Hwando Fortress 丸都城 are the same places, and located close to King Kwanggaet'o Stele.

6) The reason why Koguryo moved the capital to P'yongyang was that first of

all, Koguryo prepared for warfare with kingdoms in the north of China, and secondly, for the territorial expansion to the south of the Korean peninsula.

7) The record says that in the second year of the reign period of King Tongch'on 東川(247), "〔They〕 built P'yongyang City 平壤城, and moved people and the ancestral shrine 宗廟 as well as the altar for earth and grain 社稷. The P'yongyang City mentioned in the record was Southern P'yongyang. Southern P'yongyang was Hansong 漢城, which was the capital of Paekche.

8) Regarding to the discussion on the 17th 世孫 (the eldest son of the Crown Prince), he accurately pointed out the fact that Great King T'aejo 太祖大王, King Ch'adae 次大王, King Sindae 新大王, three brothers, successively went on the throne.

9) Ye 穢 tribe resided in the Kangwon province 江原道 in the East coast and in the Hamgyong province 咸京道 mountainous region. Before or after Puyo's establishment, they came from the north. He assumed that 28 regions which nationalities were not mentioned among the list of newly arrived tomb guardians 守墓人 recorded in King Kwanggaet'o Stele must have been Ye tribe. Also, he supposed that Paekche was Ye since Koguryo occupied those 28 regions which were once Paekche's territories.

10) Maurice Courant worked on the interpretation of Kwanggaet'o stele with his own measures, and independently interpreted about 50 characters. He accepted only five characters among interpretation of characters suggested by 會餘錄, seven characters by Suge Masatomo 菅政友, and 21 characters by Naka Mitiyo 那珂通世. His interpretation is extraordinary considering such limited circumstance at that time.

Maurice Courant was critical about Chinese centered ideology and Japanese prejudice on the citation of historical records, and tried to be objective in studying King Gwanggaet'o Stele. However, he was clearly aware of his weakness that he could not thoroughly examine the primary historical sources.

1) He assumed that Yomsu 鹽水 was Yomnansu 鹽難水, and said it was closely located to the Aprok River 鴨綠江.

2) In the posthumous title 諡號 of 'Kuk-kang-sang Gwanggaet'o-kyong P'yong'an Hotaewang 國岡上廣開土境平安好太王', P'yong'an 平安 designates the name of a king.

3) It was from the year of 372 that Koguryo started to write a letter, when Buddhism was accepted.

4) It is impossible that the origin of Koguryo could have been the same period as that suggested in Samguk sagi.

5) If one can find a written record before 372 C.E. in the region of the ancient kingdom of Korea, it must have been the records from Classical Chinese.

Although it was unavoidable to find his such arguments under the circumstance at that time, his arguments were strongly influenced by Japanese scholars at a certain level. In addition, we can find his limitations in that he did not mention about the clause of the year of Sinmyo 辛卯年 at all, which is the most disputable part in the study of King Kwanggaet'o Stele. For that reason, when we evaluate Maurice Courant's research, we should not only pay attention on his independent research accomplishment but also admit some limitations.

He also provided readers with the quite well-composed map of ancient history of Korea with 37 names which included 18 proper nouns showing a nation, a people, and a region, six capitals, 12 rivers, as well as one mountain. It is another example that we can see Courant's erudite knowledge on Korean history.

II. M. Éd. Chavannes's Exploration on Kwanggaet'o Stele and the Research on the Inscription 拓本 (1907)

M. Éd. Chavannes's Koguryo Kuknaesong Exploration Report

In April 1907, French Sinologist Édouard Chavannes(1865~1918) visited Ji'an, Jilin province, Koguryo's Second capital Kuknaesong(Kor.) for the first time as an European scholar. He sent an archaeological report to the Academy to which he belonged during the journey, which was the first investigation report on Koguryo relics in Europe.

1. Édouard Chavannes's journey itinerary

Édouard Chavannes left Paris on March 27 and arrived in Shenyang on April 14. He looked around Shenyang for a few days, and then left Shenyang on April 23, and arrived in T'onghwa(Kor.); Tonghua(Ch.) 通化 after 6 days. It was one month after he left Paris.

He went from T'onghwa(Kor.); Tonghua(Ch.) 通化 to Ji'an 輯安 for six days from April 29-May 4. His itinerary was as follows. He went from

T'onghwa(Kor.) ; Tonghua(Ch.) 通化 to Ji'an 輯安 for six days from April 29-May 4. His itinerary was as follows. Tonghua → Sidaojiang(四道江) → Wudaojiang(五道江) → Badaojiang(八道江) → Sidaojiang(四道江) → Wudaogou(五道溝) → Liudaogou(六道溝) → Badaogou(八道溝) → Gaolichengzi(高麗城子) → Shidaogou(十道溝) → Shiyidaogou(十一道溝) → Laoling(老岭) → Shungchadou(雙岔頭) → Cuocaodi(錯草地) → Dahuanggou(大荒溝) → Tukou(土口)

His itinerary of the Ji'an region from May 8-12 was as follows : T'ogu(Kor.) 土口 → Tonggang 東崗 King Kwanggaet'o Stele → Tomb of the General → Tomb of the Great King → Ohoe(Kor.); Wukui(Ch.) 五盔 Tombs (Sanchengxia Tomb No. 2112, Tomb of the Scattered Lotus Flower 散蓮花塚 → T'onggu(Kor.) ; Tonggou(Ch.) 通溝 → Sansongha(Kor.) Sanchengxia(Ch.) 山城下 Tomb Complex

2. Chavannes's Koguryo Exploration (1) - King Kwanggaet'o Stele and stone rubbing

1) Chavannes said that the stele was greenish granit verdatre. Only Torii Ryujo 鳥居龍藏 and Chavannes thought King Kwanggaet'o Stele was granite. Later, other exports supposed tuff. Thus, it showed Chavannes' mistake as non-export. However, it is notable that Chavannes mentioned the stele had greenish color. The author carefully examined cracks on the surface of King Kwanggaet'o Stele and found green color inside. It is also confirmed by the recent geological survey team.

2) The measurement of the stele provided by Chavannes is 19 cm lower than the current measurement. It is possible that the bottom part of the stele must have been buried by the earth about 19 cm. Concerning information on the

width of the stele, the width of the first side is the same as that of the recent investigation. The measurements of the other three sides have 7~10cm difference to those of the recent examination. It might stem from the fact that the top and the bottom of the width of the stele is not the same and that the measurements could depend on how to measure the corners of the stele. These measurements by Chavannes are still significant as they were first data on the monument not only to Western scholarship but also to East Asia.

3) Chavannes counted 1804 characters on the Kwanggaet'o Stele. He said the first line on the third side(north side) was completely erased, as acknowledging that there were characters in the first line. So far, Sekino Tadashi was the first scholar who confirmed the existence of the first line on the third side. Sekino's investigation was in 1913, six years later than Chavannes.' Thus, now it would be Chavannes who first confirmed the fact that there were characters in the first line of the third side, and the third side contained 14 lines of the inscription.

4) Chavannes obtained a lime rubbing copy, not original rubbing one. It made difficult for him to propose any new research result. It was due to the fact that at that time, lime was already applied to the surface of the stele. However, although it was a lime rubbing copy, compared to the Sakawa's copy 雙鉤加墨本, it was much valuable and significant since it was one of a few rubbing with a definite date of making a rubbing copy, and since it was the first rubbing copy which was introduced to Europe.

The stele rubbing purchased by Chavannes is currently kept in the Department of Orient manuscripts of the National Library of France (Département des manuscrits orientaux of Bibliothéque nationale de France) in Paris. The rubbing copy is well preserved like new one even after about 100 years. If we compare the picture in the book published in 1907 and the one taken by the author in 2005, it is hard to recognize any difference between the two.

5) Three pictures taken by Chavannes are the first pictures introducing King Kwanggaet'o Stele to the world. They provide information about the circumstance at that time, which let us to discern the condition of lime plaster as well as some buried part and environs of the stele.

6) Based on his exploration, Chavannes made the conclusion that the first capital of Koguryo, Holbol 忽本, which is shown in King Kwanggaet'o Stele must be the T'onggu(Kor.) ; Tonggou(Ch.) region. In fact, his conclusion about the first capital of Koguryo was unreasonable since he did not make a visit to other sites of Koguryo besides T'onggu. But, he became the first scholar who visited the Koguryo site firsthand and suggested the Koguryo capital site. His opinion is still important in the historiography of Koguryo in that he opened a new discussion topic about where the first Koguryo capital was located.

3. Chavannes' Exploration on Koguryo(2) – Truncated Pyramid (pyramide tronquée), the Tomb of the General(將軍墳)

1) Chavannes examined the exterior of the Tomb of the General carefully. His investigation was quite thorough even when we compare his report with a recent excavation report which was carried out with modern techniques. According to his record, there were 12 protecting stones around the tomb 護石, three on each side of the tomb. Currently, one stone on the north side however disappeared.

2) Was there an architectural building above the Tomb of the General? If any, would it be a sacrificial temple 享堂 for a sacrificial ceremony or a simple protecting roof? It is still open question without any conclusion. According to

Chavannes' report, it is from his argument that the discussion on this topic started. However, Chavannes did not consider the architecture to be designed for a sacrificial ceremony 享堂.

3) It was Chavannes who measured the tomb chamber most in detail. It is a valuable material showing the circumstance of the chamber at that time. Chavannes wrote that in the coffin chamber, there was a small sacrificial platform opposite to the entrance, and there was the inscription saying "(we) offer to the ancestral tablet of the former king, King Hodae 供奉前朝好大王之神位." Due to this circumstance, Chavannes thought that the coffin chamber of the Tomb of the General was the place for a sacrificial rite. And he did not recognize broken stones were a stone platform to place a coffin. Since Chavannes assumed that the Tomb of Great King would be the tomb of King Kwanggaet'o, he suggested that the ancestral tablet found in the Tomb of the General was incorrectly recorded by the villagers.

4) Chavannes noted about the bad condition of the preservation of the Tomb of the General. He wrote that "trees grew on several places of the steps of the tomb, and because of tree roots which broke into stones, tomb stones were moved. What was worse was some stones fell down to the ground. Children were playing on the tomb, and destroying remaining roof tiles into fragments." He said the most urgent thing was to remove plants and carefully put stones to the original places. He even warned that if no preservation measures were made, the large Koguryo tomb would turn out to the piles of fragmented stones like many other tombs after 50 years.

5) Chavannes described the attached tomb 딸린무덤 陪塚 as a partly destroyed tomb located to the northeast of the Tomb of the General, which prove that he did not consider the tomb to be a subsidiary tomb to the Tomb of

the General. In addition, he said "a large earthen mound tomb with a pyramidal shape was located behind the Tomb of the General to the west side, and many low earthen mound tombs were lined up to the west of the Tomb of the General." However, none of them remains today.

4. Chavannes' Exploration of Koguryo – the second tomb complex of the Koguryo Kingdom, the Tomb of the Great King and wall painted tombs.

1) Tomb of the Great King – Compared to the record of the Tomb of the General, Chavannes did not make detailed writing on the Tomb of the Great King. It was due to the fact that the tomb was too destroyed. However, judging from his records, some important facts and his own opinions can be found. First is the location of the Tomb of the Great King. He said it was located behind a large inn in the village called Tondgang 동강. Second, he witnessed that the Tomb of the Great King was not destroyed by natural rainstorm, but demolished by the hands of people. He recorded two evidences. One is that one year before his arrival, in 1906, people constructed two Taoist temples below the tomb. Second, he recorded the incident that he observed village people taking out two base stones of the tomb, and making two millstones. He was frustrated at the incident and worried about that the tomb could be completely destroyed. He also argued that judging from the bricks from the site and the Stele of the Great King, the tomb must have been the tomb of the King Kwanggaet'o. Finally, he found the roof tile and the roof-end tile at the site similar to the tiles that he saw on the Tomb of the General, he assumed that like the Tomb of the General, there must have been a wooden roof above the

tomb covered with a roof tile.

2) Stone piled tomb and earthen mound tomb - The next site that Chavannes explored after he left the Tomb of the Great King, was the base of a mountain, 2~3 km west of the Tomb of the Great King. There were many tombs lined up. Among them, he wrote about two large stone pile tombs, and nearby earthen mound tombs. Through analyzing his report and pictures, two tombs that he called "some architectural construction like the Tomb of the General" must be Tomb No. 2110 and Tomb No. 2112 at the Wusanha(Kor.) ; Yushanxia(Ch.) Tomb Complex, and the tomb which Chavannes took a picture seems to be Tomb No. 2112.

3) Wall painting tombs - In Korea, Chavannes is well known for the first person who discovered a painted tomb. It is generally accepted that Koguryo wall paintings became to be known when in 1907, French scholar Chavannes discovered the Tomb of the Scattered Lotus 散蓮花塚, and reported it to the academic circles in 1908. The Tomb of the Scattered Lotus is Tomb No. 1896 at Wusanha(Kor.) ; Yushanxia(Ch.) 禹山下 tomb complex. The second wall painting discovered by Chavannes is located in the Sansongha(Kor.) ; Shanchengxia(Ch.) 山城下 tomb complex, but it is not certain whether it currently exists.

5. Chavannes' Koguryo Exploration(4) - T'onggu(Kor.) ; Tonggou(Ch.) City 通溝城 and Songjasan(Kor.) Mountain Fortress 城子山山城

1) T'onggu(Kor.) ; Tonggou(Ch.) 通溝, Ji'an 輯安

It is hard to understand that Chavannes did not record about the city rampart of Kuknae(Kor.) City made of stone. It appears that Chavannes did not recognize Kuknae stone rampart at the site. It is obvious when we consider the fact that in the Chapter 3 of his report, he titled "Old rampart (le vieux rempart)" and said that the rampart started from Songjasan(Kor.) mountain rampart vis Tonggou.

2) The discovery of the second mural tomb and the tomb complex of Sansongha(Kor.) ; Shanchengxia(Ch.) – Chavannes discovered the second mural tomb in the tomb complex of Sansongha(Kor.) ; Shanchengxia(Ch.). It must have been the Tomb of the Lotus 蓮花墓. The Lotus Tomb is Tomb No. 983 at Sanchengxia tomb complex excavated in 1966. Chavannes heard of Hwando(Kor.) mountain fortress from villagers, but did not visit there, which is regrettable along with the fact that he did not visit Kuknaesong(Kor.) either. Chavannes said "there was a similar tomb complex to the Tomb of the General or the Tomb of Great King. Based on the analysis of his pictures, we can see that he visited the Tomb of the Elder Brother 兄墓, the Tomb of the Younger Brother 弟墓, and the Tomb of the Bent Ceiling 折天井墓.

6. Koguryo Artifacts in Guimet Museum donated by Chavannes

According to the collection catalog in Guimet musée national des Arts asiatiques, Koguryo relics donated by Chavannes in 1907 are 48 objects in total. They can be divided into the following four categories.

1) Bricks with an inscription from the Tomb of Taiwang – Two pieces. Originally, there are ten characters inscribed, '願太王陵安如山固如岳.' Chavannes could not obtain a whole brick. The brick no. 7 obtained by Chavannes has five characters, '願太王陵安' and the brick no. 16 has only two characters, '願太.'

Although the two bricks do not have complete characters, the current state of the pieces are quite good.

2) Roof-end tile 瓦當 - 12 pieces. A whole roof-end tile is only one piece. The other pieces are fragmentary. A roof-end tile can be divided into three types. The first type is red-colored one which is used in the palace or administrative building. The second is gray one buried in a tomb, and finally the last type is a unique ink stone made of a rook-end tile.

3) Roof tile fragments

The largest number of Koguryo artifacts possessed in Guimet Museum are roof tile fragments. Most roof tiles exhibit Koguryo's typical characteristics, which makes it easy to discern Koguryo origin. Among them, unique ones are three roof tiles with characters.

In the Chavannes' itinerary, the visit to the Koguryo sites was very short. But, during the journey, he wrote a separate report on Koguryo and left many records. Those archaeological records were very significant in that they told us about the first scientific investigations on Koguryo. They talked about the ancient capital of Koguryo before people made a frequent visit, and mentioned things that do not exist any more and thus that can not be revealed currently. However, we need to remember limitations in his reports since he finished his exploration within five days, which was too short period to produce more in-depth research.

III. Russian Scholar Jarylgasinova's Research on King Kwanggaet'o Stele

While it was Maurice Courant who first published an article about King Kwanggaet'o stele in the West, and M. Éd. Chavannes who first visited Kwanggaet'o stele for archaeological research, it was Jarylgainova R. Sh. in Russia who made the most in-depth and thorough research on the subject.

1. She carefully examined the stele inscriptions of Koguryo as well as all other stele inscriptions of the Three Kingdoms period, which helped general readers to obtain overall understanding on the stele inscriptions of the period. The Second Chapter dealt with the historiography of King Kwanggaet'o Stele, which provided with the general study on the contents of Kwanggaet'o Stele and a complete translation of King Kwanggaet'o Stele in Russian for the first time. It made a tremendous contribution for the international comprehension and study about King Kwanggaet'o Stele.

2. In the study on the myth of King Ch'umo 추모(鄒牟), she analyzed 'the heaven worship' and 'the earth worship.' Not only just introducing the legend and myth, she but also traced back to the nationalistic origin of Ancient Korea with the role of the myth, which made quite brilliant and original outcome.

3. Jarylgasinova regarded King Kwanggaet'o Stele as extraordinary "literary monument." She said that King Kwanggaet'o Stele is an important source to study Ancient Korean as well as to show the development of Koguryo essay literature and nationalistic self-consciousness. Especially, the myth of King

Ch'umo which was mentioned in the beginning of King Kwanggaet'o Stele is clear evidence showing the establishment of unique literarytradition in Koguryo.

European scholarship on the Kwanggaet'o Stele was began by Maurice Courant in 1898. It followed by Chavannes who carried out the investigation at the site at first hand and obtained a rubbing in 1907. However, due to World Wars I and II, as East Asian Studies were declined, the research on Kwanggaet'o Stelealso discontinued. Nonetheless, Russian scholar Jarylgainova inherited the research as bringing out excellent accomplishment.

| Summary 2 |

韩末欧洲学界对广开土太王碑的凋查和研究

徐吉洙(西京大学)

本论文综合了欧洲学界的三个学者对广开土太王碑的凋查和研究结果。

第一篇名为《高句丽王国的汉文碑石》的论文，是法国人 Maurice Courant(1865~1935) 于1898年发表的。他首次把广开土太王碑介绍给欧洲学界。

1898年距离日本最早的广开土太王碑报告《会余录》的出版不到10年的时间，还相当于广开土太王研究史的初期。搪时，有关这一领域的研究，是在日本陆军参谋本部的主导下，由几个日本人担当进行的。Maurice Courant 作为最初研究成员一起参加了研究。因此在欧洲介绍广开土太王碑这一事情本身就具有极大的意义。但是本论文集中分析了他的报告是否是单纯的翻译和介绍，还是含有自己主张的独创性内容。

第二篇是作为最早探访高句丽遗迹的欧洲人，法国学者 M. Ed. Chavannes(1865~1918) 于1907年发表的《关于古代韩国的王国高句丽遗迹的报告》。1907年4月份 Chavannes 在当地进行了五天的考察以后，于同年5月份在他所属的研究院发表了此报告。并且这篇报告还被发表在碑文·纯文学研究院(Academie des Inscriptions & Belles-lettres) 1907年的年度报告书(Comptes Rendus des Seances de L'annee 1907)上。接着 1908年这篇报告又被发表在 Chavannes 自己作为编辑委员的『T'oung Pao 通报』上。发表的题目及内容几乎相同，但登在『通报』上的报告中作了更详细的注释。并且像重要的人名，地名，碑文等都用汉字加了注释，让读者理解起来更加简单明了。

如果说 Maurice Courant 在韩国的书志学界广为人知的话，那么 M. Ed. Chavannes 在韩国的古代历史学界与美术史学界作为“最早发现高句丽壁画的人”而闻名。此论文不只是单纯地介绍 Chavannes的报告，而是通过与100年以后(即现在)的研究成果相比较，对他当时的凋查成果重新进行了评价。Chavannes的原报告中还有其他内容，但是在此论文中只截取广开土太王碑的部分进行了分析。

第三，1979年俄罗斯的高句丽专家学者 Jarylgasinova R. Sh. 写的《通过金石学看韩民族的起源和民族史－广开土太王碑》。在西方最早发表有关广开土太王碑论文的人是 Maurice Courant，最早考察广开土太王碑并做了考古性凋查的是 M. Ed. Chavannes，而最透彻地对广开土太王碑进行研究的学者则是 Jarylgasinova R. Sh.。虽然从时代上比较，他比 Maurice Courant 和 M. Ed. Chavannes 两人晚了半个世纪以上，但在西方继两个法国学者的研究以后，他首次发表了比较完善的报告书。因此本人认为在此论文中有必要分析他的研究成果。

I. 评价 Maurice Courant 关于广开土太王碑的研究(1989)

在欧洲，Maurice Courant 是最早对广开土太王碑，进一步说是最早对高句丽进行研究的学者。虽然他是在日本资料的基础上进行的研究，但他明确地提出‘不应该完全接受日本学者所作的说明和解释’的主张。并且，他的论文中有诸多内容已经超越了日本学者的研究，是他本人独创的见解。

1）北夫余是指‘位于高句丽北边的夫余’。

2）奄利大水是指松花江。

3）沸流水是鸭绿江。

4）忽本和卒本是同一个地方，而纥升骨就与它比邻而居。

5）尉那岩城，不而城，丸都城其实都是同一个地方，距离广开土太王碑所在地很近。

6) 高句丽把首都迁到平壤有两个原因，第一，为了便于与位于中国北部的几个国家 交战；第二，为了向韩半岛南部扩张领土。

7) 东川王21年(247) “筑平壤城迁移百姓，宗庙和社稷”中的平壤是指南平壤。南平壤就是汉城，同时汉城也是百济的首都。

8) 对于有关‘17世孙’的争议他明确的指出，太祖大王，次大王，新大王三兄弟是接 连成为王的这一事实。

9) 秽族原居住在江原道东部海岸和咸京道北部山岳地区，夫余以前或以后从北部迁 移来的。他认为广开土太王碑新来的守墓人目录中没有提到种族的地区中的28处是秽。而28处都是位于百济的土地上，因此可以假设百济就是秽。

10) 在 Maurice Courant 的释文中，他从会余录最初主张的字中采用了5个，菅政友先生的释文中采用了7个，那珂通世先生的释文中采用了21个。在当时既有的释文中以自己的标准进行选择采用了以后，他还完全独自释文了近50个字。在当时极其有限的条件下，做出如此程度的释文已经是相当令人震惊的成果。

Maurice Courant 对传统的中国中心思想和倾向日本的史料引用都持不相信和批判的态度，因此他致力于以客观的角度来研究广开土太王碑。但另外一方面，他也清明确承认自己由于不能直接获取到第一手材料而产生的局限性。

1) 认为盐水即盐难水，在鸭绿江附近。
2) 在‘国冈上广开土境平安好太王’这一谥号中平安是王的名字。
3) 高句丽最早使用文字是始于佛教传入的372年。
4) 无法追溯到三国史记中主张的与高句丽起源为同一个时期。
5) 如果在韩国古代王国的故地上找到372年以前的记录，那毫无疑问是从中国的史料 中得来的记录。

在当时的情况下得出这样的结论是不可避免的事情，但我们也可以看出相当多的部分是受到了日本学者的强烈影响。另一方面，对韩日间广开土太王碑研究中最大的争议点辛卯年条没有作任何解释也可以说是一个界限。因此，当我们评价 Maurice Courant 的研究的时候，一方面当然应该把焦点放在 Courant 自身独创性的研究成果上，但是同时也应该承认他自身的界限性并把它看成一个变数。

另一方面，在报告的最后他用表示国家，种族，地域的18个固有名词，6个首都名，12个江名，1个山名共37个名词做标识，给读者画了一幅相当规格的韩国古代史地图，这又一次并证明了 Courant 对韩国史的广泛的了解。

Ⅱ. Chavannes关于高句丽国内城的考察报告

1907年4月，法国的东洋学者 Édouard Chavannes(1865～1918) 到高句丽国内城的遗址所在地吉林省集安进行了实地考察，他是第一个访问那里的欧洲学者。在旅途中，他向自己所属的研究院发送了关于高句丽遗址的考察报告，这是欧洲学界首次发表对高句丽遗址的探察报告。

1. Chavannes的日程安排

3月27日离开巴黎，4月14日到达沈阳。在沈阳周边考察了几天以后，4月23日从沈阳起程六天以后即28日到达通化。此时已经离开巴黎一个月了。

4月29日－5月4日(为期6天) 从通化到集安的路线是：通化出发→四道江→五道江→八道江→四道江→五道沟→六道沟→八道沟→高丽城子→十道沟→十一道沟→老岭→双岔头→错草地→大荒沟→土口。

5月8日－12日(为期5天) 在集安县内的考察顺序是：土口→东岗→广开土太王碑→将军坟→太王陵→五盔坟，山城下2112号墓，散莲花冢→通沟→山城下墓葬群。

2. Chavannes对高句丽的考察(1) — 广开土太王碑及拓本

1) Chavannes提出碑石为泛着草绿色光的花岗岩。到目前为止只有Chavannes和最初发现广开土太王碑的乌居龙藏认为碑石是花岗岩。后来其他的专家都认为是凝灰岩。因为Chavannes本身并不是专家，可能会有这样的局限性。但是他提出碑石泛着草绿色光的这一说法是值得关注的。最近笔者仔细观察了广开土太王碑表面破损的地方，发现里面确实与表面不同，呈草绿色。最近地质考察队也对此进行了确认。

2) Chavannes测量的石碑高度比现在矮了19cm。可能是由于石碑的最底端19cm左右埋在土里的缘故。从宽度的数据来看，除一面的数据与最近的测量数据一致以外，其他三面存在7-10cm的误差。因为石碑上下的宽度是不一致的，所以在怎样测量棱角的问题上可能会存在一定的差异。这些数据不仅在西方学界，即使是在东亚也是最早公开的，所以具有重大的意义。

3) Chavannes认为碑面的字数是(11行+10行+14行+9行)41字＝1804个字。Chavannes主张第三面(北面)的第一行字是被完全抹去了，但的确是有字的。6年以后的1913年，关野贞一行考察的时候，第一次确定第三面第一行有字的事实广为人知。但Chavannes显然是第一个认为第三面第一行有字，行数为14行的学者。

4) 遗憾的是Chavannes只得到了石灰拓本，没有得到原石拓本，所以很难得到更新的研究成果。因为当时碑面已经被涂上了石灰，他也没有任何的办法。但是即使是石灰拓本，比起酒勾的双钩加墨本已经很有价值了。由于是为制作时间明确的，数不多的几个拓本之一，并且是第一个在欧洲公开的拓本，在这一点上可以设具有相当的意义。

Chavannes购买并带走的广开土太王碑的拓本目前保存在巴黎国家图书馆东方笔写本科里。馆藏的拓本虽然已经过去了近100年，但仍然完好如初。笔者把2005年在巴黎国家图书馆所拍的拓本照片与1907年所拍并印在书里的拓本照片进行了比较，发现几乎没有任何差异，保存得相当完好。

5）Chavannes拍的三张照片最早让世界知道了广开土太王碑。帮助我们了解了石碑涂着石灰的状态，底部埋在土里的状态，以及周边的环境。

6）Chavannes以自己对广开土太王碑的考察为基础，得出高句丽的第一个首都忽本就是通沟地区的结论。实际上只去了通沟一处高句丽遗址就确定其为高句丽最初首都的说法是非常勉强的。但是他仍然是第一个去现场考察并提出首都新说的学者。他掀开了讨论高句丽第一个首都到底是哪里这个问题的新篇章，在高句丽研究史上占有非常重要的地位。

3. Chavannes对高句丽的考察（2）— 无尖头的金字塔，将军坟

1）Chavannes对将军坟的外部形状进行了仔细的考察。即使是与最近用现代方法考察的发掘报告进行比较也相差无几。通过记录我们可以得知四面各有三个，即 共12个护石，但是目前北面中间的护石已经缺失。

2）将军坟的上面到底有没有建筑物？如果有的话，是祭祀用的享堂呢？还是单纯起保护作用的屋顶呢？这个问题虽然一直持续争论到现在但是还没有得出结论。但是从Chavannes的报告书中我们可以看出，这个问题的讨论正是由他发起的。只是他并不认为上边的建筑物是用来祭祀的享堂。

3）Chavannes对墓室进行了非常仔细的测量，为我们了解当时的情况提供了非常重要的资料。Chavannes在报告书里记录了这样有意思的一部分："墓室里侧，与入口相对的地方设置了烧香的祭坛，上边写着「供奉前朝好大王之神位」"。正是这样的氛围使Chavannes认为将军的墓室是用来祭祀的地方。他没有意识到破碎的石块是用来支撑棺材的支架。因为Chavannes认为太王陵就是广开土太王的陵墓，所以认为将军坟里发现的神位是当地人写错的。

4）Chavannes对将军坟严重的破损状态进行了记录：台阶的很多地方都长出了树，树根穿过石头的缝隙生长出来，造成石头的松动。最严重的已经滚落到地上。放

猪的孩子们在坟上玩耍，把坟顶上瓦片中残留的碎片都劈碎了。他认为应该铲除上边的寄生植物，把掉落的石块小心地恢复到原来的状态。他警告设：如果继续这样放置下去，50年以后，这唯一的一座高句丽时代的古坟将和其他众多古坟一样变成废墟。

5）据Chavannes记载："陪冢是位于将军坟东北面的一些已经坍塌的坟墓，但并不认为是将军坟的陪冢。并且将军坟西后方有四面呈金字塔形状的大的土墓，虽然不高，但是都分散在将军坟西边旱田地的中央"。但是现在连一座都没有了。

4. Chavannes对高句丽的考察（3） — 高句丽王国第二墓葬群，太王陵和壁画墓

1）太王陵- 他对太王陵的测量记录没有将军坟那么仔细，因为很多部分都已经坍塌。但是根据Chavannes的记录，还是可以掌握三四个重要的内容以及他自己的观点。第一是太王陵的位置。位于东岗村里一个大旅馆的后边。第二，事实上太王陵并不是由于自然界的风吹雨蚀以及岁月的流逝而坍塌的，而是被人为破损的，这些都可以在现场找到证据。Chavannes掌握了两个证据：一是在他到来一年前的1906年，坟墓底下修了两座小的道观，另一个是有人把支撑太王陵的石头拿下来做了碾玉米的磨盘。这些都是Chavannes现场看到并记录下来的。这些使Chavannes感到了一种太王陵也许会永远消失的紧迫感。第三，他以在现场找到的幕砖及其旁边立着的太王碑为证据，明确主张太王陵就是广开土太王陵。第四，在现场发现了与将军坟上相似的瓦片和类似瓦当的瓦片。他提出：太王陵也象将军坟一样顶部有木制的屋顶，屋顶上有瓦。

2）石墓和土墓- Chavannes离开太王陵后接着考察的地方是距太王陵以西2-3km的山谷。这个地方散落着很多的坟墓，对其中两个大型石墓和周边的土墓进行了记裁。通过仔细分析报告以及照片，我们得出的结论是："与将军坟构造相同"的两座墓就是现在禹山下墓群的2110号和2112号墓。Chavannes拍摄的照片被认为

是2112号墓。

3) 壁画墓-Chavannes作为第一个发现壁画的人为当今的韩国人所熟知。1907年法国的Chavannes在散莲花冢中发现壁画，1908年向学界公开，从此这些壁画广为人知，这已经成为了一般的常识 由于Chavannes而广为人知的散莲花墓就是集安 禹山下墓群1896号。Chavannes第二次发现的壁画墓是位于山城下墓群中的一个。

5. Chavannes对高句丽的考察(4) — 通沟城和城子山山城

1) 集安县所在地通沟 - 我们不能理解的是Chavannes并没有记录高句丽用石头垒成的国内城城墙。从总体来看是因为他对曾经是高句丽首都的国内城石城没有足够的认识。报告书第三章的题目是"古城"，认为是从过了通沟往城子山山城方向的路才是古城的开始，这一点已经能够明确说明。

2) 第二次发现的壁画墓和山城下古墓群 - Chavannes在山城下古墓群中第二次发现壁画，这很可能是莲花墓。莲花墓是1966年发掘的山城下古墓群中的983号。Chavannes没有进入到丸都山城进行实地考察，而只是听了一些百姓的介绍。继国内城以后没有实地考察丸都山城，这不能不说是一件遗憾的事情。Chavannes在山城下古墓群中发现了"与将军坟和太王陵相似的古墓群"，仔细分析他拍摄的照片，我们可以知道那些是兄墓，弟墓以及折天井墓。

6. Chavannes捐赠给Guimet博物馆的高句丽文物

Guimet博物馆馆藏目录中有1907年Chavannes捐赠的高句丽文物共48件，可以分为以下四类。

1) 刻有字的太王陵墓砖 - 馆藏的刻有字的太王陵墓砖一共有两件。原来太王陵墓砖上应该刻有"愿安如山固如岳"七个字。但是Chavannes没有找到完整的墓砖。

他购得的7号馆藏品上有“愿安如山”5个字，16号上有“愿安”两个字。虽然字迹并不完整，但是两件文物的保存状态很好。

2）瓦当 – 馆藏的瓦当一共12件。完整的只有一件，其他都是一些碎片。瓦当一共可以分为三个类型。一种是王宫和衙门使用的红色瓦当，一种是从墓地里出土的灰色瓦当，还有一种是用特别的瓦当做成的砚台。

3）平瓦片和碎片 – Guimet博物馆馆藏的高句丽文物中数量最多的就是平瓦片和碎片。瓦的碎片大部分都具有高句丽时期的特征，可以一眼就看出是高句丽瓦。其中有特点的刻字的瓦片有三件。分别刻着小篆字体“中”和”五”。

在Chavannes的整体考察时间中，对高句丽考察的时间虽然很短，但是在旅途中，他特意撰写了报告书并留下了很多记录。这些记录都是最早用科学的方法得到的，所以具有非常重大的意义。详实地记录了1000年前的古都还不被人所知时的状况，其中涉及了很多现在已经完全消失根本无从了解的一些内容。但是因为只进行了短短为期5天的考察，难免会具有一定的局限性，这是我们不能回避的事实。

Ⅲ．俄罗斯 Jarylgainova R. Sh. 对广开土太王碑的研究

在西方最早发表有关广开土太王碑的论文的学者是 Maurice Courant，最早实地考察广开土太王碑并做了考古性调查的学者是 M. Ed. Chavannes，而对广开土太王碑进行了最透彻研究的学者罗是俄罗斯的 Jarylgasinova R. SH.。

1）他不仅对高句丽而且还对整个三国时代的所有铭文都进行了研究，使读者对三国时代的碑文有了全面的认识。在第二章广开土太王碑的研究史中，对太王碑的内容进行了全面的研究，并且最早将广开土太王碑完整地翻译成俄语。这在增进广开土太王碑的国际性理解和研究层面上是极为显著的成果。

2）他对邹牟王神话中的“天崇拜和地崇拜”进行了分析。但是他的研究并没有停留在对传说和神话内容的介绍上，而是通过神话探求古代韩民族的起源，这是相当具有独创性的研究成果。

3）Jarylgainova 把广开土太王碑称为“文学纪念碑般的「广开土大王 碑」”，对广开土太王碑进行了特殊的定位。他认为广开土太王碑不仅是研究韩民族古代史的重要资料，而且是研究当时高句丽人的散文文学的发展，民族自我意识发展的重要资料。他还特别指出广开土太王碑前面邹牟王神话的部分，已经有力地证明了高句丽时期独特的文学传统已经形成。

从总体上看，欧洲学界的研究在广开土太王碑的整体研究史上从最早期的1898年 Maurice Courant 开始到1907年进行实地考察并保存拓本的 M. Ed. Chavannes，有了相当的进步，但是遗憾的是这项研究没有持续下来。这是由于欧洲在第1，2次世界大战与经济萧条期间，对东方学的研究热情全面冷却而产生的必然结果，但是可惜的这个领域完全断代了。值得庆幸的是，在相隔了这么长时间以后，俄罗斯的 Jarylgasinova 完成了相当高水平的研究成果，可以说是他将欧洲学界研究广开土太王碑的命脉延续了下去。

1876년(고종 13) 2월 27일에 조인된 '조일수호조규(朝日修好條規 : 丙子修好條約 · 江華島條約)' 이후 조선은 부산을 개항하고, 1880년과 1883년에 원산과 인천을 각각 개항하면서 새로운 시대를 맞는다. 개항을 맞은 조선 정부는 1883년 미국, 1884년 영국, 러시아, 이탈리아와 수호조규를 맺었고, 이어서 1886년 5월 프랑스와 한불수호조규를 조인하게 된다.

개항이 되면서 조선은 열강들의 각축장이 되고, 1894년 일본과 청나라가 선전포고를 하는 등 동북아시아는 급격한 소용돌이에 휘말려든다. 조선도 이에 대응하여 1894년 자주독립을 선포하고, 1896년부터는 '건양(建陽)'이라는 독립 연호를 사용했으며, 1897년에는 황제 즉위식을 갖고 국호를 조선에서 대한으로 바꾼다. 그러나 청, 일, 러시아 군대들이 들어와 서로 세력 다툼을 벌이고, 안으로는 동학혁명이 일어나 개항 준비가 되지 않았던 당시 대한국 조정은 매우 혼란스러운 상황이었다.

이처럼 한국이 개항의 몸부림 속에서 헤어나지 못하고 있을 때 한 프랑스 학자가 한국 역사에서 중요한 장을 차지하는 고구려의 광개토태왕비에 대한 논문을 발표하게 된다. 바로 1898년 유럽 학계에 처음으로 광개토태왕비와 고구려를 소개한 프랑스 학자 모리스 꾸랑(Maurice Courant, 1865~1935)의 「고구려 왕국의 한문(漢文) 비석」[1]이란 논문이다.

당시만 해도 한국 학계에서는 근대적 접근 방법으로 한국사를 연구할 여력이 없었다. 주로 일본 군부와 관학자들이 한국을 침략하기 위해 진행한 연구 말고는 이처

1) Maurice Courant, 「Stèle Chinoise du Royaume de Ko Kou Rye」, 『Journal Asiatique』, 1898 mars-avril, p. 210~238.

럼 한국 역사를 연구한 외국인은 없었다. 모리스 꾸랑이 광개토태왕에 대한 전문적인 논문을 쓴 1898년은 일본에서 최초의 광개토태왕비 보고서인 『회여록』이 나온 지 10년밖에 안 된, 광개토태왕 연구사 전체에서도 아주 이른 시기에 해당한다. 당시 이 분야 연구는 일본 육군참모본부의 주관 아래 몇 안 되는 일본인들이 모두 맡아서 진행하고 있었는데, 모리스 꾸랑이 최초로 그 자리에 끼어든 것이다. 그렇기 때문에 당시와 같은 상황에서 광개토태왕비를 유럽에 소개하는 것 자체만으로도 큰 의미를 갖는다. 그러나 이 책에서는 그의 연구가 단순한 번역과 소개에서 끝나는지 아니면 나름대로 자기 주장을 밝힌 독창적인 내용이 있는지를 집중 분석하였다. 그러기 위해서 당시까지 일본에서 연구한 결과와 모리스 꾸랑이 인용한 모든 논문과 자료를 찾아 자세하게 비교 검토하였다.

모리스 꾸랑에 이어 고구려 연구에 큰 공적을 내놓은 외국인 학자 또한 프랑스 사람이다. 1907년 유럽 사람으로는 처음 고구려 유적을 탐사한 에두아르 샤반느(M. Éd. Chavannes, 1865~1918)는 「한국의 고대 왕국 고구려 유적에 관한 보고서」[2]를 발표했다.

1904년에 일어난 러일전쟁에서 승리한 일본은 그 여세를 몰아 1905년 2차 한일협약을 맺고 통감부를 설치하였으며, 1907년에는 한국의 군대를 해산하는 등 한국 침략 야욕을 노골적으로 드러냈다. 이 당시 한국에는 황성신문(1898년 창간)이나 대한매일신보(1905년 발간) 같은 근대적 매체들이 발간되면서 한국 학자들도 활동하기 시작하여, 1905년 황성신문에 처음으로 고구려 광개토태왕비를 소개하는 글이 실렸다. 그러나 아직 그 내용에 대한 깊이 있는 비판이나 현장에서 비문을 검증하는 것 같은 적극적인 연구 활동을 벌이기 힘든 시기였다. 프랑스 학자 샤반느가 고구려 유적을 답사한 것은 이 무렵인 1907년의 일이다. 1907년 4월, 닷새 동안 현지를 답

2) M. Éd. Chavannes, "Rapport sur les Monuments de L'ancien Royaume Coréen de Kao-Keou-Li", Académie des Inscriptions & Belles-lettres, Comptes Rendus des Séances de L'année 1907, Paris, Librairie Alphonse Picard et fils, 1907년 9월, 572~573쪽)

사한 샤반느는 같은 해 5월에 바로 소속 아카데미에 보고서를 올린다. 그리고 이 보고서는 비문(碑文) · 순문학(純文學)아카데미(Académie des Inscriptions & Belles-lettres) 1907년 연차보고서(Comptes Rendus des Séances de L'année 1907)에 실린다. 이 보고서는 다시 다음 해인 1908년 샤반느 본인이 편집위원으로 있는 『T'oung Pao(通報)』에 실리게 된다.[3] 제목이나 내용이 거의 같은데 『통보』에 실린 보고서에는 자세한 주석을 달았고, 더구나 중요한 이름, 지명, 비문 내용 같은 것을 한자로 토를 달았기 때문에 읽는 사람들이 이해하기가 훨씬 좋다. 1942년 『통보』에 실린 보고서가 일본어로 번역되었고[4] 1976년 한국어로 번역되었다[5].

모리스 꾸랑이 한국 서지학계에서 널리 알려져 있다면, 에두아르 샤반느는 한국의 고대사학계와 미술사학계에 '고구려 벽화를 최초로 발견한 사람'으로 잘 알려져 있다. 글쓴이는 먼저 지금까지 일본어와 한국어로 옮겨진 내용을 참고하여 다시 정확하게 번역하는 작업을 마친 뒤 본격적으로 집필하였다. 이 책에서는 샤반느의 보고서를 단순하게 소개하는 수준을 넘어 100년 이후 현재 상황과 비교하여 당시 조사 성과를 새롭게 평가하기 위해서다.

모리스 꾸랑이 광개토태왕비 비문을 최초로 유럽 어(프랑스 어)로 번역하고 최초로 유럽에 알린 학자라면, 그 광개토태왕비를 최초로 직접 찾아가 크기를 재고 그 탁본을 구해 프랑스로 가져간 사람은 에두아르 샤반느이다. 그런데 후세에 유럽 최고의 중국학 권위자로 불린 에두아르 샤반느가 광개토태왕비가 있는 고구려 옛 땅을 가 보기로 결심한 것은 바로 앞 장에서 본 모리스 꾸랑의 논문 때문이었다.

나는 모리스 꾸랑 씨가 『아시아잡지(Journal Asiatique)』 1898년 3 · 4월호(210~238

3) M. Éd. Chavannes, "Rapport sur les Monuments de L'ancien Royaume Coréen de Kao-Keou-Li", T'oung Pao(通報), Leiden, 1908년 시리즈Ⅱ, 9호, 259~260쪽.

4) 平山和己 옮김, 「朝鮮の古王朝高句麗の遺蹟」, 『收書月報』 73, 1942, 7~17쪽.

5) 김정배 옮김, 「한국의 고대 왕조 고구려의 역사적 기념물」, 『백산학보』 21, 1976, 179~193쪽.

쪽)에 발표한 논문을 통해 일본 여행자들이 통구(通溝)[6] 가까운 곳에서 꼬레(Corée)라는 이름을 주었던 고구려(高句麗) 고대 왕국의 유적과 중요한 기념비 한 무리를 발견하였다는 사실을 알았다. 이 유적 가운데 서기 5세기 초의 거대한 비문은 상당히 가치 있는 역사적 기록인데, 일본 고고학자들이 연구한 것을 모리스 꾸랑 씨가 (프랑스 어로) 번역, 발표한 것이다. 그러나 아직까지 우리가 바라는 만큼 정확하게 비문을 연구할 수 있는 탁본이 없었고, 같은 지방에 있고 한국 고대 문화 유적인 무덤 사진 한 장도 없었으며, 지금까지 백인 여행가는 누구도 이렇게 중국의 먼 지역까지 탐험한 사람이 없었다. 이 때문에 알려지지 않은 이 지역을 찾아갈 진짜 흥미를 갖게 되었던 것이다.[7]

꾸랑과 샤반느가 고구려와 인연을 맺은 것(1989년과 1907년)은 9년이라는 차이가 나지만 두 사람은 태어난 해도 같고, 같은 학교에 다녔으며, 같은 학년에서 똑같은 전공을 한 동무이며, 같은 길을 걸어간 동료이기도 하다.

샤반느는 꾸랑보다 1년 늦게 동양어학교에 입학하였으나 2학년을 월반, 3학년부터 꾸랑과 동급생이 되었다. 졸업한 뒤 두 사람은 모두 한 · 중 · 일 3국에서 현장 경험을 쌓았는데, 샤반느는 꾸랑보다 먼저 꼴레쥬 드 프랑스의 교수가 되어 학자로서 확고한 자리를 잡았다. 꾸랑은 폭넓게 현장 경험을 쌓았지만 샤반느와는 달리 늦게야 학문으로 뛰어들었기 때문에 파리에서 자리를 잡지 못하고 상당히 어려운 길을 걸었다. 그러나 두 사람의 친분은 계속되었다. 1894년 꾸랑이 『한국서지』 1권을 냈을 때 샤반느는 그 책에 감탄해 마지 않는 서평을 썼다.[8]

---

6) 일본 학자들은 통구(洞溝)라고 쓰고 있는데 잘못된 것이다.

7) M. Éd. Chavannes, 「Rapport sur les Monuments de L'ancien Royaume Coréen de Kao-Keou-Li」, Académie des Inscriptions & Belles-lettres, Comptes Rendus des Séances de L'année, Paris, Librairie Alphonse Picard et fils, 1907년 9월, 549쪽.

8) 부셰(Bouchez, Daniel), 「한국학의 선구자 모리스 꾸랑(上)」, 『동방학지』 51, 연세대 국학연구원, 1986, 175쪽(그는 『한국서지』의 심오한 분석과 이것이 평범한 서지 이상의 작품임을 지목하였다. 그리고 한국 인쇄물의 오랜 역사와 우수성, 중국 서적의 재판, 한반도에 미친 유교사상의 경탄할 만한 영향력과 같은 새로운 사실이 그의 장문의 서문에 의해 밝혀졌음을 강조하였다. — 이는 극동문화사에 한 장을 첨부한

1897년과 1898년 샤반느는 자신이 병으로 강의가 불가능할 때 자신을 대신하여 꼴레쥬 드 프랑스의 대학 강의를 꾸랑에게 부탁하였으며[9], 1913년 2월 1일 꾸랑이 국가박사 논문을 발표할 때는 샤반느가 심사위원장이었다. 여기서도 샤반느는 꾸랑 칭찬이 한결같았다.[10]

이처럼 단짝을 이룬 두 프랑스 학자는 고구려 광태토태왕을 연구하고 유럽 사회에 알리는 첨병 역할을 했던 것이다. 꾸랑이 책상에서 어려운 자료를 풀어 길을 만들었다면, 샤반느는 그 길을 직접 걸어가 현장에서 확인하고 자료를 확보해 앞으로 연구의 바탕을 크게 다졌다고 할 수 있다. 다만 이러한 선학들의 뒤를 잇는 후학들이 전혀 나타나지 않았다는 것이 안타까운 일이다.

꾸랑의 논문은 두 가지 큰 의미가 있다. 하나는 광개토태왕비를 처음 프랑스 어로 완전히 번역하여 최초로 유럽에 소개했다는 것이며, 다른 하나는 단순히 광개토태왕비를 소개하는 정도를 훨씬 넘어 당시로서는 상당히 수준 높은 논문을 썼다는 것이다.

샤반느는 비록 짧은 보고서이지만 상당히 많은 기록을 남겼다. 이러한 기록들은 모두 과학적인 방법으로 조사한 최초의 기록들이어서 대단히 의미 있는 일이다. 천년 고도가 아직 사람의 때가 덜 탔을 때의 모습을 그대로 기록하였고, 지금은 없어지고 밝힐 수 없는 일들도 많이 언급되어 있기 때문이다. 다만 닷새라는 짧은 기간에 조사를 마쳤기 때문에 정확성에는 한계가 있을 수밖에 없다.

서양에 처음으로 광개토태왕비에 대한 논문을 발표한 학자가 꾸랑이고, 광개토

작품이라는 결론을 지었다.)

9) 부셰(Bouchez, Daniel), 「한국학의 선구자 모리스 꾸랑(上)」, 『동방학지』 51, 연세대 국학연구원, 1986, 155쪽.

10) 부셰(Bouchez, Daniel), 「한국학의 선구자 모리스 꾸랑(上)」, 『동방학지』 51, 연세대 국학연구원, 1986, 190쪽(자신 또한 중국에 체류했었다는 것을 상기시킨 뒤, 통역관이라는 바쁜 직책을 수행하는 가운데 이같이 풍부한 유럽 비공개 자료를 수확하여 학문적으로 높이 평가받는 두 논문을 이루어 낸 꾸랑을 치하하고, 특히 음악사 논문은 이 방면 현존하는 연구서 가운데 가장 깊이 파고든 것이다. …자료의 풍부함과 확실성으로 보아 프랑스 중국학 최고의 작품 가운데 하나라 하겠다.)

태왕비를 처음 방문하여 고고학적인 조사를 한 학자가 샤반느라면, 광개토태왕비를 가장 철저하고 깊이 있게 연구한 학자는 러시아의 짜를가시노바 로자 소타예브나(Jarylgasinova R. Sh.)이다. 특히 1979년 펴낸 『금석학으로 보는 한민족의 발생과 민족사 - 광개토태왕비』[11)]는 광개토태왕비에 대한 전반적인 연구서임과 동시에 한민족의 발생과 민족사와 결부시켜 연구를 심화시킨 결정판이라 할 수 있다. 비록 모리스 꾸랑이나 에두아르 샤반느에 비해 시대적으로 반세기 이상 늦지만 서양에서 두 프랑스 학자의 연구 이후 처음으로 완성도 높은 연구서를 냈다는 점에서 이 책의 주역이 되는 데 손색이 없으리라고 본다. 다만 글쓴이가 러시아 어를 잘 하지 못해 완전한 연구는 후학들에게 미루고 이 책에서는 간단히 소개하는 선에서 끝내기로 한다.

11) Р. Ш. ДЖАРЫЛГСИНОВА, 『ЭТНОГЕНЕЗ И ЭТНИЧЕСКАЯ КОРЕЙЦЕВ ПО ДАНЫМ ЭПИГРАФИКИ (《СТЕЛА КВАНГЭТХО-ВАНА》)』, ИЗДАТЕЛЬСТВО《НАҮКА》, ГЛАВНАЯ РЕДАКЦИЯ ВОСТОЧНОП ЛИТЕРАТҮРЫ, МОСКВА, 1979. (이 책은 단국대학교 서영수 교수가 소장한 것을 제공해 주었다).

| 감사드리는 글 |

"이 사진이 광개토태왕비 사진 자료 가운데 가장 오래 된 것입니까?"

2005년 4월 조선일보 유석재 기자가 프랑스 어로 된 복사물을 한 부 가져와 물었다. 이것이 1907년에 나온 에두아르 샤반느(M. Éd. Chavannes)의 「한국의 고대 왕국 고구려 유적에 관한 보고서」였다.

"1907년에 찍은 사진이라면 가장 오래된 사진이다."

이렇게 생각하며 자료를 찾아보니 우리나라에 이 보고서가 번역되었다는 사실을 알 수 있었다. 그런데 그 번역본의 원전은 1907년에 나온 게 아니라 1908년 『T'oung Pao(通報)』라는 잡지에 실린 것이었고, 일본에서 나온 번역본을 찾아보니 그것도 1908년 논문을 저본으로 한 것이었다. 결국 1907년 보고서는 아무도 본 사람이 없는 새로운 자료였던 것이다. 먼저 1907년 보고서는 소장하고 있으니 1908년의 논문을 찾아 앞뒤 사정을 알아보아야 했다. 몇몇 원로 학자들에게 문의해 보았지만 원문을 지닌 분은 없었고, 한국의 어느 도서관에도 1907년의 보고서는 물론 1908년의 논문마저도 없었다.

결국 유럽에서 직접 복사해 오기로 마음을 굳혔다. 먼저 세계 에스페란토 협회 연감에서 네덜란드의 도시 Leiden(1908년 논문이 실린 『T'oung Pao(通報)』의 주소지)의 대표 delegito를 찾아서 메일을 보내고, 독일의 동양학 전문가인 친구에게 같은 메일을 발송하였다. 하루 만에 라이덴의 에스페란토 대표 Benata Hengstmengel-Koopmans 여사에게 답이 왔다. 도서관에서 복사해 우편으로 보냈으니 1주일쯤 뒤에 받아볼 것이라는 고마운 회답이었다. e-mail과 국제어 에스페란토의 위력을 실감하는 순간이었다. 게다가 아주 운 좋게도 그 지역 대표는 고문서 전문가였다. 그런데

1주일 뒤 받아본 논문은 아쉽게도 아랫부분이 복사가 잘 되지 않아 안타까워하던 차에 독일 쾰른의 친구 울리히 린스 박사가 복사가 아주 잘 된 논문을 보내왔다.

자료를 검토하는 과정에서 광개토태왕비뿐 아니라 장군무덤, 태왕릉 등 그 책에 실린 모든 사진은 지금까지 나온 사진 중 가장 오래된 사진이었고, 특히 벽화 사진은 지금까지 한 번도 소개된 적이 없다는 사실을 알게 되었다. 많은 벽화 연구자들이 고구려 벽화를 최초로 발견한 사람은 샤반느라고 말하면서도 한 번도 그 사진을 본 적이 없었던 것이다.

에두아르 샤반느를 공부하면서 또 한 가지 놀라운 사실은 샤반느보다 9년 전인 1898년 이미 광개토태왕비를 연구한 프랑스 사람 모리스 꾸랑이 있었고, 샤반느가 고구려 유적을 찾게 된 것도 꾸랑이 쓴 논문 「고구려 왕국의 한문(漢文) 비석」을 읽은 뒤였다는 것이다. 1898년은 고종이 황제로 즉위한 다음 해로 동학 교주 최시형이 처형되고, 경부 철도 부설권을 처음으로 일본인에게 특허한 무렵이다. 우리나라 학자들이 광개토태왕에 대한 연구를 시작하기도 전에 이미 프랑스 사람이 논문을 썼다는 것은 정말 놀라운 일이다.

곧바로 파리에 살고 있는 민병운 여사에게 전화로 전후 사정을 얘기했더니 얼마 안 되어 복사본을 보내왔다. 그리고 보내온 논문을 보고 깜짝 놀랐다. 108년 전에 쓴 꾸랑의 논문은 짐작보다 수준이 훨씬 높았고, 특히 그는 광개토태왕비문를 프랑스 어로 완역하여 최초로 유럽에 소개한 학자였다. 그런데 그런 논문이 아직 한국어는 물론 어떤 아시아 언어로 번역되지 않았다니. 고구려를 연구하는 사람으로서 참으로 부끄러운 일인지라 곧바로 번역 작업에 들어갔다.

한편 샤반느의 한글 번역본 논문을 읽어 보니 내용을 정확히 파악할 수 없었고, 일본어 번역은 이역이 지나치게 많은데다가 책에 없는 단어 또한 너무 많이 들어가 있었다. 초창기 고구려 연구사에서 으뜸이 되어야 할 자료들을 정확하게 파악할 수 있도록 이 또한 다시 번역해야겠다고 생각해 작업에 들어갔다. 그러나 어설프게 배운 프랑스 어 실력으로 어려운 논문을 완벽하게 번역해 내기에는 너무나 벅찬 일이었다. 그나마 이 번역을 제대로 마칠 수 있었던 것은 경기고등학교에서 불어를 가르치고 있는 이현숙 선생의 도움이 절대적으로 컸다. 이 번역은 불어 실력만으로는 어림없는 만큼 고구려사에 대한 이해가 반드시 필요했으며, 특히 샤반느의 논문은 고고학은 물론 현지 유적을 이해하지 못하면 손댈 수 없는 내용이 대부분이었다. 더구나 문체가 100년 전의 구문이어서 이해하기 힘든 부분도 많았다. 우리는 몇날 며칠을 씨름해 가며 작업을 강행했다. 정확한 뜻이 잡히지 않았을 때는 이현숙 선생이 프랑스 어와 체계가 비슷한 에스페란토 어로 옮기고 글쓴이가 완전히 이해를 한 뒤 한글로 토해내는 방법을 택했다.

첫 결실은 2005년 11월 3일~5일 열린 고구려연구회 11회 국제학술대회(주제: 광개토태왕과 동아시아 세계)에서 「유럽 학계의 광개토태왕비 조사와 연구」라는 논문으로 발표되었다. 이 논문에서는 주로 꾸랑의 논문을 다루었고, 샤반느의 논문에서는 광개토태왕에 관한 극히 일부 내용과 러시아 학자 짜를가시노바의 책을 소개하였다. 이 논문은 2005년 12월 말 고구려연구회 『고구려연구』 21집에 실렸다.

나머지 샤반느에 관한 논문을 완성하기 위해 2005년 10월 16일~20일 파리에 가서 직접 1907년 샤반느가 현장에서 가져간 탁본과 유물을 조사하였다. 그곳에서 조사할 것은 두 가지였다. 하나는 샤반느가 답사 당시 가져간 고구려 유물이고, 다른 하나는 광개토태왕비 탁본이었다. 여러 경로를 통해 조사한 결과 유물은 기메박물관에, 탁본은 파리 국립도서관 동양필사본과(Département des manuscrits orientaux)에 보관되어 있다는 사실을 확인하였다.

먼저 프랑스에서 박사학위를 받은 지건길 박사(전 국립중앙박물관 관장)의 추천으로 기메박물관 한국 담당인 삐에르 깡봉 씨를 찾아갔다. 깡봉 씨 덕분에 기메박물관에서 4일 동안 도서관 서고와 수장고까지 들어가 자료와 유물을 하나하나 촬영하고, 샤반느의 유리원판 사진을 구입하는 데도 적극 도움을 받아 짧은 시간에 완벽한 자료 수집을 할 수 있었다. 한편 기메박물관에 소장된 샤반느의 유리 원판은 2년 전에 디지털로 다시 재현되어 쉽게 접근할 수가 있었다. 유리 원판은 9×12cm의 유리판 위에 은 젤라틴 브롬화물(gélatino-Bromure d'argent)을 발라 만든 것이다. 이미 샤반느의 중국 탐사 사진집이 세 권(Édouard Chavannes, 『Mission(Voyage) archéologique dans la Chine septentrionale』, vol. 3, Paris, 1909, 1913, 1915. Fig. 375~381)으로 출간되었으나 사진이 너무 오래되어 변색되었기 때문에 유리원판 사진을 디지털로 바꾸는 것은 아주 중요한 작업이었다. 이것도 깡봉 씨 소개로 옛 사진 자료부 책임자 Jérôme Ghesquière 씨한테서 질 높은 해상도의 사진을 받을 수 있었다.

유럽에 있는 유일한 광개토태왕비 탁본 현황을 파악하는 일도 중요하였다. 파리 국립도서관에서는 탁본처럼 귀중본은 미리 예약을 해야 한다고 한다. 그래서 당시 한국에 와 있던 알리앙 뻬렝 선생의 추천을 받고 파리도서관에 근무하는 송길자 선생에게 메일을 보냈으나 답이 없었다. 할 수 없이 이번에도 세계에스페란토협회 연감을 찾아 파리 대표인 마크 바방 씨에게 메일을 보냈다. 바방 씨는 친절하게 도서관과 접촉하여 미리 예약을 해놓아 귀중한 탁본을 보고 사진까지 찍을 수 있게 해주었다. 7m에 가까운 탁본을 찍기 위해 특별히 큰 방을 사용해야 했고, 숯가루로 뜬 탁본이라 4명이 장갑을 끼고 아주 조심해서 다루어야 했다. 나중에 알고 보니 파리도서관에 근무하는 송길자 선생도 당시 메일을 받고 답장을 했는데 메일이 되돌아와 만일을 생각해 모든 준비를 해놓았다고 한다.

귀국하여 연말까지 가져온 자료를 정리하고 논문을 쓰느라 모든 시간을 쏟아 넣었다. 그리고 연말에 「에두아르 샤반느의 고구려 국내성 탐사(1907)에 관한 연구」라는 논문을 완성하여 2006년 3월에 발행된 고구려연구회 『고구려연구』 22집에 실었다.

이 책은 영어권과 중국어권에서도 참고가 되는 자료이기 때문에 두 언어로 요약문을 싣는다. 영어는 박아림 교수(숙명여대), 중국어는 송용호 교수(강남대)가 맡아 주었다.

이상에서 본 바와 같이 이 책이 나오기까지 무척 많은 분들의 도움이 있었다. 이 자리를 빌려 두루 감사드린다. 내용이나 번역문에서 발견되는 부족한 점은 앞으로 후학들이 더 연구하여 보충해 주기 바란다.

2006년 10월 6일 추석날 새벽

서대문구 창천동에서

첫째 마당

1898

모리스 꾸랑의 광개토태왕비 연구

| 들어가는 글 |

논문 제목의 한글 번역에 대하여

모리스 꾸랑이 쓴 광개토태왕비 논문은 다음과 같다.

Maurice Courant, 「Stèle Chinoise du Royaume de Ko Kou Rye」, 『Journal Asiatique』, 1898 mars-avril, p. 210~238

본론에 들어가기 전, 먼저 논문 제목을 어떻게 번역할 것인지부터 생각해 봐야 한다. 「고구려 왕국의 중국 비석」이라고 쉽게 번역할 수 있다. 그러나 이런 번역은 '고구려 왕국에 중국의 비석이 있다'는 앞뒤가 맞지 않는 번역이 된다. 이 논문의 정확한 의미는 '고구려 비석'이지 '중국 비석'이 될 수는 없기 때문이다. 모리스 꾸랑이 '중국의 비석(Stèle Chinoise)'이라고 한 것은 광개토태왕비를 중국의 비석으로 잘못 알고 썼을 가능성은 없다. 논문 전체에서 꾸랑은 이 비석의 내용이 한국의 역사인 삼국시대의 유적이라고 분명히 서술했고, 고구려, 신라, 백제 3국을 하나로 묶어 서술한 『삼국사기』나 『삼국유사』를 가장 많이 인용하고 있으며, 모든 고유명사를 한국어 식으로 읽었다는 것을 보면 알 수 있다. 모리스 꾸랑은 "나는 모두 한국인의 발음을 사용하는데, 그것은 (이 비가) 한국의 지명과 인물에 관한 것이기 때문이다[12]"라고 분명히 밝히고 있다. 이런 앞뒤 사정을 놓고 볼 때 모리스 꾸랑은 이 비석이 '한문(漢文)으로 된' 것이라는 좀더 구체적인 설명을 하기 위해 'Chinoise'라는 단어를 썼다고 볼 수 있다. 그렇기 때문에 여기서는 「고구려 왕국의 한문(漢文) 비석」이라고 옮겼다.

---

12) Maurice Courant, 「Stèle Chinoise du Royaume de Ko Kou Rye」, 『Journal Asiatique』, 1898 mars-avril, 215쪽

〈그림 1〉 비문 · 순문학아카데미 별책

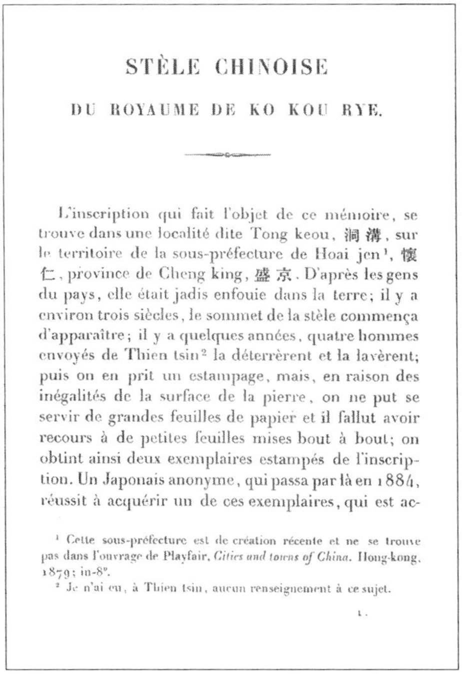

STÈLE CHINOISE

DU ROYAUME DE KO KOU RYE.

L'inscription qui fait l'objet de ce mémoire, se trouve dans une localité dite Tong keou, 洞溝, sur le territoire de la sous-préfecture de Hoai jen[1], 懷仁, province de Cheng king, 盛京. D'après les gens du pays, elle était jadis enfouie dans la terre; il y a environ trois siècles, le sommet de la stèle commença d'apparaître; il y a quelques années, quatre hommes envoyés de Thien tsin[2] la déterrèrent et la lavèrent; puis on en prit un estampage, mais, en raison des inégalités de la surface de la pierre, on ne put se servir de grandes feuilles de papier et il fallut avoir recours à de petites feuilles mises bout à bout; on obtint ainsi deux exemplaires estampés de l'inscription. Un Japonais anonyme, qui passa par là en 1884, réussit à acquérir un de ces exemplaires, qui est ac-

[1] Cette sous-préfecture est de création récente et ne se trouve pas dans l'ouvrage de Playfair, *Cities and towns of China*, Hong-kong, 1879; in-8°.

[2] Je n'ai eu, à Thien tsin, aucun renseignement à ce sujet.

1.

〈그림 2〉 모리스 꾸랑의 논문

I. 모리스 꾸랑과 광개토태왕비의 만남

1. 모리스 꾸랑의 생애와 저술

1) 모리스 꾸랑의 생애

이 논문을 쓰면서 관련 자료를 찾아보니 한국에서 모리스 꾸랑에 대한 연구는 필자가 생각했던 것보다 많이 진행되어 있었다. 그것은 그가 지은 유명한 『한국서지』[13] 때문이다. 『한국서지』는 "한국의 제반 문화에 대해 서술한 단행본 분량의 서론과 교회부(敎誨部) 이하 9개 부문으로 분류하여 상세한 서지학적 해설은 물론 문화사적 논평까지 곁들인, 한국본 3821부를 수록하고 있는 이 방대한 작품은 실로 규모로나 학문적 가치로나 이 분야에서 으뜸으로 꼽히는 것이다"[14]라고 썼다. 특히 『한국서지』는 활자로 인쇄한 책 가운데 세계에서 처음이라고 인정받은 『직지심경(佛祖直指心體要節)』의 해제가 들어 있고, 이 해설 때문에 『직지심경』이 세계의 주목을 받게 된다. 한국의 서지학자들은 『한국서지』가 '국내외 한국학 학자들에게는 성서 같은

---

13) Maurice Courant, 『Bibliographie Coréenne, Tableau littéraire de la Corée』, Publications de l'Ecole des langues orientales, Ⅲ-e série, tomes XVⅢ~XX, Pairs: Ernest Leroux, 1894~1896, 3 vol. Supplément, 1vol., même collection, tome XXI, 1901. (이희재 역, 『한국서지(書誌)』, 일조각, 1994)

14) 이희재, 「모리스 꾸랑과 한국서지에 관한 고찰」, 숙명여자대학교 『논문집』 28집, 1988, 325쪽.

존재'[15], '한국을 연구하는 학자들에게 성서 같은 책일 뿐만 아니라 한국의 인쇄문화를 서구에 소개한 최초의 책'[16]이라는 극찬을 아끼지 않고 있다.

이처럼 한국에 잘 알려진 모리스 꾸랑이 고구려 역사를 최초로 유럽에 알렸으며, 특히 광개토태왕비 내용을 완전히 이해하고 그 내용 전체를 나름대로 해석하여 프랑스 어로 옮긴 사실을 아는 한국 학자들은 그리 많지 않다. 한국 고대사를 연구하는 사람들 가운데서도 광개토태왕비를 전문으로 연구하는 학자들만 그 이름을 알고 있을 정도인데, 그것은 '벽화를 최초를 발견했다'는 에두아르 샤반느의 보고서에 모리스 꾸랑이 나오기 때문이다. 이 문제는 다음 편에서 에두아르 샤반느를 다루면서 자세히 다루기로 한다.

모리스 꾸랑의 생애에 대해서는 프랑스 사람 다니엘 부셰가 아주 상세하게 쓴 논문이 있기 때문에 그 논문을 바탕으로 간단히 내용을 간추리고, 광개토태왕비 논문을 쓴 당시 상황을 살펴보고자 한다. 간추린 모리스 꾸랑의 일생은 다음과 같다.[17]

- 1865년 10월 12일 파리 프랑크랭(Franklin) 거리에서 태어났다.
- 1883년 대학 자격시험 통과, 파리대학 법과 입학.
  1985년 대학 학업과 동시에 동양어학교에 등록, 중국어와 일본어 공부 시작.
- 1886년 파리대학 법학학사 학위, 1888년 동양어학교 중국어 · 일본어과 졸업.
- 1888년 9월부터 북경 주재 프랑스 공사관에서 통역 실습생으로 근무.
- 1890년 5월 23일 : 서울 프랑스 공사관 서기관으로 전속. 빅또르 꼴랭 드 쁠랑시(Victor Collin de Plancy, 1853~1922) 공사를 보좌.

---

15) 이희재, 「모리스 꾸랑과 한국서지에 관한 고찰」, 숙명여자대학교 『논문집』 28집, 1988, 325쪽.
16) 김기태, 「프랑스 소장의 우리 전적들의 연원에 관한 고찰」, 『畿甸文化研究』 18, 1989, 317쪽.
17) D. Bouchez, 「Un défricheur méconnu des études extrême-orientales : Maurice Courant」, 『Journal asiatique』 Tome CCLXXI, 1983, 43~150(D. 부셰 씀, 전수련 옮김, 「한국학의 선구자 모리스 꾸랑(上, 下)」, 연세대 국학연구원 『동방학지』 51집, 1986. 6, 153~194쪽; 52집, 1986. 9, 83~121쪽).

• 1892년 2월 20일 : 북경으로 전속 발령, 3월 10일 21개월의 조선 체류를 마치고 떠나다.

• 1892년 10월 : 중국을 떠나 귀국.

• 1893년 1월 30일 : 결혼. 11월 일본 동경 공사관 통역관으로 발령.

• 1894~1896년 : 『한국서지』 3권 출판하고 학술원상 수상.

• 1895년 6월 : 중국 텐진 프랑스 영사관으로 발령.

• 1895년 12월 23일 : 대리근무를 마치고 정식 통역관으로 발령을 받았으나 이 직업을 포기하고 학문의 길로 들어서기로 결심하고 프랑스로 귀국.

• 1897년 2월 4일~ : 프랑스 국립도서관에서 중국 서적의 새로운 목록작성 작업 담당.

• 1897~1899 : 병이 든 에두아르 샤반느 대신 꼴레쥬 드 프랑스에서 강의.

• 1898년 : 논문 「고구려 왕국의 한문 비석」 발표.[18]

• 1899년 : 동양어학교 교수 채용 경쟁에서 실패.

• 1900년 5월 1일 : 문교성에서 리용대학교 문과대학 강사로 임명.
이후 일생을 이 대학에 봉직.

• 1913년 2월 1일(48세) : 박사학위 논문 발표(심사위원장 : 에두아르 샤반느), 국가박사 학위를 받고 정교수가 되다.

• 1919년 : 학교 사절로 일본에 6주 동안 체류.
이때 한국을 방문하여 평양, 서울, 대구 등지에서 머무르다.

• 1919년 귀국 이후 리용 중법(中法)대학이 설립되면서 이사, 학장대리를 역임하고 1927년 실무직에서 물러나다.

• 1935년 8월 18일 깔뤼르(Caluire)에서 사망.

---

18) 이것은 1875년에 발견된 그 유명한 고구려 광개토왕비에 관한 서양 최초의 연구논문이다. (부셰(Bouchez, Daniel), 「한국학의 선구자 모리스 꾸랑(上)」, 『동방학지』 51, 연세대 국학연구원, 1986, 176쪽)

19세기 한국은 개항을 하면서 여러 나라에 문을 열게 된다. 그 가운데 프랑스와는 병인양요(1866), 임오군란(1882) 뒤인 1886년 5월 '한불수호조규(韓佛修好條規)'를 맺었고, 다음 해인 1887년 윤4월 김윤식과 꼴랭 드 쁠랑시 사이에 조약의 비준서가 교환되면서 정식 국교가 맺어진다. 조선과 국교를 맺은 뒤 1888년 꼴랭 드 쁠랑시(Victor Collin de Plancy, 1853~1922)가 초대 주한대리공사로 임명되어 1891년까지 서울에 머물렀다. 그는 그때부터 한국의 도자기와 고서를 수집하기 시작했고, 서기관으로 서울에 부임해 온 모리스 꾸랑에게 책 목록을 만들도록 권유하였다. 이를 계기로 꾸랑은 한국에 관심을 가지고 자료 수집과 집필 작업을 하였다.

위의 간추린 생애에서 보듯이 모리스 꾸랑이 한국에서 머문 것은 1890년 5월 23일부터 1892년 2월 20일까지 21개월에 불과하다. 그리고 그가 한 · 중 · 일 3국에서 통역관 일을 맡은 것은 1888년 9월부터 1895년 12월 23일까지 7년이 조금 넘는 기간이다. 이때 그는 일생 동안 한국을 비롯한 아시아학을 연구할 바탕을 마련하였다.

1895년 귀국한 꾸랑은 생계를 유지하기 위해 국립도서관에서 중국 서적 목록작성을 하면서 왕성한 저술 작업에 들어간다. 귀국한 지 2년째 되는 해에 「9세기까지의 한일 관계와 일본문화의 기원에 미친 영향」, 「한국의 판소리와 무용」 같은 무게 있는 논문을 발표하고 3년째인 1898년 「고구려 왕국의 한문 비석」을 발표한다. 모리스 꾸랑이 광개토태왕 비문에 대한 논문을 쓰게 된 계기는 1893년 11월부터 1895년 6월까지 1년 반쯤 일본 동경 공사관에서 통역관으로 일할 때 광개토태왕비의 탁본을 직접 보면서라고 말할 수 있다.

> 1884년 그곳을 지나갔던 이름을 알 수 없는 한 일본인이 그 탁본들 가운데 하나를 얻는 데 성공했는데, 그것은 현재 우에노박물관(上野博物館) 전시실에 보존되어 있다. 이 전시실 담당자들의 호의로 이 귀중한 물건을 한 번 볼 수 있었다 : 작은 종이로 찍은 탁본들은 비석 네 면의 배치를 재현하기 위해 나란히 붙어 있었다. 나는 그 원본을 꼼꼼히 살필 수 없었지만, 이 복사물은 정확한 한 가지 아이디어를 주는 것 같았다.[19)]

많은 자료를 섭렵한 모리스 꾸랑이지만 6m가 넘는 높이에 1800자에 가까운 역사가 새겨져 있는 세계 최대의 비석 탁본을 보았을 때 그 감동은 대단했으리라고 본다. 그 뒤 일본 『사학잡지』에 나온 관계된 논문을 섭렵하고 자체적인 석문을 하는 등 어려운 작업을 거쳐 훌륭한 논문을 내놓은 것이다.

2) 모리스 꾸랑의 저술

학문에 임하는 모리스 꾸랑의 열정과 완성도를 이해하기 위해서는 그의 저술을 좀 더 알아보아야 한다. 모리스 꾸랑은 1891년부터 1927년까지 40년이 안 되는 동안 아시아학 전반에 관한 크고 작은 저술 103편을 남겼다고 한다. 그 가운데 21편이 한국에 관한 내용인데 원고 분량으로 따진다면 한국에 관한 내용이 가장 큰 비중을 차지한다고 한다. 여기서는 그의 저술에 대해서 자세하게 논의할 주제가 아니기 때문에 그의 학문적 깊이를 알기 위해 이미 정리를 마친 논문을 인용하여 간단한 목록만 간추려 보기로 한다.[20)]

① 『조선 직관(職官) 역대 총람』 2권. 1892. 파리 漢學고등연구소 보관.
② 「한국에서 쓰였던 여러 가지 화폐에 관한 사적 고찰」, 『Journal Asiatique』(9-Ⅱ), 1883.
③ 「한국사의 주요 시기」, 『Revue française du Japon』, 1885.
④ 『한국서지』, 1894~1896.
⑤ 한국에서 쓰인 여러 가지 문자 체계에 관한 소고」, 『Revue française du Japon』(23), 1895.
⑥ 「한국의 판소리와 무용」, 『Journal Asiatique』(9-X), 1897.
⑦ 「9세기까지의 한일 관계와 일본 문화 기원에 미친 영향」, 『T'oung Pao(通報)』,

19) M. Maurice Courant, 「Stèle Chinoise du Royaume de Ko Kou Rye」, 『Journal Asiatique』, 1898 mars-avril, 210~211쪽.
20) 이희재, 「모리스 꾸랑과 한국서지에 관한 고찰」, 숙명여자대학교 『논문집』 28집, 1988, 330~332쪽.

1898.

⑧「고구려왕국의 한문 비석」, 『Journal Asiatique』(9-XI), 1898.

⑨『한국학과 일본학에 관한 소고』, Imprimerie nationale, 1899.

⑩「한국 종교의식 약사」, 『T'oung Pao(通報)』, 1900.

⑪「샹 드 마르스에 있는 한국관, 한국 서울의 기념품」, 『Exposition universelle』, 1900.

⑫「몇 가지 한국의 유적들」, 1900년 기메박물관 강연 내용(출판 안 됨).

⑬「국립박물관 필사본 중 · 한 · 일 도서목록」, 2권 7책 1900~1910, 8책 1912.

⑭「한국과 외국의 세력」, 『Annales des sciences politiques』, 1904.

⑮「극동 사정, 조선 조정(朝廷)」, 1904년 Journal des débats 참고자료.

⑯「조선에 있는 일본의 거점, 15세기 이래의 부산」, 『Annales coloniales』, 1904.

⑰「한국」, Claudius Madrolle 『La Chine de Nord』, 1904.

⑱「동맹에서 통치까지, 보호령의 시기 구분」, 『Annales coloniales』, 1909.

⑲『중국고전음악사론—부록 한국음악』, Ch. Delagrave, 1912.

⑳「한국」항목, 『종교윤리 백과사전』, Edinburgh, 1925.

㉑「한국 문자」, 『외국의 문자 소고, 고대와 근대』, Imprimerie nationale, 1927.

이상에서 모리스 꾸랑의 학문 영역을 보면, 정치 · 외교, 서지학, 역사, 문화, 종교, 화폐, 춤과 노래 같이 아주 다양하게 걸쳐 있다는 사실을 알 수 있다. 광범한 지역성에도 그의 학문적 관심은 놀랍다. 꾸랑이 쓴 저술은 한 · 중 · 일 세 나라는 물론 필리핀(『19세기 유럽과 극동관계사』), 몽골과 중앙아시아(박사학위 부논문 「17, 18세기의 중앙아시아 — 서몽골제국인가? 만주제국인가?」), 나아가 시베리아(「러시아 식민지 시베리아, 황단철도 건설에 이르기까지」)까지 뻗어나간다. 서양에서 대표적인 동양학자라는 후학들의 표현이 결코 틀리지 않는, 깊이와 넓이를 한꺼번에 가진 학자라고 할 수 있다.

2. 19세기 말 광개토태왕비 발견과 모리스 꾸랑

1) 광태토태왕비와 꾸랑의 만남

광개토태왕비 연구사에서 모리스 꾸랑의 연구가 어느 정도 위치를 차지하는지 보기 위해서는 초기 연구사에 대한 대략적인 이해가 필요하다.

414년 세워진 태왕비가 668년 고구려가 멸망하면서 잊혀졌다가 다시 이 세상에 나타나게 된 것은 1875~1880년 사이이다. 다시 발견된 지 130년밖에 안 되지만 초기 기록이 제대로 되어 있지 않아 광개토태왕비가 발견된 해에 대해서 1875년설, 1877년설, 1880년설 같은 몇 가지 다른 견해가 있기 때문에[21] 명확한 해를 명기하지 못하는 것이다.

광개토태왕비가 이처럼 늦게 발견된 것은 집안지역이 1681년부터 1875년까지 거의 200년 동안 사람이 들어갈 수 없는 봉금(封禁)지역이었기 때문이다. 봉금이란 송화강 동남쪽에 있는 장백산 지역을 청나라가 발생한 신성한 지역인 용맥(龍脈)이라고 해서 한족(漢族), 몽골 족은 물론 일반 만주족도 모두 다른 지역으로 이주시키고 일체 출입을 금한 것을 말한다. 그 뒤 청나라 황실에서는 이곳에서 난 산삼이나 곡식, 이곳에서 잡은 사냥물만 먹었다고 한다. 그렇기 때문에 봉금지역에 있던 광개토태왕비는 1875년까지 세상에 전혀 알려지지 않은 채 초야에 묻혀 있었던 것이다.

1877년 봉금이 풀리고 이곳에 회인현(懷仁縣)이 설치된 뒤 비로소 광개토태왕비가 발견되고, 이어서 많은 중국의 금석학자들이 관심을 갖는다. 왕옌쫭(王彦庄), 우따청(吳大澂), 왕지시우(王志修), 루신유엔(陸心源), 룽시(榮禧), 루오쩬위(羅振玉), 예창치(葉昌熾), 양쇼우징(楊守敬), 꾸시에꽝(顧燮光) 같은 사람들이 탁본을 소장하고, 글자를 석문하고, 내용을 연구한다.[22] 그러나 이런 중국 학자들의 연구는 주로 탁본 소장이나 금석학 차원의 관심에서 끝나고 비문을 통해서 깊이 있는 역사 연구는 이

21) 자세한 내용은 耿鐵華, 『好太王碑一千五百八十年祭』(中國社會科學出版社, 2003) 24~26쪽 참조.

22) 耿鐵華, 『好太王碑新考』, 吉林人民出版社, 1994, 2쪽

루어지지 않았다.

광개토태왕비에 대한 본격적인 연구는 일본인들에 의해 시작되었다. 1884년 일본인 사카와 카케노부(酒勾景信)가 광개토태왕비를 쌍구(雙鉤, 가는 선으로 옛 글씨의 획과 자형을 그려내는 법)하여 먹을 칠한 소위 쌍구가묵본(雙鉤加墨本)을 가지고 일본으로 들어간다. 이 탁본은 일본 육군 참모부에 의해 정책적으로 연구되면서 급물살을 타게 된다. 탁본이 일본에 들어간 이후 5년 동안 나온 연구 결과를 정리해 보면 다음과 같다.[23)]

- 谷森善臣, 「高句麗廣開土境好太王墓碑銘」, 宮內廳 書陵部藏, 1884
- 橫井忠直, 「高句麗古碑考」, 京都大學圖書館藏; 無窮會圖書館藏; 東京 日比谷圖書館藏; 大東急記念文庫藏, 1884 ; 『高麗古碑考』, 東都大學附屬圖書館所藏
- 橫井忠直, 「高句麗古碑考 碑文之由來記("明治 寫"本)("大正 寫"本)」, 宮內廳 書陵部藏, 1884
- 井上賴囗, 「井上賴囗(國)のメモ」, 舊藏 『高句麗古碑考』 寫本卷末(無窮會圖書館 소장), 1884
- 飯田武鄕, 「東夫餘永樂太王碑銘 附竹里山人考證」, 宮內廳 書陵部藏, 1886
- 荻原嚴雄, 「東夫餘永樂太王碑銘」, 水谷悌二郎藏, 1886
- 不明, 「永樂王墓碑釋文」, 水谷悌二郎藏, 1886
- 橫井忠直, 「高句麗古碑文(靑江本 收錄)」, 國會圖書館藏, 1888
- 郇岡良弼, 「高句麗古碑」, 『如蘭社話』 卷8, 1888
- 中村忠誠, 「高句麗古碑徵」, 東京日比谷圖書館藏, 1889
- 不明, 「高句麗永樂大王古碑」, 『高句麗古碑建設會』, 1889/1890

---

23) 朴性鳳, 「廣開土(好太)王 硏究文獻 綜合目錄」, 고구려연구회 학술총서(3) 『광개토태왕과 고구려 남진정책』, 2002, 358쪽

짧은 기간에 많은 학자들이 참여했다는 것을 알 수 있다. 그러나 이 연구들은 모두 기초적인 석문이나 개인적인 원고본들이고, 탁본을 일반인들에게 공개하고 본격적인 연구결과를 내놓은 것은 1889년에 나온 『회여록(會餘錄)』〔제5집, 아세아협회(亞細亞協會), 1889〕이다. 이 『회여록』에는 다음 다섯 가지가 함께 실려 있다.

① 고구려 옛 비문(古碑文) : 석판 인쇄한 사카와의 쌍구가묵본. 모두 44쪽에 실렸는데, 한쪽에 가로 5자, 세로 8자씩 들어 있다. 모두 1760자인데 153개의 빠진 글자는 모두 빈칸으로 놔두었기 때문에 실제는 1607자이다. 남아 있는 글자 가운데서도 분명하지 않는 글자도 제법 있다.

② 고구려 비 출토기 : 고구려 비가 발견된 지역과 발견된 경위, 비문의 글자 수, 아울러 주변의 장군무덤 같은 내용도 들어 있는데, 모두 4쪽이다.

③ 고구려 옛 비에 관한 고찰(高句麗古碑考) : 비석의 주인공과 세운 연대, 비문 내용. 시조에 관한 것, 광개토태왕에 대한 것, 비석을 통해서 본 『삼국사기』나 『동국통감』 같은 한국 사서들의 문제점, 왜가 신라와 백제를 신민으로 삼은 전말 같은 것들을 연구 결과로 내놓고 있다.

④ 각서 참고 : 『동국통감』, 『조선사략』, 『양서』, 『삼국지』, 『독사방여기요』 같은 여러 사료에서 비문을 해석하는 데 도움이 되는 자료를 뽑아서 실었다.

⑤ 고구려 비 석문(釋文) : 비문 전체의 글자를 읽어내는 석문을 실었다.

이상의 다섯 가지 내용 가운데 ①은 쌍구가묵본을 그대로 복사해 놓은 것이다. 나머지 ②~⑤의 내용은 모두 요꼬이 타다나오(橫井忠直)가 작업한 것을 실었다.

모리스 꾸랑이 광개토태왕비에 대한 논문을 발표한 것은 1898년으로, 『회여록』이 발표된 지 10년 만의 일이다. 그 10년 사이에 광개토태왕비에 대한 연구는 점차 활기를 띠고 있었다.[24] 모리스 꾸랑의 논문은 이처럼 일본에서 본격적인 연구가 시작되는 초기에 광개토태왕에 대한 논문을 써서 유럽 학계에 내놓은 것이다. 모리스 꾸랑은 주로 일본에서 나온 『회여록』을 기본 자료로 하였으며, 일본 『사학잡지(史學雜

〈그림 3〉 사카와 쌍구가묵본(1)

〈그림 4〉 사카와 쌍구가묵본(2)

誌)』에 나오는 두 가지 논문을 참고했다고 하였다. 첫 번째는 1881년 스게 마사토모(菅政友)가 쓴 것[25]이고, 다른 하나는 1893년 나까 미치요(那珂通世)가 쓴 것[26]이었다. 그리고 더하여 쓰보이 쿠메조우(坪井九馬三)의 연구[27]도 크게 도움이 되었다는 것을 밝히고 있다.

모리스 꾸랑이 논문을 쓴 때는 이미 프랑스에 돌아가 있었던 때이기 때문에 일본에서 많이 나온 개인의 원고본을 비롯한 모든 연구 결과를 섭렵하지는 못했다. 그러나 『회여록』에 나온 탁본과 석문을 가지고 있었고, 당시 일본에서 나온 학술잡지 가

---

24) 菅政友, 「高麗好太王碑銘考」, 『史學雜誌』 2-22, 23, 24, 25, 1891; 菅政友, 「任那考」(1893), 『菅政友全集』, 1907; 那珂通世, 「高句麗古碑考」, 『史學雜誌』 47～49, 1893 ; 「高句麗考」 『那珂通世遺書』, 1915 ; 『外交繹史』, 岩波書店, 1958; 白鳥庫吉, 「朝鮮古碑考」, 『史學雜誌』 5-12, 1894; 三宅米吉, 「高麗古碑考」·「高麗古碑考追加」, 『考古學會雜誌』 2-1～3, 5, 1898 ; 『考古學硏究』(岡書院刊) 1929 ; 『三宅米吉著作(述)集』下, 1929; 白鳥庫吉, 「滿洲地名談-好太王の碑文に就て-」, 『中央公論』 20-8, 1905 ; 『塞外民族史硏究』下(『白鳥庫吉全集』5, 岩波書店, 1970), 부산 : 民族文化, 1985; 浜田耕作, 「高句麗好太王碑の話」, 『早稻田興風學會雜誌』 10-3, 1906.

25) 菅政友, 「高麗好太王碑銘考」, 『史學雜誌』 2-22, 23, 24, 25, 1891.

26) 那珂通世, 「高句麗古碑考」, 『史學雜誌』 47～49, 1893.

27) 坪井九馬三, 「朝鮮三國建國調査」, 『史學雜誌』, 1892, 1893.

운데 일본 사학회의 『사학잡지(史學雜誌)』를 계속 보고 있었기 때문에 연구 자료는 충실하게 확보했다고 할 수 있다. 다만 모리스 꾸랑은 당시 일본 학자들의 자료만을 활용하여 논문을 쓰는 데 부담이 있었던 것으로 보인다. 예를 들어 가장 중요한 자료인 『회여록』의 실제 저자 요꼬이 타다나오(橫井忠直)는 대륙 침략을 준비하고 있는 육군 장교였고, 연구 자체가 정치적 의도가 깔려 있었기 때문이다. 그래서 모리스 꾸랑은 "먼저 이러한 여러 연구들이 나에게 대단히 유용했다는 점을 밝힌다. 그렇지만 일본학자들이 제시한 설명이나 해석들을 모두 받아들여야 한다고는 생각하지 않았다"[28]고 자신의 입장을 분명하게 한다.

개항 당시 한국에서는 광개토태왕에 대한 연구를 본격적으로 할 여력이 없었다. 모리스 꾸랑의 논문보다 몇 년 뒤인 1905년 한국 학자들이 처음으로 신문에 광개토태왕비를 소개하면서 시작한 연구는 1909년에 가서야 비로소 작은 연구 성과가 나왔지만 1910년 일제가 한국을 강점하면서 그런 열기는 다시 가라앉아 버렸다.

- 不明(申采浩?), 「高句麗廣開土王碑銘敍記」 『皇城新聞』 1905.10.31
- 不明(申采浩?), 「高句麗廣開土王碑銘附註解」 『皇城新聞』 1905.11.1~6
- 朴殷植(皇城子), 「讀高句麗永樂大王墓碑謄(榻)本」 『西北學會月報』 제1권 제9호 雜俎, 1909
- 不明(申采浩? · 朴殷植?), 「廣開土王의 伐燕拓地史論」 『西北學會月報』 第1권 第9號, 雜俎, 1909[29]

광태토태왕비를 세운 고구려 역사의 주인공인 한국인들이 아직 손대지 못하고 있는 실정이고, 일본인들만 자신들의 목적을 위해 모든 힘을 쏟아 많은 연구를 쏟아내

28) M. Maurice Courant, 「Stèle Chinoise du Royaume de Ko Kou Rye」, 『Journal Asiatique』, 1898 mars-avril, 212쪽.

29) 朴性鳳, 「廣開土(好太)王 硏究文獻 綜合目錄」, 고구려연구회 학술총서(3) 『광개토태왕과 고구려 남진 정책』, 2002, 324쪽

는 와중에 단 한 사람, 그것도 유럽 학자가 과감하게 어려운 주제를 소화해 가며 수준 높은 연구 성과를 내놓았다는 것은 광개토태왕비에 대한 초기 연구사에 대단히 중요한 위치를 차지한다고 할 수 있다.

2) 광개토태왕비 출토기

이 부분은 모리스 꾸랑 자신이 요꼬이 타다나오의 연구를 인용했다[30]는 것을 분명히 하였다. 꾸랑은 필요 없는 부분을 끊어내고 꼭 필요한 것만 간추려 원문에 충실하게 프랑스 어로 옮긴 것이다. 이 출토기는 정말 새롭고 신기한 옛 비석의 기본 정보를 유럽인들에게 알려주는 머리말이 된 것이다. 출토기 내용을 간추려 보면 다음과 같다.[31]

① 비석은 성경성(盛京省) 회인현(懷仁縣)의 관할지역에 있는 통구(洞溝)라는 마을에 있다. 통구의 위치는 압록강 북쪽에 있으며, 강 상류 끼오리엔 성(九連城)에서 800리(중국 거리의 단위, 약 480km) 떨어진 곳이다. 지세는 평탄하고 너비 3~4리, 길이 12~13리쯤 된다. 한가운데에 옛날 토성이 있는데 둘레가 5리쯤 된다. (성)안에 회인현의 분현(分縣)을 두었는데, 이것이 바로 옛날의 링안 성(令安城)이다. 링안 성은 강 하나 건너 한국의 고산성(高山城) · 만포성(滿浦城)과 서로 마주보고 있다.

② 이 성에서 동쪽으로 4리쯤 떨어지고 강변에서 3리쯤 떨어진 곳에 작은 개울이 하나 있는데 바로 비가 있는 곳이다.[32] 원래 그 비는 오랫동안 땅 속에 파묻혀

---

30) 橫井忠直, 『高句麗好太王碑文會餘錄』 第五輯, (亞細亞協會, 1889), 「高句麗古碑 出土記」를 간추려 번역한 것이다. 일본어판 원문과 대조하여 원문의 뜻을 최대한 살렸다.

31) M. Maurice Courant, 「Stèle Chinoise du Royaume de Ko Kou Rye」, 『Journal Asiatique』, 1898 mars-avril, 210~214.

32) 꾸랑은 각주에 이 현이 새로 생겨 1879년 출판된 Playfair의 『중국의 시와 현(Cities and towns of China)』(8호, 홍콩)에는 나오지 않는다고 설명하였다. 회인현은 1877년 설치되었기 때문에 2년 뒤 책에 나올 수는 없었을 것이다.

있다가 3세기 무렵 전부터 그 비석의 꼭대기가 드러나기 시작했다.

③ 몇 년 전 톈진(天津)에서 장인 네 명을 데리고 온 사람이 그 비석을 파내서 씻어냈다. 그리고 탁본을 떴지만 돌의 표면이 일정하지 않아 큰 종이를 사용할 수 없어서 작은 종이를 끝과 끝을 맞대어 써야만 했다. 그렇게 해서 그 비문의 탁본 2질을 떴다. 1884년 그곳을 지나던 이름 모를 한 일본인[33]이 그 탁본 가운데 하나를 얻는 데 성공했다.

④ 비는 땅에서부터 높이 18자(尺), 앞뒤 너비 5자(尺) 6~7치(寸), 양쪽 옆면 4자 4~5치이다. ……네 면 모두 글자들이 새겨져 있는데, 남쪽 11줄, 서쪽 10줄, 북쪽 13줄, 동쪽 9줄, 합하여 모두 43줄이다. 줄마다 41자이니 1759자이다. 글자 길이는 일정하지 않다. 긴 것은 5치, 짧은 것은 3치이며, 새긴 깊이는 5~6치에 이른다. 비문 가운데 깨져 없어진 것은 모두 197자이다.

⑤ 비석 옆에는 납작하고 울퉁불퉁한 큰 무덤이 있다. 그 무덤에서 옛날 기와가 나왔다고 한다. 사방에 옛 무덤 수백 기가 있다. 모두 땅 속에 기둥을 세우고 돌을 쌓아 만들었는데, 토박이에게 물으니, 모두 한결 같이 '까오리 무덤(高麗墳)'이라고 한다.

⑥ 비(碑) 동쪽에 커다란 무덤 하나가 더 있다. 보통 장군무덤(將軍墳)이라 부른다고 한다. 더할 수 없이 넓고 큰 그 무덤은 땅 위로 불쑥 솟아 있는 것이 17자(尺)이다. 위에 2층이 있는데, 땅 속에는 또 몇 층이나 있는지 알 수가 없다. 위층 돌문 안으로 들어가면, 사방 너비 20자, 높이 14자(의 방)인데 모두 큰 돌을 쌓아 만들었다. 기둥은 길이 14자이고, 지름 3자 2치, 그 아래 큰 돌을 깔았다. 틈이 난 곳에 작은 돌을 던져 넣으면 한참 지난 뒤에야 그 소리가 멈춘다고 한다.

---

33) 여기서 '이름 모를 일본인'은 일본 육군참모본부에서 밀정으로 보낸 사카와 가게노부이다. 태왕비 탁본을 입수하여 일본으로 가져와 집중적으로 연구한 곳은 바로 육군참모본부였고 『회여록』에 처음 출토기와 연구 결과를 발표한 요꼬이도 육군 장교였다. 그렇기 때문에 중요한 정보는 일반인들에게 밝히지 않고 숨겼던 것이다.

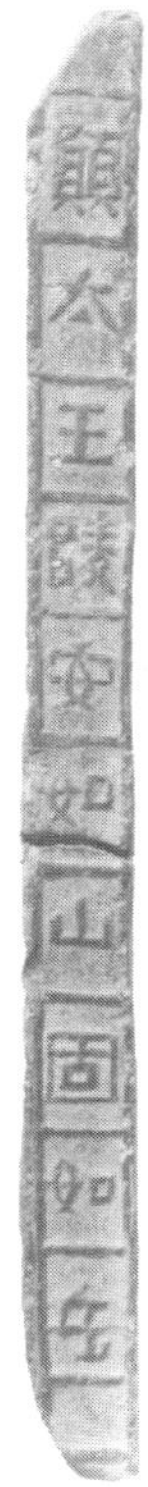

〈그림 5, 6〉 태왕릉에서 발견된 글자 있는 벽돌

모리스 꾸랑은 "이 정보의 정확성은 만족스러운 것이었다"고 하며 "특히 그 정보를 요꼬이에게 제공한 그 일본인의 여행 목적이 고대 유물 조사를 위해서가 아니라 하더라도 고고학자가 아니면 이처럼 완전한 묘사는 할 수 없을 정도이다. 지금까지 무시되어 왔던 이 지역(동아시아)에 대한 탐험가들의 주의를 끌게 할 만한 것이다"고 극찬하고 있다.

한편 자신이 쓰고 있는 "논문의 한계는 세부적인 것으로 들어갈 수 없다는 점과 내가 제시하고자 하는 판별증거를 제공할 수 없다는 점이다"라고 솔직한 심정을 나타내고 있다. 실제로 이러한 문제는 여러 가지가 나타난다. 그 가운데 한 가지만 짚어 보면 바로 태왕릉에서 발견된 벽돌에 쓰인 글에 관한 것이다. 모리스 꾸랑은 "스게와 나까가 너비 4~5치, 높이 8치 크기의 기와 하나를 설명하고 있다. 그 기와에는 '대왕의 무덤이 산처럼 안전하고 언덕처럼 단단하기를 비나이다(願大王之墓安如山固如丘)'라는 글자가 쓰여 있다"고 일본 학자의 글을 인용하고 있다. 벽돌에 쓰인 글 내용에 대해서는 『회여록』에서 언급하지 않았던 것인데, 1891년 스게가 맨 먼저 쓰고[34], 이어서 1893년 나까가 같은 내용을 인용한다.[35] 두 사람 모두 실물을 보지 못하고 들은 말을 기록한 것이다. 그러나 이 벽돌에는 '태왕의 능이 산처럼 안전하고 산처럼 단단하기를 비나이다(願太王陵安如山固如岳)'라는 글자가 새겨져 있다. 여기서 두 가지 석문의 차이를 보면 능

---

34) 菅政友, 「高麗好太王碑銘考」, 『史學雜誌』 2-22, 1891, 22~23쪽.

35) 那珂通世, 「高句麗古碑考」, 『史學雜誌』 47, 1893, 13쪽.

(陵)=지묘(之墓), 악(岳)=구(丘)이다. 이 문제는 1913년 고고학자들이 현장에 가서 같은 벽돌을 입수하여 정확하게 그 내용을 기록하게 된다. 꾸랑이 이 벽돌을 기와라고 번역하였는데, 꾸랑 이전의 두 일본 학자들이 그렇게 잘못 듣고 썼기 때문이다. 이 문제도 1913년 벽돌이라는 것을 밝히고 그 글자 탁본을 논문에 실어 분명하게 하였다.[36)]

모리스 꾸랑은 이 논문을 기점으로 아시아 역사에 관한 논문을 계속 쓸 것을 공개적으로 약속했다. 그는 "아시아의 이 지역 역사가 일으켰던 아주 복잡한 지리적 · 민족적 문제들, 그 많은 여러 종족들이 어디서 서로 충돌하고 연결되어 있는가 하는 문제는 가까운 미래에 다시 살펴볼 것을 약속한다. 지금으로서는 사람들이 나를 믿어주길 바랄 뿐이다"라고 했는데, 그의 생애와 저술에서 보았듯이 실제 이런 문제들을 접근하기 위해 일생을 바쳤다.

Ⅱ. 비문에 관한 고찰(1) - 고구려 건국에서 광개토태왕까지

1. 고구려 건국과 부여

1) 고구려 시조의 이름과 전설

비문에 대한 고찰에서는 비석 맨 첫머리에 나오는 고구려 시조 추모(鄒牟)에서부터 시작한다. 비문 첫 대목이 "아, 옛날 시조 추모왕께서 처음으로 (나라의) 기틀을 세우셨도다(惟昔始祖鄒牟王之創基也)"라는 글로 시작되는데, 당시 고구려사 연구자들 대부분 고구려 시조를 주몽(朱蒙)이라고 알고 있었기 때문에 이에 대한 기본 설명이

36) 關野貞, 「滿洲輯安縣及平壤附近於高句麗時代遺蹟」(1), 『考古學雜誌』 5-3, 1914, 169쪽.

필요했던 것이다. 『삼국사기』에서 주몽, 또는 아주 높임말로 동명성왕(東明聖王)이라 부르는 고구려 시조는 한국과 중국 사서에서 '주몽(朱蒙), 추모(鄒牟), 상모(象牟)'라고 부르고, 일본 사서에서는 추모, 중모(仲牟), 심지어는 도모(都牟)라는 이름도 있다.[37] 이 문제는 이미 일본 학자들이 '이름을 베끼어 쓰는 과정에서 생긴 결과'라는 것을 밝혔고, 모리스 꾸랑은 일본 학자들의 연구 결과를 그대로 소개한 것이다.

비문에 추모가 고구려를 세운 전설이 간결하면서도 웅대하게 묘사되어 있다.

> (추모왕은) 북부여 출신이시니, 천제(天帝)의 아들이시고 어머니는 하백의 따님이시다. 알을 가르고 세상에 내려오시니 나면서부터 거룩한 △을 갖추셨도다. △△△△△△명(命), 수레를 타고 순행(巡幸)하며 남쪽으로 내려가시는데, 부여의 엄리대수(奄利大水)를 지나게 되었다. 왕께서 (대수)에 이르셔서 곧 "나는 하늘의 아들이고 하백의 따님을 어머니로 둔 추모왕이다. 나를 위하여 갈대를 잇고 거북을 띄워라"고 말씀하시었다. 그 말씀에 따라 바로 갈대가 이어지고 거북들이 떠오르자 건너셨도다. 비류곡(沸流谷) 홀본(忽本) 서쪽에서 산 위에 성을 쌓고 도읍을 세우셨도다. 세속의 지위를 즐겨하지 않으시자, 하늘이 황룡을 내려 보내 왕을 맞이하셨도다. 왕께서는 홀본 동쪽 언덕에서 용머리를 딛고 하늘로 올라가시며, 세자 유류왕(儒留王)에게 도로써 잘 다스리라고 유언하셨도다.

---

37) 추모(鄒牟): 관련자료에 따라 여러 가지로 씌어 있다. 5세기 중엽의 것으로 보이는 '모두루묘지(牟頭婁墓誌)'에서는 광개토호태왕비와 같이 '추모(鄒牟)'로 씌어 있으나, 『삼국사기』「고구려본기」 시조 동명성왕조 본문에서는 '주몽'으로, 같은 책 「백제본기」에는 '추모(또는 주몽)'로, 같은 책 「신라본기」 문무왕 10년조에서는 '중모(中牟)'로, 『삼국유사』 왕력(王曆)에서는 '주몽 추몽(鄒蒙)이라고도 한다'로, 같은 책 「기이(紀異)」 고구려조에서는 '주몽'으로, 『위서』를 비롯한 중국 문헌에서는 '주몽'으로, 『일본서기』 천지(天智) 7년조에서는 '중모(仲牟)'로, 『신찬성씨록(新撰姓氏錄)』 우경 제번 하(右京諸蕃下) 고려(高麗) 장배련(長背連)조에서는 '추모(鄒牟) 주몽이라고도 한다'로, 같은 책 「산성국 제번(山城國諸蕃)」 고려 고정조(高井造)조에서는 '추모'로 표기하고 있다.

이러한 개국 신화는 『삼국사기』나 다른 사서에 보다 자세히 묘사되어 있는데 모리스 꾸랑은 "차이는 약간 있지만 같은 방식으로 언급되어 있다"고 간단하게 처리하였다.[38]

2) 부여와 북부여

추모는 원래 북부여 출신인데 부여의 엄리대수를 지나 홀본에서 나라를 세우는 것으로 되어 있다. 결국 부여에서 출발하여 다시 부여에서 나라를 세웠다는 내용에 대한 설명이 필요하다고 본 것이다.

먼저 엄리대수를 송화강으로 보았다는 점이 흥미롭다. 모리스 꾸랑은 추모가 북부여를 떠나 건넌 강을 숭가리라 하고 괄호 안에 엄리(奄利)·엄체(淹滯)·엄표(掩淲)·시엄(施掩) 강이라고 해서 엄리대수가 송화강이라는 것을 분명하게 하였다. '숭가리'란 만주어로 송화강을 일컫는 말이다. 광개토태왕에 나오는 엄리대수는 지금의 어디를 말하는 것인가? 사실 이 문제는 논의가 시작된 지 120년이 되었지만 아직도 결론이 나지 않는 문제이다. 그리고 많은 논란이 있지만 아직도 송화강설은 힘을 발휘하고 있다.

두 번째는 부여의 영역에 관한 문제이다. 이 문제는 부여와 북부여의 개념을 정리하기 위한 것이다. 이 문제는 쓰보이의 논문[39]을 바탕으로 부여 영역을 "숭가리[40] 강〔엄리(奄利), 엄체(淹滯), 엄표(掩淲), 시엄(施掩)〕 오른쪽 언덕에서 북쪽으로는 아마아무르 강〔약수(弱水), 흑수(黑水)〕까지, 동쪽으로는 후르까 강이나 우수리〔태로수(太魯水)〕까지 펼쳐져 있었다고 설정할 수 있도록 하였다. 우수리 강의 다른 쪽 언덕에는 읍루(挹婁)가 살고 있었다. 부여가 남쪽으로는 장백산(長白山)과 고구려(高句麗)와 이웃하고 있었고, 서쪽 이웃으로는 선비(鮮卑)가 있었다"고 보았다. 쓰보이는 주로 『삼국지』「위서」를 바탕으로 북부여와 남부여 영역을 규정하고 북부여는 북방에 있

38) 이 시조 전설에 대해서는 4장에서 짜를가시노바가 아주 깊은 연구 결과를 내놓는다.

39) 坪井九馬三, 「朝鮮三國建國調査」, 『史學雜誌』, 1892, 1893, 33~35쪽.

40) 〔옮긴이 주〕 : 만주어로 송화강(松花江)을 일컫는 말이다.

는 부여라고 했는데, 모리스 꾸랑은 "북부여는 '고구려 북쪽에 위치한 부여'라고 보아야 할 것이다"라고 해서 의견 차이를 보이고 있다.

3) 고구려의 건국과 수도

고구려 첫 도읍지에 대한 광태토태왕비의 비문 해석이다. 북부여를 나온 추모(주몽)는 비류수에 있는 높은 계곡에 이르러 그곳 홀본(忽本)에 자리를 잡고 나라를 세운다. 모리스 꾸랑은 이 비류수를 압록강으로 본 반면, 꾸랑이 참고로 한 일본의 나까는 '압록강의 북쪽에 있다'고 해서 압록강=비류수라고 보지 않았다. 이처럼 모리스 꾸랑이 압록강=비류수라고 판단한 것이 나중에 현장을 찾아간 에두아르 샤반느에게 영향을 끼치게 된다. 이 문제는 다음 장 샤반느를 연구하면서 자세히 보겠다. 비문에 나온 홀본(忽本)과 졸본(卒本)은 같은 것으로 보았으나 『위서』에 나온 흘승골(紇升骨)은 '바로 이웃일 것'이라고 보아 같은 지명으로 보지 않았다. 나까가 세 가지는 모두 같은 지명이라고 본 것과도 다른 관점이다.[41] 지금 두 논문을 보면 나까가 더 정확했다는 것을 알 수 있다.

두 번째 수도 국내성에 대해서도 언급하고 있다. 처음 수도를 옮겼을 때는 위나암성(尉那巖城)과 불이성(不而城)이라 불리다가 나중에 환도성(丸都城)이라고 불린 곳이 바로 국내성(國內城)이라 해서 모두 같은 지명이라고 밝혔다. 모리스 꾸랑은 광태토태왕비가 서 있는 곳이 고구려의 발상지를 표시하는 것이라고 보면서 그곳이 첫 수도 홀본인지, 두 번째 수도 국내성인지는 분명하게 하지 않았다. 다만 "이 두 도시는 졸본에서 아주 멀리 떨어져 있는 것 같지는 않다"고 해서 두 도시가 그 부근에 있을 것이라는 추정만 했다.

광개토태왕비는 고구려가 평양으로 수도를 옮기기 이전에 세워졌기 때문에 비문에 평양 천도 기사가 없다. 그러나 모리스 꾸랑은 자기 논문이 한국 역사를 잘 모르는 유럽인들이 읽을 것을 생각해 마지막 수도인 평양 천도에 대해서도 언급하고 있

41) 那珂通世,「高句麗古碑考」,『史學雜誌』47, 1893, 16쪽.

다. 여기서 고구려가 왜 평양으로 수도를 옮겼는지에 대한 문제를 다룬 것이 흥미롭다. 이 문제도 한국 역사학계서 아직도 많이 논의하고 있는 주제이다. 모리스 꾸랑은 천도의 목적을, 첫째는 중국 북쪽의 나라들과 전쟁을 위해, 둘째는 영토를 한반도 남부로 크게 확장하기 위해서라고 보았다. 현재 한국 학자들이 논의하고 있는 것과 같은 수준의 의견을 당시 이미 내놓은 것이다. 다만 평양을 한사군의 하나인 낙랑에 속해 있다고 해서 중국의 고대 복속지역이었다는 사실을 강조한 점은 모리스 꾸랑이 한국사를 잘못 이해하고 있었음을 말해준다. 즉 한나라가 옛 조선 땅에 쳐들어와 점령했던 사실을 밝히지 않고 중국의 복속지역이었다고 해서 유럽 학자들이 오해할 수 있는 여지를 남겼기 때문이다. 낙랑(樂浪)도 '악랑'이라고 읽어 낙랑에 대한 깊은 연구가 없었던 것으로 보인다.

고구려가 수도를 평양으로 옮긴 때는 장수왕 때인 서기 427년이다. 모리스 꾸랑도 이 점을 강조하고 있다. 그러나 427년 이전에 한때 평양으로 수도를 옮겼을 가능성에 대해서도 언급하고 있다. 그것은 동천왕 21년(247) "왕은 환도성이 난을 겪어서 다시 도읍으로 삼을 수 없다고 하여, 평양성을 쌓고 백성과 종묘 사직을 옮겼다"는 『삼국사기』의 기록을 말하는 것이다. 현재 이 문제는 아직도 논란이 계속되고 있다. 당시 평양이 지금의 평양이라는 설과, 전란 이후 천도할 수 있는 여력이 없었고 얼마 안 되어 다시 국내성이 수도가 된 점 등을 들어 국내성 가까운 곳에 임시로 거처를 만들었던 것이라는 두 가지 설이 있다. 이런 상황을 모리스 꾸랑은 "그 사이에는 상황에 따라 정부의 위치를 남쪽 수도[비석에서 말하는 평양(平壤)]로 옮기는 등 여기저기로 옮겨 다녔던 것 같다"고 생각했다.

여기서 모리스 꾸랑은 남평양이라는 아주 흥미 있는 곳을 들고 나온다. 고구려가 수도를 남쪽 수도인 평양으로 옮겼는데, 이 때 평양은 남평양이고 남평양은 비문에 나오는 국성(國城)이라고 본 것이다. 모리스 꾸랑의 이러한 주장은 여러 가지 면에서 무리가 있다고 본다. 우선 동천왕 때 평양으로 수도를 옮겼다는 해는 247년이고, 남평양이라고 보고 있는 국성(國城)이 태왕비에서 나타나는 것은 399년이다. 또한 이 시기 국성은 백제의 수도(372~475)이고 고구려에 속한 영토가 아니라는 것도 논리에 맞지 않았다. 이러한 점은 모리스 꾸랑 자신도 큰 부담이 되어 어려움을 토로할 정도이다.

국성이 비문에 나오는 것은 399년이 아니고 396년이다. 비문의 399년 기사는 「(영락) 9(399)년 기해에, 백제가 맹세를 어기고 왜(倭)와 통하였다. 왕이 순시하러 평양에 갔을 때 신라가 사절을 왕에게 고하기를 "△인들이 국경에 가득 차 성과 못을 파괴하고 있으니 이 노객(老客)을 백성으로 여기시는 왕께 구원을 요청합니다"고 하였다. '태왕은 은혜를 베풀고 그들의 충성을 칭찬하며 사절들이 돌아가 △△를 알리도록 하였다'는 기록을 말한다. 그런데 비문에서 국성(國城)이란 단어가 나오는 것은 오직 한 번 396년이다.

> "(영락) 6(396)년 병신에, 왕께서 친히 군을 거느리고 잔국을 토벌하시었는데… 구모성 · 고모야라성 · 막△성 · △△성 등을 쳐서 빼앗았다. 그리고 이어서… 〔제2면〕 리성 · 미추성 … 구천성 · △△△△ 등을 치셨다. △ 그 국성(國城) 백잔이 의(義)에 굴복하지 않고 감히 나와 싸우므로 왕께서 크게 성내시어 아리수(阿利水)를 건너 특공대를 보내어 성을 다그치니, …… 백제 임금은 괴롭고 지쳐 남녀 생구(生口)[42] 천 명과 가는 베 천 필을 바치며 왕께 무릎을 꿇고 스스로 맹세하기를, "지금부터는 영원히 노객(奴客)이 되겠습니다"고 하였다.[43]

여기서 모리스 꾸랑은 남평양은 한성이고 한성이 백제의 수도이니, 그곳이 바로 고구려 수도를 옮겼던 곳일 수 있다는 가정을 전제 아래 논리를 전개한다. 그러나 백제의 수도로 보는 국성(國城)은 한강(아리수)을 건너 있는 백제의 수도로, 고구려가 이곳으로 수도를 옮겼을 가능성은 거의 없다.

---

42) 포로로 해석 할 수 있으나, 전투를 담당한 병사가 아닌 일반민들로 해석된다.

43) 이 번역문은 (사)고구려연구회 윤독회에서 옮긴 것을 썼다.

2. 유류(儒留)와 대주류(大朱留)에서 광개토태왕까지

시조가 나라를 세운 뒤 이어지는 두 왕들 유류(儒留)와 대주류(大朱留)에 관한 문제는 그 연결이 어렵지 않기 때문에 비석에 나오는 이름과 『삼국사기』에 나오는 이름을 연결하는 선에서 간단히 끝냈다.

2대 유류 : 유리명왕(瑠璃明王), 유리(類利), 유류(孺留)

3대 대주류왕 : 대무신왕(大武神王), 대해주류(大解朱留), 대해송류(大解宋留)

다음에는 비석의 주인인 '국강상광개토경평안호태왕(國岡上廣開土境平安好太王)'에 관한 분석이다. 먼저 이 비석의 주인공이 『삼국사기』에 나오는 어떤 왕인지에 대한 문제부터 시작한다. 『삼국사기』에 왕들의 이름을 붙일 때 두 가지를 주고 있다는 점을 자세히 분석한다.

고국원(故國原) = 국강상(國岡上)

양원(陽原) = 양강상(陽岡上)

평원(平原) = 평강상(平岡上)

이렇게 볼 때 세 이름 모두 원(原)=강상(岡上)이 된다. 그래서 꾸랑은 '강상(岡上)'이란 고구려의 특별한 표현으로 하면 '원(原)'이라고 하였다. 이 부분은 나까 미치요의 연구[44]를 많이 참조했는데 나까는 "강상은 '원'의 사투리다"고 하였다. 그리고 왕들은 고국원, 양원, 평원에 묻혔고 나중에 그 묻혔던 장소의 이름이 시호가 되는 것이다. 그럴 경우 '고국원=국강상'이라면 국강상이란 시호가 붙은 왕은 고국원왕이고, 『삼국사기』에 고국원왕은 한 사람밖에 없다. 그렇다면 비석의 주인인 '국강상광개토경평안호태왕'은 고구려 16대 고국원왕(337~371)이 되는 것이다. 그러나 고국원왕은 재위기간이 41년 동안이나 되는데, 비문에 나온 '국강상광개토경평안호태왕'은 21년밖에 안 되는 모순이 생긴다.

고국원왕이 아니면 '국강상광개토경평안호태왕'은 과연 누구인가? 여기서 모리스 꾸랑은 '국강상광개토경평안호태왕' 가운데 '광개토경'에 주의를 돌린다. 『삼국사기』에 19대 광개토왕(392~413)이 있기 때문이다. 결국 이 비석의 주인공은 이 네 글자 때문에 광개토왕의 비석이 되는데, 『삼국사기』에서 '국강상'을 쓰지 않은 것은 선대 왕인 고국원왕과 혼동을 피하기 위한 것이고, 광개토경에서 '경' 자를 빼고 광개토왕으로 한 것은 실용적인 이유 때문일 것으로 보았다.[45] 사실 현재는 이 비가 광개토태왕의 비라는 것이 너무 간단한 문제이다. 그렇지만 초기 연구사에서는 대부분 비석의 주인공 문제를 중요하게 다루었다는 것을 알 수 있다.

비문의 주인공인 '국강상광개토경평안호태왕'이란 긴 시호는 국강상+광개토경+평안+호태왕, 네 가지로 나눌 수 있다. 앞에서도 보았지만 국강상은 장사지낸 곳이고, 광개토경은 영토를 많이 넓힌 왕이라는 뜻이다. 평안은 백성을 평안하게 했다는 뜻으로, 비문에 '(태왕이) △△을 쓸어 없애 백성들이 편안하게 생업에 종사케 하시니 나라가 부강하고 민호(民戶)가 불어나며[46] 오곡이 풍성하게 익었다"고 한 것은 바로 민생을 편안하게 한 왕이라는 뜻이다. 그런데 이 평안(平安)을 왕 이름과 연결하고 있다. 모리스 꾸랑은 광개토태왕의 이름이 무엇인지 "『양서(梁書)』와 『진서(晉書)』는 안(安)이라고 썼다"고 한 것을 보면 알 수 있다. 그러나 『삼국사기』에는 이름이 담덕이라고 나와 있기 때문에 평안이 이름일 수가 없고, 아울러 어떤 시호에도 왕 이름이 들어 있지 않는다는 점에서 이런 관점은 잘못 본 것이라는 것을 알 수 있다.

호태왕은 "호태(好太)라는 두 자는 고구려 왕에게 자주 붙여지던 수식어인데, 함께 쓰이기도 하고 따로 쓰이기도 했다"며 그 예를 "명치호왕(明治好王), 양강상호왕

---

44) 那珂通世, 「高句麗古碑考」, 『史學雜誌』 47, 1893, 19쪽.

45) 세 가지 왕 이름에 나오는 '강상'이란 공통점을 가지고 원문을 바로 잡는 부분도 소개하고 있다. "당시 그의 이름은 그 비문에서 3번 되풀이되었다. 첫 번째는 국강토(國岡土)로, 두 번째는 국강상(國岡上)으로 나온다. 나는 첫 번째 것이 부정확하다고 생각해서 텍스트에 '토(土)' 대신에 '상(上)'이란 글자를 다시 넣는다." 이 부분은 스게에 이어 나까도 언급하고 있다.

46) 菅政友, 「高麗好太王碑銘考」, 『史學雜誌』 2-22, 1891, 22~23쪽.

(陽岡上好王), 평강상호왕(平岡上好王), 영락태왕(永樂太王), 태조대왕(太祖大王), 차대왕(次大王), 신대왕(新大王), 국호태왕(國好太王), 호태왕(好台王) 등에서 찾아볼 수 있다"고 하였다.

3. '17세손(孫)'에 관한 논의

비문에 따르면, 광개토태왕은 391년(신묘년) 18세 나이로 왕위에 올라 412년 39세에 세상을 떠난다. 이 점은 『삼국사기』와 일치한다. 그런데 꾸랑은 "갑인년 414년에 땅에 묻힌다. 414년에 땅에 묻히기 위해서는 413년에 사망한 게 틀림없다"고 잘못 계산하였다. 이런 잘못은 414년 기사에 대한 잘못된 해석에서 왔다. 비문에는 "갑인년(414) 9월 29일 을유(乙酉)에 산릉(山陵)으로 옮기었도다. 이에 비를 세우고 훈적을 새겨 후세에 알리고자 하니, 그 기록은 다음과 같다"고 하였다. 414년 세상을 떠난 지 2년 만에 이장을 하고 비석을 새긴 것인데 이날 세상을 떠난 것으로 잘못 계산한 것이다.

광개토태왕에 관한 논쟁 가운데 현재까지 계속되는 문제가 '17세손'에 관한 논의이다. 이 문제는 비문에 나온 다음과 같은 한 줄에서 시작된다.

> 대주류왕(大朱留王)께서 (나라의) 기틀을 이어 받으신 뒤, 17세손 국강상광개토경평안호태왕에 이르렀도다(大朱留王紹承基業, 還至十七世孫).

『삼국사기』에 따르면 광개토태왕은 고구려 19대 왕이다. 그렇기 때문에 1대 동명성왕(추모), 2대 유리왕을 빼고, 3대 대주류왕(대무신왕)부터 계산하면 정확하게 17대가 된다. 그런데 문제는 비문에 '대(代)'라고 되어 있지 않고 '세(世)'라고 되어 있다는 것이다. '대'는 단순히 임금 자리에 앉았던 순서대로 셈한 것이다. 그러나 '세'란 혈통으로 보아 한 대가 다음 대로 바뀌기까지의 기간이나 사람을 말한다. 여기서 문제가 되는 것은 광개토태왕이 19대 왕이지만 19대 왕 가운데 5명이 형제끼리 왕위를 물려받았기 때문에 '12세'밖에 되지 않는다는 것이다. 86쪽 표에서 보는 바와 같이 4대 민중왕, 7대 차대왕, 8대 신대왕, 10대 산상왕, 18대 고국양왕은 왕위를 아버지한테 물려받지 않고 같은 세(世)에서 물려받았다. 19세에서 5세를 빼면 자연히 12세(世)밖에 되지 않는다. 다시 정리해 보면 3대 주류왕부터 19대 광개토태왕까지 '대(代)'수로는 17대, '세(世)'수로는 12세가 되며 '대'와 '세' 사이에는 '5세'의 차이가 나는 것이다.

이런 차이는 단순한 계산상의 문제로 끝나지 않았다. 북한에서는 『삼국사기』에 이 '5세'가 빠져 있고, 만일 이 '5세'가 부자계승을 통해 왕위가 이어졌다고 보면 150~250년이 더 늘어나고, 따라서 고구려 건국은 그 연수만큼 거슬러 올라갈 수 있다는 주장이다. 그렇기 때문에 『삼국사기』에 나온 서기전 37년에 150~250년을 거슬러 올라가 추모가 개국한 갑신년을 찾아보면 서기전 277년이 되고, 바로 이 해가 고구려가 개국한 해가 되는 것이다.[47)]

모리스 꾸랑은 앞서 연구한 스게나 나까에 비해 이 문제를 상당히 비중 있게 다루고 있다. 우선 그는 광개토태왕이 대주류부터 17세(世)가 된다는 것을 상기시킨다. 문제를 세심하게 다루기 위해 '17 âge' 옆에 '세(世)' 자를 한문으로 달아서 '대(代)'를 말하는 불어의 'génération'과 분명한 개념 정리부터 시작한다. 모리스 꾸랑은 대주류에서 광개토경까지 '17세(âge)'이고 통치한 대수는 10대(génération)'라고 보아 우리와 '세', '대' 개념이 반대라는 것을 알 수 있다.

이러한 계산을 하는데 중국 사서의 기록과 한국 사가들의 해석 차이를 분명하게 꿰뚫고 있다. 즉 『후한서(後漢書)』가 수성〔遂成, 차대왕(次大王)〕을 궁〔宮, 태조대왕(太祖大王)〕의 아들로 기록한 반면, 한국의 역사가들은 3형제〈궁, 수성, 백고〔伯固, 신대왕(新大王)〕〉가 53년에서 179년까지 126년 동안 연속해서 왕좌를 차지해 통치했다고

47) 손영종, 「고구려 건국년대에 대한 재검토」, 『역사과학』 1990-1, 41~42쪽.

고구려 왕의 대(代)와 세(世)에 대한 계통도

보는 시각을 소개하였다. 모리스 꾸랑은 이어서 "궁이 세 아들을 후대 왕으로 가졌다는 가설을 인정할 수 있을 것 같다"고 한국 학자들의 주장에 동조하였다. 모리스 꾸랑은 중국 사서와 한국 역사가들의 견해 차이는 태조대왕이 형제간인 차대왕과 신대왕에게 왕권을 이양한 사실이 잊혀졌기 때문에 한 사람이 126년 동안 다스렸다고 잘못 알려졌다는 것이다. 그렇기 때문에 6대, 7대, 8대 3대 왕을 3형제가 이어받았다는 사실을 인정하게 되면 수성이 궁의 아들이라는 중국 저자의 말과도 일치할 것이고 역사에서 16이라는 숫자 대신에 17대 통치로 셈하는 비문과도 일치한다는 것이다. 모리스 꾸랑은 이런 오해가 고구려에 문자가 발달하지 못해 일어났다고 진단하고 있다.

모리스 꾸랑은 왕위를 아버지한테서 받지 않은 민중왕, 산상왕, 고국양왕에 관한 것을 언급하지 않았지만 태조대왕, 차대왕, 신대왕이 3형제로 이어서 왕이 되었다는 사실은 정확하게 짚고 있었다.

4. 광개토태왕의 정복기사 연구

꾸랑은 광개토태왕에게 전쟁 군주(un prince guerrier)라는 표현을 썼다. 비문을 크게 세 단락으로 나누면, 첫 단락은 고구려 시조와 신화, 비문의 주인공인 광개토태왕에 관한 것이다. 두 번째 단락은 바로 광개토태왕의 업적인데, 모두가 주변 국가의 영토를 어떻게 넓혔는가 하는 내용이다. 당연히 모두가 정복 기사이고, 이런 내용을 꾸랑은 그렇게 표현한 것이다. 세 번째 단락은 무덤지기(守墓人)에 관한 내용이다. 꾸랑은 남으로 신라와 백제를 정복한 기사를 먼저 다루고, 이어서 북방 여러 종족을 아우르는 정복 기사를 다룬다. 그리고 끝으로 정복과 관련된 한예(韓穢) 문제를 다루고 있다.

1) 고구려의 남방 경영

꾸랑은 비문에서 고구려가 남쪽으로 원정한 기사는 396년, 400년, 404년 세 번이라고 하였다. 396년에는 광개토태왕이 친히 군을 이끌고 백제를 토벌한 기사인데 백제 임금이 무릎을 꿇고 "지금부터 영원히 노객(奴客)이 되겠습니다"라고 맹세할 정도로 크게 승리한다. 그러나 400년 백제가 맹세를 어기고 왜(倭)와 함께 신라를 쳐들어 왔다. 이때는 보병과 기병 5만 명을 보내 왜인들을 물리쳤고, 이에 신라는 고구려에게 조공을 바쳤다. 404년 기사는 왜(倭)가 대방(帶方) 경계를 침입하여 괴멸시킨 기사이다.

꾸랑은 이런 남쪽 원정의 결과를 대방(帶方) 지역까지 와 있었던 "일본인들을 격퇴시키고, 신라는 도움을 받았으며 백제는 무너졌다"고 평가하고, "따라서 두 나라(신라, 백제)는 고구려의 속국이 되었다"고 결론을 내리고 있다. 꾸랑은 이어서 고구려가 원정했던 지역을 자세하게 소개하고 있는데 다음과 같다.

① 비문에 나타난 신라의 수도 신라성(新羅城) : 경주(慶州) 부근에 있는 금성(金城), 만월성(滿月城), 신월성(新月城) 바로 옆 도시 가운데 하나이다.

② 경상도의 남서지역인 가라(加羅)와 하위 지역들

- 아라가라(阿羅加羅) : 함안(咸安)라고도 불린 안라(安羅).
- 임나(任那) : 일본인들은 미마나라고 발음하는데 한국 사료에는 아직 나타나지는 않는다. 대가라(大加羅), 즉 고령(高靈)에 해당한다.

③ 비석에서는 백잔(百殘)이라 불리는 백제 : 당시 수도가 남평양(南平壤)이었는데, 아마 오늘날 서울의 북쪽 북한산성일 것이다.

④ 대방(帶方) : 오늘날의 대동강인 패수(浿水)와 한강인 열수(列水) 사이에 있는 중국의 고대 복속 지역.[48)]

---

48) 앞에서도 보았지만 옛날 한나라가 쳐들어와 낙랑군을 설치했던 것을 '중국 고대 복속지역'이라고 강조하고 있다.

여기서 꾸랑이 아주 중요한 대목을 한 가지 빼먹고 지나친다. 바로 신묘년(辛卯, 391) 기사이다. 일본 육군 참모본부 밀정이 광개토태왕비 탁본을 가지고 일본으로 돌아왔을 때 그들이 가장 관심을 가지고 오랜 연구를 통해 세상에 내놓은 것이 바로 신묘년 기사이다. 1889년 발표된 『회여록』에서 그들은 다음과 같은 석문과 해석을 발표한다.

> 倭以辛卯年, 來渡海, 破百殘△△新羅, 以爲臣民
> 왜(倭)가 신묘년(391) 바다를 건너와 백제, △△, 신라를 쳐부수고 신민(臣民)으로 삼았다.

이어서 같은 『회여록』 연구편에서는 이 부분에 대하여 다음과 같이 썼다.

> 비문 가운데 우리와 크게 관계가 있는 것은 신묘년에 바다를 건너 백잔과 신라를 쳐부수고, 신민으로 삼았다는 몇 구절이다. 예부터 중국(漢)과 한국의 사서에는 오직 우리가 변경을 침입하는 도적이라는 것과 서로 사신을 보낸 것만 썼지, 일찍이 백제와 신라가 우리의 신민이 되었다는 부분은 쓰지 않았는데, 자기 나라의 추악한 점을 숨기기 위한 것이라고 생각한다. 이 비는 삼국 왕조가 정립(鼎立)하고 있었던 시절, 고구려(高駒驪)[49]인의 손으로 직접 만들었기 때문에 두 나라가 계속해서 숨기지 못하고 1600년이 지난 뒤 당시의 사실을 백일하에 드러내게 한 공은 그야말로 크다고 할 수 있다.
>
> 메이지(明治) 21년(옮긴이 주 : 1889년) 10월. 요꼬이 타다나오(橫井忠直)

이 대목은 결국 일본이 한국을 식민지화하는 데 중요한 이론적 근거를 제시한다.

---

49) 고구려(高句麗)를 내려 보기 위해 중국이 '려(麗)' 자에 동물인 '말 마(馬)' 자를 넣어 '가라말 려(驪)' 자로 쓴 경우가 많다. 중국이 주변 국가 이름에다 '벌레 충(虫)', '개 견(犬)' 자를 붙이는 잘못된 관습이 있다. 그런데 일본은 한 발자국 더 나아가 '망아지 구(駒)' 자까지 써서 고구려(高駒驪)라고 쓰고 있다.

다시 말해 한국은 이미 고대부터 일본이 지배했던 나라이기 때문에 옛 땅을 회복하는 것이지 침략은 아니라는 것이다.

이러한 『회여록』의 뒤를 이어 1891년의 스게, 1893년의 나까 같은 학자들이 『일본기(日本紀)』와 『고사기(古事紀)』에 나온 이야기를 연결하여 역사적인 사실로 철저히 각색해 간다. 결국 이 문제는 한국 침략의 이유로 사용되었을 뿐만 아니라, 2차 대전 이후에도 일본이 이 사실을 계속 교과서에 실어 한일간에 가장 중요한 쟁점이 되었고, 오늘날에도 그 논쟁은 계속되고 있다.

일본 제국주의에 의한 자의적 해석은 그 뒤 학술계에서 많은 비판을 받았다. 우선 같은 내용이라 해도 띄어쓰기에 따라 전혀 다른 해석이 가능해 진다는 점을 가지고 비판한다.

① 倭以辛卯年, 來渡海, 破百殘△△新羅, 以爲臣民

② 倭以辛卯年來, 渡海破, 百殘△△新羅, 以爲臣民

①번은 일본 『회여록』이 새긴 것이고 ②번은 같은 내용을 띄어쓰기만 다시한 것이지만 해석은 완전히 달라진다. "왜가 신묘년에 건너왔기 때문에 바다를 (광개토태왕)이 건너가 쳐부수었다. 백제, △△, 신라를 신민으로 삼았다"고 전혀 반대 해석이 된다. 고구려의 왕을 기리는 비석에 왜가 주격으로 등장할 수 없으며, 이 문장의 주격은 당연히 주인공인 광개토태왕이 되어야 한다. 그리고 이 문장의 주격을 광개토태왕으로 할 때 이처럼 다른 해석이 되는 것이다. 아울러 한 나라 왕을 기리는 훈적비에 다른 나라가 침입해 전승을 올린 사실을 기록한다는 것은 논리에 맞지 않는다는 것이다.

한편 글자 석문이 잘못되었다는 설득력 있는 주장도 많이 나왔다. 밀정인 사카와가 쌍구가묵본으로 글자를 그리고 먹으로 칠한 것이기 때문에, 필요에 따라서는 마음대로 한 해석에 따라 글자를 만들어 낼 수 있다. 이러한 결과는 그 뒤 비면에 석회를 바르고 탁본을 뜰 때도 석회를 바르는 사람의 해석에 따라 마음대로 글자를 만든 곳이 나온 것을 보면 알 수 있다. 비면에다 직접 하는 석회 탁본에서도 이런 일이 일어나는데 쌍구가묵본에서야 더 말할 나위도 없다. 최근 석회를 바르기 전에 탁본한 소위 원석(原石)탁본들이 많이 나오면서 새로운 해석이 가능해졌다.

① 倭以辛卯年, 來渡海, 破百殘△△新羅, 以爲臣民

③ 倭以辛卯年, 來渡. 王破, 百殘△△△羅, 以爲臣民[50)]

①번과 ③번을 비교해 보면 '해(海)' 자가 왕(王)' 자로 바뀌었다는 것을 알 수 있다. 바로 이 문장의 주어를 찾아낸 것이다. 많은 전문가들이 원석탁본을 분석해 본 결과 '해(海)' 자가 될 수 없다는 것이 일반적인 견해이다. ③번을 해석해 보면 "왜(倭)가 신묘년(391)부터 무엄하게 건너왔기 때문에 왕께서 백잔과 왜는 공파하고 신라는 신민으로 삼았다"는 전혀 새로운 해석이 나온다. 이 논문을 쓰는 필자도 '해(海)' 자를 아주 자세하게 살펴보았는데, 100년 전에 한 탁본에서도 이미 어떤 글자인지 '모른다'가 정답이라는 것을 알 수 있었다. 그만큼 많이 훼손된 것이다.

꾸랑은 위에서 본 세 사람의 일본 학자 논문을 모두 아주 중요한 자료로 사용하였다. 그런데 세 학자가 모두 가장 중요하게 다룬 이 기사를 꾸랑은 전혀 언급을 하지 않고 있다. 그렇다면 왜 이 기사를 취급하지 않았을까 하는 의문이 생긴다. 그냥 쉽게 일본인들의 작업이 학술적인 측면에서 중요하지 않아 그냥 지나쳤을 수도 있다. 그러나 이 문제는 매우 중요한 문제이기 때문에 당시 자신이 지닌 자료로는 객관적 판단이 힘들어서 의도적으로 취급하지 않았을 것이라고 본다.

2) 고구려의 북방 경영

꾸랑은 위에서 본 원정들이 상대나 상황이 분명한 데 반해 그렇지 않는 원정들은 뒤로 모았다. 분명하지 않은 원정들은 모두 고구려의 북방 경영에 관한 것이었다.

50) 고구려연구회 윤독회 석문과 해석을 따랐다.

① 395년의 원정 :

> 영락 5년(395), 을미년에 왕께서 패려(稗麗)가 △△△하지 않기 때문에 친히 군대를 거느리고 가서 토벌하셨다. 부산(富山)과 부△(負△)을 지나 염수(鹽水) 언덕에 이르러 세 부△ 6, 7백 영(營)을 쳐부수고 소, 말, 양떼 들을 헤아릴 수 없이 많이 얻었다. 그 뒤 어가(御駕)를 돌렸다. 이에 돌아오는 길에 양평도(襄平道)를 지나 동쪽으로 와 △성 · 역성(力城) · 북풍(北豊)으로 왔다. 왕은 사냥(田獵)을 준비하도록 하고 국경을 시찰한 뒤 사냥을 하고 돌아오셨다.
>
> 永樂五年, 歲在乙未, 王以稗麗不△△△, 躬率往討. 過富山負△, 至鹽水丘, 破其三部△六七百營, 牛馬群羊, 不可稱數. 於是旋駕, 因過襄平道, 東來△城 · 力城 · 北豊. 五備海, 遊觀上境, 田獵而還.

여기서 지금까지 논의되고 있는 문제가 바로 '패려(稗麗)[51]'가 어디냐는 것이다. 패려가 어디인지 알기 위해서 큰 단서가 되는 기사에 나오는 지명들이 아주 중요하다. 그 가운데 많은 논란을 가져온 것이 염수(鹽水)이다. 꾸랑은 염난수(鹽難水)를 동가강(佟佳江)이라고 했는데 스게의 주장을 그대로 따른 것이다. 스게는 『한서』 지리지에서 현도군(玄菟郡) 서개마현(西蓋馬縣)을 설명하면서 "마자수(馬訾水)에서 서북에 들어가 염난수(鹽難水)가 있다"는 기록을 바탕으로 하여, 마자수는 압록강의 다른 이름이기 때문에 서북쪽에서 압록강으로 흐르는 강은 동가수(佟佳水)라는 주장을 했다.[52]

현재 이 설은 일부 중국의 학자들이 채택하고 있지만 이미 빛을 잃고 있다. 사실 이 설은 '염(鹽)' 자가 들어갔다는 한 가지 사실 때문에 가져다 붙인 것이지 다른 확실한 논리적 근거는 없다. 이 설이 착오라는 이유를 보면 우선 압록강과 동가강은

51) 『회여록』에서는 '비려(碑麗)라고 했으나 고구려연구회에서 면밀히 살펴본 결과 '패려(稗麗)'로 읽었다.
52) 菅政友, 「高麗好太王碑銘考」, 『史學雜誌』 2-22, 1891, 34쪽.

이미 고구려의 땅인데 다시 쳐들어갈 필요가 없다. 그리고 동가강 주변은 산악지역이라 소, 말, 양떼가 많지 않은데, 이 기사에서는 헤일 수 없이 많은 소, 말, 양을 가지고 돌아왔다고 했다.

최근의 연구는 초원지대인 거란을 친 것이란 주장이 가장 설득력을 얻고 있다.

② 407년의 원정 :

> (영락)17년(407) 정미에 교지를 내리시어 보병과 기병 5만 명을 파견하여 △△△△△△△△△사(師) △△전투가 붙어 참살 · 소탕하니 적으로부터 노획한 갑옷이 1만여 벌에 이르고, 군수품과 장비가 헤아릴 수 없이 많았다. 돌아오는 길에 사구성 · 누성 · △△성 · △△△△△△나△성을 쳐부셨도다.
>
> 十七年 丁未 敎遣步騎五萬 △△△△△△△△△師△△合戰 斬殺蕩盡 所穫鎧鉀一萬餘領 軍資器械 不可稱數 還破沙溝城 婁城 △△城 △△△△△△那△城

이 기사를 꾸랑은 "텍스트에서 없어진 부분을 감안해서 보면 백제와 일본인에 대해 이루어진 것이었다"고 하였다. 이런 주장은 스게와 나까의 주장을 그대로 인용한 것인데, 이것은 완전히 잘못된 해석이었다. 우선 꾸랑을 포함한 세 사람이 사용한 텍스트가 잘못된 것이었다. 이 원정 기사는 비 3면의 오른쪽 아래 부분인데 심하게 떨어져 나가 읽기 어려운 곳이다. 다만 맨바닥 부분에 몇 글자를 읽을 수 있어 그 부분만 따로 탁본을 했다. 그런데 그 조각을 윗글에 붙이는 과정에서 한 줄을 왼쪽으로 더 옮겨 버린 것이다. 그 결과 다음과 같은 착오를 일으킨다.

> ① 十七年 丁未 敎遣步騎五萬 △△△△△△△△△師△△合戰
>
> ② 十七年 丁未 敎遣步騎五萬 △△△△△△△△平穰△△合戰

원래 비문대로 하려면 ①번처럼 "… △사(△師)… "라고 해야 하는데 "… 평양

(平穰)… "이 들어가 버린 것이다. 그렇기 때문에 일본 학자들이 백제와 왜가 평양에서 고구려와 싸우는 전쟁으로 묘사되고 자연히 왜가 평양까지 진출하게 되는 것이다. 이 시기에는 비문에도 『삼국사기』에도 고구려가 한반도 남부를 원정한 기록이 없다. 이때는 주로 연나라와의 치열한 전쟁이 있었던 시기이다. 그렇기 때문에 현재의 연구 결과는 이 원정이 후연(後燕)을 정벌한 것이라는 시각이 일반적인 견해이다.

③ 410년 동부여 정벌 :
광개토태왕이 동부여를 속국으로 만들었다는 기사이다. 꾸랑이 "이 나라는 아마 왕이 494년 고구려에 결정적으로 복속시킨 나라일 것이다"고 한 것은 "『삼국사기』에 494년 2월 부여왕과 처자가 나라를 들어 항복하여 왔다"는 기사를 통해서 이때 가서야 부여가 완전히 고구려에 들어왔다는 점을 환기시킨 것이다.

태강(太康) 6년, 즉 285년 부여가 모용외(慕容廆)에게 멸망하여 부여 왕이 옥저로 도망가 목숨을 보전했다는 기록이 있는데, 꾸랑은 이때 멸망한 부여와 고구려가 복속시킨 부여는 다른 나라였다고 주장한다. 꾸랑은 여기서 이때 망한 부여가 백제를 세웠다는 쓰보이의 설을 부정한다. 쓰보이의 주장을 보기로 한다.

> 대강(大康) 7년(286) 고구려(쓰보이는 勾驪라고 했다) 서천왕 약로(藥盧)가 대방을 취하니, 모용외가 쳐들어와 흩어졌던 남부여 종족이 다시 모여 회복하려고 하였으나 이루어지지 않았다. 남부여는 남 · 마한으로 도망하여 백제국을 일으켰다.[53]

285년 망해 옥저로 도망간 부여인들이 286년 다시 나라를 일으키려 했으나 실패해 마한으로 가서 백제를 세웠다는 약간 황당한 이야기다. 당시 일본 학자들의 이런 시각은 『삼국사기』에서 3세기 이전의 기사는 틀렸다고 보았기 때문에, 서기전 건국된 백제를 인정하지 않고 마치 3세기 후반에 가서야 백제가 건국된 것처럼 억지로

53) 坪井九馬三, 「朝鮮三國建國調査」, 『史學雜誌』(36), 1893, 40쪽.

만들어낸 것이다. 이에 대해 꾸랑은 "이 주장은 깊은 조사 없이는 이를 받아들일 수 없다"고 완곡하게 표현하였지만 『삼국사기』에 반대되는 일본 학자의 주장을 받아들이지 않았던 것이다.

3) 한(韓)과 예(穢)

광개토태왕 비문에는 수많은 고유명사가 나온다. 꾸랑은 이러한 고유명사에 대한 작업은 너무 힘든 일이어서 그 가운데 한(韓)과 예(穢) 두 종족에 대해서만 뽑아서 언급한다고 하였다. 한과 예는 바로 백제를 쳐부수고 차지한 땅이기 때문에 그 지역에 대한 구체적인 범위를 알 수 있어 학자들이 많은 관심을 가지고 있는 문제이다. 한과 예의 문제는 이미 스게[54]와 나까[55]가 자세하게 해설한 내용 가운데 일부만 간단히 정리한 것이다.

한은 삼한(三韓), 반도의 대부분을 차지했다가 일부는 복속되고 일부는 남쪽으로 물러나게 되었던 옛 진(辰)나라 백성들이라고 하였다. 『위지(魏志)』「동이전」에 나오는 "한(韓)이란 옛 진국(辰國)이다"고 한 것을 그대로 따른 것이다.

예족은 동부 해안 강원도와 함경도 북부 산악지역에 살다가 아마도 유사성이 있는 부여 시대 이전이나 이후에 북쪽에서 왔을 것으로 보았다. 광개토태왕비에 나오는 새로 온 무덤지기 목록 가운데 한(韓)으로 기록된 것이 6지역, 한과 예를 함께 기록한 곳이 1지역이며, 특별히 종족을 언급하지 않은 지역이 28개나 되는데, 이것은 모두 예로 봐야 한다는 것이 꾸랑의 주장이다. 여기서 새로 온 무덤지기라고 표현한 한과 예는 사실 모두 백제 땅을 차지한 정복지에서 데려온 사람들이다. 여기서 꾸랑은 백제=예로 간주된 것이 아닌가 하는 가정을 하고 있다. 앞에서 예와 부여의 유사성, 부여와 백제의 연관성을 결부시켜 도출한 추론인 것이다.

---

54) 菅政友, 「高麗好太王碑銘考」, 『史學雜誌』 2-25, 1891, 47~48쪽.
55) 那珂通世, 「高句麗古碑考」, 『史學雜誌』 49, 1893, 42~43쪽.

Ⅲ. 비문에 관한 고찰(2)
- 모리스 꾸랑의 광개토태왕비 해석과 역사 인식

1. 고구려는 언제부터 문자를 썼는가?

꾸랑은 광개토태왕 때 처음으로 "선조와 선왕의 무덤에 모두 비문과 함께 비석을 세웠다"는 사실을 근거로 고구려의 문자 사용에 관한 시기를 추구해 들어간다. 우선 "지금까지 무덤에는 어떤 비문도 없었다"는 구절로 "이때까지 고구려에는 문자가 알려지지 않았거나 적어도 쓰이지 않고 있었다고 결론지을 수 있다"고 단언한다. 그 이유로 같은 시기 '무덤 위에 비문을 놓는 전통이 얼마나 많이 퍼져 있었으며, 극동지역에서 죽은 자들이 얼마나 존경받는지를 고려해 볼 때' 그렇다는 것이다. 만일 글이 쓰이고 있었다면 비석을 안 세웠을 리가 없는 것이고, 반대로 안 세웠다는 것은 글이 쓰이지 않고 있었다는 것이다.

꾸랑은 이러한 자기 주장이 자기가 지지한 의견에 따랐다고 했는데 바로 쓰보이의 주장이다. 쓰보이의 주장을 보자.

> 진(秦)나라에서 승려 순도가 불교를 전하고, 이와 동시에 대학을 세워 자제를 가르쳤다. 한국 사서 『고려기』(옮긴이 주 : 『삼국사기』 「고구려 본기」를 말한다) 영양왕 대원 11년(600) 경신조에 '국초에 처음으로 문자를 쓸 때 어떤 사람이 사실 100권으로 기록하여 이름을 『유기(留記)』라고 했다'고 했는데 믿기 어렵다. 『유기』라는 것은 주류왕이 한 사업이고, 그렇다면 건국의 역사일 텐데 이러한 기록이 당시 고구려에 있었다는 것을 믿을 수 없다. 아마 대학 설립 뒤의 일일 것이다. 구부(丘夫, 옮긴이 주 : 소수림왕의 이름) 2년(372)은 실로 조선반도에서는 문화와 교육을 장려한 맨 첫 해이다. 그리고 확실한 사서(史書)는 대학박사 이문진(李文眞)이 『유기』를 줄이고 고친 것(600년)에서 시작된다.[56)]

쓰보이는 고구려가 처음 문자를 쓴 것은 372년으로 보고, 첫 사서는 이문진이 『유기』를 줄이고 고친 600년으로 보았다. 쓰보이는 이문진이 『유기』를 재편집한 것은 인정하면서도 고구려 초기에 썼다는 『유기』는 인정하지 않았다. 여기에는 일본 역사보다 오랜 기록으로 남아 있는 『삼국사기』 처음 부분, 즉 3세기 이전의 기록은 인정하기 않기 때문이다. 이때부터 시작한 일본 학자들의 초기 『삼국사기』에 대한 불신은 그 뒤 식민지사관의 근간을 이룬다.

꾸랑은 위와 같은 연구를 바탕으로 자신의 의견을 내놓는다. 우선, 문자(정확히 말하면 중국 문자)가 한국에서 현재처럼 사용되었던 것은 4세기 말(375~400)이고, 중국 문자를 사용하기 이전에는 어떤 다른 문자도 사용하지 않았다는 것이다.

이런 주장에 대한 근거를 다음과 같다.

고구려

① 불교가 고구려에 들어온 것은 372년이었다.

② 372년 고구려 왕은 젊은이들을 교육시키기 위해 태학(太學)이라 불리는 학교를 만들었다.

③ 384년 학자들의 학교인 태학이 이 왕국에 설립되었다.

④ 이문진(李文眞)이 공식적으로 고구려 역사를 쓰는 일을 맡은 것은 600년이 되어서다.

⑤ 적어도 5세기 초까지 왕들의 끝 이름은 뜻 없이 단순하게 베끼는 모습을 띠고 있다.

⑥ 고구려가 패망할 때(668년)까지 사람들의 이름은 거의 모두 중국식으로 이상하게 베끼어 썼다.

---

56) 坪井九馬三, 「朝鮮三國建國調査」, 『史學雜誌』(36), 1893, 29쪽.

백제

① 백제에는 384년에 불교가 들어왔다.

② 백제에서는 346년과 347년 사이에 일어난 사실들을 기록하기 위해 문자를 사용하기 시작했다.

③ 375년에 처음으로 박사(博士)라는 칭호가 백제의 연감기록에 나타났다.

④ 백제에 대한 가장 오래된 기록은 중국 출신 학자인 고흥(高興)이 쓴 『서기(書記)』이다.

⑤ 백제에서는 6세기 초까지 왕들의 끝 이름은 뜻 없이 단순하게 베끼는 모습을 띠고 있다.

⑥ 백제 왕국의 패망(660년)까지 사람들의 이름들은 거의 모두 중국식으로 이상하게 베끼어 썼다.

이러한 총체적 사실로 보아 문자는 372년부터 승려들에 의해 퍼졌다고 가정하였다. 그러나 중국어는 그들이 멸망하는 시기까지도 이 두 나라의 대중 속에 깊이 들어와 있지 않았다고 보았다. 다시 말해 언어 문제가 아니라 문자에 관한 부분만 언급하고 있다는 것이다.

한편 고구려에는 부여에서 온 이민자들과 낙랑, 대방, 요동 같은 복속지역에 있는 중국인들 사이에는 강한 유대관계가 있었기 때문에, 한자 사용이 일반화되지는 않았다고 해도 몇몇 사람은 이미 중국 문자를 알았을 것이라는 점을 인정하였다. 그러나 고구려의 오래된 기록이나 『유기』를 쓴 사람들은 적은 숫자에 불과한 학자들이었다는 단서를 달고 있다. 결국 꾸랑의 주장은 고구려에서 문자를 처음 쓰기 시작한 것은 372년 불교가 들어와서부터이고, 그 이전에 있었다 해도 일부 학자에 불과했다는 결론이다. 꾸랑의 이러한 논리는 쓰보이의 주장을 바탕으로 새로운 설명을 가해 보려는 노력이 엿보인다. 그러나 당시 상황에서는 피할 수 없는 일이긴 하지만 상당 부분 일본학자의 영향을 강하게 받았다는 것을 알 수 있다. 마지막에 "『삼국사기』처럼 왕국의 초기로 거슬러 올라가는 것은 어디서도 확인할 수 없다", "만약 언젠가 한국의 고대 왕국 땅에서 372년 이전의 기록을 발견한다면 그것은 틀림없이 중국인들의 기록일 것이다"고 하는 것을 보면 알 수 있다.

2. 광개토태왕비의 생김새와 문장

꾸랑은 광개토태왕비 겉모습과 문장 · 글씨체에 대해서는 후한 점수를 주지 않았다. "광개토경왕의 비문은 그 구성 자체만큼이나 겉모습에서도 그것을 새긴 사람이나 세운 사람의 무경험을 드러냈다"는 혹평에 가까운 평가를 한다. 최근 많은 연구가들이 광개토태왕비는 많은 중국의 비석에 비해서 자연돌을 약간만 다듬어 웅장하고 질박하게 만든 것이 고구려의 거석문화(巨石文化)를 잘 나타내 주는 특징이라고 오히려 좋은 평가를 하고 있다. 사면을 각지게 깎아 세운 비석에 비해 자연의 멋을 살려 세운 태왕비에 대한 찬사는 당시 고구려가 큰 돌을 그대로 세우는 풍속까지 연결시킨 것이다.[57)]

글씨체에 대해서는 "고풍스러움이 기원후 1세기의 기록에 나타난 글씨체와 비슷하다. 아주 깊이 파인 글자들은 똑같지 않고 서투르다. 어떤 것들은 대담하게 생략되었고 어떤 것은 특징은 정확하지만 조금도 읽어볼 수 없도록 변형되었다."[58)]고 하였다.

광개토태왕비에는 옥편에도 없는 많은 이체(異體) 글자들이 나온다. 꾸랑의 말대로 어떤 것은 대담하게 생략되고, 어떤 것은 전혀 새로운 글자 꼴을 쓰고 있는데, 이는 고구려만이 홀로 쓰는 특별한 글자들이 있다는 것을 전해주는 대단히 중요한 단서이다. 당시 동아시아에서 일반적으로 쓰이는 한자를 채택했지만 고구려는 고구려

57) "나는 적지 않는 명산대천을 다니며 많은 시석과 석각을 봤지만 이처럼 꾸밈 없고 수수하며(古朴), 무게가 있는(渾厚) 생김새(造型), …는 보지 못했다." (耿鐵華, 『好太王碑新考』, 吉林人民出版社, 1994, 1쪽.

58) 모리스 꾸랑, 「고구려왕국의 한문 비석」, 『Journal Asiatique』, 226쪽.

만의 문화적 색깔이 있다는 중요한 단서인 것이다.

이 점은 비문 문장에 대해서도 마찬가지다. 신라의 이두와 마찬가지로 고구려만의 표현이 드러나 있다는 것이다. 꾸랑은 "완전히 중국적인 문장들과 함께 오늘날 한국에서 쓰는 중국어식에서 쓰는 특징적인 표현들을 발견한다"고 하면서 이 때문에 "결국 이해할 수 없게 된다"고 하였다. 기준을 중국 글과 중국 글자에 두고, 그 영역을 벗어난 것은 수준이 낮은 것처럼 보고 있는데, 사실은 한자를 받아들여 한국식으로 썼던 고구려의 정체성을 더 돋보이게 한 것이었다.

3. 모리스 꾸랑의 광개토태왕비 석문에 대한 분석과 평가

모리스 꾸랑은 광개토태왕비의 비문 전체를 프랑스 어로 옮겼다. 여기서 우리는 꾸랑이 단순히 일본 사람이 석문(釋文)해 놓은 것을 번역만 한 것인지, 아니면 나름대로 비문의 글자를 석문하여 새로운 해석을 가했는지에 대해 분석하는 것은 꾸랑의 업적을 평가하는 데 아주 중요한 잣대가 된다. 꾸랑은 논문 마지막에 자신이 새로 석문 글자를 덧붙였는데 1면 22자, 2면 16자, 3면 35자, 4면 7자, 모두 80자나 된다(〈표 1〉 참조).

여기서 우선 탁본에 관한 간단한 설명을 하고자 한다. 왜냐하면 지금까지 광개토태왕비 탁본이 수없이 많지만 석문에 도움을 주는 것과 크게 한계를 가진 탁본이 있기 때문이다.

먼저 원석탁본(原石拓本)은 일반적으로 우리가 알고 있는 탁본으로, 비면에 종이를 대고 물을 뿌린 뒤 솔 같은 것으로 두드린다. 그렇게 되면 비면의 글씨가 파진 곳으로 종이가 들어가면 글자 있는 곳은 비 표면보다 움푹하게 들어가게 된다. 그 뒤 어느 정도 마르면(완전히 마르면 종이가 비면에서 떨어져 탁본을 할 수 없게 된다) 솜방망이에 먹을 묻혀 조심스럽게 두드린다. 그러면 글씨가 있는 곳은 먹이 묻지 않고, 글씨가 없는 곳은 까맣게 되어 마치 까만 바탕에 하얀 글씨를 쓴 것처럼 된다. 이러한

〈표 1〉 모리스 꾸랑이 새로 석문한 광개토태왕비 비문

(로마 숫자 = 세로 줄, 아라비아 숫자 = 가로 줄)

비면	모리스 꾸랑의 석문	비고
1면 (22자)	Ⅰ-34 德, Ⅱ-2 軺(초), Ⅱ-35 巌(궐), Ⅲ-2 巌, Ⅳ-32 上, Ⅴ-5 號, Ⅴ-13 格, Ⅴ-14 于, Ⅴ-36 穀, Ⅵ-5 宴, Ⅵ-38 詞, Ⅶ-19 往, Ⅶ-34 落, Ⅷ-31 獵, Ⅹ-11 若, Ⅹ-16 巻, Ⅹ-18 城, Ⅹ-27 城, Ⅺ-19 城, Ⅺ-27 城, Ⅺ-28 瑒(창), Ⅺ-35 城	
2면 (16자)	Ⅰ-21 城, Ⅰ-27 那, Ⅰ-37 弓, Ⅱ-17 城, Ⅱ-20 城, Ⅱ-37 昌, Ⅲ-4 城, Ⅲ-15 進, Ⅲ-16 至, Ⅲ-31 怒, Ⅲ-37 剌(날) 또는 刺(자), Ⅳ-17 △, Ⅳ-24 帀(잡), Ⅷ-1 時, Ⅷ-19 往, Ⅸ-9 來	
3면 (35자)	Ⅰ-22 國, Ⅰ-23 岡, Ⅰ-24 上, Ⅰ-25 廣, Ⅱ-16 侵, Ⅳ-7 盪, Ⅳ-10 獲, Ⅴ-24 往, Ⅵ-2 城, Ⅵ-15 隨, Ⅵ-37 鴨, Ⅵ-38 盧, Ⅶ-1 鴨, Ⅶ-3 凡, Ⅷ-1 民, Ⅷ-8 弓 또는 于, Ⅸ-9 梁, Ⅸ-16 梁, Ⅺ-21 蔦(조), Ⅺ-33 須, Ⅻ-22 彌, ⅩⅢ-39 若, ⅩⅢ-7 若 또는 臼, ⅩⅢ-25 巻, ⅩⅢ-33 二, ⅩⅢ-34 彌, ⅩⅢ-35 鄒.	
4면 (7자)	Ⅰ-2 古 또는 也, Ⅰ-28 就, Ⅲ-4 瑞, Ⅴ-36 𡨴 또는 贏(영) Ⅵ-18 俻(비), Ⅷ-8 差, Ⅷ-36 差	Ⅴ-36은 옥편에 없는 한자
80자		

* 자료 : 모리스 꾸랑, 「고구려왕국의 한문 비석」 『Journal Asiatique』 239쪽

원석탁본은 실제 비면을 직접 보는 것보다 글자가 더 정확하고 선명하게 나타나 석문하는데 크게 도움이 된다. 이런 원석탁본은 비가 발견된 뒤 1880년부터 약 10년 남짓한 기간에 뜬 것과 해방 뒤 석회가 떨어져 나간 뒤 뜬 탁본이 있다. 최근 10~20년 사이에 1880년대 원석탁본이 10벌쯤 발견되어 석문에 크게 도움을 주고 있다.

두 번째는 석회탁본(石灰拓本)이다. 사실 이런 탁본은 다른 비에서는 거의 없다. 광개토태왕비는 오래되고 클 뿐 아니라 풍화되어 없어진 곳이 많다. 그래서 실제 탁본을 한 벌 뜬다는 것은 너무 어려운 작업이다. 그렇기 때문에 글씨가 없는 부분에 석회를 바르고 뜨는 것을 석회탁본이라 한다. 이 석회탁본은 글자가 아주 선명하게 나와서 서예가들이 많이 선호하고 있지만 석문을 하는 데는 한계가 분명하다. 우선 석회를 바르는 사람이 잘 보이지 않는 글자를 어떤 글자로 읽는지에 따라 글자의 생김새를 고쳐 버릴 수 있기 때문이다. 석회를 바르는 사람은 자신의 대본을 가지고 있

으며, 모든 석회탁본은 이 대본에 따라 대량으로 생산된다. 그렇기 때문에 광개토태왕비 탁본은 대부분 석회탁본이라고 해도 과언이 아닐 정도이다. 일제 강점기 한때는 만주에 여행간 일본인들에게 가장 인기 있는 여행선물이었다고 한다.

마지막으로 사카와가 일본으로 가지고 간 쌍구가묵본이다. 쌍구(雙鉤)란 '가는 선으로 옛 글씨의 획과 글자 생김새를 그려내는 것'을 말하는데, 보통 쌍구법이라고 한다. 이렇게 그린 글씨는 놔두고 나머지 종이 면에 먹을 칠하는 것이 가묵(加墨)이다. 이것은 엄밀하게 말해서 탁본이 아니다. 쌍구하는 과정에서 얼마든지 자신이 원하는 글씨를 만들 수 있기 때문이다. 더구나 광개토태왕비처럼 오래되고 알아보기 힘든 비석은 더욱 그러하다. 한편 사카와가 가져간 탁본은 비면에 대고 쌍구한 것이 아니라는 주장과 함께 묵수곽전본(墨水廓塡本)이라고도 한다.

먼저 우리는 꾸랑이 현장에서 비석을 직접 보거나 심지어는 석회탁본마저도 보지 않은 채 사카와의 쌍구가묵본만 보고 석문을 했다는 것을 감안해야 한다. 그런데 꾸랑의 논문 뒤에 보면 광개토태왕비에 새겨진 그대로 표를 만든 석문표가 실려 있다. 꾸랑은 이 석문을 바탕으로 하여 자기가 새로 독자적인 석문을 한 글자 옆에 * 표시를 하였다. 이 석문을 꾸랑이 직접 한 석문으로 잘못 실린 책도 있다.[59] 우선 꾸랑이 바탕으로 한 석문은 누구의 석문인가 하는 것이다. 당연히 당시 모든 연구자들이 기본적으로 참고한 『회여록』에 나오는 요꼬이의 석문일 수밖에 없다. 그런데 비교표(〈표2〉 참고)에서 보는 바와 같이 10자 정도가 차이가 나고 있어 혹시 『회여록』 이후 요꼬이가 다시 한 석문을 꾸랑이 참고한 것이 아닌가 하는 생각도 든다.

꾸랑은 자신의 논문에서 다음과 같은 논문을 참고하였다고 적었다.

- 사카와(酒匂)의 탁본(雙鉤加墨本) : 『會餘錄』(5), 1889.
- 요꼬이 타다나오(橫井忠直), 「高句麗古碑釋文」, 『會餘錄』(5), 1889.
- 스게 마사토모(菅政友), 「高麗好太王碑銘考」, 『史學雜誌』 2-21. 23, 24, 25,

59) 林基中, 『廣開土王碑原石初期拓本集成』, 동국대학교 출판부, 1995.

1891.

- 나까 미치요(那珂通世), 「高句麗古碑考」, 『史學雜誌』 47～49, 1893.

먼저 꾸랑 자신이 새로 석문했다는 글자와 당시 이미 석문된 것을 비교해서 표를 만들면 〈표2〉와 같다.

모리스 꾸랑의 석문 가운데 다른 학자들이 새롭게 시도하였던 여러 석문을 받아들이지 않고 『회여록』에서 처음 주장한 글자를 그대로 채택한 것이 5자이다. 그리고 스게가 석문한 것을 받아들인 것이 7자, 나까가 석문한 것을 채택한 것이 21자로 가장 많다. 이러한 다양성은 무엇보다도 당시 석문된 것을 종합하여 정확하게 자기 잣대로 선택했다는 사실을 말해 준다. 그리고 50자에 가까운 글자를 완전히 독자적으로 석문한 것이다. 앞에서도 언급하였지만 극히 제한된 조건 아래서 이 정도의 새로운 석문을 했다는 것은 대단히 놀라운 성과이다.

쌍구가묵본은 탁본처럼 불분명한 곳이 없기 때문에 글자의 생김새로 가까운 글자를 생각해 내거나, 그보다 더 중요한 것은 전체 문맥을 통해서 가능성 있는 글자를 찾아 넣어 앞뒤가 통하도록 하는 것이다. 그렇기 때문에 비문에 대한 완전한 이해와 한문에 대한 깊은 조예 없이는 불가능한 작업이다. 몇 년 전 고구려연구회 윤독회에서는 최근 새로 발견되는 원석탁본을 바탕으로 여러 전문가들이 면밀하게 석문을 하였다. 106쪽 〈표2〉의 마지막 석문은 바로 고구려연구회 윤독회에서 한 석문이다. 그런데 놀랍게도 꾸랑이 독자적으로 한 석문 가운데 12자가 완전히 고구려연구회 석문과 맞아 떨어진다. 이는 원석탁본이 아닌 쌍구가묵본으로 다른 일본 학자들과 전혀 다른 석문을 한 것으로 매우 높이 평가할 만한 결과라고 할 수 있다.[60]

60) 1면(Ⅳ-32 上, Ⅴ-36 穀, Ⅵ-5 宴, Ⅵ-38 詞, Ⅶ-19 往, Ⅷ-31 獵); 2면(Ⅲ-31 恕, Ⅲ-37 剌(날) 또는 刺(자), Ⅳ-17 口); 3면(Ⅵ-15 隨, Ⅷ-1 民, Ⅷ-8 弓 또는 于); 4면(Ⅰ-2 古 또는 也)

〈표 2〉 모리스 꾸랑의 석문과 다른 석문의 비교

1) 1면

번호	세로줄	가로줄	꾸랑(책)	꾸랑	회여록	스게	나까	고구려 연구회	비고 : 〈독〉=새 석문, 〈회〉=회여록, 〈스〉=스게, 〈나〉= 나까
1	Ⅰ	34	彳	德(덕)	㣊	彡	彳	△	〈독〉
2	Ⅱ	2	車	軺(초)	車	車	車	幸(행)	〈독〉
3	Ⅱ	35	㪺	蕨(궐)	㪺	㪺	㪺	葭(가)	〈독〉
4	Ⅲ	2	山	蕨(궐)	山	丗	山	葭(가)	〈독〉
5	Ⅳ	32	土(토)	上(상)	土(토)	土(토)	土(토)	上(상)	〈독〉
6	Ⅴ	5	号	號(호)	号	號(호)	號(호)	号(호)	〈스〉〈나〉
7	Ⅴ	13	ㅋ	格(격)	ㅋ	ㄱ	丐	治(?)	〈독〉
8	Ⅴ	14	丐	于(우)	丐	于(우)	丐	于(우)	〈스〉
9	Ⅴ	36	馨(형)	穀(곡)	馨(형)	槃	槃	穀(곡)	〈독〉
10	Ⅵ	5	冥	宴(연)	冥	晏	晏	宴(연)	〈독〉
11	Ⅵ	38	言	詞(사)	言	言	言	詞(사)	〈독〉
12	Ⅶ	19	住(주)	往(왕)	往(왕)	住(주)	住(주)	往(왕)	〈독〉
13	Ⅶ	34	洛(낙)	落(락)	洛(낙)	洛(낙)	洛(낙)	洛?	〈독〉
14	Ⅷ	31	猟	獵(엽)	猟	猟	猟	獵(엽)	〈독〉
15	Ⅹ	11	若	若(약)	若	若	若	各(각)	〈독〉
16	Ⅹ	16	弖(호)	卷(권)	卷(권)	弖(호)	卷(권)	氏(저)	〈나〉
17	Ⅹ	18	△	城(성)	△	城	城	城(성)	〈스〉〈나〉
18	Ⅹ	27	△	城(성)	△	△	城	城(성)	〈나〉＊ 6자 빼먹음
19	Ⅺ	19	△	城(성)	△	△	城	城(성)	〈나〉
20	Ⅺ	27	△	城(성)	△	△	城	城(성)	〈나〉
21	Ⅺ	28	昜	瑒(창)	昜	瑒(창)昜	烟	瑑(전)	〈독〉
22	Ⅺ	35	△	城(성)	△	△	城	城(성)	〈나〉

2) 2면

번호	세로줄	가로줄	꾸랑(책)	꾸랑	회여록	스게	나까	고구려 연구회	비고
1	Ⅰ	21	△	城(성)	△	△	[城]	△	〈나〉
2	Ⅰ	27	△	那(나)	△	[那]	[那]	那(나)	〈스〉〈나〉
3	Ⅰ	37	亐	弓(궁)	亐	亐	弓(궁)	于(우)	〈독〉
4	Ⅱ	17	△	城(성)	△	△	[城]	城(성)	〈나〉
5	Ⅱ	20	△	城(성)	△	△	[城]	城(성)	〈나〉
6	Ⅱ	37	彐	昌(창)	彐	日彐	昌(창)	貫(관)	〈독〉
7	Ⅲ	4	△	城(성)	△	△	[城]	城(성)	〈나〉
8	Ⅲ	15	△	進(진)	△	△	[進]	△	〈나〉
9	Ⅲ	16	△	至(지)	△	△	[至]	△	〈나〉
10	Ⅲ	31	奴(노)	怒(노)	奴(노)	奴(노)	奴(노)	怒(노)	〈독〉
11	Ⅲ	37	刺(자)	剌(랄) 또는 刺(자)	刺(자)	刻(각)	刺(자)	刺(자)	〈독〉
12	Ⅳ	17	白(백)	口(구)	白(백)	白(백)	白(백)	口(구)	〈독〉
13	Ⅳ	24	丏	帀(잡)	丏	丏	丏	疋(필)	〈독〉
14	Ⅷ	1	寺	時(시)	寺	寺	時(시)	△	〈나〉
15	Ⅷ	19	住(주)	往(왕)	往(왕)	住(주)	住(주)	往(왕)	〈독〉
16	Ⅸ	9	辛(신)	來(래)	來(래)	來(래)	來(래)	來(래)	〈회〉〈스〉〈나〉

3) 3면

번호	세로줄	가로줄	꾸랑(책)	꾸랑	회여록	스게	나까	고구려 연구회	비고
1	Ⅰ	22	△	國(국)	△	△	國	國(국)	〈나〉
2	Ⅰ	23	△	岡(강)	△	△	岡	岡(강)	〈나〉
3	Ⅰ	24	△	上(상)	△	△	△	上(상)	〈나〉
4	Ⅰ	25	△	廣(광)	△	△	△	廣(광)	〈나〉
5	Ⅱ	16	𢒼	侵(침)	侵(침)	侵(침)	侵(침)	侵(침)	〈회〉〈스〉〈나〉
6	Ⅳ	7	湯(탕)	盪(탕)	湯(탕)	湯(탕)	湯(탕)	蕩(탕)	〈독〉
7	Ⅳ	10	稚(치)	獲(획)	穫	稚	稚(치)	穫(확)	〈독〉
8	Ⅴ	24	住(주)	往(왕)	往(왕)	住(주)	住(주)	往(왕)	〈독〉
9	Ⅵ	2	△	城(성)	△	△	△	城(?)	〈독〉
10	Ⅵ	15	随(타)	隨(수)	随(타)	隋(수)	随(타)	隨(수)	〈독〉
11	Ⅵ	37	△	鴨(압)	△	△	△	△	〈나〉
12	Ⅵ	38	△	盧(노)	△	△	△	△	〈나〉
13	Ⅶ	1	△	鴨(압)	△	△	鴨	鴨(압)	〈나〉
14	Ⅶ	3	仉(장)	凡(범)	凡(범)	仉	凡(범)	凡(범)	〈나〉
15	Ⅷ	1	△	民(민)	△	△	△	民(민)	〈독〉
16	Ⅷ	8	亐	弓(궁) 또는 于(우)	亐	亐	弓(궁)	于(우)	〈독〉〈나〉
17	Ⅸ	9	粱	梁(양)	粱	粱	粱	△	〈독〉
18	Ⅸ	16	粱	梁(양)	粱	粱	粱	梁(양)	〈나〉
19	Ⅺ	21	𢌿	蔦(조)	鳥(조)	𢌿	𢌿	蔦(조)	〈독〉
20	Ⅺ	33	△	須(수)	△	△	△	△	〈독〉
21	Ⅶ	22	珎(진)	彌(미)	珍(진)	珎	㣺	珍(진)	〈독〉
22	Ⅶ	39	右	若(약)	若(약)	右	右	臼(구)	〈회〉
23	ⅩⅢ	7	右	若(약) 또는 臼(구)	若(약)	右	右	各(각)	〈독〉〈회〉
24	ⅩⅢ	25	弖(호)	卷(권)	卷(권)	弖(호)	弓(궁)	氐(저)	〈회〉
25	ⅩⅢ	33	厶	二(이)	厶	二(이)	二(이)	三(삼)	〈스〉〈나〉
26	ⅩⅢ	34	尔	彌(미)	尔	余	尒	弥(미)	〈독〉
27	ⅩⅢ	35	阝	鄒(추)	阝	目	阝	舊(구)	〈독〉

4) 4면

번호	세로줄	가로줄	꾸랑(책)	꾸랑	회여록	스게	나까	고구려 연구회	비고
1	I	2	△	古(고) 또는 也(야)	△	△	△	也(야)	〈독〉
2	I	28	須(수)	就(취)	須(수)	須(수)	須(수)	模(모)	〈독〉
3	Ⅲ	4	瑒(창)	瑞(서)	瑞(서)	瑒	瑒	瑑(전)	〈회〉
4	V	36	㐬	羸 또는 羸	羸(영)	㐬	羸(리)	羸(리)	〈독〉
5	Ⅵ	18	畓	俻	畓	備(비)	備(비)	備(비)	〈독〉
6	Ⅷ	8	羌	差(차)	羌	差(차)	差(차)	差(차)	〈스〉〈나〉
7	Ⅷ	36	羌	差(차)	羌	差(차)	羌(비슷)	差(차)	〈스〉

4. 꾸랑의 한국 고대 역사지도에 대한 분석

꾸랑은 논문 마지막 쪽에 한국의 고대 역사지도 한 장을 덧붙였다. 이 지도 한 장은 각 나라의 이름, 지명, 강과 산의 이름 같은 다양한 고유명사를 표기하고 있다. 여기서 우리는 고유명사에 대한 표기 방법, 위치를 통해서 한국 고대사에 대한 꾸랑의 시각을 보는 데 아주 중요한 잣대가 될 것으로 본다. 우선 꾸랑이 지도에 표시한 고구려 명사를 옮겨본 뒤(한자는 옮긴이가 붙인 것임), 그에 대한 간단한 언급을 하고자 한다.

1) 나라 · 종족 · 큰 지역 이름(대문자를 사용하였다)－18개

고구려(高句麗, KO KOU RYE), 백제(百濟, PAIK TJYEI), 신라(新羅, SINRA), 가라(加羅, KARA), 왜(倭, OA), 부여(夫餘, POU YE), 읍루(挹婁, EUP ROU), 말갈(靺鞨, Mal kal), 두막루(豆莫婁, TOU MAK ROU), 북부여(北夫餘, Pouye septentrional?), 예(穢, YEI), 유연(柔然, YU OEN), 선비(鮮卑, SIEN PEI), 모용(慕容, MOU YONG), 요서(遼西, LIAO SI), 요동(遼東, LIAO TONG), 탐라(耽羅, HTAM RA), 악랑(樂浪, AK RANG),

대방(帶方, TAI PANG).

여기서 꾸랑은 고구려, 신라, 백제 같은 3국만 표시하는 게 아니라 한국사에서 나오는 다양한 나라와 부족 국가들을 망라한다. 고구려가 무려 705년이라는 긴 기간 동안 이어졌기 때문에 자연히 그 내용이 커진 것이다.

먼저 고구려에 아우러진 부여, 읍루, 두막루, 낙랑, 대방, 예(穢)를 지도에 표시하고 있는데, 두막루를 북부여로, 읍루를 말갈로 보는 시각을 엿볼 수 있다. 한편 신라와 관계가 있는 가라와 탐라도 빼지 않고 자세히 싣고 있어 꽤 세밀한 지도를 작성하였다는 것을 알 수 있다.

한편 꾸랑은 주변 국가들도 표시하여 고구려의 국제관계를 쉽게 이해할 수 있는 지도를 만들려는 노력이 엿보인다. 동남으로는 왜, 서북으로는 유연, 선비, 모용 같은 북방 민족들을 표시하였다. 이런 나라들은 왜(倭)는 '와'라고 해서 당시 일본식 음을 땄고, 서북 유목민족들은 중국식 음을 땄다. 여기서 요동과 요서를 중국식 발음으로 했는데, 이곳에는 오랫동안 고구려와 모용, 선비 같은 다른 민족과의 다툼이 있었던 장소이기 때문에 그렇게 한 것으로 보인다.

꾸랑은 고구려가 중기 이후에는 요동을 지배했다는 사실을 알고 있었지만 주변국들과의 관계를 표시하기 위해 요동의 표기를 중국식으로 한 반면, 북쪽은 흑룡강을 넘어 끝까지 모두 한글 발음대로 써서 고구려의 땅으로 인정하였다. 그것은 고구려가 부여를 아우른 뒤 자연히 옛 부여 땅을 모두 차지하였다는 아주 자연스러운 생각이었던 것이다.

2) 수도 - 6개

홀본(忽本, Hol pon), 평양(平壤, Hpyeng yang), 남평양(南平壤, Nam hpyeng yang), 금성(金城, Keum syeng), 대가라(大加羅, Tai kara) 또는 임나(任那, Imna), 아라(阿羅, Ara) 또는 안라(安羅, Anra).

지역 이름은 주로 수도였던 곳을 골라 표시하였다.

고구려 = 홀본, 평양
백제 = 남평양
신라 = 금성
가야 = 대가라, 아라, 안라

고구려 수도 가운데 국내성을 뺀 것은 홀본과 국내성은 거의 같은 곳에 있었다고 보았기 때문이다. 백제의 수도를 한성, 즉 남평양으로 보았는데, 꾸랑은 고구려 동천왕이 평양으로 수도를 옮긴 곳은 바로 이 남평양이라고 보고 있다.

3) 강-12

압록강〔鴨綠江, Ap rok kang, 비류수(沸流水, Boul ryou syou)〕, 염수(鹽水, Yem Syou), 동가강(佟佳江, Teung ka kang), 두만강(頭滿江, Tou man kang), 패수〔浿水, Hpai Syou, 대동(大同, Tai tong)〕, 열수(列水, Ryel Syou), 사자하〔泗泚河, Satjaha 금강(錦江, Keum kang)〕, 낙동강(洛東江, Rak tong), 대요수(大遼水, Ta liao choei), 소요수(小遼水, Siao liao choei), 엄리수〔奄利水, Em ri syou, 숭가리 강, Soungari oula〕, 후르카(Hourka), 약수〔弱水, Yak Syou, 흑수(黑水, Heuk Syou)〕, 사가틴 강, Saghatin oula, 아무르 강, Amour〕, 대로수(大魯水, Htai ro syou, 우쑤리 강, Oussuri oula).

꾸랑은 지도에서 특히 강줄기에 대해 꽤 자세하게 표시하려고 노력하였다. 때문에 우리가 한국 고대사에서 중요하게 다루고 있는 중요한 강들을 대부분 표시했다고 볼 수 있다. 이 지도에서 추모가 처음 나라를 세운 비류수는 압록강으로 보았다는 것을 알 수 있다. 그렇기 때문에 자연히 고구려 첫 수도 홀본은 바로 압록강 가에 있는 것으로 표시하였다.

광개토태왕비에 나오는 엄리대수를 숭가리 강, 즉 송화강으로 보았다는 것을 확

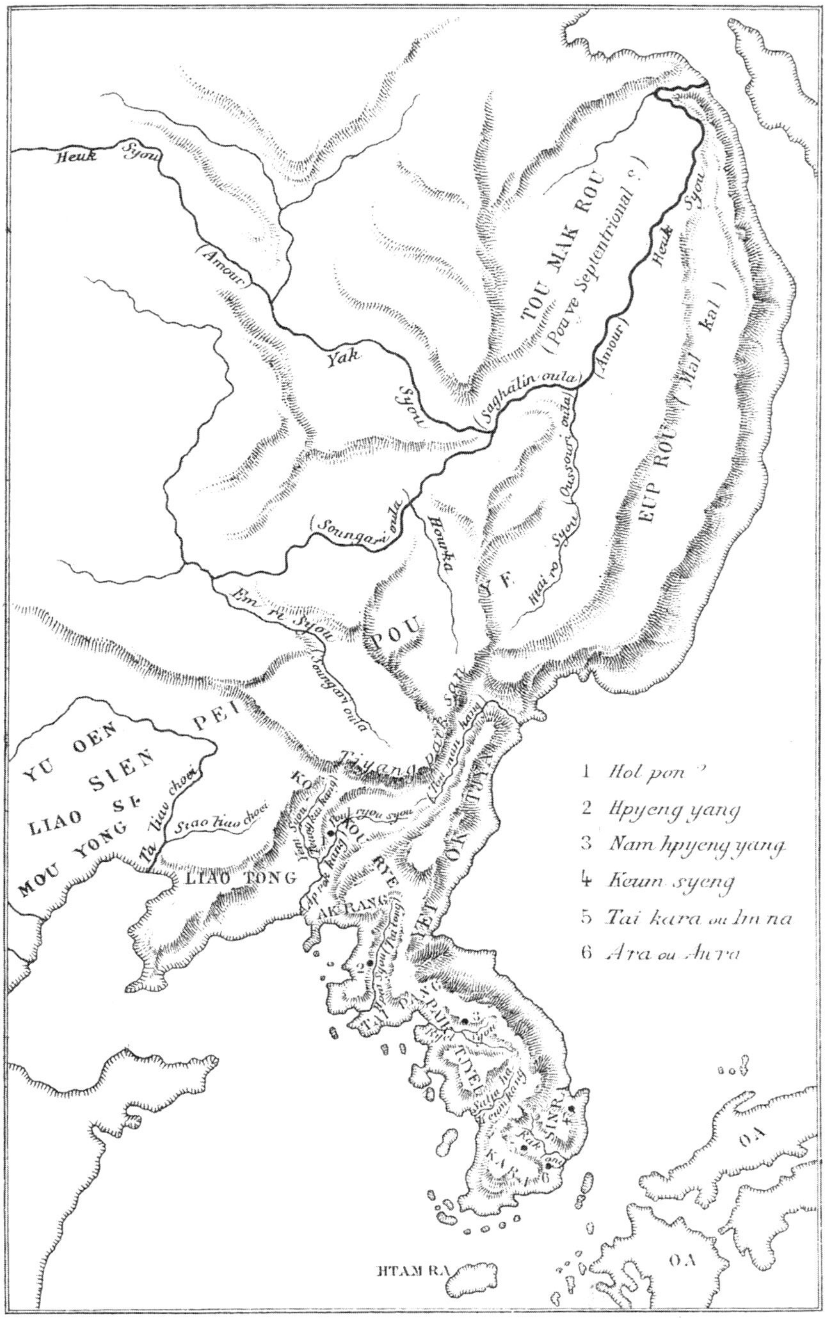

〈그림 7〉 모리스 꾸랑의 한국 고대사 지도(모리스 꾸랑, 『고구려 왕국의 한문 비석』)

인할 수 있고, 압록강 북쪽의 드넓은 지역을 차지하고 있는 약수(弱水), 즉 흑룡강(러시아의 아무르 강)에 대해서 주변이 부여의 활동 무대였다는 것을 잘 보여주는 지도이다.

4) 산-1

장백산(長白山, Tjyang paik san).

이상에서 보듯이 꾸랑이 그린 지도에는 나라, 종족, 지역을 표시하는 고유명사가 18개, 수도 이름이 6개, 강 이름이 12개, 산 이름이 1개로 모두 37개의 이름들이 표시된 제법 짜임새 있는 한국 고대사 지도를 그려 독자들에게 제공하였다. 이는 꾸랑의 한국사에 대한 폭 넓은 지식을 다시 한 번 확인하는 실례라고 할 수 있다.

5. 중국과 일본의 학문적 자세에 대한 꾸랑의 시각

꾸랑은 스스로 객관적인 시각에서 비석에 대한 진실을 찾으려 애쓴 것 같다. 그러나 비문과 역사적 사실을 하나로 만들기에는 증거 자료가 모자란다는 안타까움을 표하기도 했다. 여기서 꾸랑은 이러한 자신의 연구결과를 제시하고 진실을 토로하고 싶은데, 주변 국가의 역사에 대한 자의적 해석 때문에 어찌 해야 좋을지 모르겠다고 고백한다.

> 이런 비석에 대한 나의 가설을 누구에게 주장해야 할지 모르겠다. 왜냐하면 중국인들이 만든 모든 고대 자료들은 그들의 오래된 국가 역사에 관한 것뿐이고, 일본인들의 애국주의는 그들의 선조들이 패배한 사실에 대해서는 조금도 확인하려 하지 않고, 반대로 고구려가 공식적으로 집필한 것을 과장이나 허풍으로 몰아붙이면서 『고사기』나 『일본기』에서 보존되어 온 훌륭한 전통을 그대로 유지하려고 노력하는

저자들도 있기 때문이다.

비록 짧은 문장이지만 여기서 유럽의 유명한 동양학자가 중국과 일본의 고대 기록과 학문적 태도에 대한 나름대로 정확한 판단을 하고 있다는 것을 알 수 있다.

1) 중국

"모든 고대 자료들은 그들의 오래된 국가 역사에 관한 것뿐이다."

꾸랑은 많은 고대 중국의 기록들을 접했기 때문에 그런 기록들이 일관되게 지닌 화이관(華夷觀)을 파악하고 있었다. 화이관이란 '중국은 세계의 중심(華)이고, 주변의 모든 나라들은 오랑캐(夷)'라는 중국 중심의 사상이다. 그래서 중국은 자기를 가운데 있는 화하족(華夏族), 즉 중화(中華)이고, 사방의 모든 민족은 오랑캐, 즉 동쪽 오랑캐 동이(東夷), 서쪽 오랑캐 서융(西戎), 남쪽 오랑캐 남만(南蠻), 북쪽 오랑캐 북적(北狄)이라고 보았다. 이와 같은 뿌리 깊은 화이관은 중화사상(中華思想)이라고도 하는데, 단순히 주변 국가와 민족을 무시하는 데서 끝나는 것이 아니라 번속이론(蕃屬理論)을 만들어 주변 국가는 모두 중국의 속국이라는 논리로 비약한다. 그렇기 때문에 중국은 역사적으로 힘이 약할 때는 주변국가와 평화를 이야기하지만 힘이 강대해지면 주변 국가를 차지하는 것을 당연하게 생각하였다.

이와 같은 중국의 고대 기록은 고대 기록으로만 남아 있는 것이 아니다. 지금은 오히려 그러한 중화사상을 국가 이름으로 사용하고 있기 때문이다. 중국 역사상 수많은 나라들이 나타났다가 사라졌지만 그때마다 '중화(中華)'는 모든 나라들의 중심사상이었다. 심지어는 거의 1000년 가까이 다른 민족이 중국을 통치할 때도 이 중화사상을 활용하였다. 그런데 현재 중국은 '중화민주주의인민공화국(中華民主主義人民共和國)'이란 긴 국가 이름을 가지고 있다. 민주주의, 인민, 공화국 같은 단어들은 정치사에서 가장 바람직한 체제들이다. 중국은 이런 모든 좋은 이름을 모두 끌어다 붙였다. 그러나 이것은 사회주의 국가들이 즐겨 붙였던 용어들이 그대로 남아 있는 것이지 중국이 실제 민주주의를 실천하고, 인민을 위한 정치를 하고, 공화정치를 실현했다는 것은 아니다. 중화민주주의인민공화국에서 가장 중요한 것은 '중화'이고 '중국(中國)'이다. 현재 세계의 모든 나라 사람들이 중국이 단순한 국가 이름이지 그게 자기 나라가 세계 중심이라는 것을 뜻한다는 것을 아는 사람들은 거의 없다. 중국이 정치 · 경제적으로 발전하여 부강해지면 틀림없이 이런 중화사상이 전면에 떠오를 것이다.

중국의 이런 중화사상은 학자들에 의해 학술적으로 논의된 게 아니라 국가가 그 사상을 적극적으로 활용하고, 나아가 관변 학자들에 의해 집약적으로 정치 이데올로기로 만든다. 그것이 자기들이 말하는 세계(당시는 주변 국가)에 어떤 영향을 미치고, 주변 국가가 어떻게 생각하느냐 하는 것은 아무 상관이 없다. 사실 역사적으로 강대국들은 모두 그런 경향을 가지고 있다. 그러나 중국처럼 수천 년의 역사를 통해 일관되게 내려오는 정치사상을 지닌 나라는 거의 없다. 로마 황제는 절대 권력을 가지고 있었고 한때 교회를 지배한 적이 있지만 하느님의 영역은 어디까지나 교회의 것이었다. 그러나 중국의 천자(天子)는 바로 황제가 하늘의 아들이라는 개념이었다. 꾸랑 같은 합리적인 서양 학자가 보기에는 도저히 이해가 가지 않는 정치철학이었을 것이다. 그러나 꾸랑도 사람을 달나라에 보내는 21세기에 그런 사상이 실제화되리라고는 상상하지 못했을 것이다.

1980년대 이후 고구려 역사를 중국사로 만들기 위한 중국의 용의주도한 작업은 21세기에도 그런 팽창주의적 중화사상이 계속될 것이라는 사실을 예고하고 있다. 고구려 멸망 이후 1500년 이상 고구려 역사가 한국 역사라는 것은 움직일 수 없는 사실이었다. 중국의 사서들도 인정하고 있고, 중국의 교과서에서도 고구려는 자기 나라 역사가 아닌 세계사에 들어가 있었다. 그런데 갑자기 고구려가 중국의 역사라고 들고 나온 것이다. 일부 학자들의 학술 연구 결과가 아니라 국가가 아주 조직적으로 관여했다는 점이 주변 국가를 더욱 경악하게 만든다. 현재 중국은 모두 16개 국가와 국경을 접하고 있다. 그런데 중국은 주변 모든 나라와 역사 분쟁, 국경 분쟁을 겪고 있다. 이런 것은 모두 중국이 옛날부터 지녀 왔던 '화이관', '중화사상', '번속이론'과 관계가 있다.

중국은 한 왕조가 망하고 새 나라가 태어나면, 바로 이런 역사적 정통성을 확보하기 위한 작업에 들어간다. 현재 중국에서는 현 정부가 중국의 전 역사를 아울러 이어받은 정통성을 확보하기 위한 작업이 거의 끝나가는 것이다. 그 가운데 하나가 '고구려는 중국 역사이다'라는 프로젝트이다. 이 프로젝트(工程)는 단대공정, 서북공정, 서남공정 같은 많은 프로젝트 가운데 하나일 뿐이다. 만일 고구려 역사가 한국 역사이면, 현재 차지하고 있는 만주 지역의 역사적 정체성이 문제가 되고, 만일 칭기즈칸이 몽골 인이고, 그 몽골 인이 세운 원나라가 몽골 역사라면 북방민족이 세운 5호 16국, 북위, 요나라 같은 모든 역사가 몽골 역사가 되어 중국 북동쪽의 광대한 영역에 대한 역사적 정체성을 확보하기 어렵게 된다. 그렇기 때문에 중국으로서는 이러한 역사왜곡을 하지 않을 수 없는 것이 현실인 것이다. 지금 중국 사람들이 '칭기즈칸은 중국 사람이다', '고구려 장수였던 을지문덕과 연개소문이 중국 사람이다'고 하면 이상하게 들릴지 모르지만 얼마 가지 않아 익숙해질지 모른다. 그런 것이 바로 중국의 수법이고, 그렇게 해서 성공한 예가 있기 때문이다. 중화민국이 중국 대만성이 되고 티베트가 중국의 한 성이 되는 과정과 같은 것이다. 문제는 이런 중국의 팽창주의적 중화사상은 결국 아시아의 평화를 위태롭게 하고, 아시아의 평화가 깨지면 세계 평화도 없다는 점이다. 사실 중국 자신이 가장 먼저 이런 점을 인식해야 하고, 그런 인식을 바탕으로 중국이 세계 평화에 기여하는 국가가 되어야 한다. 그러기 위해서는 자기 야망을 실현하는 것을 제일로 삼는 정치가가 아니라 학문적 양심을 가진 학자들의 솔직하고 준엄한 비판이 있어야 한다. 그런데 현재 중국에서 그런 것을 기대하기 어렵다. 1500년의 역사 인식을 깨고 중국의 정사인 25사까지 비판하며 고구려사가 중국사라는 연구가 진행되고 있지만, 중국 학자 단 한 명도 이 문제에 대해 반대의견을 내지 못한다는 것이 현실이다. 꾸랑은 이런 미래를 예측하지 못했더라 해도 중국인들이 지닌 학문적 태도와 인식에 대해서는 정확하게 꿰뚫고 있었다는 것을 알 수 있다.

2) 일본

> "일본인들의 애국주의는 그들의 선조들이 패배한 사실에 대해서는 조금도 확인하려 않고, 반대로 고구려가 공식적으로 집필한 것을 과장이나 허풍으로 몰아붙이면서 『고사기』나 『일본기』에서 보존되어 온 훌륭한 전통을 그대로 유지하려고 노력하는 저자들도 있기 때문이다."

꾸랑은 편견을 가진 학문적 태도를 논의하면서 중국보다는 일본이 훨씬 심각하다고 보았다. 그것은 당시 중국은 제국주의 열강에 의해 청나라가 멸망해 가는 과정에 있었고, 일본은 아시아에서 유일한 제국주의 국가로 아시아에 대한 침략을 노골적으로 준비하고 있었기 때문이다. 일본이 대동아공영권(大東亞共榮圈)을 주장하며 대만과 한국을 합병하고, 만주와 중국에 진출하였으며, 끝내는 태평양 전쟁을 일으켰을 때 세상은 모두 놀랐다. 특히 천황폐하(天皇陛下)를 위해 비행기를 타고 적의 함정에 떨어져 죽어가는 가미가제(神風)를 보며 세계가 경악을 금치 못했다. 이 모든 것이 일본의 맹목적인 애국주의에서 온 것이다. 그리고 이러한 맹목적인 애국주의가 일본 제국주의자들을 용의주도하게 만들어낸 것이었다. 그 가운데 하나가 광개토태왕비에 대한 연구였다.

광개토태왕비의 탁본을 가져온 사람은 육군참모본부의 밀정이었고, 이것을 주도적으로 연구한 곳도 육군참모본부였다. 사실 일본은 중국과 한국에 대해서 역사적으로 큰 열등의식이 있다. 고대 일본 문화는 대부분 한반도에서 건너간 도래인(渡來人)에서 이루어졌기 때문에 일본만의 정체성을 확보하기 어려웠고, 나아가 상대적으로 늦게 시작한 고대 국가에 대한 열등감도 있었다. 이런 일본인들의 열등감을 한꺼번에 씻어주는 것이 바로 광개토태왕비였다. 사실 『고사기』나 『일본기』의 기사는 일본 학자 자신들도 너무 신화적이고 사실성이 떨어진다는 평가를 하고 있다. 일본의 고대 사서에 보면 일본의 천황이 나뭇잎을 타고 가 신라를 정복했다는 황당한 얘기를 바탕으로 일본이 고대 한반도를 지배했다는, 꾸랑도 언급했던 소위 임나(任那)

일본부설이다. 그런데 그런 신빙성이 낮은 일본 사서의 기록을 고고학적으로 뒷받침해 주는 유적이 나왔는데 바로 광개토태왕비였던 것이다. 일본의 어용학자들은 우선 일본보다 고대 국가가 몇 세기나 앞선 『삼국사기』나 『삼국유사』의 기록을 부정하고, 철저하게 일본 사서 위주의 역사를 전개해 갔다. 이 점이 꾸랑에게는 아주 이상하게 보였을 것이다.

이 임나일본부설이 일본인의 자존심을 얼마나 살려 주었는지는 일본 학자들까지도 부정하고 있는 이 설이 현재까지도 일본 역사 교과서에 그대로 실려 있는 것을 보면 알 수 있다. 한국의 학자는 물론 정부까지도 이 부분을 끊임없이 항의하지만 아직 시정되지 않고 있다.

꾸랑이 전통적인 중국 중심사상과 일본의 편향적인 사료 인용에 대해 불신과 비판적인 태도를 보였던 것은 두 나라의 사료를 깊이 있게 인식하지 못했다면 불가능했을 것이다. 모리스 꾸랑은 중국의 지나친 우월감과 일본의 열등의식에서 오는 과욕을 간파했음이 분명하다. 그러나 중국인들의 지나친 우월감 속에는 이민족에게 1000년을 지배당하면서 저변에 깔린 열등의식까지는 보지 못했던 것 같다. 그래도 당시 유럽인으로서 동아시아의 고대사를 이처럼 꿰뚫고 양국의 문제점을 이처럼 근본적으로 파악한 사람은 아마 모리스 꾸랑이 처음이 아닐까 하는 생각이 든다.

Ⅳ. 모리스 꾸랑의 광개토태왕비 연구에 대한 평가

모리스 꾸랑은 유럽에서 광개토태왕비, 더 나아가 고구려에 대해 연구한 최초의 학자였다. 그는 일본의 자료를 바탕으로 연구하였지만 "일본학자들이 제시한 설명이나 해석들을 모두 받아들여야 한다고는 생각하지 않았다"는 입장을 분명히 하였다.

그리고 그의 논문에는 일본의 연구를 넘어서 독창적인 자기 의견을 주장한 것들이 뜻밖에 많다.

① 북부여는 '고구려의 북쪽에 위치한 부여'를 말하는 것이다.

② 엄리대수는 송화강이다.

③ 비류수는 압록강이다.

④ 홀본과 졸본은 같은 것이고 홀승골은 바로 이웃에 있었다.

⑤ 위나암성, 불이성, 환도성은 같은 곳인데 광개토태왕비가 서 있는 가까운 곳에 있다.

⑥ 고구려가 평양으로 수도를 옮긴 이유는, 첫째 중국 북쪽의 나라들과 전쟁을 위해, 둘째는 영토를 한반도 남부로 크게 확장하기 위해서다.

⑦ 동천왕 21년(247) "평양성을 쌓고 백성과 종묘 사직을 옮겼다"는 평양은 남평양이다. 남평양은 한성이고, 한성이 백제의 수도였다.

⑧ '17세손'에 관한 논의에 대해서는 태조대왕, 차대왕, 신대왕이 3형제가 이어서 왕이 되었다는 사실은 정확하게 짚었다.

⑨ 예(穢)족은 동부 해안 강원도와 함경도 북부 산악지역에 살다가 부여 이전이나 이후에 북쪽에서 왔다. 광개토태왕비에 새로 온 무덤지기 목록 가운데 종족을 언급하지 않은 지역 28개를 예로 보았고, 28개 지역이 모두 백제 땅을 차지한 정복지였다는 점에서 '백제＝예'로 가정을 한다.

⑩ 모리스 꾸랑의 석문 가운데 『회여록』에서 처음 주장한 글자를 그대로 채택한 것이 5자, 스게가 석문한 것을 받아들인 것이 7자, 나까가 석문한 것을 채택한 것이 21자로, 우선 당시 석문된 것 가운데 자기 잣대를 가지고 선택했으며, 50자에 가까운 글자를 완전히 독자적으로 석문하였다. 극히 제한된 조건 아래서 이 정도의 새로운 석문을 한다는 것은 무척 놀라운 성과이다.

모리스 꾸랑은 전통적인 중국 중심사상과 일본의 편향적 사료 인용에 대해 불신과 비판적인 태도를 보였기 때문에 나름대로 객관적인 눈으로 광개토태왕비를 연구하려 노력했다. 그러나 한편으로는 자신이 직접 1차 자료를 섭렵하지 못한 데서 오는 한계도 분명히 인식하고 있었다.

① 염수(鹽水)를 염난수라고 보아 압록강 근방이라고 했다.
② '국강상광개토경평안호태왕(國岡上廣開土境平安好太王)'이란 시호 가운데 평안(平安)은 왕의 이름이다.
③ 고구려에서 문자를 처음 쓰기 시작한 것은 372년 불교가 들어와서부터이다.
④『삼국사기』에서 주장하는 고구려의 기원과 같은 시기로 거슬러 올라갈 수 없다.
⑤ 만약 한국의 고대왕국 땅에서 372년 이전의 기록을 발견한다면 그것은 틀림없이 중국어에서 온 기록들일 것이다.

이러한 논리들은 당시 상황에서는 피할 수 없는 일이지만 상당 부분 일본학자의 영향을 강하게 받았다는 사실을 알 수 있다. 한편 한일간의 광개토태왕비 연구에서 가장 큰 쟁점이 되는 신묘년조는 아예 다루지 않았다는 것도 한계였다고 할 수 있다. 그렇기 때문에 우리가 모리스 꾸랑의 연구를 평가할 때 꾸랑 자신의 독자적 연구 성과에 초점을 맞추어야 하지만 동시에 그의 한계도 한 가지 변수로 인정해야 할 것이다.

한편 논문 마지막에 나라, 종족, 지역을 표시하는 고유명사 18개, 수도 이름이 6개, 강 이름이 12개, 산 이름이 1개로 모두 37개의 이름들이 표시된 제법 짜임새 있는 한국 고대사 지도를 그려 독자들에게 제공하였다. 이는 모리스 꾸랑의 한국사에 대한 폭 넓은 지식을 다시 한번 확인하는 실례라고 할 수 있겠다.

둘째 마당

1907

에두아르 샤반느의 고구려 국내성 유적 탐사

I. 에두아르 샤반느와 고구려의 만남

1. 에두아르 샤반느의 보고서 「한국의 고대 왕국 고구려 유적」

1907년 4월 프랑스의 동양학자 에두아르 샤반느(Édouard Chavannes, 1865~1918)가 유럽 학자로는 처음으로 고구려의 국내성 옛터인 중국 길림성 집안을 방문하였다. 그는 여행 도중 자신이 속한 아카데미에 고구려 유적에 대한 보고서를 보냈는데, 이 것이 유럽에서 보고된 고구려 유적에 대한 최초의 탐사기다.

> 「한국의 고대 왕국 고구려 유적(Rapport sur les Monuments de L'ancien Royaume Coréen de Kao-Keou-Li)」, 『비문 · 순문학아카데미(Académie des Inscriptions & Belles-lettres) 1907년도 연차보고서』, 알퐁스 피까르 에 피쓰 서점, 1907년 9월. 549~575쪽.[66)]

이 보고서는 1976년 한국에 이미 번역본이 나와 있었으나[67)] 내용을 완전하게 파

---

66) M. Éd. Chavannes, 「Rapport sur les Monuments de L'ancien Royaume Coréen de Kao-Keou-Li」, Académie des Inscriptions & Belles-lettres, Comptes Rendus des Séances de L'année 1907, Bulletin de septembre, Librairie Alphonse Picard et fils, Paris. 549~575쪽

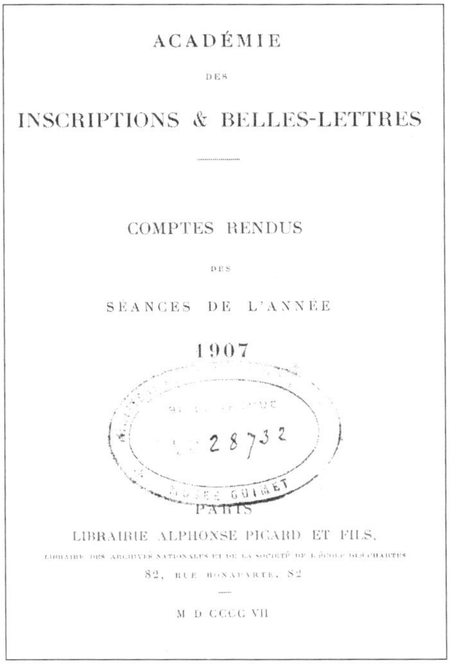

ACADÉMIE

DES

INSCRIPTIONS & BELLES-LETTRES

COMPTES RENDUS

DES

SÉANCES DE L'ANNÉE

1907

PARIS

LIBRAIRIE ALPHONSE PICARD ET FILS,

82, RUE BONAPARTE, 82

M D CCCC VII

〈그림 8〉 비문 · 순문학아카데미 1907년도 연차보고서

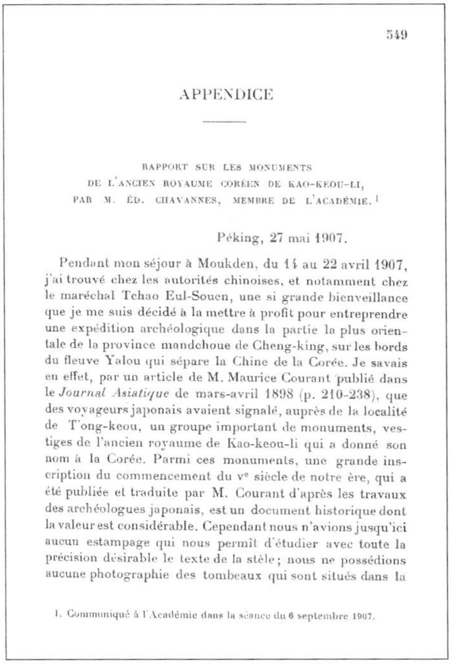

549

APPENDICE

RAPPORT SUR LES MONUMENTS
DE L'ANCIEN ROYAUME CORÉEN DE KAO-KEOU-LI,
PAR M. ÉD. CHAVANNES, MEMBRE DE L'ACADÉMIE.[1]

Péking, 27 mai 1907.

Pendant mon séjour à Moukden, du 14 au 22 avril 1907, j'ai trouvé chez les autorités chinoises, et notamment chez le maréchal Tchao Eul-Souen, une si grande bienveillance que je me suis décidé à la mettre à profit pour entreprendre une expédition archéologique dans la partie la plus orientale de la province mandchoue de Cheng-king, sur les bords du fleuve Yalou qui sépare la Chine de la Corée. Je savais en effet, par un article de M. Maurice Courant publié dans le *Journal Asiatique* de mars-avril 1898 (p. 210-238), que des voyageurs japonais avaient signalé, auprès de la localité de T'ong-keou, un groupe important de monuments, vestiges de l'ancien royaume de Kao-keou-li qui a donné son nom à la Corée. Parmi ces monuments, une grande inscription du commencement du ve siècle de notre ère, qui a été publiée et traduite par M. Courant d'après les travaux des archéologues japonais, est un document historique dont la valeur est considérable. Cependant nous n'avions jusqu'ici aucun estampage qui nous permît d'étudier avec toute la précision désirable le texte de la stèle ; nous ne possédions aucune photographie des tombeaux qui sont situés dans la

1. Communiqué à l'Académie dans la séance du 6 septembre 1907.

〈그림 9〉 연차보고서에 실린 샤반느의 논문

악하기 어려웠다. 일본어로 번역본을 중역하는 과정에서 생긴 결과가 아닌가 하는 생각에 그 번역본을 구해서 대조해 보았더니,[68] 번역 자체가 상당히 잘 되어 있어서 중역이 아니라는 것을 쉽게 알 수 있었다. 한편 일본이나 한국에서 번역한 원본은 1907년 샤반느가 아카데미에 보낸 보고서가 아니고, 1년 뒤 『통보(通報)』라는 동양학 전문 학술지에 발표된 보고서임을 알 수 있었다.

> 「한국의 고대 왕국 고구려 유적(Rapport sur les Monuments de L'ancien Royaume Coréen de Kao-Keou-Li)」, 『통보(通報)』, 1908년 9월호. 259~260쪽.[69]

---

67) 김정배 옮김, 「한국의 고대 왕조 고구려의 역사적 기념물」, 『백산학보』 21, 1976.

68) 平山和己 옮김, 「朝鮮の古王朝高句麗の遺蹟」 『收書月報』 73, 1942, 7~17쪽.

T'OUNG PAO
通報

OU

ARCHIVES

CONCERNANT L'HISTOIRE, LES LANGUES,
LA GÉOGRAPHIE ET L'ETHNOGRAPHIE
DE
L'ASIE ORIENTALE

Revue dirigée par

Henri CORDIER
Membre de l'Institut
Professeur à l'Ecole spéciale des Langues orientales vivantes
ET
Edouard CHAVANNES
Membre de l'Institut, Professeur au Collège de France.

SÉRIE II. VOL. IX.

LIBRAIRIE ET IMPRIMERIE
CI-DEVANT
E. J. BRILL
LEIDE — 1908

〈그림 10〉 『통보(通報)』 190-9호

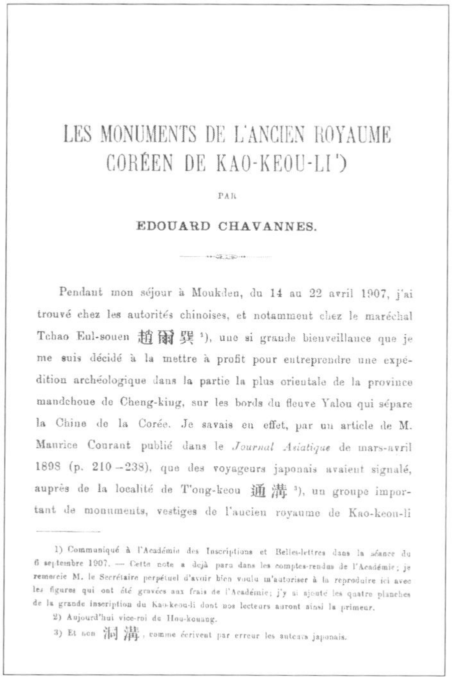

LES MONUMENTS DE L'ANCIEN ROYAUME COREÉN DE KAO-KEOU-LI[1])

PAR

EDOUARD CHAVANNES.

Pendant mon séjour à Moukden, du 14 au 22 avril 1907, j'ai trouvé chez les autorités chinoises, et notamment chez le maréchal Tchao Eul-souen 趙爾巽[2]), une si grande bienveillance que je me suis décidé à la mettre à profit pour entreprendre une expédition archéologique dans la partie la plus orientale de la province mandchoue de Cheng-king, sur les bords du fleuve Yalou qui sépare la Chine de la Corée. Je savais en effet, par un article de M. Maurice Courant publié dans le *Journal Asiatique* de mars-avril 1898 (p. 210-238), que des voyageurs japonais avaient signalé, auprès de la localité de T'ong-keou 通溝[3]), un groupe important de monuments, vestiges de l'ancien royaume de Kao-keou-li

1) Communiqué à l'Académie des Inscriptions et Belles-lettres dans la séance du 6 septembre 1907. — Cette note a déjà paru dans les comptes-rendus de l'Académie; je remercie M. le Secrétaire perpétuel d'avoir bien voulu m'autoriser à la reproduire ici avec les figures qui ont été gravées aux frais de l'Académie; j'y ai ajouté les quatre planches de la grande inscription du Kao-keou-li dont nos lecteurs auront ainsi la primeur.

2) Aujourd'hui vice-roi du Hou-kouang.

3) Et non 洞溝, comme écrivent par erreur les auteurs japonais.

〈그림 11〉 『통보(通報)』에 실린 논문

원문을 구해서 두 보고서를 비교해 보았다. 샤반느가 북경에서 보낸 이 보고서는(1907년 보고서) 파리에서 다른 사람이 편집하면서 사진 설명도 틀리고, 어려운 땅이름에 대한 해설도 없어 쉽게 이해할 수 없었다. 하지만 1908년 보고서는 샤반느가 귀국하여 몸소 틀린 곳을 바로잡고 땅 이름이나 주요한 대목에 한자를 덧붙여 자세하게 설명하거나 주를 달아 훨씬 알기 쉬웠다. 이전에 번역한 이들이 첫 보고서가 아닌 두 번째 보고서를 번역한 이유를 알 수 있었다.

샤반느가 중국 북부로 고고학 탐사를 위해 파리를 떠난 것은 1907년 3월 27일이었다. 4월 14일 심양에 도착하여 주변을 탐사한 뒤 4월 23일부터 5월 16일까지 고

69) M. Éd. Chavannes, 「Rapport sur les Monuments de L'ancien Royaume Coréen de Kao-Keou-Li」, T'oung Pao(通報), Leiden, série II, vol. IX, Leiden, 1908, 259~260쪽

구려 옛 땅을 탐사하였다. 그 뒤 북경을 거쳐 하북(河北), 산동(山東), 호남(湖南), 산서(山西), 섬서(陝西) 같은 여러 성을 조사하고, 홍콩, 마카오, 베트남, 싱가폴, 세일론을 거쳐 배로 마르세이유 항에 도착하였다. 샤반느가 파리에 도착한 시점이 1808년 2월 5일이니 10개월이 넘는 긴 탐사였음을 알 수 있다. 탐사 기간 동안 샤반느는 많은 사진을 찍고,[70] 탁본을 비롯한 많은 유물들을 본국으로 보냈다.

전체의 탐사 기간 가운데 고구려를 탐사한 기간은 아주 짧았지만 여행기간 중 특별히 보고서를 따로 작성하여 상당히 많은 기록을 남겼다. 이러한 기록들은 모두 과학적인 방법으로 조사한 최초의 기록들이기 때문에 대단히 의미 있는 일이다. 1000년 고도가 아직 사람의 때가 덜 탔을 때의 모습을 그대로 기록하였고, 지금은 없어지고 밝힐 수 없는 일들도 많이 언급되어 있기 때문이다. 다만 닷새라는 짧은 기간에 조사를 마쳤기 때문에 어느 정도의 한계를 피할 수가 없다.

이 글은 다음과 같이 세 가지로 나누어 보고서를 분석하였다. 첫째, 샤반느가 고구려 옛 땅을 찾아가는 일정과 루트를 상세하게 재현해 보았다. 지금까지 50회 이상 만주지역을 탐사하여 고구려의 옛 수도는 물론 각 지역에 널려 있는 고구려 산성을 130개 이상 탐사한 글쓴이로서는 100년 전 이곳을 탐사한 샤반느의 탐사 일정과 루트에 깊은 관심을 가지고 뒤따라가 보며, 가벼운 흥분까지 느끼지 않을 수 없었다. 둘째, 샤반느의 기록과 최근까지 남아 있는 유적의 상태, 최근 발굴과 측량으로 밝힌 기록들을 비교하여 자세히 분석해 보고자 한다. 셋째, 샤반느가 국립도서관과 기메박물관에 기증한 탁본과 유물에 대해서도 자세하게 소개하려고 한다. 글쓴이는 이를 위해 지난 2005년 10월 16~20일 파리에 가서 직접 탁본과 유물을 조사하였다.

70) 이때 찍은 사진들은 1909년부터 1915년까지 3권의 책으로 발간되었다 (Édouard Chavannes, 『Mission(Voyage) archéologique dans la Chine septentrionale』, vol. 3, Paris, 1909, 1913, 1915), 그리고 2004년 기메박물관에서 발행한 책(Guimet musée natioanal des arts asiatiques, 『Missions archéologiques françaises en Chine — Photographies et itinéraires 1907-1923』, Les Indes savantes, 2004.)의 부록으로 CD가 발행되었다.

2. 에두아르 샤반느의 생애와 저술

1) 에두아르 샤반느의 생애

샤반느의 생애를 전체적으로 볼 수 있는 자료가 꽤 있다. 이들 자료를 바탕으로 그의 생애와 저술을 정리해 보면 다음과 같다.[71)]

- 1865년 리용(Lyon)에서 태어나다.
- 1884년(20살) 파리 고등사범학교(École Normale Supérieure)에 입학 철학 전공. 동시에 동양어학교(École de Langues Orientales)에서 중국어 공부 시작.
- 1888년 동양어학교 졸업.
- 1889년 3월 북경 도착. 프랑스 공사관에서 직원으로 근무. 『의례(儀禮, Yili)』 번역 시작, 『사기(史記)』 1권 번역과 주석 시작, 사기의 저자 사마천에 대한 책 집필 시작. 결혼하러 귀국.
- 1891~1893년 중반, 2차 북경 체류 — 영사관에서 통역 겸 영사로 근무. 이 당시 학술적 연구에 집중하기 어려웠다. 주로 기독교 전파에 전념하다.
- 1893년(27세) 파리 '꼴레쥬 드 프랑스(Collège de France)'에 부임. 이때부터 생을 마칠 때까지 25년 동안 교수로 봉직.
- 1893년 첫 책 『양한(兩漢)시대의 화상석(畵像石)』 펴내다.
- 1895~1905 『사기』 5권 47장 번역 출판(1969년 재판). 6권(48~50장)은 세상을 떠나는 1918년 완성했으나 출판되지 못하다.
- 1903년 비문 · 순문학아카데미(Academie des Inscriptions et Belles-Lettres) 회원
- 1913년 학술잡지 『通報(T'oung-pao)』[72)]를 창간한 구스따브 슐레겔(Gustave

71) Alain Thote, 「At the Source of Modern French Sinology」, 『Orientations』 1997-7, 42~47쪽; M. Henri Cordier, 『에두아르 샤반느(Édouard Chavannes)』, 부록(Extrait du) 『아시아잡지(Journal Asiatique)』, 1918-3 · 4; Louis de la Vallée Poussin, 「부고(Obituary Notice)」 Printed by Stephen & Son, Ltd., Hertford: 에두아르 샤반느 장례식(인쇄물), 프랑스 Institut, 비문 · 순문학아카데미, 1918 (Funérailles de M. Édouard Chavannes 〔Texte imprimé〕: Institut de France, Académie des inscriptions et belles-lettres : discours / de Antoine Marie Albert Héron de Villefosse, 1918).

Schlegel)이 죽자 부책임자(associate director)가 되다.

• 1918년 1월 27일 세상을 떠나다.

2) 에두아르 샤반느의 저술

샤반느는 무려 75개의 저서와 논문을 남겼다. 샤반느의 저술에 대해서는 그가 세상을 떠났을 때 함께 『통보(通報)』를 발행하던 앙리 꼬르디에(Henri Cordier, 특수동양어학교 교수)가 쓴 『아시아잡지』 별책부록에 아주 잘 정리되어 있다.[73] 여기서는 먼저 중국 동북지방의 고고 여행과 관계되는 것만 몇 가지 간추려 본다.

① 「한국의 고대 왕국 고구려 유적(Rapport sur les Monuments de L'ancien Royaume Coréen de Kao-Keou-Li)」, 『비문 · 순문학아카데미(Académie des Inscriptions & Belles-lettres) 1907년도 연차보고서』, 알퐁스 피까르 에 피쓰 서점, 1907년 9월. 549~575쪽.

② 「한국의 고대 왕국 고구려 유적(Rapport sur les Monuments de L'ancien Royaume Coréen de Kao-Keou-Li)」, 『통보(通報)』, 1908년 9월호. 259~260쪽.

③ 『중국 북부지역 고고학 탐사(Mission(Voyage) archéologique dans la Chine septentrionale)』. 3권, 파리, 1909, 1913, 1915. 사진번호 375~381.

④ 「샤반느의 중국 여행(Voyage de M. Chavannes en Chine)」, 『통보(通報)』, (4) 1907. 10, 561~565쪽; (5) 1907. 12, 709~710쪽.

⑤ 「1907년 중국 북부지방에서 실시한 탐사단의 고고학적 성과에 대한 1차 의견서(Note préliminaire sur les résultatas archéologiques de la mission accomplie en 1907 dans la Chine du Nord)」, 『비문 · 순문학아카데미 보고서』 1908. 3. 187~203쪽.

---

72) 1890년 Gustave Schlegel(1840~1093)와 Henri Cordier가 창간.

73) M. Henri Cordier, 『에두아르 샤반느(Édouard Chavannes)』, 부록(Extrait du) 『아시아잡지(Journal Asiatique)』, 1918-3 · 4, 224~248쪽.

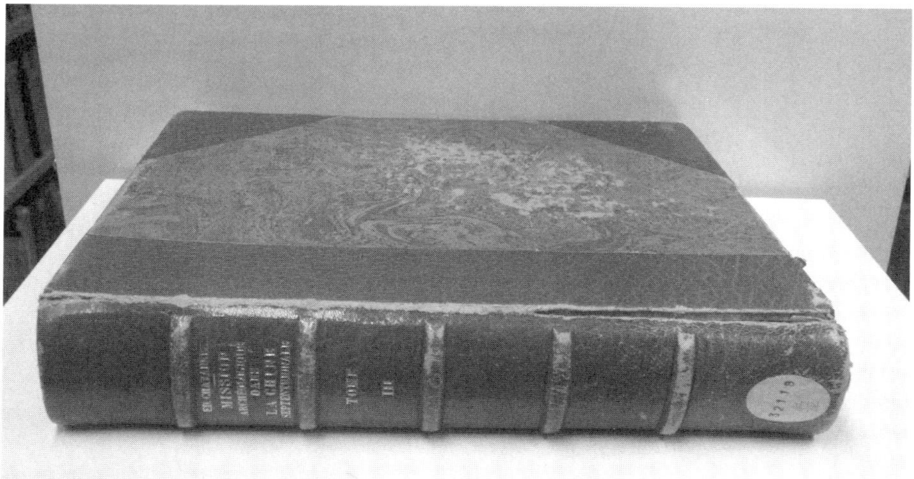

〈그림 12〉『중국 북부지역 고고학 탐사단(Mission(Voyage) archéologique dans la Chine septentrionale)』 3권, 파리, 1909, 1913, 1915.

⑥「만주와 중국 동북지역 고고 여행(Voyage archéologique dans la Mandchourie et dans la Chine Septentrionale) — Conférence faite le 27 mars 1908 au Comité de l'Asie française」, 『아시아-프랑스 위원회 별책 부록』, 1908, 『통보(通報)』(IX) 1908, 503~528쪽.

⑦「중국 북부지역 고고 탐사(Mission archéologique dans la Chine Septentrionale)」, 프랑스 극동학교 발행 8권. 공공교육부, 비문 · 순문학아카데미 후원 저술

⑧「탐사단이 가져온 488 판화에 대한 주석(Note sur les 488 planches de sa Mission」), 『통보(通報)』, 1909, 538~547쪽.

⑨「극동 고고학 - 샤반느 탐사단 자료(Sur l'archéologie de l'Extrême - Orient : Les documents de la Mission Chavannes)」, 부르셀대학 기관지 부록, 1910 - 4 · 5.

⑩「중국 고고학 탐사(Archäologische Entdeckungen in China)」, Deutsche Rundschau Rundschan f. Geog. u. Stat., (30), 1907-8

3. 에두아르 샤반느의 국내성 방문의 일정

1) [일정 1] 파리－시베리아－심양, 전체 일정

1907년 3월 27일 파리를 떠난 샤반느는 모스크바에 도착한 뒤 시베리아 횡단열차를 타고 만주까지 왔다. 시베리아 횡단열차는 1891년 착공하여 1903년 완공되었다. 처음 개통한 시베리아 횡단열차는 지금처럼 치타에서 아무르 강을 따라 하바로브스크로 돌아 블라디보스톡으로 가는 노선이 아니고, 치타에서 만주를 횡단해 블라디보스톡으로 가는 동청철도선(東淸鐵道線)이었다. 노선을 단축하고 만주로 진출하는 계기를 만들기 위한 노선이었다. 이 열차는 1904년 러일전쟁이 일어나면서 대량의 병력과 무기를 유럽과 러시아에서 극동으로 실어 나르는 데 크게 활약하였다. 그러나 러일전쟁에서 패하고 만주지역을 자유롭게 다니기 힘들게 되자, 러시아 영내를 통하는 노선이 필요하게 되고 1916년 현재의 시베리아 횡단 노선이 완공된다.

샤반느가 시베리아 횡단열차를 탄 것은 아직 만주를 통과해서 가야 하는 시절이기 때문에 자연히 모스크바에서 하얼빈까지 직접 올 수 있었고, 하얼빈에서 심양까지 다른 차를 바꿔 탔을 것으로 본다.[74]

〈그림 13〉 동청철도선 당시 만주 최대 역인 하얼빈 역(러시아 키로프 철도박물관 소장)

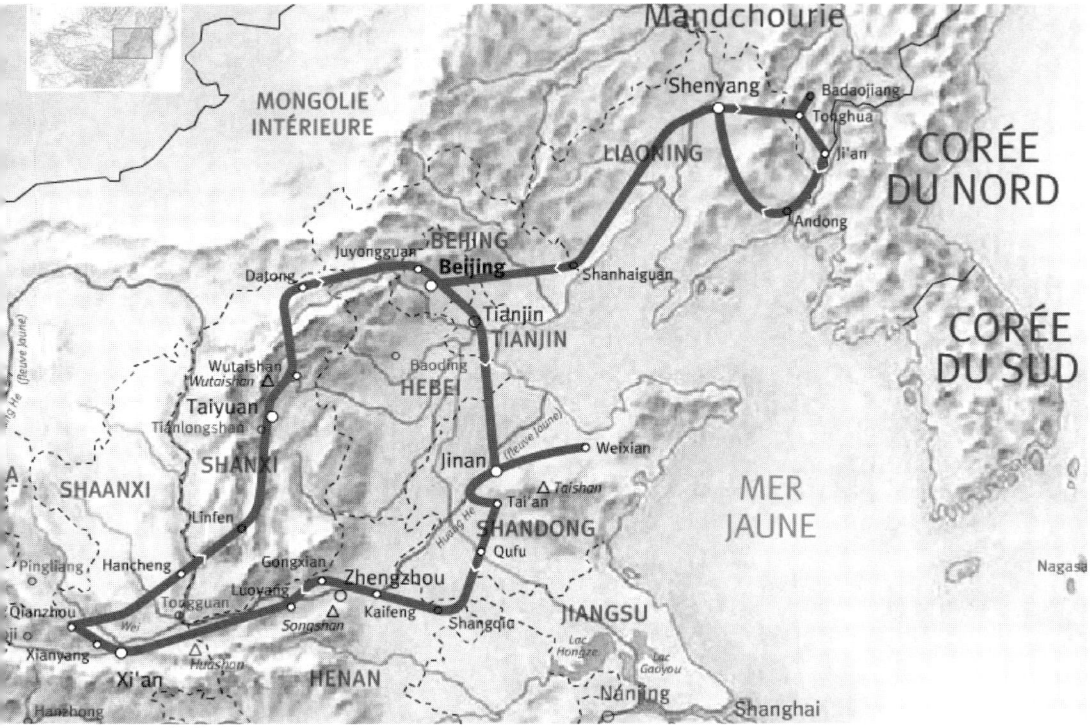

〈그림 14〉 샤반느의 탐사 일정(기메박물관, 『Missions archéologiques françaises en Chine』 176쪽)

전체적인 샤반느의 일정을 살펴보면 다음과 같다.

- 1907년 3월 27일~4월 14일 : 파리를 떠나 시베리아 횡단열차를 타고 묵덴(지금의 瀋陽)[75]에 도착.
- 1907년 4월 14일~22일 : 묵덴의 짜오얼순(趙爾巽) 장군 집에서 묵으며 주변 탐사.

---

74) 글쓴이는 1989년 12월 말부터 1990년 1월까지 하바로브스크(당시 외국인은 블라디보스톡에 들어갈 수가 없었다)에서 모스크바까지 여행을 하고, 한국에서 최초로 『시베리아 횡단열차』(한우리, 1990)라는 책을 쓰고, 2002년 캄차카에서 모스크바까지 60일 동안 여행을 하면서 많은 자료를 수집하였다. 그 밖에도 러시아 알타이, 바이칼 같은 곳을 여행하며 시베리아에 대한 깊은 관심을 갖게 되었다.

75) 묵덴(Mukden)은 지금의 요령성(遼寧省) 심양(瀋陽)의 만주어(滿洲語) 이름이다. 여진족의 후예인 만주족이 청나라를 세운 뒤 태조 누르하치가 1625년 심양으로 수도를 옮겼다. 1634년 태종(太宗) 황태극(皇太極)이 성경(盛京)이라고 바꾸어 국도(國都)가 되었다. 1644년 수도를 북경으로 옮긴 뒤, 1857년 만주족이 중국 전체를 통일하고 심양에 봉천부(奉天府)를 설치하였다. 1945년 만주국이 망하고 일본에서 해방되면서 심양이란 이름이 다시 쓰이게 되었다.

- 1907년 4월 23일~28일(6일 간) : 마차로 묵덴(奉天)－통화(通化).
- 1907년 4월 29일~5월 4일(6일 간) : 말을 타고 통화－집안(集安).
- 1907년 5월 4일~8(5일 간) : 집안 체류, 탐사활동.
- 1907년 5월 8일~12일(5일 간) : 집안을 떠나 배로 압록강을 따라 안동(安東)에 도착.
- 1907년 5월 13일 또는 14일 : 안동－심양(기차로 이동).
- 1907년 5월 14일~16일 : 심양, 신민둔(新民屯) 탐사.
- 5월 17일 : 산해관(山海關).
- 5월 18~28일 : 북경 체류 기간 동안 27일 보고서 완성하여 파리에 보내고 톈진(天津)으로 출발[76].

2) [일정 2] 심양－통화－집안 일정

심양에 머무는 동안에는 태종(1627~1643)이 정사를 보던 고궁(古宮), 북릉(北陵) 같은 곳을 탐사하였다. 이때부터 짜오얼순 장군은 샤반느의 안전을 위해 4명의 군인이 호위하도록 하였다.

심양에서 통화로 가는 길은 동쪽으로 동릉(東陵)－무순(撫順)－영릉(永陵)－흥경(興京, 지금의 新賓)－통화로 가는 길이다. 이 길은 마차로 6일 동안 달렸다고 기록하고 있다. 비록 흔들리는 마차로 먼지나는 길을 갔지만 제법 너른 길을 갔기 때문에 큰 어려움이 없었던 것으로 보인다. 샤반느는 통화로 가는 엿새 동안 청나라 태조 누르하치(1616~1626)의 능인 동릉(東陵)과 청나라 조정의 선조들이 묻힌 영릉(永陵)을 탐사하고 당시 성경(盛京)이라고 불리던 신빈부(新賓府)를 거쳐 통화에 도착하게 된다.

통화에서 집안까지의 길은 산지를 넘어가야 하기 때문에 반드시 강줄기를 따라

76) 처음 샤반느의 논문을 보고 일정을 복원해 보았으나, 최근 샤반느의 탐사에 대해 자세하게 쓴 책이 나와 보강하였다. Guimet musée natioanal des arts asiatiques, 『Missions archéologiques françaises en Chine — Photographies et itinéraires 1907-1923』, Les Indes savantes, 2004, 177~178.

〈그림 15〉 신빈부(新賓府)

〈그림 16〉 혼강(渾江) 상류

〈그림 17〉 혼강 상류 뗏목(1)

〈그림 18〉 혼강 상류 뗏목(2)

가야 한다〈그림 21 참조〉[77]. 집안으로 가는 길목에 있는 강줄기는 크게 두 가지가 있다. 위사하(葦沙河)를 거슬러 올라가는 길과 나권하(羅圈河)를 거슬러 올라가는 길이다. 이 두 강은 모두 노령(老岭)에서 발원하고 모두 혼강(渾江)으로 흘러 들어가야 한다. 그렇기 때문에 집안을 가려면 두 길 다 해발 1000m 안팎인 노령을 넘어야 하는 어려운 길이다. 노령 주변에서 가장 높은 노령봉(老岭峰)은 높이가 해발 1589m이다. 노령을 넘으면 두 길 모두 통구하(通溝河)를 따라 내려가게 되어 있는데 나권

77) 이 논문에 실은 모든 샤반느의 사진은 현재 파리 기메박물관에 소장된 유리 원판을 디지털화한 것이다. 유리 원판은 9×12cm의 유리판 위에 은 젤라틴상 브롬화물(gélatino-Bromure d'argent)을 발라 만든 것인데, 최근에야 디지털 자료를 완성하였다. 이미 샤반느의 중국 탐사 사진집이 3권(Édouard Chavannes, 『Mission(Voyage) archéologique dans la Chine septentrionale』, vol. 3, Paris, 1909, 1913, 1915. Fig. 375~381)으로 출간되었으나 여기 올린 사진은 대부분 유리 원판 사진을 사용하였다.

하를 따라 넘어가면 통구하 상류를 따라 내려가고, 위사하를 따라 넘어가면 통구하의 중하류를 따라 내려간다. 현재 위사하를 따라가는 길은 자동찻길이 되어 있고, 나권하를 따라가는 길은 기찻길이 되어 있다.

샤반느가 따라간 길은 현재 기찻길이 나 있는 나권하를 거슬러 올라갔다. 4도강(四道江)−6도구(六道溝)−8도구(八道溝)−고려성자(高麗城子)−10도구(十道溝)−11도구(十一道溝)를 지나면 노령에 도착하여 높은 재를 넘어야 한다. 샤반느는 여행의 시작을 4도강에서부터 했다고 기록하고 있다. 혼강의 상류인 통화에서 현재의 백산시까지 혼강의 8개 지류를 가지고 이름을 붙여 1도강~8도강(八道江)으로 불렀다. 현재의 백산시(白山市)는 당시 10도강이었다.

4도강은 바로 혼강과 나권하가 갈라지는 지점에 있었다. 1907년 샤반느가 갔던 길은 이제 폐쇄되고 지금은 다른 길로 다니기 때문에[78] 없어진 지명이 있어 현재의 지점을 분명하게 하기 위해 기차역[79]을 기준으로 삼아 보기로 한다. 현재의 기차역은 다음과 같다.

> 통화−동통화(東通化)−3도구(三道溝)−수동(水洞)−압원(鴨園)−철창(鐵廠)−과송(果松)−석호(石湖)−노령(老岭)−황백(黃柏)−집안(輯安)[80]

① 4월 29일 : 통화 출발 → 4도강(四道江) → 5도강(五道江)

샤반느가 떠나 처음 도착한 4도강은 수동역과 압원역 사이에 있는 작은 마을이었다. 아마 이곳까지는 마차로 오고, 여기서부터는 찻길이 없기 때문에 말을 타기 시작한 것으로 보인다.

---

78) 1934년 만주국 때 현재 통화로 가는 국도(集安−太王−高台子−熱鬧−清河−頭道−通化)가 건설되면서 샤반느가 갔던 길은 기차만 다니게 되었다.

79) 통집선(通集線)이라는 115km 철도는 만주국 시대인 1937년 시작하여 1938년 3월 완공하고 1939년 8월 개통한다(集安縣地方志編纂委員會, 『集安縣志』, 1987, 229쪽). 이어서 1939년 9월 1일, 압록강을 건너서 한국의 만포진으로 이어지는 국제선 6km도 개통한다.

80) 國際地學協會, 『滿洲帝國分省地圖』, 1942.

② 4월 30일 : 5도강(五道江) → 8도강(八道江)

혼하를 계속 따라 올라가다 나권하로 꺾어 들어가는 길을 못 찾고 계속 가서 결국 팔도강(현재의 白山市)에 도착한 뒤, 다시 4도강으로 돌아간다. 길을 잘못 들어 이틀을 허비하여 나흘 가는 길이 엿새 걸렸다.

③ 5월 1일 : 4도강(四道江)

8도강에서 되돌아온 날이다.

④ 5월 2일 : 5도구(五道溝) → 6도구(六道溝) → 8도구(八道溝) → 고려성자(高麗城子)

샤반느가 기록한 6도구(六道溝)는 지금의 과송(果松)이 틀림없다. 최근 나온 지도에 과송에 다다르기 전에 5도구(五道溝)가 있고 과송을 지나면 7도구(七道溝)가 있기 때문이다.

샤반느가 8도구를 지나 고려성자(高麗城子)라는 마을을 지난다. 고려성자라는 마을 이름은 이곳에 고구려 성이 있다는 것을 뜻한다. 이 고구려 성은 지금의 석호차단성(石湖關隘)을 말한다. 이 성은 석호진(石湖鎭) 공익촌(公益村)에 있다. 공익촌에서 동쪽으로 2.5km 되는 지점에서 소팔도구하(小八道溝河, 永安河로 보인다)가 대라권하(大羅圈河)로 흘러 들어가는데 여기서 2km 더 내려간 곳에 고구려 성이 있다. 차단성 양쪽에는 해발 900m의 높은 산이 있는 깊은 산골이다. 차단성은 이 두 산 사이의 계곡을 가로질러 쌓았는데 길이 291m의 석성이다. 비록 차단성이라고는 하지만 치까지 있는 본격적인 고구려 차단성이었다는 것을 알 수 있다. 이 산성에서 남쪽으로 10km를 더 가면 노령역(老岭驛)에 다다른다.[81] 현재의 석호진이 당시는 고려성자라는 이름으로 불렸다는 것을 알 수 있다.

81) 이전복 저(차용걸 · 김인경 역), 『중국내의 고구려 유적』, 학연문화사, 1994, 51~52쪽 참조.

⑤ 5월 3일 : 고려성자(高麗城子) → 10도구(十道溝) → 11도구(十一道溝) → 노령(老嶺) 고개 → 쌍차두(雙岔頭) → 차초지(錯草地) → 대황구(大荒溝) → 토구(土口)

1942년에 나온 지도를 보면 노령을 넘기 전에 마지막 마을로 11도구(十一道溝)가 나온다. 지금은 이 길을 사용하지 않기 때문에 마을이 사라졌을 수도 있다. 샤반느는 "11도구부터는 비탈길이 점점 급하게 되고, 1시간 남짓 가면 노령(老嶺)에 다다른다. 이곳은 바로 산의 능선을 넘는 곳이다"라고 했다. 현재 이 노령을 중심으로 북쪽을 영후(嶺後), 남쪽을 영전(嶺前)이라 하는데, 영후로 흐르는 물은 혼강으로, 영전으로 흐르는 물은 압록강으로 흐르는 분수령이다.

샤반느는 "노령(老嶺)을 지나면 쌍차두(雙岔頭), 차초지(錯草地), 대황구(大荒溝)를 지나 토구(土口)라는 고개에 이른다"고 했다. 현재 노령은 넘으면 바로 황백역(黃柏驛)에 도착하고 조금 가면 통구하가 시작되는 작은 개울이 만나는 곳이 있다. 여기를 지금은 쌍안(雙安)이라고 하는데 이곳이 쌍차두(雙岔頭)일 것으로 보인다.

쌍안을 지나면 노령산맥에서 흘러내리는 물줄기들이 이어지는데, 대청구하(大青溝河), 대황구하(大荒溝河) 그리고 현재 자동찻길로 옆으로 흐르는 강이 이어진다. 샤반느가 기록한 차초지(錯草地)는 현재 지명을 찾을 수가 없지만, 대황구(大荒溝)는 지금도 대황구하 가에 있는 대황구(大荒溝)라는 것을 쉽게 알 수 있다.

현재 철도와 도로가 만나는 지점을 조금 지나면 바로 고개를 넘게 되는데, 여기가 바로 토구(土口)[82]이다. 바로 "통화에서 온 여행자가 토구라는 고개를 넘어 압록

〈그림 19〉 4도강과 6도구 합수 지점

〈그림 20〉 노령(老嶺)의 정상에서 취하는 휴식

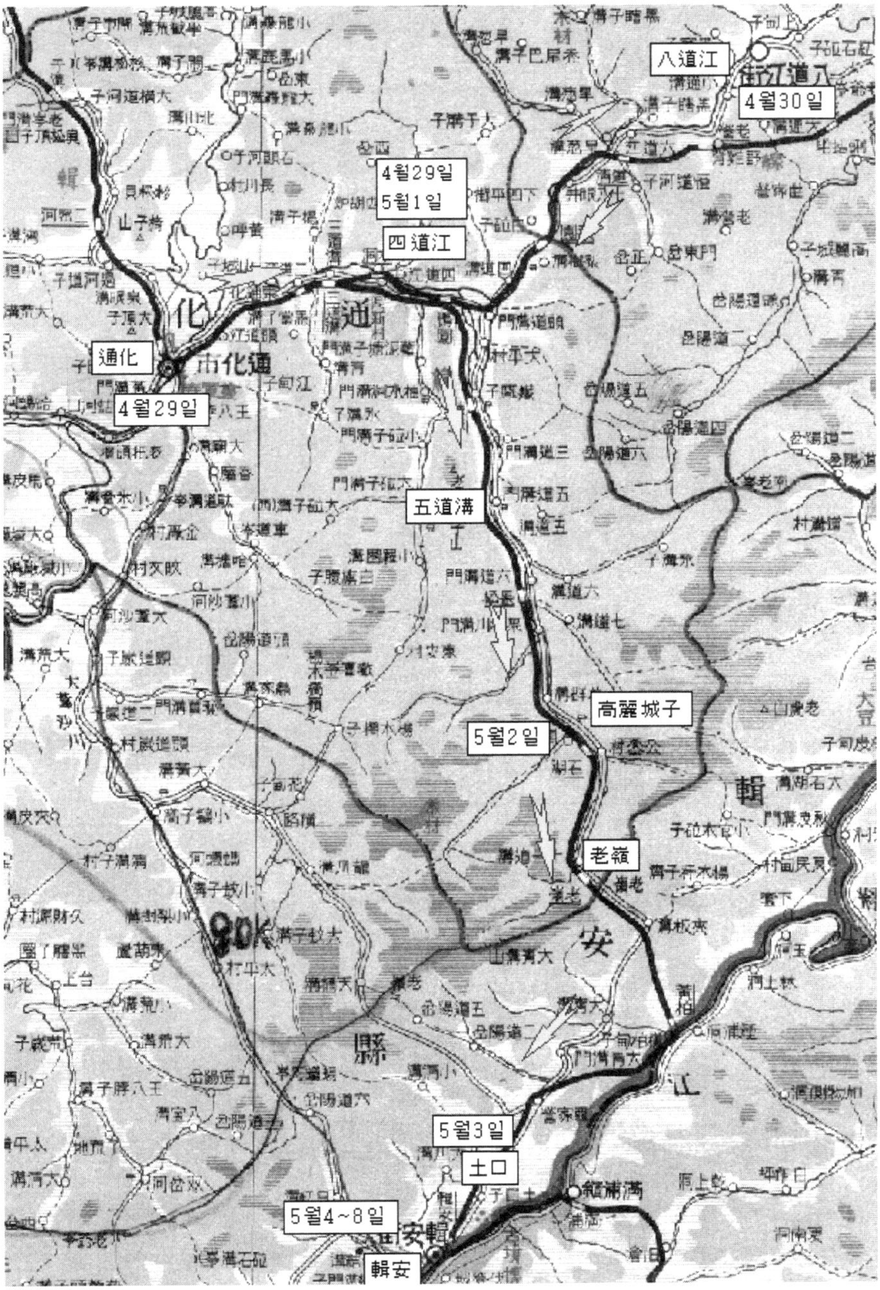

〈그림 21〉 샤반느의 일정(1942년 발표된 國際地學協會, 『滿洲帝國分省地圖』로 작성)

강 오른쪽 언덕 위에 펼쳐진 반원형 통구 계곡을 보자마자, 남쪽 평원 위에 까만 점을 하나를 볼 수 있다"고 했던 곳이다. 고구려의 두 번째 수도 국내성을 한 눈에 바라볼 수 있는 고개를 넘어서고 통구(通溝)[83]에 다다른 것이다.

3) [일정 3] 집안에서의 일정 (5월 4~8일)

① 광개토태왕비 탐사

토구라는 고개를 넘어선 샤반느는 바로 광개토태왕비로 간 것으로 보인다. 그의 글에서는 "토구(土口)라는 고개를 넘어 압록강 오른쪽 언덕 위에 펼쳐진 반원형 통구 계곡을 보자마자, 남쪽 평원 위에 까만 점 하나를 볼 수 있다. 그것은 거대한 비석인데, 길을 계속 가면 30분 뒤 그 비석을 지나가게 된다. 이 비석은 통구에서 동북쪽으로 8리(4km 빠듯한) 떨어진 곳에 있는 동강(옮긴이 주 : 東岡)이라는 마을 높은 곳에 서 있다"고 하였다. 물론 가는 길 왼쪽에 있는 장군무덤의 존재를 알고 있었으나 광개토태왕비로 바로 간 이유는 그가 이곳을 방문한 가장 큰 목적이 그 비석을 보기 위해서였기 때문이다.[84] 샤반느의 보고서를 전체적으로 분석해 보면 자신이 방문한 유적 순서대로 보고서를 썼음을 알 수 있다. 그런 면에서 광개토태왕비를 가장 먼저 쓴 것을 봐도 먼저 비석이 있는 동강에 들렀다가 장군무덤으로 갔다는 것을 알 수 있다.

② 장군무덤 탐사

두 번째 탐사지인 장군무덤은 비석에서 동북쪽에 있는 언덕이다. 장군무덤 조사는 조사 내용이 아주 자세한 것으로 보아 하루쯤 걸리지 않았나 하는 생각이 든다. 장

82) 1942년 지도에는 '土口子'라고 했다.

83) 샤반느는 통구(通溝)라는 현지 지명에 대한 표기를 일본인들이 통구(洞溝)로 잘못 쓰고 있다고 지적하고 있다. 현지에서 실제 쓰고 있는 지명을 정확하게 확인한 것이라고 보아야 할 것이다.

84) "그곳을 내려오면 왼쪽에 장군무덤(將軍墳)을 볼 수 있고, 그 유명한 고구려 비석이 있는 동강(東岡)이란 작은 부락에 다다른다"고 한 것을 보면 장군무덤을 바라보는 상태에서 바로 동강으로 갔다는 것을 알 수 있다.

군무덤 조사를 마치고 중심도시인 통구까지 가려면 다시 동강을 지나서 가야 한다. 동강은 통구에서 8리라고 했는데, "6리쯤 서남쪽으로 더 가면 통구(通溝)가 나온다"고 해 앞뒤가 잘 맞지 않는다.

③ 태왕릉과 무덤떼 탐사

세 번째 탐사지인 "두 번째 무덤떼는 비석 서쪽 가까운 곳에서 시작한다"고 하였는데 그곳이 태왕릉이다. 다음은 "태왕릉에서 서쪽으로 2~3km 떨어진 산기슭에 반원형으로 늘어서 있는 무덤떼에서 거의 완전히 무너진 상태지만 적어도 2개는 장군무덤과 같은 구조로 축조된 것이 발견되었다"고 했다. 지금의 다섯무덤 4호와 5호가 있는 곳으로 보인다. 그리고 사진에 나온 돌무지무덤은 산성하2112호무덤으로 보인다. 그리고 이곳에서 북쪽으로 얼마 되지 않은 곳에서 최초로 벽화무덤을 발견하게 된다. 그 무덤이 흩어진연꽃무덤(散蓮花墓)이라는 것은 이미 알려진 사실이다.

④ 통구 탐사

네 번째 탐사지는 통구이다. 통구는 당연히 옛 고구려의 국내성 터이다. 다만 샤반느의 기록에 이해가 가지 않는 부분이 있다.

> "통구지역은 동경 126° 20′ 북위 41° 05′ 쯤 되는 곳으로 압록강에서 북쪽으로 몇 100m 떨어져 있다. 이곳은 1902년 집안현(輯安縣)이란 이름의 현으로 승격되었다. 이 승격에 맞는 격식을 갖추기 위해 흙으로 네모난 성벽을 쌓았는데, 성 안에는 경작지 사이에 몇 채의 집들이 흩어져 있었다. 지금까지 이곳을 도시라고 부른 것은 자연스럽지 못하다. 성벽과 현이라는 명칭을 없애버리면 현재는 초라한 마을밖에 더 볼 것이 없기 때문이다."[85]

85) M. Éd. Chavannes, 「Rapport sur les Monuments de L'ancien Royaume Coréen de Kao-Keou-Li」, Académie des Inscriptions & Belles-lettres, Comptes Rendus des Séances de L'année, Paris, Librairie Alphonse Picard et fils, 1907년 9월, 551쪽.

비슷한 시기에 현장을 방문한 일본 학자들의 기록에 따르면, 집안현 소재지가 국내성 터에 있다고 한다. 당시 국내성은 당연히 돌로 쌓은 성으로 아주 잘 남아 있다는 기록이 있다. 그런데 샤반느는 이 석성에 대해서는 전혀 언급이 없고 더구나 흙으로 성벽을 쌓았다고 한 점이다. 이 부분에 대해서는 앞으로 다른 자료가 나와야 해명이 가능할 것이다. 다만 집안현 소재지를 들른 것만은 틀림없다.

⑤ 산성하무덤떼 탐사

다섯 번째 탐사는 산성하무덤떼이다. 샤반느는 환도산성에 도착하기 전에 만보정 무덤떼를 지나 환도산성 바로 건너 무덤에서 벽화를 하나 더 발견하고 이어서 산성하무덤떼를 탐사한다. 주민들의 말을 인용해 환도산성에 대한 언급을 하고 있으나 직접 가 보지는 않은 것 같다. 샤반느는 태왕비와 많은 무덤에 놀라운 관심을 보였지만 고구려의 중요한 두 성, 국내성과 환도산성에 대해서는 크게 관심을 가지지 않았다.

⑥ 샤반느는 압록강 건너 한국 땅을 밟았었다.

샤반느의 보고서에는 샤반느가 한국에 입국했다는 기록이 없다. 그러나 샤반느가 귀국하여 발행한 사진집에는 한국 쪽에서 찍은 사진과 함께 사진 설명에 한국을 언급하고 있다. 『중국 북부지역 고고학 탐사』[86]란 사진집인데 1909년, 1913년, 1915년, 세 번에 걸쳐 세 권이 출간된다. 이 가운데 3권의 사진번호 814번은 압록강에 관한 사진이다. 이 사진은 집안의 전체 경치를 찍고 사진에 고구려 유적지의 위치를 표시하였다. 사진 제목을 「한국의 압록강에서 본 통구(通溝) 벌판(La plaine de T'ong-keou vue de la rive coréene du Ya-lou)」이라고 붙이고, 사진 속의 지점을 점선으로 이어 다음과 같은 유적지를 설명하고 있다〈그림 22〉〈그림 23〉.

86) M. Édouard Chavannes, 『Mission(Voyage) archéologique dans la Chine septentrionale』, vol. 3, Paris, 1909, 1913, 1915. Fig. 375~381.

〈그림 22〉 한국 쪽에서 찍은 통구 벌판

〈그림 23〉 장승과 담배 피는 한국인

산성자 동쪽 무덤계곡 (Vallée des Tombeaux à l'Est de Chan tch'eng tseu)

통구마을(집안현) [Ville de T'ong keou(Tsi-ngan-hien)]

태왕릉 (Tombe de l'auguste roi)

고구려 비석 (Stèle du Kao keou li)

토구(土口) 고개 (Passe T'ou-k'eou)

장군무덤 (Tombe du Maréchal)

그런데 이처럼 남쪽에서 북쪽에 있는 압록강과 집안을 찍으려면 압록강을 건너 한국 땅으로 들어가야 한다. 〈그림 23〉도 한국 땅에 들어갔던 것을 분명히 보여주는 사진이다. 사진 설명에 한국의 길 수호신(Génie protecteur des routes en Corée)이라고 되어 있는데 "가천대장군(可天大將軍)"이라고 쓰인 장승 옆에 하얀 적삼과 바지를 입은 한국인이 담뱃대를 물고 있는 사진이다. 이 두 사진으로 볼 때 비록 짧은 시간이지만 샤반느는 한국 땅에 건너왔던 것이 분명해졌다. 다만 글쓴이는 〈그림 22〉와 〈그림 23〉 두 사진을 같은 시간에 찍은 것으로 보았는데 최근 기메박물관에서 나온 책[87]에 실린 사진설명에는 집안을 떠나 안동으로 가는 도중에 찍었다고 적혀 있다. 5월 8일 집안 탐사를 마친 샤반느는 집안을 떠나 배를 타고 압록강을 따라(En barque, par voie fluviale descente du Yalu)[88] 5월 12일 안동(安東, 지금의 丹東)에 도착한다. 배를 타고 나흘 동안 압록강을 내려가면서 한국쪽에서 묵어가면서 찍었을 가능성도 크다.

지금까지 본 집안현 안에서의 일정을 보면, 토구－동강 광개토태왕비－장군무덤－태왕릉－다섯무덤, 산성하2112호무덤, 흩어진연꽃무덤(벽화)－통구－산성하무덤떼 순으로 탐사하였다는 것을 알 수 있다.

끝으로 하나 덧붙일 것은 샤반느가 집안을 방문할 때 일본인 기자 시부야를 동행했다고 한다.[89]

Ⅱ. 에두아르 샤반느의 고구려 탐사(1)－광개토태왕비와 탁본

1. 광개토태왕비의 생김새와 석재

1) 광개토태왕비의 높이는 6m 20cm쯤 되고 네모진 기둥꼴이다.

길림성문물고고연구소 소장을 지낸 왕지엔췬이 1980년대 현장에서 자세하게 측량한 광개토태왕비의 크기는 〈표 3〉[90]과 같다.

87) Guimet musée natioanal des arts asiatiques, 『Missions archéologiques françaises en Chine — Photographies et itinéraires 1907-1923』, Les Indes savantes, 2004. 58쪽.

88) Guimet musée natioanal des arts asiatiques, 『Missions archéologiques françaises en Chine — Photographies et itinéraires 1907-1923』, Les Indes savantes, 2004. 178쪽.

89) Guimet musée natioanal des arts asiatiques, 『Missions archéologiques françaises en Chine — Photographies et itinéraires 1907-1923』, Les Indes savantes, 2004, 178쪽.

여기서 보면 샤반느가 잰 비석 높이는 지금보다 19cm가 더 낮다. 비석 높이를 재는 일은 그다지 어려운 일이 아니어서 샤반느가 잰 수치가 틀렸다고 볼 수 없다. 더구나 샤반느가 찍은 사진을 보면 당시 탁본을 뜨기 위해 받침대를 설치해 놓은 상태이기 때문에 쉽게 측량이 가능했을 것이다. 그렇다면 어떻게 해서 19cm라는 큰 차이가 났을까? 아마 이때는 비각도 없고 잘 정비되지 않은 상태였기 때문에 비석 바닥 부분이 19cm 정도 흙에 묻혀 있었을 가능성이 있다. 샤반느의 사진들을 보면 비석 바닥에 받침돌이 보이지 않고 바닥이 돌덩이와 흙으로 약간 덮여 있다는 점을 알 수 있다. 받침돌을 발견한 것은 샤반느보다 11년 뒤인 1918년 쿠로이타 카츠미(黑板勝美)가 현지에서 비의 주위를 발굴하였는데 지하 2치(寸) 지점에서 받침돌을 발견하였다고 했다.[91] 깊이의 차이는 있지만 비석이 돌과 흙으로 덮여 있었던 것은 틀림없다.

2) 비석은 초록빛을 띤 쑥돌(화강암, granit verdâtre)이다.

1905년 현지를 방문한 도리이 류조우(鳥居龍藏)는 비석을 화강암(쑥돌)으로 된 바윗돌로 보았고,[92] 1913년에 조사한 세키노 타다시(關野貞) 일행은 응회암인 자연석으로 보았다.[93] 쑥돌(花崗巖)은 불에된바위의 하나로 차돌, 돌비늘, 질돌 들이 섞여서 쑥떡 모양을 이루는 바위이고, 응회암(凝灰巖)이란 화산에서 뿜겨 나온 재와 모래가 물 밑에 쌓여서 눌려 굳어진 바윗돌이다. 같은 석재를 가지고 한 사람은 불에된바위(火成巖), 한 사람은 물에된바위(水成巖)라는 전혀 다른 견해를 보이고 있다.

그 뒤 응회암설이 일반화되었고 학자들 대부분 그 설을 그대로 따랐다. 1966년 박시형의 연구[94]에도 응회암이라고 했고, 일본 학자들도 같은 견해였다. 근래 중국

---

90) 王健群,『好太王碑研究』, 길림인민출판사, 1984. 임동석 옮김 『광개토왕비연구』, 서울, 역민사, 1985.

91) 早乙女雅博, 「일본에 있어서 광개토왕비 탁본과 비문 연구에 대해서」, 『고구려연구』(2), 65쪽.

92) 鳥居龍藏, 「鴨綠江上流於高句麗遺跡」『南滿洲調査報告』, 東京帝大, 1910 ; 『鳥居龍藏全集』 10, 朝日新聞社, 1976, 105쪽.

93) 關野貞, 「滿洲輯安縣及平壤附近於高句麗時代遺蹟」(2), 『考古學雜誌』 5-4, 1914, 221쪽.

94) 박시형, 『광개토왕릉비』, 사회과학원출판사, 1966, 3쪽.

학자들은 각력(角礫) 응회암(凝灰巖)이라고 쓰고 있다.[95] 각력이란 모자갈(모가 난 자갈)을 말하는데 응회암을 좀더 분류한 것이다. 왕지엔췬은 각력응회암인데 중간에 응회력암협층(凝灰礫巖夾層)이 들어 있다고 했다. 한편 한국의 한 암석학자는 현무암질 화산암이라고 하였다고 한다. 응회암과 같은 화산에 의해 형성된 바위인 것이다.

최근 고구려연구재단에서 실시한 지질조사에 따르면 "이 비석은 연한 녹회색의 기공(氣孔)을 가진 안산암질(andesitic) 또는 석영안산암질(dacitic) 용결 래필리 응회암(welded lapilli tuff)으로 되어 있다"[96]고 하였다. 이해하기 어려운 전문 용어이다. 외국에서 공부하고 온 학자들이 우리말을 너무 어렵게 번역하거나 아예 번역하지 않고 어려운 외국어를 그대로 썼기 때문이다.

① 우선 크게 분류하면 응회암이라는 것이다.
② 더 분류하면 래필리 응회암이다. 래필리(lapilli)란 lapillus의 복수꼴로 화산력(火山礫), 더 쉽게 말하면 '화산자갈'이란 뜻이다. 우리말로 옮기면 '화산자갈 응회암', 또는 '화산력응회암(火山礫凝灰巖)'이다. 그렇다면 화산자갈이란 무엇인가? 화산암이 부서진 돌알맹이를 말한다.
③ 좀더 자세하게 나누면 안산암(安山巖)의 성질을 가졌거나 석영안산암(石英安山巖) 성질을 가진 화산자갈응회암이라는 것이다. 안산암이란 불에된바위의 한 가지다. 화산이 터질 때 쏟아져 나온 바윗물이 굳어진 것으로 각섬석(角閃石), 돌비늘, 사장석(斜長石), 휘석(輝石) 따위로 이루어졌다. 석영안산암이란 안산암보다 규산이 약간 많은 분출암을 말한다.

지금까지 내용을 간추려 보면 광개토태왕비를 처음 본 도리이 류조우(鳥居龍藏)

95) 王健群, 『好太王碑研究』, 吉林人民出版社, 7쪽; 朴眞奭, 『好太王碑與古代朝日關係研究』, 延邊大學出版社, 3쪽; 耿鐵華, 『好太王碑新考』, 吉林人民出版社, 13쪽.
96) 고구려연구재단 편, 『환인 · 집안 지역 고구려 유적 지질조사 보고서』, 2005

〈그림 24〉 광개토태왕비 3면 흠에 나타난 초록색(2005년 8월 19일 촬영)

〈그림 25〉 화산 자갈이 녹아 뭉쳐 있는 응회암(녹회색 바탕에 분홍색 자갈이 섞여 있는 것이 보인다).
(「환인·집안 지역 고구려 유적 지질조사 보고서」 102쪽)

와 샤반느만 화강암으로 보았고, 그 뒤 실제 전문가들은 모두 응회암으로 보았다는 것을 알 수 있다. 전문가가 아닌 샤반느의 한계라고 할 수 있다. 다만 샤반느가 돌에 초록빛을 띠었다는 것을 언급했다는 것은 주목할 만하다. 최근 글쓴이가 광개토태왕비 표면에 흠이 있는 곳을 자세히 살펴보니 겉과는 달리 속에 초록색이 보였으며, 최근 지질조사팀도 이 사실을 확인하였다.

2. 광개토태왕비에 대한 조사 데이터

1) 광개토태왕비 크기에 대한 데이터

모서리 각이 고르지 않아 그 표면은 대강 잴 수밖에 없다는 전제 아래 수치를 기록하였는데, 1면은 1984년 수치와 똑 같고 나머지 3면은 7~10cm의 차이가 난다. 비석 위아래 너비가 모두 같지 않고 모서리를 어떻게 쟀는지에 따라 오는 차이 정도라

〈표 3〉 광개토태왕비의 크기

	샤반느(1907)	왕건군(1984)	차이
높이	6.20m	6.39m	19cm
1면 너비(남)[97]	1.46m	1.46m	=
2면 너비(서)	1.45m	1.35m	10cm
3면 너비(북)	1.94m	2.00m	6cm
4면 너비(동)	1.41m	1.48m	7cm

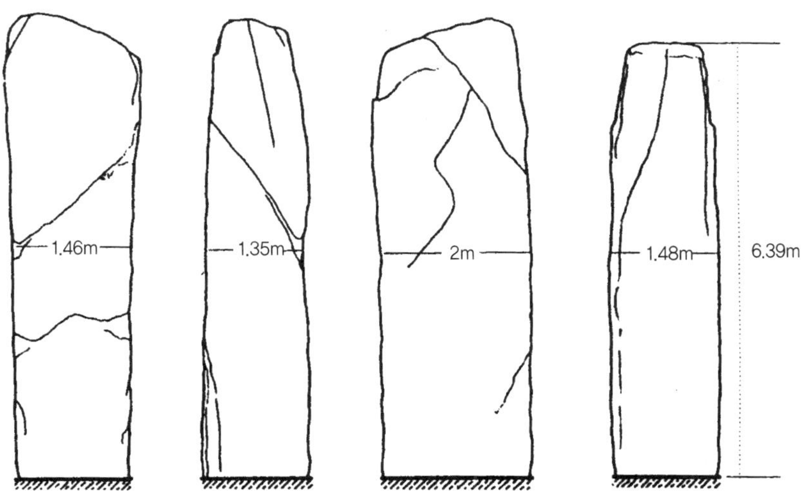

〈그림 26〉 광개토태왕비의 생김새와 크기

97) 샤반느는 편의상 남쪽으로 했지만 "비석 방향은 정남(正南)이 아니고 남남서쪽이다"고 주석을 달았다.

할 수 있다. 이러한 수치는 서양학계뿐 아니라 동아시아에서도 처음 공개되었던 데이터라는 점에서 큰 의의가 있다고 할 수 있다.

2) 비에 새겨진 글자에 대한 조사

샤반느는 "남쪽 면 너비 1m 46cm 11줄, 서쪽 면 너비 1m 45cm 10줄, 북쪽 면 1m 94cm 14줄(첫줄은 거의 지워졌다), 동쪽 면 너비 1m 41cm 9줄의 글이 적혀 있다. 줄마다 41자이고, 글자는 바위에 깊이 새겨져 있는데, 크기는 평균 너비 9cm 높이 10cm다. 비문은 비석 꼭대기에서 1m 정도 내려온 곳에서 시작하여 바닥까지 내려간다"[98]고 하였다.

샤반느가 언급한 대로라면 글자 수는 (11줄+10줄+14줄+9줄)×41자=1804자가 된다. 여기서 샤반느는 3면(북쪽 면)의 첫 줄은 완전히 지워져 없어졌다고 해서 첫줄에 글자가 있다는 것을 인정하였다. 1883년 사카와가 일본으로 가져간 쌍구가묵본(또는 묵수곽전본이라고도 한다)이나 그 뒤 1907년까지 일본에 들어간 석회탁본에는 3면 첫줄이 존재하지 않는다. 글자가 잘 보이지 않아 그 부분은 탁본을 하지 않은 것이다. 그러나 현장에서 비를 검토하고 1880년대 원석탁본이 발견되면서 3면 첫줄에 글자가 있다는 사실이 확인됨과 동시에 여러 글자를 새로 읽어내는 성과를 올렸다. 지금까지는 1913년 세키노 타다시(關野貞) 일행이 조사할 때 처음으로 3면 첫줄을 확인하였다고 알려져 있었다. 그런 면에서 보면 샤반느가 3면 첫줄에 글자가 있었다는 것을 확인하고 3면이 14줄이라는 것을 분명히 한 첫 학자가 되는 것이다.

98) M. Éd. Chavannes, 「Rapport sur les Monuments de L'ancien Royaume Coréen de Kao-Keou-Li」, Académie des Inscriptions & Belles-lettres, Comptes Rendus des Séances de L'année, Paris, Librairie Alphonse Picard et fils, 1907년 9월, 554~555쪽

3. 에두아르 샤반느가 구입한 탁본과 사진

1) 에두아르 샤반느가 구입한 석회탁본은 답사 도중 뜬 것이 아니다.

샤반느가 처음 고구려 옛 땅을 답사하기로 마음먹을 때부터 이미 광개토태왕비 탁본을 구하겠다는 뜻이 분명했다. 앞에서도 보았지만 "그러나 아직까지 우리가 바라는 만큼 정확하게 비문을 연구할 수 있는 탁본이 없었고, 같은 지방에 있고 한국 고대 문화유적인 무덤 사진 한 장도 없었으며……"라고 해 가능하면 탁본을 구하는 게 현장을 답사하는 분명한 목적이었다. 결국 샤반느는 탁본을 구하는 데 성공했고, 프랑스로 가져간 탁본은 프랑스 국립도서관 필사본과(Département des manuscrits)[99] 에 보관하였다. 샤반느는 "내가 얻은 탁본은 적어도 앞으로 새로운 연구를 기획하는 데 튼튼한 기초가 될 것이라고 확신한다"고 할 만큼 탁본에 대해 자랑스러워 했다. 본국에 돌아가면 이 탁본을 통해 본격적으로 새로운 연구를 할 수 있다고 생각했던 것이다. 일본인들이 읽어낸 석문만으로 공부하던 프랑스 학자들에게 직접 탁본을 보며 연구할 수 있다는 것은 분명 자랑스러운 일이다. 그러나 샤반느가 가져간 탁본은 석회를 바르고 뜬 탁본이기 때문에 아주 새로운 연구 성과를 기대하기는 어려운 탁본이었다. 대체적으로 1890년 이후는 이미 비면에 석회가 발라졌고 석회를 발라서 뜬 탁본은 마치 복사해낸 것처럼 똑 같은 글자밖에 읽어낼 수가 없다. 무슨 글자인지 몰라 논란이 되는 부분은 이미 탁공이 가지고 있는 텍스트에 있는 글자대로 회를 발라 만든 것이기 때문에 다른 해석이 나올 수 없게 된 것이다. 석회를 바른 뒤 뜬 이른바 석회탁본은 나중에 현지를 방문한 일본인들에게 최고의 관광상품으로 팔렸다고 한다.

석회탁본도 아주 가치가 없는 것은 아니다. 탁공이 어떤 텍스트를 사용하였는지를 알 수 있고, 석회가 떨어져 나가면서 나타나는 원래의 글자가 어떻게 나타나는지

99) 현재는 동양필사본과(Département des manuscrits orientaux)에 보관되어 있다. 소장번호 "Estampage Chavannes. 5290.01(1~4).

에 따라 탁본을 뜬 연도를 알아낼 수 있기 때문이다. 그런 의미에서 샤반느가 구한 탁본은 탁본을 뜬 연도가 확실한 것으로 알려져 있다. 그러나 그 탁본이 샤반느가 현장에 갔을 때 현장에서 직접 뜬 것으로 보이지는 않는다. 샤반느는 자신의 보고서에서도 "이처럼 거대한 비석의 탁본을 뜨는 일은 결코 쉬운 일이 아니다"라고 밝힌 바 있다. 샤반느가 현장에 가서 비석을 사진으로 찍을 때 "비석은 탁본을 뜬 뒤 먹물로 시꺼멓게 되어 있었고, 비석 주변에는 일꾼이 올라가 일했던 발판 장대가 둘러싸고 있었다"고 했다. 그렇다고 그가 조사하는 사흘 동안(2일은 비가 내렸다)에 그 큰 탁본을 뜰 수는 없었다. 결국 그 이전에 뜬 탁본을 절친했던 짜오(趙) 장군이 구해준 것이다. 보고서에서 "짜오(趙) 장군이 중국식으로 떠놓은 훌륭한 흑백 탁본을 나에게 준 것에 대해서 특별히 감사드린다"고 한 것을 보면 알 수 있다.

북경으로 돌아온 샤반느는 바로 보고서를 썼고, 보고서에 "여섯 가지 물건이 든 상자와 탁본은 여름에 파리 교육부장관에게 보내겠다"고 한 것을 보면 답사에서 돌아올 때 이미 탁본을 가지고 있었다는 것을 알 수 있다. 그렇다면 이 탁본을 뜬 시기는 샤반느가 답사하기 전에 이미 떠놓은 탁본을 구해서 주었기 때문에 1907년 4월 이전이라고 보아야 한다.

샤반느는 보고서에서 비문 내용은 다루지 않는다고 했다. "금석학을 깊이 있게 연구할 수 있는 일정이 아니어서 여기에서는 비문의 내용을 다루지 않는다. 앞에서 인용한 모리스 꾸랑의 논문이 앞으로 비문의 중요성을 충분히 평가해 줄 것이다"라고 한 것을 보면 비문 내용에 관한 한 아직 모리스 꾸랑의 연구를 넘어설 수 없고 그의 연구에 대한 깊은 신뢰를 갖고 있었기 때문이었을 것이다.

2) 프랑스 국립도서관에 소장된 광개토태왕비 탁본

샤반느가 구입해 가져간 광개토태왕비 탁본은 현재 파리 국립도서관(Bibliothèque nationale de France) 동양필사본과(Département des manuscrits orientaux)에 보관되어 있다.[100] 2005년 10월 18일 오전 파리 국립도서관[101]에 가서 예약확인서를 보여주자, 기다리고 있던 중국 담당 사서 Nathalie Monnet 여사가 탁본은 이미 확인해 두었으나 자료가 너무 커서 준비하는 데 장소가 따로 필요하므로 오후가 되어야 볼 수 있다고 한다. 크기가 7m에 가깝기 때문에 열람실에서 볼 수 없고 특별한 방에서 준비해야 한다는 것이다.

긴 테이블이 놓인 넓은 방에서 탁본을 보기 시작하였다. 생각보다 작은 상자 안에 잘 보관된 탁본을 펴는 데 상당한 시간이 걸렸다. 탁본은 잘 만든 먹을 갈아 뜨기 때문에 잘 묻어나지 않는 것이 보통인데, 이 탁본은 숯검정을 그대로 쓴 것처럼 까만 가루가 묻어난다. 2시부터 3시 반까지 한 시간 반 동안 네 장의 탁본을 펴고 다시 접는 데 네 사람이 낀 고무장갑이 완전히 새까맣게 될 정도이다. 종이는 아주 얇고 가벼워 부피가 나가지 않았다. 비록 두께는 얇지만 아주 질기게 생겨 100년이 다 된 지금도 마치 새 종이처럼 생생하다. 지금까지 본 탁본 가운데 가장 얇은 종이를 사용하였다.

탁본에는 탁본의 면 수를 적은 간단한 메모 빼놓고는 특별한 발문 같은 것은 없었다. 다만 탁본의 크기와 샤반느의 보고서 제목 형태의 글을 적어놓은 종이가 있는데, 보고서 사진 밑에 나온 수치와 같은 것으로 보아 나중에 써서 넣은 듯하다(3면만 너비가 1m 20cm로 차이가 났다).

- 1면(남) : 높이 5m 30cm, 너비 1m 35cm
- 2면(서) : 높이 5m 30cm, 너비 1m 15cm
- 3면(북) : 높이 5m 30cm, 너비 1m 70cm
- 4면(동) : 높이 5m 30cm, 너비 1m 20cm

작은 종이를 여러 장 붙여서 사용하였는데, 내용이 너무 많아서 가지런히 붙이지 못한 곳도 있어 전체적으로 들쭉날쭉하다. 정성들여 붙인 흔적이 보이는데 4면의

100) 소장번호 "Estampage Chavannes. 5290.01(1~4)".

101) 프랑스 국립도서관은 크게 구관인 리슐리외(Richelieu)도서관과 신관인 미테랑(François Mitterand) 도서관이 있는데, 샤반느 탁본은 구관인 리슐리외 도서관에 소장되어 있다.

셋째 줄 아래 부분은 붙인 곳이 떨어져 있는 곳도 있다. 비록 글자가 없는 곳도 모두 종이를 대고 탁본했기 때문에 3면 오른쪽 맨 아랫부분의 조각도 제자리에 온전히 붙어 있다.

파리 국립도서관에 소장된 탁본은 100년 가까이 지났지만 아주 새 것처럼 잘 보존되어 있었다. 1907년 찍어서 책에 실은 사진과 2005년 글쓴이가 파리 국립도서관에서 찍은 사진을 비교해 보면 거의 차이가 없을 정도로 잘 보관해 왔다는 것을 알 수 있다(사진 참조).

이 탁본은 비록 석회를 바르고 뜬 탁본이지만 채탁 연대가 확실한 탁본이라는 점과 유럽에 소장된 유일한 광개토태왕비 탁본이라는 점에 큰 의의가 있다.

3) 보고서에 실린 세 장의 사진

보고서에는 광개토태왕비를 찍은 세 장의 사진이 있다. 1907년 연차보고서에 나온 사진은 비석 방향을 틀리게 기록했는데, 1년 뒤에 나온 『통보(通報)』에서는 바로 잡았다. 샤반느는 우선 1면이 남쪽이라고 했지만 정확하게 측정하면 정남(正南)이 아니고 남남서쪽이라는 주석을 달고, 1면=남, 2면=서(2면 사진은 없다), 3면=북, 4면=동으로 기록하고 있다. 그런데 1907년 보고서에는 1면=서, 3면=동, 4면=북으로 되어 있다. 인쇄하는 과정에서 잘못된 것이다.

보고서와 논문에 사진이 세 면밖에 나오지 않았는데, 파리 기메박물관에 보관되어 있는 샤반느의 사진 컬렉션에도 2면 사진의 유리원판이 없는 것을 확인하였다. 사진을 자세히 살펴보면 동쪽이 되는 4면에 받침대의 그림자가 직선으로 비치고 있는데, 이것은 사진을 아침에 찍었다는 것을 뜻한다. 자연히 서쪽이 되는 2면은 역광이 되어 사진이 잘 나오지 않기 때문에 찍지 않은 것으로 보인다.

사진은 탁본을 뜰 때 쓰이는 받침대가 서 있는 그대로 찍었는데, 남쪽과 동쪽에서 찍을 때는 비석의 크기를 쉽게 알 수 있도록 총을 든 현지인을 비석 옆에 세워놓고 찍었다. 아마 샤반느와 함께 간 4명의 호위병 가운데 한 사람으로 보인다.

이 사진은 광개토태왕비를 세상에 알린 최초의 사진이다. 샤반느보다 2년 먼저

〈그림 27〉 샤반느 탁본 1면(남) 1907년 촬영

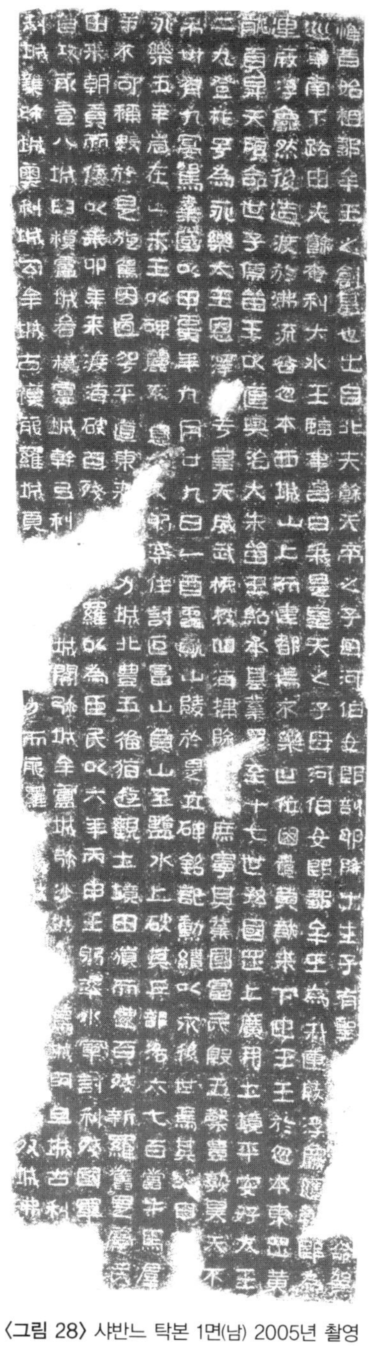

〈그림 28〉 샤반느 탁본 1면(남) 2005년 촬영

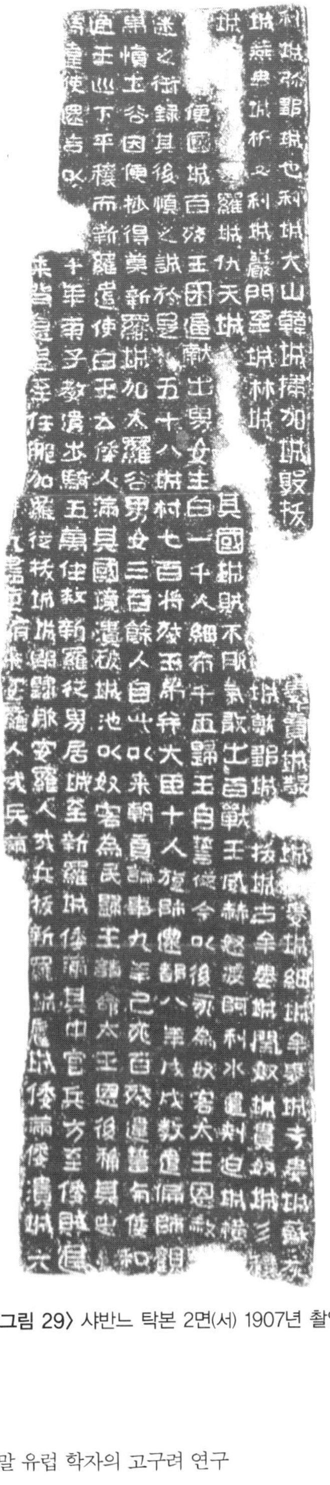

〈그림 29〉 샤반느 탁본 2면(서) 1907년 촬영

〈그림 30〉 샤반느 탁본 2면(서) 2005년 촬영

〈그림 31〉 샤반느 탁본 3면(북) 1907년 촬영

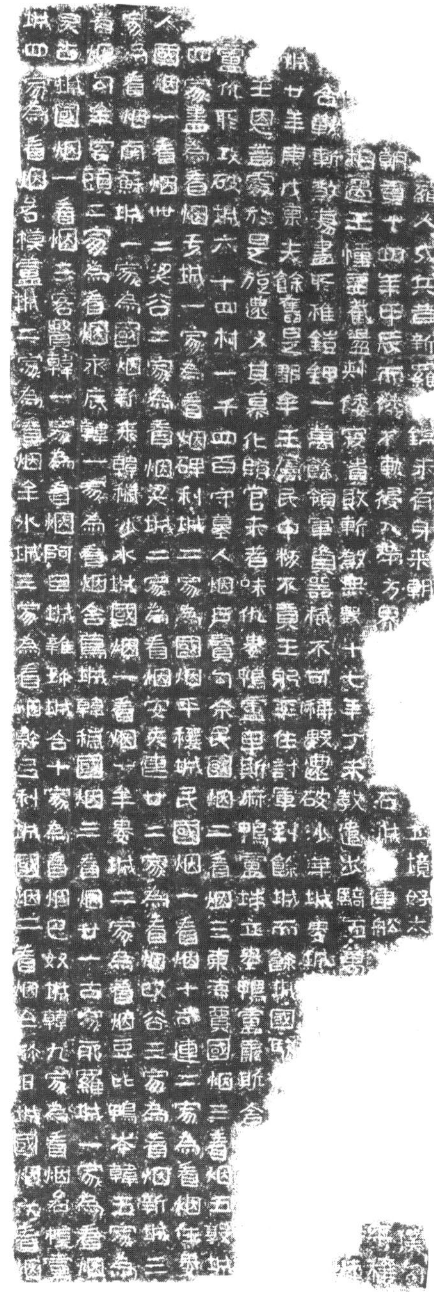

〈그림 32〉 샤반느 탁본 3면(북) 2005년 촬영

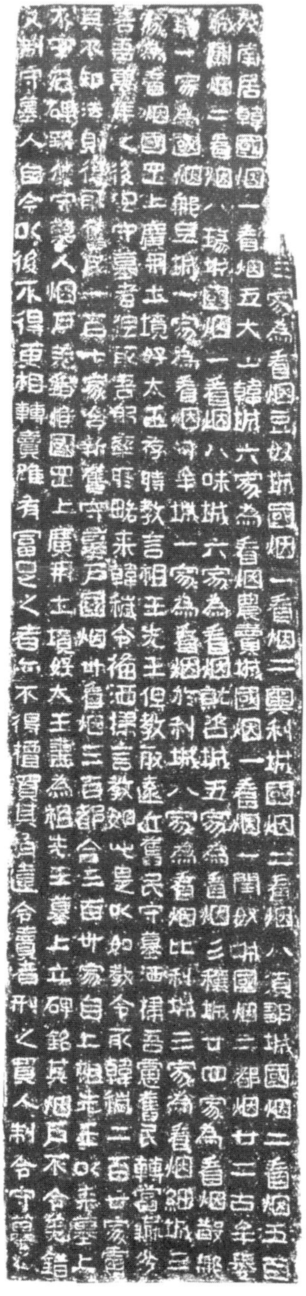

〈그림 33〉 샤반느 탁본 4면(동) 1907년 촬영

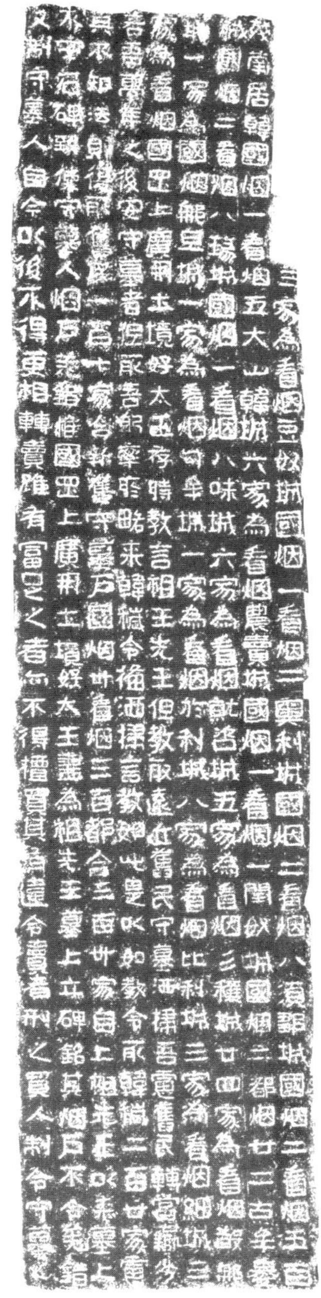

〈그림 34〉 샤반느 탁본 4면(동) 2005년 촬영

1905년 일본 학자 도리이 류조우(鳥居龍藏)가 현장을 방문했지만 그의 보고서는 샤반느보다 3년이 늦은 1910년에야 나왔는데, 그의 보고서에는 광개토태왕비 사진이 없었다.

다음 쪽에 실린 사진들은 모두 초기에 찍은 광개토태왕비 사진들이다.[102)]

- 첫째 줄 : 1907년 샤반느 사진 ① 1면(남), ② 3면(북), ③ 4면(동)
- 둘째 줄 : 1905년 이전 또는 1909년 사진 ① 1면(남), ② 3면(북), ③ 4면(동)[103)]
- 셋째 줄 : 1913년 사진 ① 1면(남), ② 3면(북), ③ 4면(동)

1907년 샤반느가 찍은 사진과 1913년 조선총독부의 위촉을 받아 일본 학자들이 고구려 유적을 조사하면서 찍은 사진은 촬영 시점이 분명하여 샤반느의 사진이 더 먼저라는 것을 알 수 있다. 문제는 중간에 있는 사진이다. 1996년 동경국립박물관에서 열린 전시회에 출품된 사진인데, 사진 설명에 1905년 이전 또는 1909년의 사진이라고 표시하였다. 원래 나이토(內藤湖南)가 소장했던 것인데, 지금은 교토(京都)대학 인문과학연구소에서 소장하고 있다고 한다.

만일 1905년 이전이 찍은 사진이라면 샤반느 사진보다 더 이른 것이고, 1909년에 찍은 사진이라면 샤반느의 사진이 최초의 사진이 되는 것이다. 그러나 1996년 전시 당시 발행한 도록 뒤에 실은 「광개토왕비 및 탁본 조사 연구사」를 보면 1905년 이전과 1909년에 현지를 방문하거나 사진을 찍은 기록이 전혀 없다. 그래서 1905년 이전에 찍은 사진이라는 구체적인 기록이 나오지 않는 한 샤반느가 찍은 광개토태왕비의 사진이 최초의 사진이 되는 것이다.

102) 교토대학과 총독부 사진은 네 면의 사진이 모두 있으나 샤반느의 사진과 비교하기 위해 세 면만 실었다.
103) 동경국립박물관, 『고구려 광개토왕비탁본』, 1996년 2월 7일~3월 20일 전시 도록.

〈그림 35〉 샤반느 촬영(1907, 1면)

〈그림 36〉 샤반느 촬영(1907, 3면)

〈그림 37〉 샤반느 촬영(1907, 4면)

〈그림 38〉 교토대학 소장[1905(?), 1909(?), 1면]

〈그림 39〉 교토대학 소장[1905(?), 1909(?), 3면]

〈그림 40〉 교토대학 소장[1905(?), 1909(?), 4면]

〈그림 41〉 총독부 위촉 촬영(1913, 1면)

〈그림 42〉 총독부 위촉 촬영(1913, 3면)

〈그림 43〉 총독부 위촉 촬영(1913, 4면)

4. 통구는 고구려 첫 수도 홀본이다.

닷새 동안에 걸쳐 통구지역을 답사하고 난 샤반느는 그 결과를 바탕으로 광개토태왕비에 나온 고구려 첫 수도 홀본이 바로 통구지역이라는 결론을 내린다.

> 통구(通溝)지역을 답사하고 나서 비석 위에 새겨진 위대한 비문에서 2개의 문구를 확실하게 알게 되었다. 즉 고구려 왕국의 시조에 대해 비문에서 '홀본 서쪽 비류계곡이 있는 산 위에 성을 쌓고 도읍을 이루었다(於沸流谷忽本西城山上而建都)'라고 썼고, 더 자세히 보면 '왕은 홀본 동쪽 언덕에서 노란 용을 타고 하늘로 올라갔다(王於忽本東岡黃龍負昇天)'라고 하였는데, 비류계곡은 『삼국지』(「위서」 28장 3쪽)에 나오는 비류수가 흐르는 계곡을 말하는 것으로 압록강이 틀림없다. 홀본 서쪽에 왕이 성을 쌓은 산(城山上)은 홀본 서쪽에 있는 산 위의 옛 성(山城子)이 틀림없다. 홀본은 통구와 같은 것이다. 홀본 동쪽의 언덕은 오늘날에도 동강(東岡)이라고 부르는 마을로, 비석이 서 있는 곳이다.[104]

샤반느의 관점은 '비류수=압록강', '추모가 성을 쌓은 홀본=산성자(山城子)'이다. 따라서 산성자는 고구려의 첫 수도이고, 그 앞에 있는 웅대한 왕릉들이 첫 수도였음을 뒷받침해 준다고 본 것이다. 샤반느는 한 걸음 더 나아가 '홀본 동쪽 언덕=동강(東岡)'이라는 주장까지 한다.

사실 고구려 유적을 통구 한 곳만 가 보고 첫 수도를 확정하는 것은 무리였다. 그러나 현장을 찾아가서 답사하고 고구려 수도를 비정한 첫 학자라는 기록을 남겼으며, 고구려 첫 수도가 어디인지를 논의하는 새로운 장을 열었다는 점에서 고구려 연

---

104) M. Éd. Chavannes, 「Rapport sur les Monuments de L'ancien Royaume Coréen de Kao-Keou-Li」, Académie des Inscriptions & Belles-lettres, Comptes Rendus des Séances de L'année, Paris, Librairie Alphonse Picard et fils, 1907년 9월, 574~575쪽; M. Éd. Chavannes, 「Rapport sur les Monuments de L'ancien Royaume Coréen de Kao-Keou-Li」, T'oung Pao(通報), Leiden, 1908년 시리즈 Ⅱ, 9호, 261~262쪽

구사에서 중요한 위치를 차지한다고 할 수 있다. 1907년 이후 이 문제는 이곳을 방문하는 학자들의 주된 관심사였고 토론의 주제였다는 것을 보아도 알 수 있다.

고구려 첫 수도를 확정하기 위한 연구사를 되돌아보면 이 문제가 얼마나 어려운지를 알 수 있다. 고려시대 『삼국유사』에서 "졸본을 지금의 화주(和州), 또는 성천(成川)이라고 하나 모두 잘못이다. 졸본은 요동 현도의 지경에 있는데, 혹은 지금의 동진(東眞)이라고 한다"고 한 것을 보면 고구려의 첫 수도가 한반도에 있다고 보았다는 것을 알 수 있다. 그러나 『삼국유사』의 저자 일연은 화주(조선시대의 영흥부)나 성천(평안도) 설이 잘못되었다는 것을 지적하였다. 졸본이 현도 경내에 있다는 점을 분명히 하였으나 정확한 지점은 밝히지 못하였다.

『신증동국여지승람』에서는 『삼국유사』에서 잘못이라고 지적한 대동강 상류에 있는 성천을 졸본이라고 해서 다시 한반도로 끌어들였다.[105] 그 뒤 1778년 안정복이 쓴 『동사강목』에서는 비교적 깊이 있게 접근하여 심양 봉천부(奉天府) 흥경(興京)이라고 하였다.[106]

이 지역을 처음 답사한 일본 학자들은 산성의 규모와 형태만으로 조심스럽게 중국 길림성 집안(集安)의 산성자산성과 요령성 환인(桓仁)의 오녀산성을 첫 수도로 추정하는 정도였다. 그 뒤 집안이 두 번째 수도인 국내성으로 밝혀지면서야 비로소 오녀산성으로 관심이 집중되었다.

해방 이후 이 문제는 중국 학자들에게 뜨거운 논쟁을 일으켰는데 1980년대 중반까지만 해도 고구려 연구의 대가인 왕지엔췬, 고고학 전문가인 외이춘청 같은 중요 학자들 모두는 오녀산이 첫 수도라는 사실에 동의하지 않았다. 고구려 때의 유물이 나오지 않았다는 게 주된 이유이다. 이 문제는 오녀산 꼭대기에 텔레비전 송신탑을 세우기 위해 1986년 긴급발굴조사가 시작되면서 방향을 전환한다. 이때부터는 고구려 성이라는 것을 인정하기 시작했다. 그 뒤 1996년 5월부터 1998년 10월까지 발굴

105) 『신증동국여지승람』 권50, 성천도호부 건치연혁.

106) 『동사강목』 부록, 하편, 지리고, 고구려강역고와 졸본고.

하여 건물 터가 무리로 발견되었고, 1000점 남짓한 유물이 출토되었으며, 고구려 건국과 같은 시기의 유물을 발굴한 것은 2003년 세계유산에 등록하기 위해 전면 발굴할 때가 처음이었다는 점을 감안하면 샤반느의 첫 수도 비정은 커다란 실수라고 할 수도 없다.

Ⅲ. 에두아르 샤반느의 고구려 탐사(2)
–머리 잘린 피라미드(pyramide tronquée), 장군무덤(將軍墳)

샤반느가 국내성을 탐사한 1차 목표는 광개토태왕비였지만 가장 놀라고 감탄한 것은 장군무덤이었다. 전 보고서 26쪽 가운데 11쪽 이상을 할애하였고, 사진 17장 가운데 8장이 장군무덤이며, 다른 유적에는 없는 도면도 5개나 집어넣은 것을 보면 알 수 있다. 샤반느는 장군무덤을 처음부터 일종의 '머리 잘린 피라미드(pyramide tronquée)'라고 표현했다. 피라미드꼴이지만 뾰족한 꼭대기 부분이 없기 때문에 '머리 잘린 피라미드'라고 한 것이다. 나중에 중국 학자들이 '동방의 금자탑'이란 별명을 붙였는데, 이때 금자탑(金子塔)이란 바로 피라미드를 말한다. 피라미드 모양이 금(金)이라는 글자(字)처럼 생겼다고 해서 중국에서는 피라미드를 금자탑이라고 했는데, 장군무덤을 피라미드라고 부른 원조도 사실은 샤반느라 할 수 있다. 우리가 흔히 부르는 장군총(將軍塚)은 당시 현지에서는 장군분(將軍墳)이라고 불린 것으로 보인다. 샤반느가 "tombe du maréchal(장군무덤)"이라고 쓰고 특별히 괄호 안에 "tsiang kiun fen(將軍墳)"이라고 덧붙인 것을 보면 알 수 있다.

샤반느는 학술 조사 말고도 장군무덤에 대한 현지인들의 설화도 채집해 기록했는데, 당시 장군무덤에 대한 현지 주민들의 생각을 이해하는 데 큰 도움이 된다.

〈그림 44〉 장군무덤(남쪽면) – 위쪽 높은 곳에 장례방으로 들어가는 문이 있다.

이 거대한 유적은 사람들의 상상력을 생생하게 불러일으켜, 어떤 사람은 이 유적을 만든 사람들은 보통 사람보다 두 배나 큰 거인이었다고 말하고, 종교적 경외감을 나타내는 사람도 있고, 무덤에 침입하려던 강도가 무덤방 덮개돌을 들어 올리자마자 죽었다는 이야기도 있고, 또 침입한 두 사람이 갑자기 눈이 멀어 버렸다는 이야기도 전한다.[107)]

107) M. Éd. Chavannes, 「Rapport sur les Monuments de L'ancien Royaume Coréen de Kao-Keou-Li」, Académie des Inscriptions & Belles-lettres, Comptes Rendus des Séances de L'annee, Paris, Librairie Alphonse Picard et fils, 1907년 9월, 556쪽; M. Éd. Chavannes, 「Rapport sur les Monuments de L'ancien Royaume Coréen de Kao-Keou-Li」, T'oung Pao(通報), Leiden, 1908년 시리즈 Ⅱ, 9호, 243쪽.

1. 장군무덤의 바깥모습 조사

샤반느는 장군무덤을 고고학적 입장에서 조사하여 상당히 자세한 기록을 남겼다. 이러한 샤반느의 기록에 대한 학술적 평가를 하기 위해 최근의 조사와 비교해 보는 것도 흥미로운 일이다. 2003년 중국에서 장군무덤을 세계유산에 등록하기 위해 정확하게 측량하여 보고서[108]를 냈는데 새로 조사한 데이터와 샤반느가 조사한 결과를 대조해 보면 〈표 4〉와 같다.

〈표 4〉의 비교표를 보면 샤반느와 최근 조사한 수치가 거의 비슷하게 나왔다는 것을 알 수 있다. 다만 두 군데서 차이가 난다. 첫째 밑변인데, 샤반느는 약 31m로

〈표 4〉 장군무덤 조사 결과 비교표

	샤반느 조사				『집안고구려왕릉』		
층	층별높이 (m)	층별 들여쌓기 (m)	단별 높이(m)	각 단 들여쌓기 (cm)	층별높이 (m)	층별 들여쌓기 (m)	각 단 들여쌓기 (cm)
1층(4단)	3.30		1단 : 1~1.1 2단 : 0.75 3단 : 0.7 4단 : 0.7	2단 : 17 3단 : 17 4단 : 14	3		동서 4단 : 80cm 남북 4단 : 75cm
2층(3단)	1.64	1.10			1.6~1.7	1.1~1.2	
3층(3단)	1.50	1.16			1.5~1.6	1.0~1.1	
4층(3단)	1.37	1.16			1.4~1.5	1.0~1.1	
5층(3단)	1.32	1.16			1.35~1.4	1.0~1.1	
6층(3단)	1.16	1.16			1.25~1.3	1.0~1.1	
7층(3단)	0.99	1.16			1.1~1.2	1.0~1.1	
전체높이	11				12.4*		
밑변	약 31				32.3		

* 발굴보고서(2004)에는 높이가 나오지 않아 『집안현문물지』(1983)에 나온 수치 사용

---

108) 吉林省文物考古研究所 · 集安市博物館 편저,『集安高句麗王陵』, 文物出版社, 2004, 337~338.

기록하였는데, 발굴보고서에서는 32.3m라고 해서 1m 이상 차이가 난다. 발굴보고서에서 1층의 밑변은 동=30.15m, 서=31.1m, 남=30.75m, 북=29.15m라고 해서 샤반느의 조사와 비슷한 수치가 나온다. 1층 각 단의 들여쌓기에서는 가장 큰 차이를 보인다. 샤반느는 4단만 14cm이고 2, 3단은 17cm라고 했는데 발굴보고서에는 75~80cm라고 해서 4배의 차이가 난다. 이점은 필자가 나중에 확인해 보려고 한다. 발굴보고서에는 전체 높이가 나오지 않았고, 1층 각 단의 높이도 나오지 않아 비교할 수가 없었다.

샤반느는 2층~7층은 1층에 비해 각 단의 들여쌓기의 차이가 매우 엷다고 했으며, 윗돌을 올려놓는 아래돌 위쪽 끝마다 식으로 너비 9cm, 높이 1.5cm의 턱을 만들어 서로 맞물리게 했다고 하였다. 발굴보고서에는 높이에 대한 언급은 없고, 너비가 7~10cm라고 해서 샤반느의 9cm와 거의 같은 결과를 보여주고 있다. 7층의 너비에 대해 샤반느는 "7층은 거의 무너져 동쪽 일부만 남아 있기 때문에 목 잘린 피라미드 꼭대기의 너비를 정확히 재는 것은 어렵지만, 여러 가지 건축 구조를 헤아려 보면 한 변의 길이가 13m쯤 된다"고 했는데 발굴보고서에는 13.07m로 되어 있어 거의 일치한다고 보아야 한다. 근대적인 방법으로 조사한 결과와 비교해 보아도 샤반느가 아주 자세하게 조사했다는 것을 알 수 있다.

둘레돌(護石)에 대해서도 자세하게 기록하고 있다.

> 피라미드 네 면의 밑에는 모두 생김새가 다른 큰 돌을 3개씩 기대어 놓았는데, 그 꼭대기 부분은 거의 1층보다 높게 올라와 있다. 이 버팀돌은 하나는 각 면 가운데 있고, 2개는 각각 두 귀퉁이 가까이에 있다. 남쪽 면의 서쪽 것은 높이가 3.78m나 된다.[109]

109) M. Éd. Chavannes, 「Rapport sur les Monuments de L'ancien Royaume Coréen de Kao-Keou-Li」, Académie des Inscriptions & Belles-lettres, Comptes Rendus des Séances de L'année, Paris, Librairie Alphonse Picard et fils, 1907년 9월, 558쪽; M. Éd. Chavannes, 「Rapport sur les Monuments de L'ancien Royaume Coréen de Kao-Keou-Li」, T'oung Pao(通報), Leiden, 1908년 시리즈 Ⅱ, 9호, 246쪽.

이 기록을 통해서 보면 네 면에 각각 3개씩 모두 12개가 있었다. 그러나 현재 북쪽 가운데 둘레돌이 하나 없어졌다.

2. 맨 꼭대기에 건축물이 있었다.

장군무덤 위에 건축물이 있었느냐 없었느냐, 있었다면 과연 제사를 지내던 향당(享堂)이었느냐, 아니면 단순한 보호용 지붕이었느냐? 하는 문제는 지금도 계속 논의되는 문제이며 아직까지 결론을 내지 못하고 있다. 샤반느의 보고서를 보면 바로 이런 논의 발단이 샤반느에서부터 시작되었음을 알 수 있다.

> 맨 꼭대기층을 이루는 돌 윗면에는 지름 8cm, 깊이 11cm짜리 장부구멍이 42cm 간격으로 뚫려 있다. 이 구멍은 나무기둥을 박는 데 사용한 것이고, 이 나무기둥은 기와지붕을 받치는 데 쓰였을 것이다. 그래야만 이 무덤 주변에 검은 흙으로 만든 단단한 기와 조각이 많이 흩어져 있는 것을 설명해 줄 수 있다. 나는 그 기와를 몇 조각 가지고 왔다. 이 기와 안쪽 면에 바둑판무늬가 보이는데, 이는 삼베의 거친 천 위에 새 기와를 놓아 만들었기 때문이다. 현재도 이 지역에서 만들어진 기와에는 같은 과정을 거친 바둑판무늬가 있다.
> 나의 가설이 옳다면 이 건축물이 완전했던 때는 7층 위에 네모난 나무 기둥으로 받쳐진 검은 기와지붕을 가진 머리 없는 피라미드 꼴이었을 것이다.[110] 그리고 그 닫집 속에는 피라미드 덮개로 쓰인 큰 돌 위에 한

〈그림 45〉 장군무덤(남면 서쪽 모서리) – 둘레돌이 돋보인다.

단의 분홍빛 쑥돌(화강암)이 있었다.[111]

샤반느는 능(피라미드) 위에 건물이 있었다고 보는 이유로, ① 돌 윗면에 일정한 간격으로 구멍이 뚫려 있는데, 이것은 기둥을 박은 것이다. ② 주변에 기와 조각이 많이 흩어져 있는데, 이것은 기둥 위에 지붕을 만들고 얹은 기와라고 본 것이다. 이 점은 능 위에 건축물이 있다고 주장하는 학자들이 지금도 제시하고 있는 똑같은 논리이다. 다만 현재 건축물의 존재를 주장하는 학자들 대부분은 그 건물이 제사를 지내는 향당이었다는 것이다. 따라서 샤반느가 말하는 장부구멍은 건축물을 위한 것이 아니고 변두리에 울타리를 막기 위한 것이라는 주장이고, 실제 주변에서 쇠사슬이 발견된 사실을 그 증거로 대고 있다.[112]

샤반느는 꼭대기 건물이 제사를 위한 건물이라고 보지는 않았다. 뒤에서 보겠지만 샤반느는 널방을 제사지내는 곳으로 보았기 때문이다. 무덤 위에 기와지붕을 만들어 머리가 잘린 피라미드를 제대로 된 피라미드처럼 상상한 샤반느의 추리는 상당히 가능성이 있다. 중국 학자 가운데 '향당'을 부인하고 다만 '네모가 뾰족하게 모아진(四角攢尖式) 건축물'이었을 것으로 보는 학자가 있는데, 샤반느의 의견과 가깝다.[113]

최근 장군무덤이나 태왕릉 말고도 10기 정도의 왕릉급 무덤들이 발굴되었다. 그

110) 이것은 내가 취푸시엔(曲阜縣, 산동성)에서 동북쪽으로 8리 떨어져 있는 소호능(少昊陵)이란 이름으로 알려진 고분을 실제 본 결과로 추측한 것이다. 이 능도 장군무덤과 비슷하게 머리가 잘린 피라미드 꼴이고 그 꼭대기에 기와로 지붕을 이은 조그마한 집이 있다.

111) M. Éd. Chavannes, 「Rapport sur les Monuments de L'ancien Royaume Coréen de Kao-Keou-Li」, Académie des Inscriptions & Belles-lettres, Comptes Rendus des Séances de L'année, Paris, Librairie Alphonse Picard et fils, 1907년 9월, 559~561쪽; M. Éd. Chavannes, 「Rapport sur les Monuments de L'ancien Royaume Coréen de Kao-Keou-Li」, T'oung Pao(通報), Leiden, 1908년 시리즈 Ⅱ, 9호, 246~248쪽.

112) 吉林省文物志編委會, 『集安縣文物志』, 1983, 168쪽.
"과거 무덤 꼭대기에는 꽤 많은 수막새와 판기와 조각들이 있었다. 1964년 또 무덤 남쪽 흙무지 속에서 쇠사슬, 판기와, 연꽃무늬 수막새 같은 건축자재를 발견하였는데, 무덤 위에 원래 향당(享堂)이 한 채 있었다는 것을 알 수 있다."

113) 耿鐵華, 「高句麗墓上建築及其性質」『高句麗硏究論文集』, 延邊大學出版社, 1993.

왕릉급 무덤에는 거의 모두 기와가 나왔다. 건물이 있었다고 볼 수 있는 증거인 것이다. 그러나 2, 3기의 무덤을 빼놓고는 꼭대기에 건물을 지을 수 있는 대지(臺地)가 없다. 기단은 있다고 해도 위에는 모두 돌무지만 있어서 돌무지 위에 제사를 지내는 향당 같은 건물을 짓기 어렵기 때문이다. 다만 무덤을 비바람에 보호하기 위해 기와 지붕을 했다는 정도는 가능했으리라고 본다. 2003년 발굴에서 무덤 동쪽 바닥에 수 없이 많이 발견된 제단도 앞으로 주의 깊게 연구해 보아야 한다. 현재 그것이 제단이냐 아니냐 하는 논란이 있지만, 발굴보고서에서는 제단이라 하였고, 이를 반대하는 학자들은 그것이 무엇인지 대안을 제시하지 못하고 부정만 하고 있다. 만일 그 시설이 분명히 제단이라면 무덤 위에 다시 제사를 위한 건물을 짓는다는 것은 논리에 맞지 않기 때문이다.

3. 널방은 제사터였다.

샤반느는 널방을 가장 자세하게 측량하였다. 특히 널방으로 들어가는 무덤길 묘사가 아주 자세하다. 그의 기록을 보면 밑에 56cm나 되는 문턱이 있어 실제 들어가는 입구는 91cm쯤 되기 때문에 드나들기가 매우 옹색했을 것으로 보인다. 입구와 문턱 높이를 합하면 1.47m인데 지금은 문턱을 없애버려 약간 머리를 숙여야 하지만

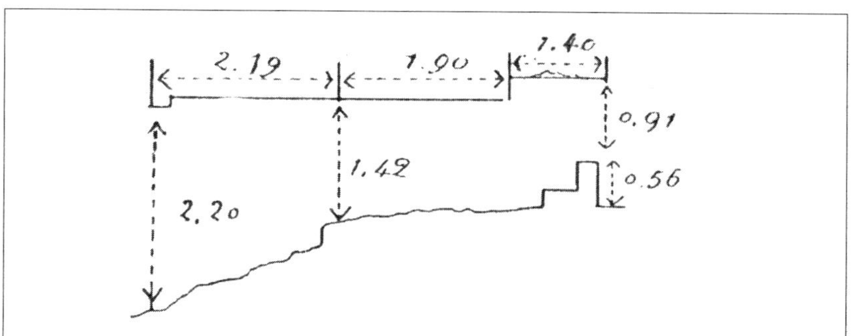

〈그림 46〉 널방으로 들어가는 널길의 단면도

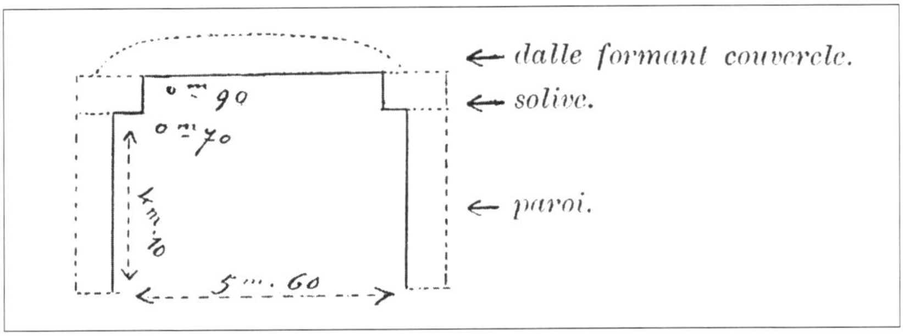

〈그림 47〉 널방의 수직 단면도(덮개돌, 들보, 안벽)

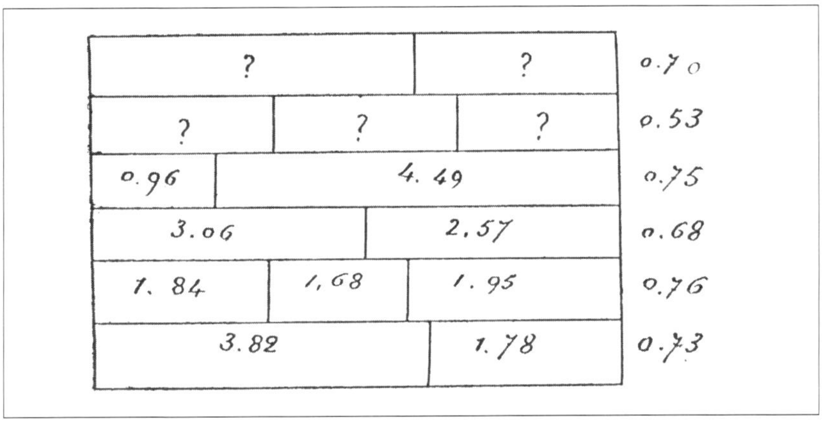

〈그림 48〉 널방 벽(단위 m)

큰 불편이 없이 드나들 수 있게 했다. 무너진 안쪽도 쌓아 계단을 만들어 널방으로 들어가도록 했다. 샤반느의 기록은 당시 상태를 그대로 볼 수 있다는 점에서 귀중한 자료이다.

널방 크기는 너비 5.40m×5.60m, 높이 4.93m~5.3m라고 기록하고 있다. 다만 〈그림 49〉과 〈그림 50〉에서는 한 변의 길이가 5.4m인 바른 네모꼴로 기록하였다. 최근 발굴보고서에는 5.43m×5.5m에 높이 5.1m로 되어 있어 거의 가까운 수치라는 것을 알 수 있다.

널방 벽에 대한 기록은 아주 자세하다. 이러한 자세한 수치는 최근 나온 발굴보

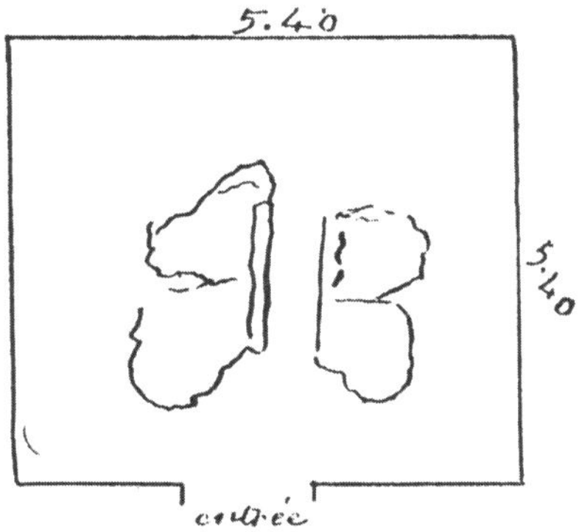

〈그림 49〉 깨진 널 받침대

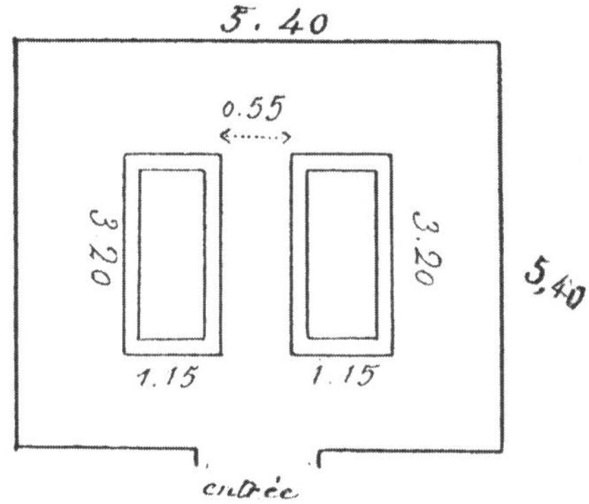

〈그림 50〉 널 받침대 복원도

고서에도 나오지 않을 정도이다.

샤반느는 널방 안에 있는 널받침대에 관심을 두고, 깨진 조각을 정확하게 재고 그 원형을 되살려 복원도까지 완성하였다. 그런데 샤반느는 이 널받침돌을 "가장자리에 턱이 있는 2개의 큰 긴네모꼴 받침대가 무엇으로 쓰였는지 나로서는 판단할 수가 없다"고 하였다. 이 돌이 널을 받치는 데 쓰였다는 사실을 몰랐던 것이다. 샤반느가 이런 형태의 무덤들을 많이 접하지 못하고 고고학자가 아니어서 판단에 한계가 있었기 때문으로 보인다.

샤반느가 이처럼 널 받침대를 알아보지 못하게 일조를 한 것이 바로 다음에 기록되는 제단이다. 샤반느는 "널방 안쪽, 입구 건너편에 '전조 호대왕의 신위를 기리고(供奉前朝好大王之神位)' 향을 피우는, 볼품없이 작은 나무제단이 놓여 있었다"고 적고 있는데 아주 흥미로운 부분이다. 바로 이러한 분위기 때문에 샤반느는 장군무덤 널방을 제사지내는 것으로 생각하였고, 깨진 돌덩이들이 널을 올려놓는 받침대라는 것을 알아차리지 못했던 것이다.

장군무덤이 누구의 무덤인지 논의할 때 일찍이 일본 학자들은 광개토태왕의 능이라고 했고 아직도 그렇게 주장하는 학자들이 있다. 주장의 근거 가운데 하나가 "널방에 호태왕의 신위가 모셔졌다는 것"이었다. 그러나 이 신위를 발견하고 기록한 샤반느는 보고서에서 미리 그런 논의에 반대 의사를 분명히 한다.

지금도 장군무덤에 대한 종교 의식을 치르고 있음을 알 수 있다. 그러나 호대왕에게 제사를 지낸다는 것은 확실히 잘못된 것이다. 앞으로 더 자세히 보겠지만 호대왕이라고 알려진 왕의 무덤이 다른 곳에 있기 때문이다. 아직 장군무덤에 묻혀 있는 사람의 이름이 전혀 알려지지 않았다. 만약 앞에서 설명한 널방 아래 있을 것으로 보이는 아래쪽 널방에 들어가 볼 수 있다면 그 이름을 알 수 있을지 모르지만, 현재는 그런 신성 모독행위를 감히 할 수가 없다.

샤반느는 다음에서 볼 태왕릉을 광개토태왕의 능이라고 확신했기 때문에 장군무덤 안에서 발견된 신위는 현지인들이 잘못 쓴 것이라는 점을 분명히 하고 있다. 그렇다면 장군무덤의 주인은 누구일까? 이 문제는 샤반느가 의문을 갖기 시작한 이때부터 100년이 가까워오지만 아직도 완전한 해결을 보지 못하고 있다. 중국 학자들은 장수왕릉[114]으로 완전히 굳힌 반면, 일부 일본 학자들은 아직도 광개토태왕릉이라는 주장을 꺾지 않고 있으며, 북한에서는 산상왕릉으로 보는 학자들도 있다.

중국과 일본 학자들의 논의는 이미 많이 알려져 있기 때문에 장군무덤을 산상왕릉이라고 주장하는 북한 학자들의 주장을 간단히 소개하면 다음과 같다.

장군무덤을 산상왕의 무덤으로 보는 근거는 다음으로 장군무덤 뒤에 딸린 배총을 들어 말할 수 있다. 이 무덤은 길이 10m, 높이 5m에 달하는 큰 무덤으로서 잘 가공한 커다란 판석으로 축조되었다. 그런데 『삼국사기』의 기록에 의하면, 태후 우씨가 죽으면서 자기를 본남편인 고국천왕의 무덤이 아니라 산상왕릉 옆에 묻어달라는 유언을 남겼고, 그 유언대로 우씨를 산상왕릉 옆에 장사했다고 했다(『삼국사기』 「고구려본기」 5, 동천왕 8년). 장군무덤의 안칸에는 관대가 두 개 있는데 왕과 왕비를 안치했을 것으로 인정된다. 산상왕은 처음에 형의 처인 우씨를 아내로 맞아들였고, 나중에 주통촌 여자를 소후로 맞아들여 태자를 본 만큼 둘 중 한 명만이 왕과 같이

114) 方起東, 「千秋墓,太王陵和將軍墳墓主人的推定」, 『博物館研究』, 1986-2 ; 趙福香, 「將軍墳是高句麗長壽王陵」, 『高句麗歷史與文化研究』, 吉林文史出版社, 1997.

묻혔을 것이며, 소후의 아들인 동천왕이 자기 어머니를 왕릉에 안치했을 것은 명백한 사실이다. 그러므로 장군무덤 뒤에 잘 축조된 무덤을 태후 우씨의 무덤으로 보면 장군무덤을 산상왕릉으로 비정해 보는 것이 가장 자연스러워진다.[115)]

북한 학자들은 장군무덤을 이렇게 보는 것은 태왕릉이 광개토태왕릉이라고 보고, 장수왕릉은 북한에 있다고 보기 때문이다.[116)] 무덤 주인이 누구인가 하는 문제는 앞으로도 논란이 계속될 것으로 보인다. 샤반느가 "널방 아래 있을 것으로 보이는 밑쪽 돌방에 들어갈 수가 있다면 그 이름을 알 수 있을지 모른다"고 했는데 아직까지 그런 비밀의 방이 발견되지는 않았다.

4. 심각한 보존문제에 대한 경고

샤반느는 장군무덤의 가치를 "장군무덤은 고구려 왕들이 전성기에 세운 무덤 가운데 가장 크거나 훌륭한 것은 아니다. 그러나 파괴되지 않고 거의 온전한 상태로 보존된 것으로 유일하기 때문에 무덤 건축의 특징적 배치가 어떤 것이지 보여주고, 잔해만 남은 무덤의 원형을 복원해 줄 수 있어 값을 매길 수 없는 가치를 가진 자료이다"고 하였다. 고구려 무덤들이 많지만 완전하게 남아 있는 유일한 무덤이어서 그 자체가 최고의 가치가 있고, 더 나아가 앞으로 무너진 다른 무덤들을 복원할 때 본보기가 되어야 한다는 점을 강조하고 있는데, 후대에 이런 유적들이 다시 정비되어야 한다는 강력한 바람을 나타낸 것이다.

당시 샤반느는 장군무덤의 심각한 보존 상태에 대해 "어린 나무가 왕성하게 자라고 있어 그 무덤을 훼손하고 있고, 돌을 파고 들어오는 뿌리 때문에 많은 돌들이 떠

115) 손수호, 『고구려 고분 연구』, 사회과학출판사, 2001, 45쪽.

116) 북한에서는 경신리1호무덤을 장수왕릉으로 보는 견해가 있다(손수호, 『고구려 고분 연구』, 사회과학출판사, 2001, 107쪽).

〈그림 51〉 장군무덤(동면)

〈그림 52〉 장군무덤(동남모서리와 동 · 남면)

〈그림 53〉 장군무덤(북동 모서리와 동 · 북면)

〈그림 54〉 장군무덤(서북 모서리와 서 · 북면)

〈그림 55〉 현재의 장군무덤(장수왕릉)

밀리고 건축물 밑으로 떨어져 나간 것도 있으며, 돼지를 모는 아이들이 쑥돌 계단에서 놀며 옛날 지붕 기와 가운데 남은 조각들마저 깨트리고 있다"고 안타까워했다. 또 더부살이식물을 베어 없애고 떨어져 나간 돌을 원래대로 조심스럽게 복구하는 일이 가장 시급하다고 보았다. 그리고 "만일 그대로 놔두면 50년 뒤에는 고구려의 마지막 대형 무덤도 주변의 것들처럼 부서진 조각더미로 바뀔 수밖에 없다"라는 경고까지 하였다.

샤반느가 찍은 사진에 보면 장군무덤 위에 상당히 많은 나무들이 자라고 있다. 샤반느 이후 일본인들이 찍은 사진에 보면 이런 나무들이 훨씬 더 자랐음을 알 수 있다. 다행히 장군무덤은 50년 이상 버텨 주었고, 1963년 집안시 문물관리소가 이 나무를 베어냈고, 1966년 통구무덤떼 일제조사 때 '우산하무덤구 1호(JYM0001)'라는 이름을 붙여 계속 관리하고 있다. 그러나 수많은 관광객들이 올라다닌데다가 북쪽에 둘레돌이 하나 없어지면서, 그 부분이 심하게 떠밀려 상당히 위험한 상황이다. 앞으로 관광객들이 위로 올라가는 것을 금지하고, 북쪽면을 보수하는 등 보다 적극적인 보존대책이 필요하다.

5. 딸린무덤(陪塚) - 장군무덤 동북쪽에 있는 일부 무너진 무덤

샤반느가 딸린무덤(샤반느는 '장군무덤 동북쪽에 있는 일부 무너진 무덤'이라고 썼다)을 측량할 때도 지금과 거의 비슷한 상태였음을 알 수 있다. 피라미드처럼 지은 건축물 위에 고인돌처럼 생긴 축조물이 있다는 것이다. 샤반느는 이 생김새를 보고 한국을 여행하는 사람들이 한국에 고인돌이 많다고 보고한 내용을 상기한다. 그러면서도 이것은 진짜 고인돌이 아니라는 점을 분명하게 한다. 샤반느는 무덤방에 더 무게를 두었지만, 그것이 돌로만 쌓은 것인지 아니면 흙무지무덤 양식에 속하는지 나름대로 판단의 어려움을 기록하고 있다.

널방 세 면은 잘 남아 있는데 남쪽이 열려 있는 것도 지금과 다르지 않다. 샤반느

〈그림 56〉 장군무덤 동북쪽에 있는 일부 무너진 무덤(동쪽면－뒤에 장군무덤 동 · 북면이 보인다).

〈그림 57〉 장군무덤 동북쪽에 있는 일부 무너진 무덤(서쪽면)

〈그림 58〉 장군무덤 동북쪽에 있는 일부 무너진 무덤(북쪽면－이 면에서 보면 원래 유적인 피라미드꼴을 나타내고 있다.)

〈그림 59〉 현재의 딸린무덤

는 이 널방을 자세하게 측량하였다.

- 남북의 돌 : 2.55(길이)×1.30(높이)×1.20m(두께)
- 두 돌의 간격 : 1.2m
- 북쪽의 돌 : 1.2(길이)×1.25m(너비)
- 천장 덮개돌 : 4(길이)×3.5(너비)×약 1m(두께)

이 경우 널방은 2.55(길이)×1.2(너비)×1.3m의 긴 네모꼴이 된다. 2004년 나온 발굴보고서에는 2.6×1.22×1.6m으로 좌우는 2cm 미만의 오차로 거의 정확하지만 높이는 30cm 차이가 난다. 덮개돌은 발굴보고서의 수치가 5.5×4.6×0.4~1m로 샤반느가 잰 것보다 크게 나타났다.

샤반느는 이 밖에도 무너진 서쪽의 반대쪽은 장군무덤과 비슷한 피라미드이고 쌓는 법도 같다는 것을 확인하였다. 8단(높이 50cm, 40cm, 37cm, 35cm, 33cm, 36cm,

35cm, 34cm)으로 쌓은 벽은 7~8cm씩 들여쌓기를 했는데, 각 층돌 윗면 가장자리에 턱을 만들어 윗돌이 물러나지 않도록 끼워 넣었다는 것도 정확히 기록하고 있다.

샤반느의 보고서에는 "장군무덤의 서쪽 들판에 작은 흙무지무덤이 줄지어 있다. 그 밖에도 높이가 낮고 일부 파손된 것도 있지만 많은 흙무지무덤이 장군무덤 서쪽 밭 가운데 늘어서 있다"고 했는데 현재는 1기도 남아 있지 않다. 아마 북쪽에 정리번호 003호 1기만 남아 있는데, 돌무지무덤에 비해 흙무지무덤은 쉽게 훼손되기 때문이라는 것을 알 수 있다.

Ⅳ. 에두아르 샤반느의 고구려 탐사(3) -고구려왕국 제2의 무덤떼, 태왕릉과 벽화무덤

1. 태왕릉

장군무덤에 비해 태왕릉은 자세하게 기록하지 않았다. 너무 많이 무너져 있었기 때문이다. 그러나 샤반느의 기록에서 서너 가지 중요한 내용과 샤반느 자신의 관점을 파악할 수 있다.

첫째, 태왕릉의 위치인데, 동강이란 마을에 있는 큰 여관 뒤에 있다는 것이다. 마을이 형성된 지 얼마 되지 않은 동강에 여관이 있었다는 것과 바로 그 뒤에 태왕릉이 있었다는 기록은 당시의 정황을 꼼꼼하게 기록한 이런 보고서가 아니면 파악하기 어려운 자료이다. 한편 이러한 단편적인 기록을 통해 태왕비가 크게 무너진 이유도 알 수 있게 된다. 장군무덤이 마을에서 떨어진 언덕 위에 있는 반면 태왕릉은 바로 마을 뒤에 있었다는 것은 주민들에 의해 쉽게 훼손될 위치에 있었음을 말해 주는 것이며, 샤반느는 실제 그러한 증거들을 제시한다.

〈그림 60〉 광개토태왕릉(동남 모서리. 남면에 둘레돌로 쓰인 큰 돌이 서 있다.)

〈그림 61〉 현재의 태왕릉(동면과 동북 모서리)

〈그림 62〉 현재의 광개토태왕릉 남면

둘째, 실제로 태왕릉이 비바람과 세월이 흘러 자연스럽게 무너진 게 아니라 사람들에 의해 훼손되었다는 증거를 현장에서 생생하게 증언하고 있다. 샤반느가 밝힌 증거는 두 가지다. 하나는 샤반느가 도착하기 1년 전인 1906년 무덤 밑에 2개의 작은 도교 절을 지었는데, 그 절의 자재로 모두 태왕릉의 석재를 뜯어서 썼다는 것이다. 샤반느는 이 현장을 사진으로 찍어서 생생하게 고발하고 있다. 다른 하나는 태왕릉의 받침돌을 뜯어서 옥수수를 찧은 맷돌을 2개 만들고 있는 현장을 직접 보고 장면을 기록한 것이다. 장군무덤보다 규모가 엄청나게 더 큰 무덤을 현지인들이 마치 채석장에서 다듬어 놓은 돌을 무료로 가져다 쓰듯 마음대로 사용하는 모습을 보고 샤반느는 "완전히 없어져 가고 있다는 것을 알 수 있었다"며 안타까워했다.

셋째, 현장에서 얻은 벽돌과 옆에 서 있는 태왕비를 증거로 해서 태왕릉이 광개토태왕릉이라는 것을 확실하게 주장하고 있다. 샤반느는 바로 태왕릉이 광개토태왕의 증거라는 벽돌을 현장에서 구하게 되는데, 처음 두 글자가 남아 있는 조각을 주웠고, 집안현 현장이 다시 맨 앞 다섯 글자가 새겨진 다른 한 조각을 구해 주었다고 기록하고 있다(사진 참조).[117] 이 벽돌에는 원래 '태왕의 능이 산처럼 안전하고 산처럼 단단하기를 비나이다(願太王陵安如山固如岳)'라는 글자가 새겨져 있다. 그런데 샤반느는 그 글의 내용을 '대왕의 무덤이 산처럼 안전하고 언덕처럼 단단하기를 빕니다(願大王之墓安如山固如丘)'라고 새겼다. 샤반느는 모리스 꾸랑의 논문에 있는 내용을 그대로 사용했음을 알 수 있다.

모리스 꾸랑도 일본에 소장되어 있는 이 벽돌을 직접 보고 자신이 그 내용을 정확하게 읽어낸 게 아니라 일본 학자들이 쓴 것을 단순하게 인용한 것으로 보인다. 여기서 세 가지 석문 차이를 보면 능(陵)=지묘(之墓), 태(太)=대(大), 악(岳)=구(丘)로 잘못 읽었다는 것을 알 수 있다. 그러나 지금까지 일본에서 나온 책, 국립박물관 소장 벽돌, 집안시박물관 소장 벽돌, 2003년 발굴 당시 나온 많은 벽돌 들을 모두 보아도 하나같이 '원태왕릉안여산고여악(願太王陵安如山固如岳)'이다. 아울러 샤반느 자신

117) 파리 기메박물관에 소장되어 있다.

〈그림 63〉 샤반느가 가져간 태왕릉 벽돌 글자(1)

〈그림 64〉 샤반느가 가져간 태왕릉 벽돌 글자(2)

이 가지고 간 두 조각 가운데 다섯 글자가 새겨진 벽돌에도 '원태왕릉안(願太王陵安)'까지는 남아 있기 때문에 '능'을 지묘(之墓)로 읽을 수는 없는 것이다. 여행 도중 북경에서 보고서를 작성하면서 수집한 유물을 검토할 수 없었던 것으로 보이며, 그 뒤 귀국해서도 벽돌 글자를 정확하게 석문하지 않았음을 알 수 있다.

샤반느는 '태왕릉'이란 글자가 새겨진 벽돌이 나온 것은 그 능이 광개토태왕릉이라는 움직일 수 없는 증거라는 결론을 내린다.

아울러 태왕비가 바로 옆에 있는 것도 주목하여 그 비가 태왕릉의 주인공인 광개토태왕을 기리는 비라는 점을 착안하여 태왕릉이 광개토태왕릉이라는 증거로 제시하였다.

이처럼 무너지고 있으나 이 무덤은 아주 특별한 주목을 끄는 것이 있다. 바로 대왕

무덤이기 때문인데, 그의 공적을 이웃에 있는 비석에 기리고 있다.[118)]

모리스 꾸랑이 썼듯이 대왕(大王), 호왕(好王), 호태왕(好太王) 같은 단어는 다른 왕들에게도 쓰이고 있다. 그러나 대왕(大王)이란 문자가 새겨진 벽돌이 있는 무덤은 호태왕(好太王)이란 왕에게 받친 비석에서 가장 가까운 곳에 있다는 사실로 그 무덤과 비석이 같은 왕에 관계되는 것이라는 것을 잘 증명해 주고 있는 것이다.[119)]

넷째, 현장에서 장군무덤 위에서 봤던 것과 비슷한 기와 조각과 수막새(瓦當) 같은 기와를 발견하고, 태왕릉도 장군무덤의 경우와 마찬가지로 꼭대기에도 나무로 지은 지붕이 있고 그 지붕에 기와가 이어져 있었다는 의견을 내놓았다. 샤반느는 이때 모은 수막새와 기와 조각들을 프랑스로 가져가 기메박물관에 기증하였다. 유물에 대한 자세한 내용은 끝에 가서 따로 다루기로 한다.

한편 샤반느는 태왕릉을 쌓는 법이 장군무덤과 아주 비슷하다고 보았는데, 두 무덤에 모두 버팀돌(護石)이 존재한 점을 그 예로 들고 있다.

2. 돌무지무덤과 흙무지무덤

샤반느가 태왕릉을 떠나 다음 탐사한 곳은 태왕릉에서 서쪽으로 2~3km 떨어진 산기슭이다. 이곳에는 많은 무덤들이 늘어서 있는데, 그 가운데 두 개의 대형 돌무지무덤과 주변의 흙무지무덤들에 대해서 기록하고 있다.

샤반느는 "태왕릉에서 서쪽으로 2~3km 떨어진 산기슭에 반원형으로 늘어서 있는 무덤떼에서 거의 완전히 무너진 상태지만 적어도 두 개는 장군무덤과 같은 구조

---

118) M. Éd. Chavannes, 「Rapport sur les Monuments de L'ancien Royaume Coréen de Kao-Keou-Li」, Académie des Inscriptions & Belles-lettres, Comptes Rendus des Séances de L'année, Paris, Librairie Alphonse Picard et fils, 1907년 9월, 568쪽.

119) M. Éd. Chavannes, "Rapport sur les Monuments de L'ancien Royaume Coréen de Kao-Keou-Li", T'oung Pao(通報), Leiden, 1908년 시리즈 II, 9호, 256쪽의 주 1). 1907년의 보고서에는 이 주가 없다.

〈그림 65〉 광개토태왕릉 서북쪽에 있는 무너진 무덤(남면의 서쪽 부분)

〈그림 66〉 광개토태왕릉 서북쪽에 있는 무너진 무덤(동남 모서리)

로 축조된 것을 발견했다. 그 가운데 하나는 사진 두 장(〈그림 65, 66〉)을 찍었는데, 한 변의 길이가 20m이고, 남쪽 면의 1층 쑥돌 기단과 2층 일부와 버팀돌로 쓰인 큰 돌이 남아 있었다"고 하였다. 필자가 보고서와 사진을 자세히 보고 분석한 결과, '장군무덤과 같은 축조물' 2기는 현재 우산하무덤구 2110호와 2112호무덤이며, 샤반느가 사진을 찍은 것은 2112호라고 판단된다.

우산하무덤구 2110호무덤은 남북 길이 66.5m, 동서너비 45m, 현재 남은 높이 3.5~5.5m의 대형으로 긴네모꼴계단돌무지무덤(長方形階段積石墓)이다. 심하게 무너져 없어져 자세하게 알 수는 없으나 2003년 발굴할 때 완전히 정리를 끝내고 동쪽에 13층 계단, 서쪽에 6~12층 계단, 북쪽에 4층 계단을 확인할 수 있었다고 한

〈그림 67〉 산성하무덤구 2112호무덤(1)

〈그림 68〉 산성하무덤구 2112호무덤(2)

다. 고구려 왕릉으로 보고 있으며, 쌓은 연대는 2세기 안팎으로 보고 있다.[120)]

우산하무덤구 2112호무덤은 한 변이 15m로 2110호에 비해 크기가 아주 작다. 그러나 상대적으로 보존상태가 좋아 계단식 돌무지무덤의 특성을 아주 잘 나타내 주고 있다. 현재 태왕릉 서쪽 2~3km 지점에서 이처럼 계단돌무지무덤이 잘 남아 있는 것은 이 무덤뿐이다. 보고서에서는 한 변의 길이가 20m쯤 된다고 했는데 현지

120) 길림성고고문물연구소 · 집안시박물관, 『집안고구려왕릉』, 문물출판사, 2004, 70쪽.

표지판에 보면 19m로 거의 같다. 보고서에 나온 사진을 보아도 2112호무덤과 거의 같다는 사실을 알 수 있다(사진 참조).

샤반느의 보고서에는 2112호 남쪽 면 1층과 2층 사진을 찍었는데 2003년 정리 발굴한 결과 전체가 3층으로 나타났다. 다만 현재는 샤반느가 기록한 버팀돌(護石)은 없어져 버렸다.

샤반느는 두 번째 무덤(2110호무덤)에서 오지그릇(陶器) 조각과 대롱기와(筒瓦)를 발견하여 자세하게 기록하고 있다.

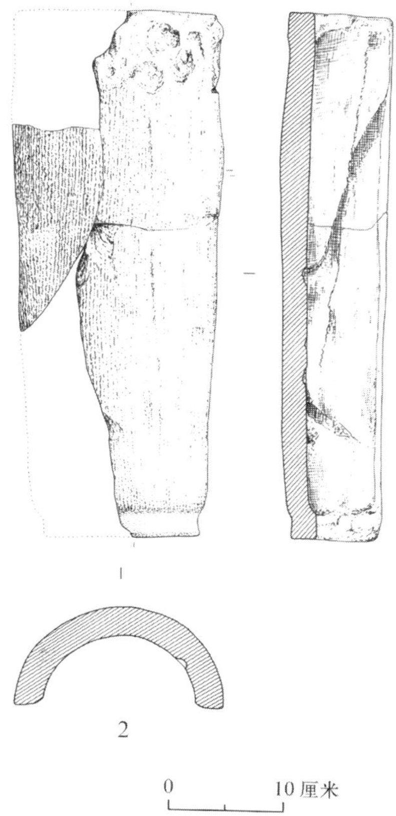

〈그림 69〉 2110호 유물(『집안고구려왕릉』 80쪽)

> 두 번째 무덤에서는 장군무덤이나 대왕릉에서 많이 나온 것과 비슷한 회색이나 검은색 오지그릇 조각이 나왔는데, 함께 붉은 오지그릇 조각을 주웠다. 이 (붉은) 조각은 겉보기에 집안현 현장이 자기 청사에서 우물을 팔 때 나온 큰 기와와 비슷하다고 한다. 이 기와를 검토해 보니 반원통형인데, 다음 기와와 꽉 끼게 하기 위해 한쪽 끝을 아주 볼록하게 만들었다. 길이 44cm이고, 한쪽 끝은 지름 13cm, 바깥둘레 19cm, 다른 한쪽 끝은 지름 18.5cm, 바깥둘레 30cm이다.[121]

2003년 발굴 때 2110호무덤에서 많은 기와 조각과 대롱기와(筒瓦)를 발굴했는데,

121) M. Éd. Chavannes, 「Rapport sur les Monuments de L'ancien Royaume Coréen de Kao-Keou-Li」, Académie des Inscriptions & Belles-lettres, Comptes Rendus des Séances de L'année, Paris, Librairie Alphonse Picard et fils, 1907년 9월, 570쪽.

〈그림 70〉 널방이 드러난 작은 무덤

〈그림 71〉 우산하무덤구 2110호와 2112호무덤과 주변의 흙무지무덤들

＊벽화무덤 : 1894호(말구유무덤, 馬槽墓), 2104호(다섯무덤 4호), 2105호(다섯무덤 5호), 2113호(사신무덤)

〈그림 72〉 우산하무덤구 무덤과 1896호무덤 – 흩어진연꽃무덤(散蓮花墓)

A꼴 3개, B꼴 4개, C꼴 2개 가운데 샤반느가 발견한 대롱기와는 C꼴(길이 48cm, 너비 18cm, 두께 2.2cm)과 비슷하다.

샤반느의 보고서에는 두 번째 무덤떼에도 많은 흙무지무덤이 딸려 있으며 그 가운데 네 면으로 된 피라미드꼴도 있다고 기록하였다. 〈그림 71〉에서 보듯이 두 개의 돌무지무덤 주변에는 많은 흙무지무덤이 딸려 있다. 다섯무덤(五盔墳)과 네무덤(四

盔墳), 사신무덤(四神墓) 들이 딸려 있는데 기본 생김새는 네모꼴이고, 크기도 다섯무덤 2호(우산하 2102호)는 55×55×20m, 3호(2103)는 35×35×15m, 4호(104)는 30×30×10m로 장군무덤보다 비슷하거나 더 큰 왕릉급이라는 것을 알 수 있다. 사신무덤과 다섯무덤 4, 5호는 유명한 벽화무덤으로 널리 알려진 무덤이다. 2004년 발굴보고서에서는 2110호무덤이 왕릉이고, 주변의 다른 무덤들은 이 왕릉과 관련된 무덤이라고 주장하고 있다.

샤반느는 두 개의 돌무지무덤에 대해서 설명한 뒤, 이어서 주변에 널려 있는 수많은 무덤들을 "작은 흙무지무덤은 대부분 내부가 드러나 있고 무덤방이 좀 분명하게 보이는 것이 있다. 〈그림 70〉는 높이 1m에 지나지 않은 작은 흙무지이지만 이러한 것들은 헤아릴 수 없이 많이 흩어져 있다"고 기록하였다. 〈그림 71〉과 〈그림 72〉에서 보듯이 우산 아래는 그야말로 밤하늘의 별처럼 꽉 차 있다. 샤반느는 이러한 흙무지무덤의 3분의 2가 속을 드러내놓고 있다고 기록하고 있어 보존상태가 아주 나쁘다는 것을 알 수 있다.

샤반느는 장군무덤에서 시작하여 대형 돌무지무덤에 깊은 인상을 받고 그의 관심은 이런 무덤에 집중되고, 주변의 유명한 흙무지무덤에 대해서는 2차적인 문제로 다루었다. 그 속에 엄청난 벽화가 남아 있다는 것을 알 수가 없었기 때문이다. 다만 "그 가운데 몇 개는 네 면으로 된 피라미드꼴로 된 것이 있는데, 아마 돌로 만든 무덤방이 1개 또는 여러 개 숨겨져 있을 것이다. 그러나 그것이 장군무덤이나 대왕릉처럼 쑥돌로 된 피라미드인지는 확실하지 않다"며 궁금해하였다.

3. 벽화무덤

샤반느는 현재 한국에서는 벽화를 처음 발견한 사람으로 유명하다. 1907년 프랑스의 샤반느가 흩어진연꽃무덤(散蓮花塚)에서 벽화를 발견하고 1908년 이를 학계에 소개하면서부터 그 존재가 알려지기 시작하였다는 것이 일반적인 학설이다.[122] 이

〈그림 73〉 무덤에 석회를 바르고 그린 그림(최초의 벽화 사진)

런 일반론에 비해 실제 샤반느의 발견 내용은 거의 알려지지 않았기 때문에 내용이 좀 많지만 보고서 가운데 벽화에 관한 부분만 뽑아 보면 다음과 같다.

① 우산하무덤떼 : 규모가 작은 흙무지무덤 가운데 하나는 특별히 주목할 가치가 있는데, 이는 아직까지 알아볼 수 있는 벽화의 자취가 남아 있기 때문이다. 이 작은 무덤은 옛 무덤떼 한 가운데쯤 자리 잡고 있다. 너비 1m 13cm, 길이 90cm 되는 널길(옮긴이 주 : 羨道)을 빠져나가면 바로 길이 3m 20cm, 너비 1m의 앞방이다. 칠이 벗겨진 벽에는 아직 붉은색 곡선으로 그린 작은 그물무늬

122) 전호태, 「고구려 고분벽화 연구사」, 『고구려연구』(4), 1997, 45쪽; 전호태, 『고구려 고분벽화의 세계』, 서울대학교출판부, 2004, 89쪽.

〈그림 74〉 흩어진연꽃무덤 바깥 모습

〈그림 75〉 표지판

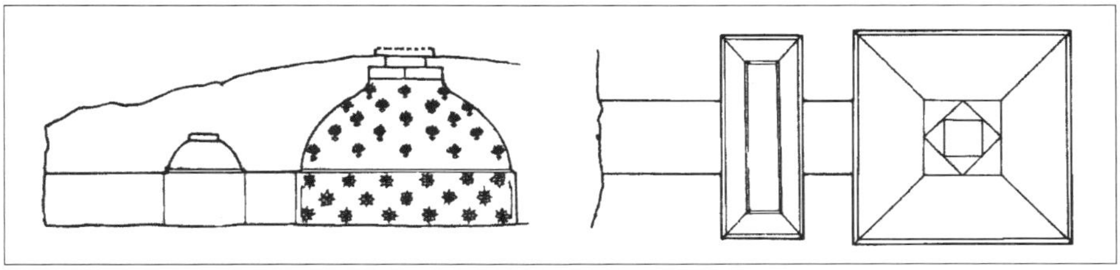

〈그림 76〉 흩어진연꽃무덤 평 · 단면도

자국이 남아 있다. 길이 80cm 되는 새로운 널길은 널방으로 이어지는데, 그 널방은 한 변이 3m 40cm쯤 되는 바른네모꼴이다. 널방의 수직 벽 위에는 지름 26cm짜리 뾰족한 끝을 가진 커다란 장미무늬 16개가 35cm 간격으로 그려져 있다. 이것은 노란 바탕에 붉은색과 검은색으로 그려져 있다. 수직 벽 윗부분은 안으로 꺾이며 위 꼭대기는 좁아지는 꼴을 하고 있다. 그 기울어지는 표면에는 13매의 꽃잎이 달린 꽃무늬가 그려져 있다. 검정색, 붉은색, 노란색으로 그려진 꽃들은 너비 22cm, 높이 28cm이다. 줄기는 백합을 거꾸로 한 것 같은 꼴을 하고 있다(그림 73의 왼쪽). 불행하게도 이 벽화는 보존상태가 아주 나빠 간신히 약간의 윤곽만 사진으로 찍을 수 있었다.

② 산성하무덤떼 : 통구마을 서쪽에 통구하라는 이름으로 알려진 압록강의 지류가 흐른다. 그 강을 건너 오른쪽 기슭을 따라가면 머지않아 그다지 중요치 않은 흙무지무덤떼 곁을 지나게 된다. 그 가운데 하나는 파헤쳐져 있어 무덤방으로 들어가 볼 수가 있었는데, 너비가 3m 20cm이고, 벽 위에는 그림 자국이 남아 있다.[123]

샤반느가 처음 발견했다고 알려진 흩어진연꽃무덤(散蓮花墓)은 집안 우산하무덤떼 1896호이다. 〈그림 72〉에서 보듯이 2112호무덤과 다섯무덤 4, 5호 벽화무덤이

123) M. Éd. Chavannes, "Rapport sur les Monuments de L'ancien Royaume Coreen de Kao-Keou-Li", Académie des Inscriptions & Belles-lettres, Comptes Rendus des Séances de L'année, Paris, Librairie Alphonse Picard et fils, 1907년 9월, 572~573쪽.

있는 곳에서 점선으로 된 길을 따라 북북서쪽으로 올라가다 보면 철도가 나오고 이어서 바로 통화로 가는 길이 나온다. 이 길이 바로 샤반느가 수많은 흙무지무덤을 조사하며 산기슭을 올라갔던 길이다. 그리고 길을 건너면 약간 오른쪽에 벽화가 있는 말구유무덤(馬槽墓, 1894호)이 나오고 그 북쪽에 바로 흩어진연꽃무덤(散蓮花墓)이 나타난다.

흩어진연꽃무덤은 샤반느가 다녀간 뒤 얼마 안 되어 일본인 세키노 타다시가 조사하면서 무덤 안에 연꽃이 흩어져 그려져 있어 붙여진 이름이다.[124] 당시 서강(西岡) 113호라고 불렀는데 태왕비와 태왕릉이 있는 마을이 동강(東岡)인 것을 고려해 보면 이곳은 서쪽 산기슭 높은 곳이라 그렇게 불렀던 것으로 보인다.

흩어진연꽃무덤은 곁칸(耳室)과 널방(玄室)로 구성되어 있다. 무덤의 바깥 모습은 꼭대기가 잘린 아치꼴이고 널방의 천장구조는 아치 위에 삼각고임을 얹은 아치꼴 삼각고임방식이다. 널방 사방 벽에는 모두 연꽃이 그려져 있고, 천장에도 연꽃이 그려져 있는 것이 샤반느가 묘사한 내용과 일치한다. 다만 샤반느는 연꽃에 대한 지식이 없어 그 꽃을 백합으로 묘사했던 것이다.

샤반느가 두 번째 발견한 벽화는 산성하무덤떼에 있는 무덤으로 보이는데 자세한 것은 뒤에 다시 보기로 한다.

최근 샤반느가 1907년 발견하기 이전에 이미 중국인이 발견하였다는 기록이 나왔다.

> 1889년(광서 15년), 경사(京師) 탁공(拓工)인 이운종(李雲從)은 통구에서 호태왕비를 탁본하고 호태왕릉에서 글자가 있는 벽돌을 구하였다. 그리고 어느 무덤에서 "벽에는 용과 봉이 나타나고 색깔이 새 것과 같다"[125]는 것도 발견하였다.[126]

---

124) 조선총독부, 『조선고적도보』, 1915

125) 羅振玉, 『唐風樓金石文字跋尾』

126) 馬大正 等, 『古代中國高句麗歷史續論』, 中國社會科學出版社, 2003, 207쪽 재인용.

1889년이면 1907년보다 18년이나 먼저 벽화를 발견한 것이다. 물론 두 사람의 발견 가운데 누가 먼저인지, 그리고 누가 더 벽화를 세상에 널리 알렸는지는 앞으로 더 논의가 필요하지만, 지금까지의 통설보다 먼저 벽화가 발견되었던 것은 사실이다. 앞에서 인용문을 보았지만 이운종에 대한 언급은 매우 간단하다. 집안을 방문한 목적이 광개토태왕비 탁본을 뜨러 간 탁공이기 때문에 상대적으로 벽화에 대한 관심은 적었을 수 있다. 벽화 발견에 관한 샤반느의 언급도 그다지 자세하지는 않다. 다만 학자답게 무덤의 구조와 벽화 내용을 상세히 기록하려고 노력한 흔적이 보인다. 샤반느의 기록은 비록 간략하지만 구체적이고, 상태는 좋지는 않지만 사진까지 실려 있었다는 점과 그의 기록이 바로 일본 학자들에게 알려져 벽화를 자세하게 조사할 수 있는 실마리를 제공해 주었다는 점에서 벽화 연구사에서 중요한 위치를 차지한다고 할 수 있다.

샤반느보다 2년 먼저 1905년 통구에 간 일본 학자 도리이 류조우(鳥居龍藏)의 보고서에는 벽화에 관한 기록이 없다. 더구나 그의 보고서는 샤반느보다 3년 늦은 1910에야 나오게 된다. 이 보고서 마지막에 샤반느의 보고서를 소개하고 있는 것을 보면 샤반느의 보고서가 더 먼저 나왔고, 일본에 상당히 크게 영향을 미쳤다는 것을 알 수 있다.

> 덧붙이는 말 : 샤반느 교수(E. Chavannes)가 재작년 발행한 『通報 T'oung Pao』에 「Les monuments de l'ancien royaume coréen de Kao-keou-li」 라는 논문을 싣고, 고고학적 견지에서 무덤(墳墓)에 대한 것을 기록하였다. 이어서 작년에는 (샤반느는) 또 「Mission archéologique dans la Chine septentrionale」를 발표하여, 그 가운데 〈그림 375~381〉에 고구려 무덤 및 옛 비의 사진을 실었다. 이들은 고고학적 입장에서 그들을 연구하려는 사람에게 참고(자료)를 제공하여 주는 것이다.[127]

127) 鳥居龍藏, 「鴨綠江上流於高句麗遺跡」『南滿洲調査報告』, 東京帝大, 1910 ; 『鳥居龍藏全集』 10, 朝日新聞社, 1976, 107쪽.

이 지역을 가장 학술적으로 철저하게 조사한 때는 1913년으로 샤반느보다 6년 뒤의 일이다. 이 조사는 1913년 9월부터 12월까지 야쯔이(谷井) 문학사, 이마니시(今西) 문학사 및 쿠리야마(栗山) 공학사와 함께[128] 조선총독부의 위탁을 받아, 먼저 평양에 이르러 진남포 용강지방에 있는 고구려 시대의 고적을 조사하고, 이어서 북쪽 안주(安州), 희천(熙川), 강계(江界)를 지나 압록강을 건너 만주 집안현 치소에 있는 통구(通溝, 洞溝라고도 한다)에 도착하여 11일 동안 그 근방에 있는 고구려 시대의 유적을 탐사하였다.[129]

이 탐사는 일제 강점 이후 막강한 힘을 가진 조선총독부의 위탁을 받았기 때문에 재정이나 행정 모든 면에서 완전한 준비를 할 수 있었다. 전문가가 4명이나 참가하였고, 그 가운데 특히 쿠리야마는 주로 현장 도면을 작성하는 일을 맡아 완벽한 조사를 하였다. 이때의 벽화 조사는 샤반느의 첫 발견이 중요한 단서가 되었던 것으로 보인다. 흩어진연꽃무덤을 기록하면서 "이 무덤의 벽화는 이미 샤반느가 관심을 가졌던 곳인데, (샤반느)는 『通報』에 실은 논문에 그 사진을 실었다"고 덧붙여 쓴 것을 보면 알 수 있다.[130]

---

128) 今西龍(Imanishi Ryu, 이마니시 류), 谷井濟一(Yatsui Seiichi, 야쯔이 세이이치), 栗山俊一(Kuriyama Tosikazu, 쿠리야마 토시카즈) 세 사람을 말한다(東京大學總合硏究博物館, 『關野貞アジア踏査』, 2005년 6월 4일~9월 4일, 전시회 안내책자 참조).

129) 關野貞, 「滿洲輯安縣及平壤附近於高句麗時代遺蹟」(1), 『考古學雜誌』 5-4 1914, 145쪽.

130) 關野貞, 「滿洲輯安縣及平壤附近於高句麗時代遺蹟」 1, 2 『考古學雜誌』 5-3, 4 1914, 178쪽.

V. 샤반느의 고구려 탐사(4) – 통구성과 산성자산성

1. 집안현 소재지 통구(通溝)

앞에서 샤반느의 일정을 분석하면서 보았듯이 샤반느의 통구성에 관한 부분은 아주 이해가 가지 않는 부분이다. 샤반느가 찾아간 통구는 당연히 옛 고구려의 국내성터이고 당시 통구에는 돌로 싼 규모의 국내성이 잘 남아 있었다. 이 문제를 좀더 자세히 보기 위해 앞에서 본 샤반느의 기록을 다시 한번 인용해 보면 다음과 같다.

> "통구지역은 동경 126° 20′ 북위 41° 05′ 쯤 되는 곳으로 압록강에서 북쪽으로 몇 100m 떨어져 있다. 이곳은 1902년 집안현(輯安縣)이란 이름의 현으로 승격되었다. 이 승격에 맞는 격식을 갖추기 위해 흙으로 네모난 성벽을 쌓았는데 성 안에는 경작지 사이에 몇 채의 집들이 흩어져 있었다. 지금까지 이곳을 도시라고 부른 것은 자연스럽지 못하다. 성벽과 현이라는 명칭을 없애버리면 현재는 초라한 마을밖에 더 볼 것이 없기 때문이다."[131]

샤반느의 기록대로 고구려의 옛 수도였던 국내성 지역은 1902년이 되어서야 비로소 집안현이 창설되었다. 여진족의 후예인 만주족이 청나라(1616~1912)를 세워 전 중국을 지배하게 되었을 때 백두산을 비롯한 압록강과 두만강 주위를 청나라의 신성한 발상지라고 해서 일반인들의 출입을 전혀 못하게 하는 봉금지역(封禁地域)으로 만들었다. 그런데 청나라 말기 황실이 약화되면서 이 봉금지역에 조선 사람들과 한족들이 들어와 농사를 짓기 시작하였고, 1877년 성경장군(盛京將軍) 총쓰(崇實)가

---

131) M. Éd. Chavannes, 「Rapport sur les Monuments de L'ancien Royaume Coréen de Kao-Keou-Li」, Académie des Inscriptions & Belles-lettres, Comptes Rendus des Séances de L'année, Paris, Librairie Alphonse Picard et fils, 1907년 9월, 551쪽.

조정에 아뢰어 황무지를 개간하고 현을 설치하게 된다. 처음에는 노령(老嶺)을 중심으로 북에 통화현(通化縣), 남에 회인현(懷仁縣, 뒤에 桓仁縣)을 설치하였다. 그 뒤 지역이 너무 넓어 다스리기 힘들어지자 통화현에서 5보(保), 환인현에서 6보를 떼어내 집안현(輯安縣)을 설치한 것이 바로 1902년이다. 이때 지금의 소재지는 압록강 북쪽가 통구평원에 있는 국내성 옛터(지금의 집안현성)에 두었다.[132)]

집안현이 설치되고 난 뒤 얼마 안 되어 1905년 이곳은 조·일 군대와 러시아 군대의 전투가 벌어졌는데, 싸움에 진 러시아 군대가 이곳을 떠나고 일본군들이 들어온다. 1906년 처음으로 소학당(小學堂)을 세우고, 1907년 2월 현장인 우꾸앙구오(吳光國)가 현의 아문(衙門)을 세우고 도로를 건설하였다. 그리고 바로 4월에 샤반느가 현장을 탐사한다.[133)]

이 당시 샤반느가 옛날 고구려가 돌로 쌓은 고구려 국내성 성벽을 기록하지 않은 것은 이해가 가지 않는다. 전체적으로 볼 때 샤반느는 고구려의 수도였던 국내성 석성은 크게 인식하지 못한 것으로 보인다. 보고서 3장에 제목을 '옛 성(le vieux rempart)'이라고 붙이고, 통구를 지나 성자산산성으로 가는 길부터 시작된다는 것을 보면 확실하다.

샤반느가 "현재 현장인 우꾸앙구오는 성 안 주민 수를 400명쯤으로 평가하였다. 그가 다스리는 전 지역에는 중국인 7000가구와 조선인 1000가구가 있고, 200명의 군인이 치안을 유지하고 있다고 하였다"고 하는 대목도 흥미롭다. 샤반느가 다녀간 뒤 같은 해 6월 상순, 현장이 편찬자로 된 『집안현 향토지(集安縣鄕土志)』가 발행되는데 1906년 현재 가구 수 9270호 인구 4만 8389명이라고 해 1000호 남짓 차이가 난다. 전체 현 4만 8389명 가운데 현 소재지의 주민 400명은 전체 100분의 1도 안

132) 集安縣地方志編纂委員會, 『集安縣志』, 1987, 34쪽.

133) 샤반느가 떠난 뒤 바로 5월 초순, 일본군 57연대가 집안에 쳐들어와 광개토태왕비(扶餘碑라고 했다)를 보고 탐을 내 현장(縣長)에게 여러 차례 팔 것을 요구했지만 현장이 거절하였다. 당시 연대장(小澤德平) 총병(總兵)은 이 비를 일본의 박물관에 진열하기 위해 구입하려고 했다 한다. 당시 현장인 우꾸앙구오(吳光國)는 이를 허락하지 않고 자금을 모아 (비를) 보호하는 집을 짓고 '열래정(悅來亭)'이라는 이름을 붙였다고 한다. (集安縣地方志編纂委員會, 『集安縣志』, 1987, 8쪽)

되는 아주 작은 마을이라는 것을 알 수 있다. 전체 현의 1가구당 식구가 5.2명쯤 되니까 400명이면 77세대 정보밖에 안 된다. 샤반느가 "지금까지 이곳을 도시라고 부른 것은 자연스럽지 못하다. 성벽과 현이라는 명칭을 없애버리면 현재는 초라한 마을밖에 더 볼 것이 없기 때문이다"는 표현은 아주 적절하다고 할 수 있다.

2. 산성자산성(山城子山城)과 산성하무덤떼

통구(通溝)란 마을 바로 서쪽에 통구하(通溝河)라는 이름으로 알려진 압록강의 지류가 흐른다. 샤반느의 다음 일정은 이 강을 건너 강가를 따라 북쪽으로 올라간다. 현재는 강을 건너지 않고 우산 기슭으로 길이 나 있는데, 샤반느는 현재의 만보정무덤떼(萬寶汀墓區)로 건너가서 북쪽으로 간 것으로 보인다.

산성자산성(丸都山城) 거의 가까운 곳에서 샤반느는 다시 벽화무덤을 발견한다.

> 그 강을 건너 오른쪽 기슭을 따라가면 머지않아 그다지 중요치 않은 흙무지무덤떼 곁을 지나게 된다. 그 가운데 하나는 파헤쳐져 있어 그 무덤방으로 들어가 볼 수가 있었는데 너비가 3m 20cm이고, 벽 위에는 그림 자국이 남아 있다.[134)]

지금까지 만보정무덤구와 산성하무덤구에서 발견된 벽화무덤은 〈표 5〉와 같다. 1907년에 이미 무덤 입구가 완전히 열려 있었다고 했으니 벽화가 완전히 사라졌을 수도 있지만 만일 벽화무덤으로 기록되어 있다면 표에 나온 무덤 가운데 하나일 것

134) M. Éd. Chavannes, 「Rapport sur les Monuments de L'ancien Royaume Coréen de Kao-Keou-Li」, Académie des Inscriptions & Belles-lettres, Comptes Rendus des Séances de L'année, Paris, Librairie Alphonse Picard et fils, 1907년 9월, 573쪽; M. Éd. Chavannes, 「Rapport sur les Monuments de L'ancien Royaume Coréen de Kao-Keou-Li」, T'oung Pao(通報), Leiden, 1908년 시리즈 Ⅱ, 9호, 260쪽.

〈표 5〉 산성하무덤구와 만보정무덤구에서 발견된 벽화무덤

산성하무덤구(山城下墓區)	332호 왕자무덤(王字墓)	강남	1966년 발견
	983호 연꽃무덤(蓮花墓)	강남	1966년 발견
	1298호 꺾인천장무덤(折天井墓)	강북	1935년 발견
	거북딱지무덤(龜甲墓)	강북	1909~1913년 발견
	1405호무덤	강북	1993년 발견
	동대파(東大坡)365호무덤	강남	1976년 발견
	1305호무덤	강북	1993년 발견
	1407호무덤	강북	1993년 발견
	미인무덤(美人墓)	강북	1913년 발견
	798호무덤	강북	1993년 발견
만보정무덤구(萬寶汀墓區)	1368호무덤		1966년 발견
	645무덤		1991년 발견

〈그림 77〉 산성자산성(환도산성)과 산성하무덤구

이다. 이 표에는 미인무덤처럼 1913년 발견 당시 이미 무덤이 훼손되고 벽화도 거의 떨어져 나갔으나 벽화무덤으로 기록되어 있다는 점을 생각하면 표에 나온 무덤은 이 지역에서 벽화의 흔적이 있는 모든 무덤을 망라한 것이라 할 수 있다. 샤반느는 이 표에 나온 벽화 가운데 하나일 수도 있지만 벽화가 이미 사라져 이 표에서 빠

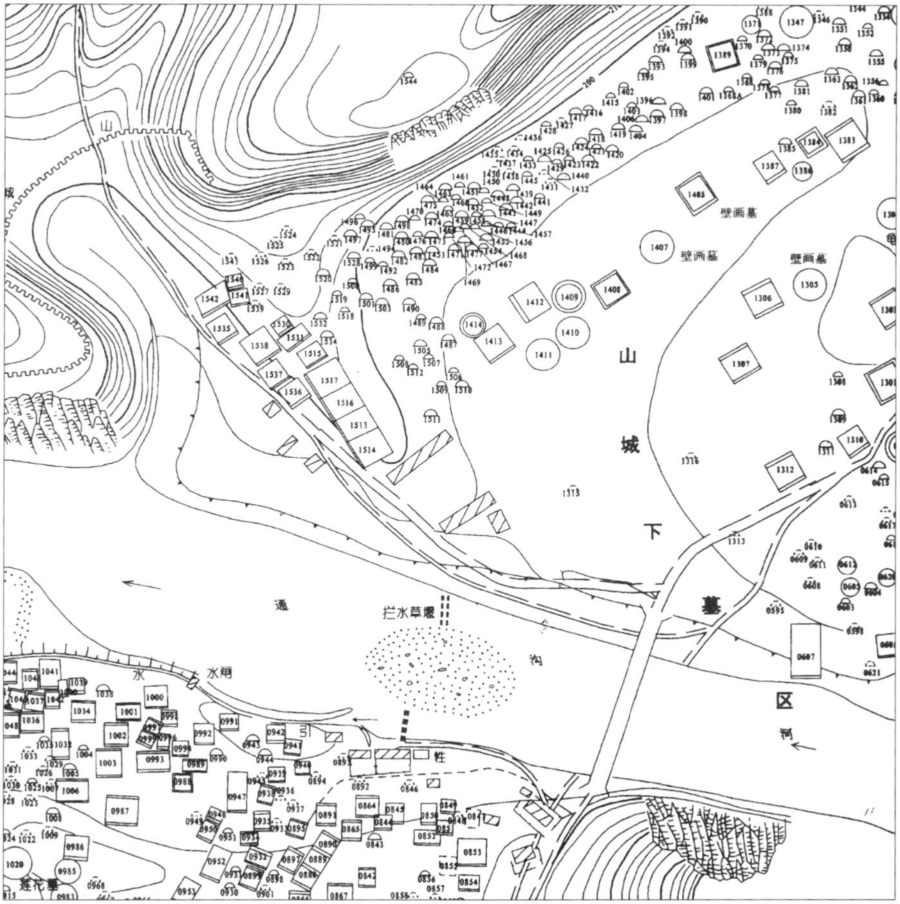

〈그림 78〉 산성자산성(환도산성) 입구(왼쪽 아래 귀퉁이에 연꽃무덤, 983호)와 주변 무덤떼

〈그림 79〉 산성자(山城子) 동쪽에 있는 무덤계곡(La Vallée des tombeaux)

졌을 가능성도 있기 때문에 무어라 단언하기는 어렵다.

벽화무덤을 탐사한 샤반느는 이어서 강 북쪽에 있는 산성하무덤구에 이르는데, 이때 지나가는 곳이 바로 산성자산성 입구인 남문으로 들어가는 길이다. 샤반느는 "이곳이 오늘날 '산성자(山城子)'라고 불리는 성터이다. 백성들에게 전해 오는 말에 따르면 옛날에 고구려 왕국의 요새가 있었다고 한다. 계속해서 오른쪽 강기슭을 따라 장군무덤이나 태왕릉과 꽤 비슷한 무덤들이 많은 것을 보면 그 전승된 말이 잘못된 것이 아니라는 것을 알 수 있다"고 하였다. 백성들의 이야기만 전해 듣고 산성 안으로 들어가 보지는 않았던 것이다. 이 산성자산성은 최근 궁성 터를 발굴하여 한때 두 번이나 고구려 수도였던 환도산성으로 보는 것이 일반적인 견해이다. 국내성에 이어 환도산성도 탐사하지 못한 것은 참 아쉬운 점이다.

샤반느는 강가를 따라가 '장군무덤이나 태왕릉과 비슷한 무덤떼가 있는' 무덤떼에 도착한다. 샤반느가 찍은 사진을 자세히 분석해 보면 양 옆에 생김새가 비슷하다고 해서 붙여진 형무덤(兄墓)과 동생무덤(弟墓)이 있고 가운데 꺾인천장무덤(折天井墓)이 보인다.

VI. 에두아르 샤반느가 기증한 기메박물관의 고구려 유물

2005년 10월 17일부터 나흘 동안 기메박물관[135]에서 자료조사를 하였다. 미리 보낸 메일을 받은 한국 담당 큐레이터 삐에르 깡봉(Pierre CAMBON)이 미리 중요한 자료들을 준비해 놓아 짧은 시간에 큰 성과를 얻을 수 있었다.

3층에 있는 한국관에는 도깨비무늬 수막새(수장번호 Mg-14351)와 태왕릉 글자 있

135) Guimet musée national des Arts asiatiques(6, place d'Iéna 75116 Paris, 메트로 Iéna역).

〈그림 80〉 기메박물관 바깥 모습

〈그림 81〉 기메박물관 한국 유물 전시실

〈그림 82〉 고구려 유물(1)

〈그림 83〉 유물(2)

〈그림 84〉 고구려 유물(3)

는 벽돌(Mg-14320) 등 두 점의 고구려 유물이 전시되어 있었고, 기메박물관에서 발행한 한국 관련 유물 도록에도 귀면 수막새가 실려 있다.[136)]

기메박물관 소장목록에 따르면 1907년 샤반느가 기증한 고구려 유물은 모두 48점이다. 소장목록 Mg-14312에서 Mg-14361까지인데 중간에 Mg-14318번과 Mg-14319번은 다른 유물이 끼어 있다. 기록에 나와 있는 내용은 샤반느가 기록한 것이 아니고, 박물관에서 기증유물을 정리하면서 작성한 것으로 보인다. 삐에르 깡봉이 제공한 실측한 수치와는 약간씩 차이가 나는 것을 보면 알 수 있다.

소장목록은 먼저 소장번호가 나오고, 다음 샤반느 탐사단이 가져왔다는 것을 표시한다(Mission Chavannes 1907). 이어서 유물의 이름과 특징, 크기를 기록한다. 샤반느 소장품 첫 번(14312) 설명에 '중국 기와 조각(Fragment de tuile chinoise)'이라고

136) Pierre Cambon, 『L'Art coréen au musée Guimet』, Réunion des musées nationaux, 2001, 45쪽.

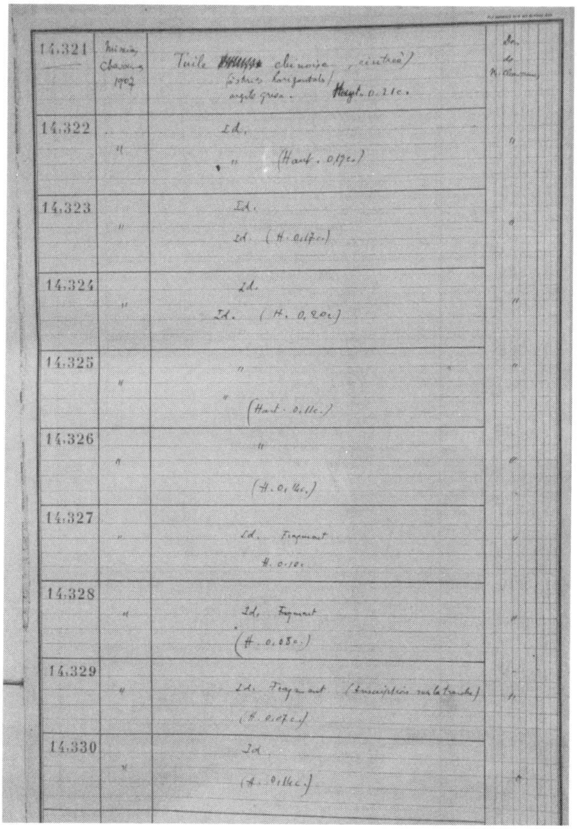

〈그림 85〉 기메박물관 소장 고구려 유물 목록

〈그림 86〉 기메박물관 고구려 유물 수납서랍

〈표 6〉 기메박물관 소장 고구려 유물 목록

번호	유물번호 Mg-	품 목	길이× 너비×두께	빛깔, 무늬	비고
1	14312	기와조각	0.12		
2	14313	기와조각	높이 0.20 너비 0.19		
3	14314	기와조각	길이 0.26		
4	14315	기와조각	길이 0.24		
5	14316	기와조각	길이 0.22		
6	14317	화강암 조각	밑 0.10c.		
7	14320	태왕릉 글자 있는 벽돌(옆면에 글씨가 있는 벽돌, 통구에서 발견)	14.5×8×2.1 높이 0.14	잿빛	글자: 願太王陵安
8	14321	암키와 조각	높이0.21	잿빛, 민무늬	기왓골무늬
9	14322	암키와 조각	높이0.19	잿빛, 민무늬	기왓골무늬
10	14323	암키와 조각	높이0.17	잿빛, 꼰무늬	
11	14324	암키와 조각	높이0.20	잿빛, 민무늬	기왓골무늬
12	14325	암키와 조각	높이0.11	잿빛, 민무늬	기왓골무늬
13	14326	암키와 조각	높이 0.14	잿빛, 민무늬	기왓골무늬
14	14327	암키와 조각	높이 0.10	잿빛, 민무늬	
15	14328	암키와 조각	높이 0.08	잿빛, 민무늬	
16	14329	태왕릉 글자 있는 벽돌(옆면에 글씨가 있는 조각)	7.5×6.7×2.3 높이0.07 c.	잿빛	글자: 願太
17	14330	암키와 조각	높이 0.14	잿빛, 민무늬	기왓골무늬
18	14331	(?)	높이 0.14		기왓골무늬
19	14332	암키와 조각	높이 0.08	잿빛, 민무늬	
20	14333		높이 0.11	짓빛, 민무늬	
21	14334	암키와 조각	높이 0.12	잿빛	기왓골무늬
22	14335	암키와 조각	높이 0.16	잿빛	기왓골무늬
23	14336	암키와 조각	높이 0.059m	잿빛	기왓골무늬
24	14337		높이 0.195m		
25	14338	암키와 조각	높이 0.18	잿빛 민무늬	기왓골무늬
26	14339	암키와 조각	높이 0.16	빨강, 꼰무늬	
27	14340	암키와 조각	높이 0.06	빨강, 꼰무늬	
28	14341	암키와 조각	높이 0.11	빨강, 꼰무늬	
29	14342	암키와 조각	높이 0.04	빨강, 꼰무늬	
30	14343	수키와 조각	높이 0.19	잿빛, 민무늬	글자 '中'

31	14344	수키와 조각	높이 0.10	잿빛, 민무늬	
32	14345	수키와 조각	높이 0.15	잿빛, 민무늬	
33	14346	수키와 조각	높이 0.07	잿빛, 민무늬	글자 '五'
34	14347	수키와 조각	높이 0.13	잿빛, 민무늬	글자 '五'
35	14348	암키와 조각	높이 0.08	잿빛, 바퀴자국무늬	
36	14349	암키와 조각	높이 0.09	잿빛	
37	14350	수막새 벼루(원반, 잿빛 찰흙, 양면에 장식)	?×14×3.5 지름 0.13 c.	잿빛, 연꽃무늬	
38	14351	귀신얼굴(鬼面) 수막새(완형)	?×15×4 지름 0.155m.	붉은빛, 귀신 얼굴(鬼面瓦當)	ICHT 37
39	14352	수막새(조각) 태왕릉	13×17.5×3.5 지름 0.17c.	잿빛, 연꽃무늬	
40	14353	수막새(조각) ?	지름 0.14	잿빛, 연꽃무늬	
41	14354	수막새(조각) 장군무덤	12×15.5×4 지름 0.115m	잿빛, 연꽃무늬	
42	14355	수막새(조각) 장군무덤	8×15.2×4 지름 0.08c.	잿빛, 연꽃무늬	
43	14356	수막새(조각) 태왕릉	8.5×15.2×5 지름0.08c.	잿빛, 연꽃무늬	
44	14357	수막새(조각) 태왕릉	9×11.6×3.5 지름 0.08c.	잿빛, 연꽃무늬	
45	14358	수막새(조각) 태왕릉	9.5×8.5×2.1 지름 0.08c.	잿빛, 연꽃무늬	
46	14359	수막새(조각) 장군무덤	7.2×10×4.4 지름 0.05c.	잿빛, 연꽃무늬	
47	14360	수막새(조각) 장군무덤	길이 0.07c.	잿빛, 연꽃무늬	
48	14361	수막새(조각) 태왕릉	10×14.5×4.2 지름 0.08	잿빛, 연꽃무늬	

* 자료 : 기메박물관 소장목록과 현장조사를 바탕으로 작성함(2005. 11. 18)

주) 크기는 목록에 있는 것을 옮긴 것이고, '12×15.5×4' 식으로 완전하게 잰 것은 삐에르 깡봉 씨가 제공한 것임.

하고, 사찰 지붕을 잇는 재료(toitures de temple)라고 한 것을 보면 자세한 사항을 모르는 사람이 기록하였다는 것을 알 수 있다. 연대는 5세기로 기록하였다. 마지막으로 유물을 샤반느가 기증하였다는 것을 유물마다 기록하고 있다.

〈표 6〉에서 보는 바와 같이 전체 소장품 48점 가운데 글자가 새겨진 태왕릉 벽돌

조각 2점, 수막새 12점, 그리고 나머지는 모두 평기와 조각들이다. 이하 각 유물에 대해 세 가지로 나누어 자세하게 분석해 보기로 한다.

1. 글자가 새겨진 태왕릉 벽돌

글자가 새겨진 태왕릉 벽돌은 2점이 소장되어 있다. 〈표 5〉의 정리번호 7번(Mg-14320)과 16번(Mg-14329)이다. 원래 태왕릉 벽돌에는 '원태왕릉안여산고여악((願太王陵安如山固如岳'이라는 열 자가 새겨져 있는데, 샤반느는 완전한 벽돌을 구하지 못했다. 샤반느가 구입한 7번에는 '원태왕릉안(願太王陵安)'이란 다섯 글자가 남아 있고, 16번에는 '원태(願太)'라는 두 글자만 남아 있다. 글자가 완전히 남아 있지는 않지만 두 유물의 상태는 아주 좋은 편이다.

2. 수막새(瓦當)

수막새는 모두 12점이 소장되어 있다. 수막새의 생김새가 완전한 것은 1점밖에 없고 나머지는 모두 조각들이다. 수막새는 크게 두 가지로 나누어 볼 수 있다. 먼저 색깔로 볼 때 붉은빛은 관청이나 왕궁의 건축물에서 나온 것이고, 잿빛은 무덤에서 나온 것이다. 여기서는 수막새를 모두 세 가지로 나누어서 보기로 한다. 첫째는 왕궁이나 관청에서 썼던 붉은빛 수막새, 두 번째는 무덤에서 나온 잿빛 수막새, 그리고 마지막에는 아주 특이한 수막새로 만든 벼루를 보기로 한다.

1) 왕궁이나 관청 건물에 쓰인 귀신 얼굴 수막새(鬼面瓦當)

막새는 처마 끝에서 기와를 마무리하는 기와로, 암키와를 마무리하는 암막새와 수키와를 마무리하는 수막새가 있다. 암막새는 암키와처럼 길쭉하게 만드는 반면, 수

〈그림 87〉 샤반느가 수집한 수막새

막새는 수키와가 통(筒)으로 되어 있기 때문에 대부분 둥그런 꼴을 하게 되고 여기에 여러 가지 무늬를 아름답게 장식하는 것이 보통이다. 고구려 수막새는 주로 연꽃(蓮花), 귀신 얼굴(鬼面), 인동초(忍冬草)를 많이 새겼다.

샤반느가 가져간 수막새 가운데 하나밖에 없는 완전한 수막새는 귀신 얼굴 수막새(鬼面瓦當)인데, 도깨비 얼굴, 용 얼굴이라는 주장도 있고, 중국에서는 짐승 얼굴(獸面)이라고 한다. 기메박물관의 소장 목록에는 용(龍)[137]이라고 했다. 우선 수막새는 크게 붉은빛 수막새와 잿빛 수막새로 나눌 수 있는데, 붉은빛은 주로 관청이나 궁전 건물에서 나온 것이고, 무덤에서 나온 것들은 대부분 잿빛이다. 따라서 샤반느가 가져간 수막새는 장군무덤이나 태왕릉에서 얻은 게 아니라 국내성이나 환도산성에서 얻은 것이라고 할 수 있다.

2003년 환도산성 궁전터를 발굴할 때 상당히 많은 수막새가 나왔는데 대부분 높은 돋을새김(浮刻)을 하였다. 발굴보고서[138]에서는 이빨과 혀가 어떻게 생겼는지에

137) 기메박물관 소장목록 14351번의 설명란에 용무늬(Décoré de dragon)이라고 써 넣었다.

138) 吉林省文物考古硏究所 · 集安市博物館 編著, 『丸都山城－2001～2003年集安丸都山城調査試掘報告』, 文物出版社, 2004, 98～114쪽. 吉林省文物考古硏究所 · 集安市博物館 編著, 『國內城－2000～2003年集安國內城與民主遺址試掘報告』, 文物出版社, 2004, 29～30쪽.

〈그림 88〉 샤반느가 수집한 수막새

〈그림 89〉 환도산성 A꼴

〈그림 90〉 환도산성 Ba꼴

〈그림 91〉 환도산성 Bb꼴

〈그림 92〉 환도산성 C꼴

〈그림 93〉 국내성 수막새

따라 세 가지로 나누고 있다.

A꼴 : 10개의 이빨을 가지고 있다. 9개. 긴네모꼴의 큰 입 속에 구슬 같은 꼴을 한 혀가 있다. 눈은 둥근꼴을 하였는데, 눈알이 크고 밖으로 튀어나와 있다. 그 둘레에 활꼴무늬(弦紋)로 꾸몄는데 위쪽에 각각 속눈섭을 세 가닥씩 그려 불꽃처럼 만들었다. 콧구멍은 둥글고 크며 들창코이다. 콧등은 구슬처럼 튀어나와 있고 콧등에서 이마 쪽으로 세 가지 사람 인(人) 자 무늬가 새겨져 있다. 눈썹과 수염은 모두 짧고 위로 치켜들어져 있다.

B꼴 : 12개의 이빨이 있다. 27개. 혀 부분의 차이에 따라 두 가지로 나눈다.

Ba꼴 : 혀가 있다. 귀신 얼굴의 윤곽선이 매우 가늘고 원활하다. 긴네모꼴의 큰

〈그림 94〉 태왕릉 수막새 A꼴

〈그림 95〉 태왕릉 수막새 B꼴

〈그림 96〉 태왕릉 수막새 C꼴

〈그림 97〉 태왕릉 수막새 D꼴

〈그림 98〉 태왕릉 수막새 E꼴

〈그림 99〉 태왕릉 수막새 F꼴

〈그림 100〉 태왕릉 수막새 G꼴

입 안에 "一"자꼴 혀가 있다. 눈언저리(眼眶)가 대략 마름모꼴(菱形)이고 세모인데 송곳처럼 위로 치켜올리고 있다. 눈알은 튀어나오고 둘레에 오목한 반달무늬(弦紋)로 꾸몄다. 콧구멍은 둥글고 넓게 벌려 있고, 코 위에는 세 겹 접힌 이빨무늬(齒堆紋)가 있다. 눈썹날개와 수염은 모두 둘둘 말리어 위로 치켜올라간 꼴이다. 이마에는 불꽃무늬(火焰紋)으로 꾸몄다. 바깥 가장자리 둘레는 오목한 반달무늬로 꾸몄다.

Bb꼴 : 3개. 수막새 얼굴이 큰 편이다. 귀신 얼굴의 윤곽은 매끈하다. 긴 네모꼴의 큰 입은 입아귀가 위로 치켜올라가 있다. 눈언저리는 마름모꼴이고, 눈알이 밖으로 튀어나와 있다. 콧구멍은 둥글고 넓게 벌려 있고, 콧등 위에 두 겹의 거꾸로 된 반달꼴가 있다. 이마 한 가운데 유두같이 생긴 돌기가 있다. 얼굴 주위에는 말려서 위로 치켜올라간 수염 6가닥이 마주보며 새겨져 있다.

C꼴 : 이빨이 13개인 수막새이다. 4개. 혀가 없고 얼굴은 큰 편이다. 무늬 장식의 윤곽이 굳세고 강하며 북(梭)같이 생긴 각(角)이 뚜렷하다. 긴 네모꼴 큰 입은 입아귀가 위로 치켜올라가 있다. 콧구멍은 둥글고 밖으로 벌려져 있다. 눈알은 크고 튀어나왔으며, 눈언저리는 둥근꼴이다. 콧등에 거꾸로 된 반달무늬가 세 겹으로 겹쳐 있다. 눈언저리 위 이마에 5개의 불꽃이 타오르는 3개의 불꽃무늬가 새겨져 있다. 얼굴 둘레는 젖꼭지(乳釘)무늬로, 바깥 가장자리 둘레는 돋을새김 반달무늬로 꾸몄다.

샤반느가 가져간 귀신 얼굴 수막새는 환도산성에서 나온 여러 꼴 가운데 Ba꼴과 같은 것이다. 이러한 Ba꼴은 환도산성에서 가장 많은 꼴이고, 2003년 국내성 성안 체육장 지점을 발굴할 때도 8개가 나왔다. 국내성 체육장에서 나온 수막새는 모두가 같은 꼴인 것으로 보아 고쳐 지은 적이 없다는 것을 보여주는 반면, 환도산성의 건물은 여러 차례 개축하였다는 것을 보여준다.

이상의 내용과 샤반느의 수막새를 비교해 보면, 샤반느의 수막새는 국내성이나 환도산성에서 얻은 것임을 알 수 있다.

2) 왕릉에 썼던 잿빛 수막새

환도산성 아니면 국내성에서 얻은 귀신 얼굴 수막새 한 점을 빼놓고, 나머지 10점은 모두 잿빛 연꽃무늬 수막새이다. 이러한 수막새들은 샤반느가 답사한 장군무덤이나 태왕릉에서 얻은 것이라고 볼 수 있다. 2003년 발굴 당시 태왕릉에서는 무려 80점이 넘는 수막새가 발굴되었다. 80점 수막새들은 대부분 깨진 것이 많았지만 완전한 것도 상당수 존재하였다. 거의 찰흙으로 빚은 잿빛이고, 거무스름한 주황빛(黑皮褐色)

〈표 6〉 태왕릉 출토 연꽃무늬 수막새의 여러 가지 꼴

번호	꼴	수량 (완전한 것)	생김새	지름(복원 지름) cm	테두리	나눔선	꽃잎수	꽃잎 생김새	꽃술	씨방 지름cm	비고
1	A꼴	가장 많다 (7점)	둥근꼴	20~21.6	좁고 높다	2	6	탐스럽고 넓다(Y무늬)	안 2 밖 2		1/5 붉은색
2	B꼴	A의 1/6 (4점)	둥근꼴	17.6	좁은 편	2	6	넓고 짧다 (3선)	밖 2	3.6~3.8	색 안 바름
3	C꼴	A의 1/6 (4점 모두 조각)	둥근꼴	19.6~ 20	좁고 낮다	2	8	조금 가늘고 길다(3선)	밖 2		
4	D꼴	A의 1/10 (2점 양호)	둥근꼴	19.6~20	좁고 낮다	2	8	가늘고 길다 (Y 비슷)	안 2 밖 2		
5	E꼴	2점	둥근꼴	17.6	넓고 낮다	3	6	가늘고 길다 (Y비슷)	밖 2		
6	F꼴	1점(조각-꽃잎 2개)	둥근꼴		넓고 낮다	2	6	얇고 길다 (3선)	밖 2		
7	G꼴	1점(조각-꽃잎 1개)	둥근꼴	20~ 21.6cm	넓고 높다	2	6	짧은 편 (3선)	안 2 밖 2		

이 약간 있으며, 극히 드물지만 홍갈색이나 황갈색도 있다. 도안은 돋을새김으로 8등분이나 6등분한 연꽃무늬가 으뜸을 이루며, 연꽃잎(蓮瓣)이나 연꽃술(蓮蕊)의 변화는 아주 다양하다. 보고서에서는 다음과 같은 일곱 가지로 나누었다.[139]

우선 A꼴의 설명을 옮겨 보고 이에 따라 표를 만들어 쉽게 분별할 수 있게 하겠다.

A꼴 : 수량이 가장 많다. 그 가운데 완전한 것은 7점이다. 수막새는 둥근꼴이고 지름이 20~21.6cm, 테두리(邊輪)가 좁고 높다. 두 개의 볼록 나눔선(棱界)을 가지고 연꽃을 6개로 나눈 도안이다. 연꽃잎(蓮瓣)은 탐스럽고 몸집이 크며,[140] 안팎으로 두 겹의 꽃술(花蕊)이 있는데 안쪽 꽃술은 꽃잎 뿌리 부분에 점을 찍었고 바깥 꽃술

139) 吉林省文物考古研究所?集安市博物館 編著, 『集安高句麗王陵－2000~2003年 集安高句麗王陵調査報告』, 文物出版社, 2004, 309~317쪽.)

140) 보고서에는 나와 있지 않지만 꽃잎 위에 Y자 무늬가 있는 것이 중요한 특징 가운데 하나이다.

은 꽃잎 끝 양쪽에 나뉘어 있다. 가운데 둥그런 젖꼭지(乳突)가 있는데 연꽃의 씨방(子房)을 표현한 것이다. 채집한 수막새 가운데 5분의 1은 표면에 붉은빛을 칠했다.

샤반느가 기증한 수막새 10개를 보고서의 꼴별로 나누어 보면 다음과 같다.

① A꼴(4개) : Mg-14352, Mg-14356, Mg-14357, Mg-14358

A꼴 수막새는 태왕릉 수막새로서 가장 전형적인 형태이다. Mg-14352 수막새는 꽃잎 6개 가운데 4개가 남아 있어 A꼴의 특징을 파악하는 데 완형이나 다름없다. A꼴 수막새가 갖는 가장 뚜렷한 특징 가운데 하나인 꽃잎 위의 Y자꼴 무늬(脈紋)가 선명하고, 꽃술도 꽃 안팎에 각각 2개씩 정확하게 박혀 있다. Mg-14356 수막새는 비록 꽃잎이 2개밖에 남지 않았지만 A꼴의 특징을 선명하게 갖추고 있어 판별에 어려움이 없다. 다만 Mg-14357, Mg-14358 수막새는 겉이 닳아 없어져 판별이 약간 어렵지만 꽃잎 생김새를 자세히 관찰하면 두 개 다 A꼴이라고 분류하는 데 무리가 없을 것으로 본다.

〈그림 101〉 기메박물관 Mg-14352

〈그림 102〉 기메박물관 Mg-14356

〈그림 103〉 기메박물관 Mg-14357

〈그림 104〉 기메박물관 Mg-14358

〈그림 105〉 표면에 빨간 칠을 한 수막새

한편 Mg-14357 수막새를 자세히 보면 표면에 빨간 칠을 한 것을 볼 수가 있다. 앞에서 보았지만 A꼴 수막새의 5분의 1 정도는 빨간 칠을 했다고 했다. 샤반느가 가져간 A꼴 수막새 4개 가운데 1개도 이처럼 빨간 칠을 한 것을 찾을 수 있어 이채롭다.

② C꼴(4개) : Mg-14354, Mg-14355, Mg-14359, Mg-14360

Mg-14354 수막새는 꽃잎이 3개 남아 있고, Mg-14355와 Mg-14359는 2개 남아 있으며, Mg-14360는 1개밖에 남아 있지 않지만 4개 모두 C꼴로 분류하는 데는 어려움이 없다. C꼴은 생김새가 장군무덤에서 나온 수막새와 거의 비슷하다. 그러나 자세하게 비교해 보면(〈그림 101〉 참조) 꽃잎에서 차이가 난다. 태왕릉에서 나온 것은 가래처럼 양쪽 끝이 뾰족하지만 장군무덤에서 나온 것은 꽃잎이 더 넓고 밑부분도 안정성을 가질 수 있을 정도로 넓다. 태왕릉 수막새의 잎이 날카로운 느낌을 준다면, 장군무덤의 수막새는 부드럽고 원만한 느낌을 준다. 언뜻 보기에는 Mg-14359

〈그림 106〉 기메박물관 Mg-14354

〈그림 107〉 기메박물관 Mg-14355

〈그림 108〉 기메박물관 Mg-14359

〈그림 109〉 기메박물관 Mg-14360

〈그림 110〉 장군무덤 출토 연꽃무늬 수막새

수막새가 장군무덤 수막새와 비슷해 보지만 자세하게 보면 골이 깊이 파이고 양쪽 끝이 뾰족하다는 것을 알 수 있다.

이런 정황으로 볼 때 샤반느는 두 무덤을 다 조사했지만 수막새는 모두 태왕릉에서만 얻은 것이 아닌가 하는 생각이 든다.

③ E꼴(1점) : Mg-14361

이 수막새는 태왕릉 발굴보고서에도 단 2개만 나왔다고 할 정도로 아주 드문 수막새이다. 언뜻 보기에는 D꼴과도 비슷하다. 그러나 나눔선이 3개이고 꽃술이 밖에만 있다는 점이 D꼴과는 분명하게 다르다. 나눔선이 3개인 것은 아주 드물게 나타난 것이기 때문에 이것만으로도 쉽게 알아볼 수 있다. 꽃잎 위의 무늬(脈紋)과 Y자 비슷하지만 가운데 획이 위 아래로 관통한 것도 아주 특이하다.

〈그림 111〉 Mg-14361

④ 기타(1점) : Mg-14353

나눔선 일부와 꽃술만 남아 있어 어떤 꼴인지 알 수 없는 수막새이다.

〈그림 112〉 기메박물관 Mg-14353

3) 수막새 벼루(Mg-14350)

기메박물관에 소장된 수막새 가운데 무늬를 일부러 갈아 뭉개서 벼루를 만든 것이 있어 주목을 끈다. 안쪽에는 둥그스름하게 골을 내서 물이 밖으로 흘러내려가지 않게 해서 만든 벼루이다. 고구려 때 질그릇으로 만든 벼루가 집안에서 발견되어 현재 집안시박물관에서 전시되어 있다. 그러나 수막새를 가지고 벼루를 만든 것은 처음 나타난 일이다.

여기서 한 가지 의문이 생긴다. 이 벼루는 태왕릉을 만들 당시 휩쓸려 들어간 것

〈그림 113〉 수막새 속을 갈아 만든 벼루

〈그림 114〉 수막새 무늬 있는 쪽을 갈아서 바닥을 만들었다

인가, 아니면 태왕릉 위에 세웠던 건축물에서 나온 수막새를 가지고 벼루를 만들었는가 하는 것이다. 이것은 수막새로 벼루를 만들었다는 사실보다 더 중요한 단서가 될 수 있기 때문이다.

지금까지 발굴한 왕릉급 무덤에서는 모두 기와들이 나왔다. 많은 학자들이 이 기와를 바탕으로 무덤 위에 향당(享堂)이 있었거나, 또는 무덤의 지붕을 기와로 이었을 것이라는 추측을 해 왔다. 그러나 그에 대한 반론도 많다. 먼저 최근에 무덤 옆에 따로 제단이 발견되어 과연 그 높은 곳에 따로 제사지낼 향당을 세울 수 있었는지 의문을 제기했다. 또 돌을 잘 다듬어 계단식으로 만든 무덤에서는 그 위에 건축물을 세울 수 있지만 돌을 모아서 돌무지를 만든 무덤 위에는 어떻게 건물을 세울 수 있는지 의문을 제기한 것이다.

만일 무덤을 처음 만들 때 벼루가 휩쓸려 들어갔다면, 돌로 돌무지를 만들 때 무너진 건물에서 나온 기와나 다른 쓸모없는 기와들도 한꺼번에 모아 쌓았다는 추측이 가능하다. 만일 태왕릉에서 나온 수막새로 벼루를 만들었다면 왜 신성한 태왕릉에 사용하던 벼루를 버렸을까 하는 의문이 생기는 것이다. 이 문제에 대한 정확한 대답은 현재로서 할 수가 없다. 하지만 앞으로 관심을 가지고 보아야 할 문제라고 할 수 있다.

3. 평기와 조각

기메박물관에 소장되어 있는 고구려 유물 가운데 가장 숫자가 많은 것이 평기와 조각들이다(〈표6〉 참조). 기와 조각들에는 대부분 고구려 기와의 특징이 있어 고구려 기와라는 것을 쉽게 알아볼 수 있다. 몇 가지 특징적인 부분으로 나누어 평기와를 보기로 한다.

1) 붉은빛 끈무늬 기와조각

샤반느의 평기와 가운데 Mg-14339~42까지 네 점만 붉은빛이다. 고구려 기와에서 가장 큰 특징은 색이 빨갛다는 것이다. 중국 학자들이 유적을 발굴할 때 붉은 기와가 나오면 무조건 고구려 유적이라고 할 정도이다. 그동안 많은 학자들이 고구려의 붉은 기와에 대해 그 원인을 찾고자 노력하였다. 주로 바탕흙(胎土)이 원래 붉은색인지, 구워 만들 때 온도의 차이에서 오는 것인지, 아니면 붉은색을 내기 위해 특별히 어떤 물질을 넣는 것인지 많은 논의가 있었다. 그러나 과학적 분석이 이루어진 때는 1999년이 처음이다. 현미경과 XRD분석을 통해 광물의 조성, 입자의 크기, 모양, 배열상태 및 조직을 분석하였는데 색깔과 관련하여 다음과 같은 결론을 내렸다.

> 이번에 분석한 고구려 기와의 매우 중요한 특징은 shard를 첨가했다는 것이다. ……또 한 가지 특이한 것은 shard가 첨가되어 있는 것은 모두 붉은색 기와라는 점이다. 첨가된 shard는 대부분 바탕흙보다는 철산화물이 많은 재질이라는 점을 감안할 때 고구려인에 의해 기와에 붉은색을 내려는 인위적인 시도가 있었다고 볼 수도 있다. ……고구려인들이 이렇게 붉은 기와를 고집했던 이유는 현재로서는 확실하지 않으며 더 많은 연구가 필요하다.[141]

141) 양동윤 · 김주용 · 한창균, 「고구려 기와의 현미경 관찰과 XRD 분석」, 『고구려연구』(7), 1999, 17쪽.

〈그림 115〉 암키와(Mg-14339) 끈무늬

〈그림 116〉 암키와(Mg-14339) 안쪽 삼베무늬

〈그림 117〉 암키와(Mg-14340~42) 끈무늬

〈그림 118〉 암키와(Mg-14340~42) 안쪽 삼베무늬

이처럼 붉은 기와가 고구려 기와의 특징인데 샤반느가 가져간 많은 기와 조각 가운데는 왜 단 네 점밖에 없었을까? 그 답은 샤반느가 수거한 유물들은 대부분 무덤에서 나왔다는 데서 찾을 수 있다. 앞에서도 잠깐 보았지만 고구려인들은 주요 건물에 모두 붉은 기와를 썼지만 무덤에는 붉은 것을 쓰지 않고 잿빛 기와를 썼다.

고구려 평기와에는 끈무늬(繩文), 문살무늬(格子文), 톱니무늬(鋸齒文)가 가장 많다. 샤반느가 가져간 붉은 기와 조각에는 모두 끈무늬가 새겨져 있다. 한편 안쪽을 보면 모두 삼베무늬(麻布紋)가 있는 것을 볼 수 있다. 기와를 만들 때 흙이 기와통(瓦桶)에 달라붙지 않도록 흙과 기와통 사이에 삼베를 깔았기 때문에 생긴 무늬이다. 이와 같은 기와 안쪽의 삼베무늬는 한국 고대의 삼국에 공통적으로 나타나는 무늬이다.

〈그림 119〉 글자 새긴 기와(Mg-14343)

〈그림 120〉 글자 새긴 기와(Mg-14343)-2

〈그림 121〉 글자 새긴 기와(Mg-14346)

〈그림 122〉 글자 새긴 기와(Mg-14347)

2) 글자가 새겨진 기와조각

글자가 새겨진 기와 조각은 모두 세 점이다. Mg-14343 기와 조각에는 '가운데 중(中)' 자와 같은 글자이고, Mg-14346과 Mg-14347 기와는 모두 '다섯 오(五)' 자의 소전(小篆)과 같은 꼴인데, 더 쉽게 표현하면 세모꼴 두 개를 꼭지끼리 맞대놓은 것과 같은 꼴을 하고 있다. 이런 글자는 날카로운 기구로 긁어서 새긴 것인데 숫자, 선, 글자 같은 다양한 꼴을 볼 수 있다.

3) 처마끝(檐端) 기와의 기왓골무늬(瓦溝紋)

샤반느가 가져간 기와 조각 가운데 기왓골무늬가 있는 것은 11점이다. 이러한 처마끝 기와는 2003년 태왕릉 발굴 당시 무려 1900장 이상 발견되었다. 발굴보고서에

〈그림 123〉 Mg-14321

〈그림 124〉 Mg-14322

〈그림 125〉 Mg-14324

〈그림 126〉 Mg-14330

〈그림 127〉 Mg-14331(?)

〈그림 128〉 Mg-14336

〈그림 129〉 Mg-14325

〈그림 130〉 Mg-14326

〈그림 131〉 Mg-14334

〈그림 132〉 Mg-14335

〈그림 133〉 Mg-14338

따르면 기와의 두께는 1.8~2.1cm이며 대부분 무늬가 없는 민무늬였는데, 샤반느의 기와 조각들도 마찬가지로 무늬가 없다.

무늬는 크게 두 가지로 나눌 수 있다. 첫째, 마치 손가락 끝으로 눌러서 만든 것처럼 둥그런 꼴로 된 무늬이다. 모두 여섯 점(Mg-14321, Mg-14322, Mg-14324, Mg-14330, Mg-14331?, Mg-14336)인데 실제로 손가락으로 만들었을 가능성도 있다. 이 무늬는 직선으로 누른 것과 약간 비스듬하게 누른 것 두 가지가 있다. 공인들은 기호에 따라 크거나 작게 만들었고, 또 촘촘하거나 듬성듬성하게 만들었다.

둘째, 톱날 같은 날이 달린 기구로 눌러서 만든 무늬로 다섯 점(Mg-14325, Mg-14326, Mg-14334, Mg-14335, Mg-14338)이 이에 속한다. 모두 비스듬하게 눌러서 만들었는데, 이 무늬도 크기와 간격은 일정하지 않다.

4) 미구와 언강 있는 수키와

수키와는 두 암키와 사이를 어울러 엎어 이는 기와를 말하는데, 모양이 대통 반쪽과 같이 생겼다. 수키와를 이을 때 이어지는 부분이 꽉 들어맞도록 끝부분을 파내는데, 겉을 파내서 안쪽으로 들어가게 하는 것을 '미구'라 하고, 속을 파내고 미구 위에 엎는 부분을 '언강'이라 한다. 샤반느가 가져간 기와 조각에는 이처럼 미구와 언강을 알아볼 수 있는 수키와 세 점이 포함되어 있다(Mg-14344, Mg-14345, Mg-14337?).

〈그림 134〉 Mg-14344

〈그림 135〉 Mg-14345

〈그림 136〉 Mg-14337(?)

4. 기타

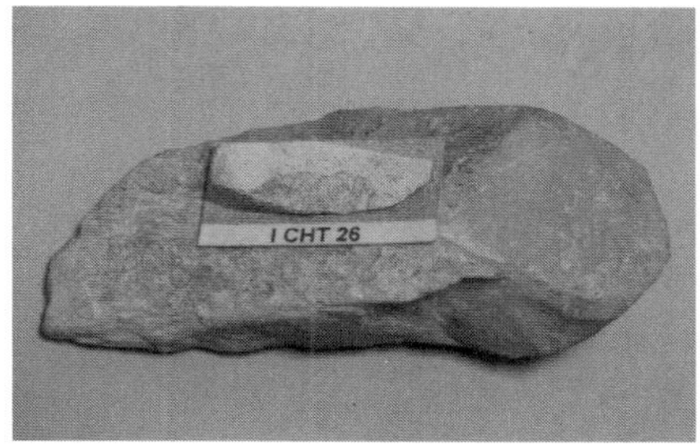

〈그림 137〉 돌멩이 조각(Mg-14317)

샤반느가 가져간 유물 가운데 한 가지 특이한 것이 있는데 작은 돌멩이 조각이다. 차돌 계통의 돌인데 기록이 없어 어디서 얻은 것인지 알 수 없으나 태왕릉에서 얻은 것일 가능성이 크다. 일반적으로 국내성 지역의 무덤은 주로 화강암을 사용하였기 때문에 차돌은 흔한 것이 아니다. 1990년대 무덤 널방을 조사하는 동안 널방 안에서 약간 초록색이 도는 차돌이 많이 나왔다. 널방을 화려하게 꾸미기 위해 특별히 좋은 돌을 사용했던 것이다.

Ⅶ. 맺는 말
-에두아르 샤반느의 고구려 국내성 답사 보고서에 대한 평가

1907년 4월 프랑스의 동양학자 에두아르 샤반느(Edouard Chavannes, 1865~1918)가 유럽 학자로는 처음으로 고구려의 국내성 옛터인 중국 길림성 집안을 방문하였다. 그는 여행 도중 자신이 속한 아카데미에 고구려 유적에 대한 보고서를 보냈는데, 이것이 유럽에서 보고된 고구려 유적에 대한 최초의 탐사기다.

1. 샤반느의 일정

3월 27일 파리를 떠난 샤반느는 4월 14일 심양에 도착하였다. 며칠 동안 심양 주변을 조사한 뒤, 4월 23일 심양을 떠나 6일 만인 28일 통화에 도착한다. 파리를 떠난 지 1달이 지난 뒤였다.

4월 29~5월 4일(6일 간), 통화에서 집안까지 갔는데 그 일정은 통화 출발 → 4도강(四道江) → 5도강(五道江) → 8도강(八道江) → 4도강(四道江) → 5도구(五道溝) → 6도구(六道溝) → 8도구(八道溝) → 고려성자(高麗城子) → 10도구(十道溝) → 11도구(十一道溝) → 노령(老岭) 고개 → 쌍차두(雙岔頭) → 차초지(錯草地) → 대황구(大荒溝) → 토구(土口)였다.

5월 8~12일(5일 간), 집안현에서의 일정을 보면, 토구 → 동강(東崗) 광개토태왕비 → 장군무덤 → 태왕릉 → 다섯무덤(五盔墳), 산성하2112호무덤, 흩어진연꽃무덤(散蓮花塚) → 통구(通溝) → 산성하무덤떼 순으로 탐사했다는 것을 알 수 있다.

2. 샤반느의 고구려 탐사(1)-광개토태왕비와 탁본

① 샤반느는 비석은 초록빛을 띤 쑥돌(화강암, granit verdâtre)이라고 하였다. 지금까지 광개토태왕비를 처음 본 도리이 류조우(鳥居龍藏)와 샤반느만 화강암으로 보았고, 그 뒤 실제 전문가들은 모두 응회암으로 보았다. 전문가가 아닌 샤반느의 한계라고 할 수 있다. 다만 샤반느가 돌에 초록빛을 띠었다는 점을 언급한 것은 주목할 만하다. 최근 글쓴이가 광개토태왕비 표면에 흠이 있는 곳을 자세히 살펴보니 겉과는 달리 속에 초록색이 보였으며, 최근 지질조사팀도 이 사실을 확인하였다.

② 샤반느가 잰 비석 높이는 지금보다 19cm가 더 낮다. 아마 비석의 맨 바닥 부분이 19cm 정도 흙에 묻혀 있어 그랬을 가능성이 크다. 너비에 대한 데이터를 보면 1면은 최근의 수치와 같고 나머지 3면은 7~10cm의 차이가 난다. 비석의 위아래 너비가 모두 같지 않고 모서리를 어떻게 쟀느냐에 따른 차이 정도라 할 수 있다. 이러한 수치는 서양학계뿐 아니라 동아시아에서도 처음 공개되

었던 데이터라는 점에서 큰 의의가 있다.

③ 샤반느는 비면의 글자 수는 (11줄+10줄+14줄+9줄)×41자=1804라고 하였다. 여기서 샤반느가 3면(북쪽 면)의 첫줄은 완전히 지워져 없어졌다고 해서 첫 줄에 글자가 있다는 것을 인정하였다. 지금까지 샤반느보다 6년 늦게 1913년 세키노 타다시 일행이 조사할 때 처음으로 3면 첫줄을 확인하였다고 알려져 있었다. 그러나 샤반느가 3면 첫줄에 글자가 있었다는 것을 확인하고 3면이 14줄이라는 것을 분명히 한 첫 학자가 되는 것이다.

④ 샤반느는 아쉽게도 원석탁본을 구하지 못하고 이미 비면에 석화가 발라져 있는 석회탁본을 구했기 때문에 그에게 아주 새로운 연구 성과를 기대하기는 어렵다. 그러나 석회탁본이라고는 하지만 사카와의 쌍구가묵본에 비해 훨씬 가치 있는 것이고, 탁본을 뜬 시기가 분명한 몇 안 되는 탁본이며, 유럽에 처음으로 소개되는 탁본이라는 점에서 의의가 있다. 샤반느가 구입해 간 광개토태왕비 탁본은 현재 파리 국립도서관(Bibliothèque nationale de France) 동양필사본과(Département des manuscrits orientaux)에 보관되어 있다. 소장된 탁본은 100년 가까이 지났지만 아주 새 것처럼 잘 보존되어 있었다. 1907년 찍어서 책에 실은 사진과 2005년 글쓴이가 파리 국립도서관에서 찍은 사진을 비교해 보면 거의 차이가 없을 정도로 잘 보관해 왔다는 것을 알 수 있다.

⑤ 샤반느가 찍은 세 장의 사진은 광개토태왕비를 세상에 알린 최초의 사진이다. 석회를 바른 상태, 굽도리 부분이 땅속에 묻혀 있는 상태, 주변의 환경들은 알 수 있는 데 도움이 되는 사진이다.

⑥ 샤반느는 자신의 탐사를 바탕으로 광개토태왕비에 나온 고구려 첫 수도 홀본이 바로 통구지역이라는 결론을 내린다. 사실 고구려 유적을 통구 한 곳만 가보고 첫 수도를 확정하는 것은 무리이다. 그러나 현장을 찾아가서 답사하고 고구려 수도를 비정한 첫 학자라는 기록을 남겼으며, 고구려 첫 수도가 어디냐 하는 것을 논의하는 새로운 장을 열었다는 점에서 고구려 연구사에서 중요한 위치를 차지한다고 할 수 있다.

3. 샤반느의 고구려 탐사(2)
- 머리 잘린 피라미드(pyramide tronquée), 장군무덤(將軍墳)

① 샤반느는 장군무덤의 바깥 모습을 아주 자세하게 조사하였는데, 근대적인 방법으로 조사한 최근의 발굴보고서와 비교해 보아도 그가 아주 자세하게 조사했다는 것을 알 수 있다. 이 기록을 통해서 보면 네 면에 각각 3개씩 모두 12개의 둘레돌(護石)이 있었다. 그러나 현재 북쪽 가운데 둘레돌이 하나 없어졌다.

② 장군무덤 위에 건축물이 있었느냐 없었느냐, 있었다면 과연 제사를 지내던 향당(享堂)이었느냐 아니면 단순한 보호용 지붕이었느냐 하는 문제는 지금도 계속 논의되는 문제이며 아직까지 결론을 내지 못하고 있다. 샤반느의 보고서를 보면 바로 이런 논의 발단이 샤반느에서부터 시작되었다는 것을 알 수 있다. 다만 샤반느는 꼭대기 건물이 제사를 위한 건물(享堂)이라고 보지는 않았다.

③ 샤반느는 널방을 가장 자세하게 측량하였다. 당시 상태를 그대로 볼 수 있다는 점에서 귀중한 자료이다. 샤반느는 "널방 안쪽, 입구와 반대쪽 되는 곳에 향을 사르기 위한 작은 제단이 놓여 있고, '전조(前朝) 호대왕의 신위에 바치나이다(供奉前朝好大王之神位)'라고 쓰여 있다"고 적었는데 아주 흥미로운 부분이다. 바로 이러한 분위기 때문에 샤반느는 장군무덤 널방을 제사지내는 곳으로 생각하였고, 깨진 돌덩이들이 널을 올려놓는 받침대라는 것을 알아차리지 못했던 것이다. 샤반느는 태왕릉을 광개토태왕의 능이라고 확신했기 때문에 장군무덤 안에서 발견된 신위는 현지인들이 잘못 쓴 것이라는 점을 분명히 하였다.

④ 샤반느는 장군무덤의 심각한 보존 상태에 대해 "계단 여러 곳에 억센 나무가 나고 자라 돌 사이에 뚫고 들어간 나무뿌리 때문에 돌이 제자리에서 떠밀리고, 심한 것은 지상에 굴러 떨어진 것도 있다. 돼지를 모는 아이들이 무덤 위에서 놀며 지붕 기와 가운데 남은 조각을 모두 부셔서 쪼개 버리고 있다"고 안타까워했으며, 가장 시급한 것이 더부살이식물을 베어 없애고 떨어져 나간 돌을 원

래대로 조심스럽게 복구하는 일이라고 보았다. 그는 "만일 그대로 방치해 두면 50년 뒤에는 단 하나밖에 없는 고구려 고분도 다른 많은 고분과 마찬가지로 부서진 조각더미로 바뀌어 버릴 것이다"라는 경고까지 하였다.

⑤ 샤반느는 딸린무덤(陪塚)을 장군무덤 동북쪽에 있는 일부 무너진 무덤이라고 표현해 장군무덤에 딸린무덤이라고 보지는 않았다. 아울러 장군무덤 서쪽 뒷면에 4면이 피라미드꼴을 나타내는 큰 흙무지무덤이 있고, 그 밖에도 높이가 낮지만 많은 흙무지무덤이 장군무덤 서쪽 밭 가운데 늘어서 있다"고 했는데 현재는 1기도 남아 있지 않다.

4. 샤반느의 고구려 탐사(3)-고구려왕국 제2의 무덤떼, 태왕릉과 벽화무덤

① 태왕릉—장군무덤에 비해 태왕릉은 자세하게 기록하지 않았다. 너무 많이 무너져 있었기 때문이다. 그러나 샤반느의 기록에서 서너 가지 중요한 내용과 샤반느 자신의 관점을 파악할 수 있다. 첫째, 태왕릉의 위치인데, 동강이란 마을에 있는 큰 여관 뒤에 있다는 것이다. 둘째, 실제로 태왕릉이 자연적인 비바람과 세월이 흘러 무너진 게 아니라 사람들에 의해 훼손되었다는 증거를 현장에서 생생하게 증언하고 있다. 샤반느가 밝힌 증거는 두 가지다. 하나는 샤반느가 도착하기 1년 전인 1906년 무덤 밑에 2개의 작은 도교 절을 지었다는 것이고, 다른 하나는 태왕릉의 받침돌을 뜯어서 옥수수를 찧은 맷돌을 2개 만들고 있는 현장을 직접 보고 그것을 기록한 것이다. 샤반느는 "완전히 없어져버릴지도 모른다는 절박한 마음이 든다"며 안타까워했다. 셋째, 현장에서 얻은 벽돌과 옆에 서 있는 태왕비를 증거로 해서 태왕릉이 광개토태왕릉이라고 확실하게 주장하고 있다. 넷째, 현장에서 장군무덤 위에서 봤던 것과 비슷한 기와조각과 수막새(瓦當) 같은 기와를 발견하고, 태왕릉도 장군무덤의 경우와 마찬가지로 꼭대기에도 나무로 지은 지붕이 있고 그 지붕에 기와가 이어져 있었다

는 의견을 내놓았다.

② 돌무지무덤과 흙무지무덤—샤반느가 태왕릉을 떠나 다음 탐사한 곳은 태왕릉에서 서쪽으로 2~3km 떨어진 산기슭이다. 이곳에는 많은 무덤들이 늘어서 있는데, 그 가운데 두 개의 대형 돌무지무덤과 주변의 흙무지무덤들에 대해서 기록하고 있다. 보고서와 사진을 자세히 보고 분석한 결과, '장군무덤과 같은 축조물' 2기는 현재 우산하무덤구 2110호와 2112호무덤이며, 샤반느가 사진을 찍은 것은 2112호라고 판단된다.

③ 벽화무덤—샤반느는 현재 한국에서는 벽화를 처음 발견한 사람으로 유명하다. 1907년 샤반느가 흩어진연꽃무덤(散蓮花塚)에서 벽화를 발견하고 1908년 이를 학계에 알리면서부터 그 존재가 알려지기 시작하였다는 것이 일반적인 학설이다. 샤반느가 처음 발견했다고 알려진 흩어진연꽃무덤(散蓮花墓)은 집안 우산하무덤떼 1896호이다. 샤반느가 두 번째 발견한 벽화는 산성하무덤떼에 있는 무덤떼 가운데 하나였다.

5. 샤반느의 고구려 탐사(4)—통구성과 성자산산성

① 집안현 소재지 통구(通溝)—샤반느가 돌로 쌓은 국내성 성벽을 기록하지 않은 것은 이해가 가지 않는다. 전체적으로 볼 때 샤반느는 고구려의 수도였던 국내성 석성은 크게 인식하지 못한 것으로 보인다. 보고서 3장에 제목을 '옛 성(le vieux rempart)'이라고 붙이고, 통구를 지나 성자산산성으로 가는 길부터 시작된다는 것을 보면 확실하다.

② 두 번째 벽화무덤 발견과 산성하무덤떼—샤반느는 산성하무덤떼에서 두 번째 벽화무덤을 발견하는데 연꽃무덤(蓮花墓)일 가능성이 가장 크다. 연꽃무덤은 1966년 발굴했던 산성하무덤구 정리번호 983호이다. 샤반느는 환도산성에 대해 백성들의 이야기만 전해 듣고 산성 안으로 들어가 보지는 않았던 것이다.

국내성에 이어 환도산성도 탐사하지 못한 것은 참 아쉬운 점이다. 샤반느가 산성하무덤떼에서 "장군무덤이나 태왕릉과 비슷한 무덤떼가 있다"고 했는데 샤반느가 찍은 사진을 자세하게 분석해 보면 형무덤(兄墓), 동생무덤(弟墓), 꺾인 천장무덤(折天井墓)을 답사한 것을 알 수 있다.

6. 샤반느가 기증한 기메박물관의 고구려 유물

기메박물관(Guimet musée national des Arts asiatiques) 소장목록에 따르면 1907년 샤반느가 기증한 고구려 유물은 모두 48점이다. 다음 네 가지로 나눌 수 있다.

① 글자가 새겨진 태왕릉 벽돌—글자가 새겨진 태왕릉 벽돌은 2점이 소장되어 있다. 원래 태왕릉 벽돌에는 '원태왕릉안여산고여악((願太王陵安如山固如岳)'이라는 열 글자가 새겨져 있는데 샤반느는 완전한 벽돌을 구하지 못했다. 샤반느가 구입한 7번은 '원태왕릉안(願太王陵安)'이란 다섯 글자가 남아 있고, 16번은 '원태(願太)'라는 두 글자만 남아 있다. 글자가 완전히 남아 있지는 않지만 두 유물의 상태는 아주 좋은 편이다.

② 수막새(瓦當)—수막새는 모두 12점이 소장되어 있다. 수막새의 생김새가 완전한 것은 1점밖에 없고 나머지는 모두 조각들이다. 수막새를 모두 세 가지로 나누어서 보기로 한다. 첫째는 왕궁이나 관청에서 썼던 붉은 빛 수막새, 두 번째는 무덤에서 나온 잿빛 수막새, 그리고 마지막에는 아주 특이한 수막새로 만든 벼루이다.

③ 평기와 조각—기메박물관에 소장되어 있는 고구려 유물 가운데 가장 숫자가 많은 것이 평기와 조각들이다. 기와 조각들은 대부분 고구려 기와의 특징을 지니고 있어 고구려 기와라는 것을 쉽게 알아볼 수 있다. 그 가운데 특징이 있는 것은 글자가 새겨진 기와 조각인데 모두 3점이다. '가운데 중(中)' 자와 '다섯

오(五)' 자의 소전(小篆)과 같은 꼴이다.

샤반느의 전체의 탐사기간 가운데 고구려를 탐사한 기간은 아주 짧았지만 여행기간 중 특별히 별도의 보고서를 작성하여 상당히 많은 기록을 남겼다. 이러한 기록들은 모두 과학적인 방법으로 조사한 최초 기록들이기 때문에 대단히 의미 있는 일이다. 1000년 고도가 아직 사람의 때가 덜 탔을 때의 모습을 그대로 기록하였고, 지금은 없어지고 밝힐 수 없는 일들도 많이 언급되어 있기 때문이다. 다만 닷새라는 짧은 기간에 조사를 마쳤기 때문에 어느 정도 한계성을 피할 수가 없었다는 것을 알 수 있다.

| 참고문헌 |

Alain Thote, 「At the Source of Modern French Sinology」, 『Orientations』 1997-7.

Bouchez, 「Un défricheur méconnu des extrême-orientales: Maurice Courant」, 『Journal asiatique』, Tome CCLXXI, 1983, 43~150쪽

Funérailles de M. Édouard Chavannes [Texte imprimé]: Institut de France, Académie des inscriptions et belles-lettres: discours de Antoine Marie Albert, Héron de Villefosse / 1918.

Guimet musée national des arts asiatiques, 『Missions archéologiques françaises en Chine — Photographies et itinéraires 1907-1923』, Les Indes savantes, 2004.

Louis de la Vallée Poussin, 「Obituary Notice」 Printed by Stephen & Son, Ltd., Hertford.

M. Éd. Chavannes, 「Rapport sur les Monuments de L'ancien Royaume Coréen de Kao-Keou-Li」, Académie des Inscriptions & Belles-lettres, Comptes Rendus des Séances de L'année 1907, Bulletin de septembre, Librairie Alphonse Picard et fils, Paris.

M. Éd. Chavannes, 「Rapport sur les Monuments de L'ancien Royaume Coréen de Kao-Keou-Li」, T'oung Pao(通報), Leiden, série Ⅱ, vol. IX, Leiden, 1908.

M. Édouard Chavannes, 『Mission(Voyage) archéologique dans la Chine septentrionale』, vol. 3, Paris, 1909, 1913, 1915. Fig. 375~381.

M. Henri Cordier, 『Édouard Chavannes』, 『(Journal Asiatique)』(Extrait), 1918-3 · 4.

M. Maurice Courant, 「Stèle Chinoise du Royaume de Ko Kou Rye」, 『Journal Asiatique』, 1898 mars-avril, p. 210~238.

耿鐵華, 「高句麗墓上建築及其性質」『高句麗研究論文集』, 延邊大學出版社, 1993.

耿鐵華, 『好太王碑新考』, 吉林人民出版社, 1994, 2쪽

耿鐵華, 『好太王碑一千五百八十年祭』(中國社會科學出版社, 2003) 24~26쪽 참조

關野貞, 「滿洲輯安縣及平壤附近於高句麗時代遺蹟」(1), (2), 『考古學雜誌』 5-3, 4 1914.

菅政友, 「高麗好太王碑銘考」, 『史學雜誌』 2-21, 23, 24, 25, 1891.
國際地學協會, 『滿洲帝國分省地圖』, 1942.
吉林省文物考古硏究所 · 集安市博物館 編著, 『國內城－2000～2003年 集安國內城與民主遺址試掘報告』, 文物出版社, 2004.
吉林省文物考古硏究所 · 集安市博物館 編著, 『集安高句麗王陵－2000～2003年 集安高句麗王陵調査報告』, 文物出版社, 2004.
吉林省文物考古硏究所 · 集安市博物館 編著, 『丸都山城－2001～2003年集安丸都山城調査試掘報告』, 文物出版社, 2004.
김기태, 「在佛 韓國 典籍의 保存 經緯: 특히 직지심경을 중심으로」, 『國會圖書館報』(172), 1984.
김기태, 「프랑스 소장의 우리 전적들의 연원에 관한 고찰」, 『畿甸文化硏究』 18, 1989
김정배 옮김, 「한국의 고대 왕조 고구려의 역사적 기념물」, 『백산학보』 21, 1976, 179～193쪽.
那珂通世, 「高句麗古碑考」, 『史學雜誌』 47～49, 1893.
동경국립박물관, 『고구려 광개토왕비탁본』, 1996년 2월 7일～3월 20일 전시 도록.
東京大學總合硏究博物館, 『關野貞アジア踏査』, 2005년 6월 4일～9월 4일, 전시회 안내책자.
馬大正 等, 『古代中國高句麗歷史續論』, 中國社會科學出版社, 2003.
모리스 꾸랑, 이희재 역, 『한국서지(書誌)』, 일조각, 1994.
朴性鳳, 「廣開土(好太)王 硏究文獻 綜合目錄」, 고구려연구회 학술총서(3) 『광개토태왕과 고구려 남진정책』, 2002, 358쪽.
方起東, 「千秋墓,太王陵和將軍墳墓主人的推定」, 『博物館硏究』, 1986-2
부셰(Daniel Bouchez), 「한국학의 선구자 모리스 꾸랑(上, 下)」, 연세대 국학연구원 『동방학지』 51집, 1986. 6, 153～194쪽; 52집, 1986. 9, 83～121쪽.
손수호, 『고구려 고분 연구』, 사회과학출판사, 2001.
손영종, 「고구려 건국 연대에 대한 재검토」, 『역사과학』 1990-1, 41～42쪽
양동윤 · 김주용 · 한창균, 「고구려 기와의 현미경 관찰과 XRD 분석」, 『고구려연구』(7), 1999.
이전복 저(차용걸 · 김인경 역), 『중국 내의 고구려 유적』, 학연문화사, 1994.
이희재, 「모리스 꾸랑과 한국서지에 관한 고찰」, 숙명여자대학교 『논문집』 28집, 1988.
전호태, 「고구려 고분벽화 연구사」, 『고구려연구』(4), 1997.
전호태, 『고구려 고분벽화의 세계』, 서울대학교출판부, 2004.
鳥居龍藏, 「鴨綠江上流於高句麗遺跡」 『南滿洲調査報告』, 東京帝大, 1910; 『鳥居龍藏全集』 10, 朝日新聞社, 1976.
趙福香, 「將軍墳是高句麗長壽王陵」, 『高句麗歷史與文化硏究』, 吉林文史出版社, 1997
集安縣地方志編纂委員會, 『集安縣志』, 1987.

平山和己 옮김, 「朝鮮の古王朝高句麗の遺蹟」『收書月報』 73, 1942.
坪井九馬三, 「朝鮮三國建國調査」, 『史學雜誌』, 1892, 1893.
橫井忠直, 「高句麗古碑考 · 釋文 · 出土記」, 『高句麗好太王碑文會餘錄』 第五輯, 亞細亞協會, 1889; 國書刊行會, 1971.

셋째 마당

관련 자료집

I. 〈부론〉 러시아 학자 짜를가시노바의 광개토태왕비 연구(1979)

II. 〈번역〉「고구려 왕국의 한문(漢文) 비석」

〈원문〉 Stèle Chinoise du Royaume de Ko Kou Rye

III. 〈번역〉「한국의 고대 왕국 고구려 유적에 관한 보고서」

〈원문〉 Rapport sur les Monuments de L'ancien Royaume Coréen de Kao-Keou-Li

IV. 에두아르 샤반느의 보고서「한국의 고대 왕국 고구려 유적」 원문

V. 〈번역〉『회여록(會餘錄)』 제5집에 실린 고구려 옛 비석 출토기 및 고찰

〈원문〉 高句麗古碑出土記 · 考

VI. 최초의 고구려 유적 사진

– 디지털로 재현한 기메박물관 소장 유리 원판 사진

I

〈부론〉 러시아 학자 짜를가시노바의 광개토태왕비 연구(1979)

I. 〈부론〉 러시아 학자 짜릉가시노바의 광개토태왕비 연구(1979)

서양에서 처음으로 광개토태왕비에 대한 논문을 발표한 학자가 모리스 꾸랑이고, 광개토태왕비를 처음 찾아가 고고학적인 조사를 한 학자가 에두아르 샤반느라면, 광개토태왕비를 가장 철저하고 깊이 있게 연구한 학자는 러시아의 짜릉가시노바 로자 소타예브나(Jarylgasinova R. Sh.)이다. 특히 1979년 펴낸 『금석학으로 보는 한민족의 발생과 민족사 – 광개토태왕비』[220]는 광개토태왕비에 대한 전반적인 연구서임과 동시에 한민족의 발생과 민족사와 결부시켜 연구를 심화시킨 결정판이라고 할 수 있다. 비록 모리스 꾸랑이나 에두아르 샤반느에 비해 시대적으로 반 세기 이상 늦지만 서양에서 두 프랑스 학자의 연구 이후 처음으로 완성도 높은 연구서를 냈다는 점에서 이 장의 주역이 되는 데 손색이 없으리라고 본다.

짜릉가시노바가 이러한 훌륭한 업적을 내놓고 있지만 한국에서는 그녀의 성과에 대한 이해가 거의 없다. 그것은 원문이 모두 러시아 어로 되어 있어서 일반 학자들이 접근하기 불가능하기 때문이다. 이 점은 글쓴이도 마찬가지다. 알파벳이나 읽고 띄엄띄엄 단어나 알아보는 러시아 실력으로는 이 문제를 다룰 수가 없다. 다만 이 논문의 제목이 「유럽 학계의 광개토태왕비 조사와 연구」이기 때문에 유럽 광개토태

220) Р. Ш. ДЖАРЫЛГСИНОВА, 『ЭТНОГЕНЕЗ И ЭТНИЧЕСКАЯ КОРЕЙЦЕВ ПО ДАНЫМ ЭПИГРАФИКИ (《СТЕЛА КВАНГЭТХО-ВАНА》)』, ИЗДАТЕЛЬСТВО 《НАҮКА》, ГЛАВНАЯ РЕДАКЦИЯ ВОСТОЧНОП ЛИТЕРАТҮРЫ, МОСКВА, 1979. (이 책은 단국대학교 서영수 교수가 소장한 것을 제공해 주었다).

왕비 연구의 결정판을 낸 학자를 빼놓고 갈 수는 없어서 간단히 소개라도 해야 한다는 생각 때문에 이 장을 마련했다. 2004년 고구려연구회 국제학술대회 때 필자는 짜를가시노바 교수를 한국에 초청하려고 여러 가지로 노력하였으나 결국 참석하지 못해 아쉬움이 남는다.

다행히 작년 3월 모스크바대 학생이 「고구려 광개토왕비에 대한 러시아 학계의 사관」[221]이란 글을 고구려사 국제학술회의에서 간단하게나마 발표해 크게 참고가 되었다. 여기서는 위의 논문을 바탕으로 간단히 소개하는 선에서 그치고 앞으로 러시아 어에 정통한 학자들이 이 문제를 다시 다루기를 바란다.

1. 짜를가시노바의 생애와 저술

짜를가시노바 로자 소타예브나(Jarylgasinova R. Sh.) 교수는 1931년 모스크바에서 태어나, 1954년 모스크바 국립대학 역사대학을 졸업하였다. 모스크바 국립대학교에 근무하면서 주로 고구려에 관한 연구를 전문적으로 하고 있다. 다음에 보는 짜를가시노바 교수의 연구 성과를 보면 고구려 문제에 얼마나 깊이 있게 심취해 있는지 쉽게 알 수 있다.

- 「고구려 고분 벽화」, 『동방학문제』(1), 1959.
- 「한민족 구성과 고구려족의 역할」, 『소련 민속학』(5), 1960.
- 「고구려족, 역사민족학적 연구」, 소련 과학아카데미 민족학연구원 『논문집』(73), 1961 ; 「고구려족, 역사민족학적 연구」, 박사논문, 1962.
- 「고구려 사료학의 문제들」 『동양 사료학과 역사학』, 1967.

221) 피로젠코 올랙(Pirojenko O. S., 「고구려 광개토왕비에 대한 러시아 학계의 사관 – '짜를가시노바의 『금석학으로 보는 한민족의 발생과 민족사』를 중심으로」, 『고구려의 역사와 문화유산』, 한국고대사학회 · 서울시정개발연구원, 2004, 93~105쪽.

- 「한국 금석학 주해」, 『동남아시아 금석학』, 1972.
- 『고대 고구려족 - 한민족의 민족학에 대하여』, 소련 과학아카데미 민족학연구원, 1972.
- 『금석학으로 보는 한민족의 발생과 민족사 - 광개토태왕비』, 1979
- 「고구려 고분과 벽화」, 『한국의 전통미술』, 1972.
- 「봉건시대 초기의 한민족 민족의식 연구」, 역사학 박사학위 논문, 1986.
- 「소련 민속학의 민족의식 이론 - 문제의 기본 관점을 중심으로」, 『소련 민속학』, 1987.

2. 광개토태왕비 연구 – 『금석학으로 보는 한민족의 발생과 민족사 – 광개토태왕비』

책 전체의 논리적 흐름으로 볼 때 아주 체계 있는 연구라는 인상을 강하게 준다.

먼저 1장 '고대 한국의 비명(碑銘)학 개론'에서는 한국의 금석학 전반에 대한 광범위한 개론을 썼다. 삼국시대뿐 아니라 통일신라 때까지 돌, 금속, 고분벽화, 벽돌, 직물, 도장 같은 다양한 재질 위에 쓰인 모든 명문을 취급하고 있다. 한국 역사에 대한 폭넓은 연구 없이는 어려운 부분이다.

2장 '한국 비명(碑銘)학의 뛰어난 기념비 〈광개토태왕비〉'에서는 먼저 1절에서 비가 발견되어 조사된 과정을 자세하게 쓰고 있다. 주로 리지린, 「광개토왕비 발견의 전말(경위)에 대하여」(『력사과학』 1959-5), 박시형, 「강좌 : 광개토왕릉비」(『력사과학』 1964-6), 박시형, 『광개토왕릉비』(사화과학원출판사, 1966), 이진희 『광개토왕릉비의 연구』(吉川弘文館, 1972) 같은 책들을 많이 참고하였다. 한편 모리스 꾸랑의 논문을 읽고 통구를 답사한 에두아르 샤반느에 대해서도 자세히 소개하고, 1907년과 1908년 발표한 두 개의 보고서에 대해서도 언급하고 있다.[222)]

2절에서는 고구려 민족의 문화적 유산으로 태왕 비에 대한 분석이 전개된다. 태왕 비의 외관과 내용을 분석하면서 모리스 꾸랑 논문을 인용하고 샤반느가 파리로 가져간 석회탁본 네 면 사진을 그대로 실었다.

3절에서는 광개토태왕 비문 전문을 러시아 어로 옮겼다. 이것은 최초의 러시아 어 번역본이라는 점에서 큰 의의가 있다. 러시아 어 번역을 하면서 기본 석문은 박시형의 석문을 사용하였다. 그의 책 74~75쪽에 박시형의 석문과 글자 수를 그대로 싣고 있다.

3장 '역사-민속학적 기원으로서의 〈광개토태왕비〉'에서 본격적인 연구에 들어간다. 지금까지의 연구가 광개토태왕비 자체에 대한 연구라면 3장부터는 비문을 바탕으로 한국사의 성격을 규명하기 위해 여러 방면에서 접근해 간다. 우선 1절에서 비문과 『삼국사기』에 나타난 차이점을 표로 만들어 보정해 나가면서 광개토태왕 시대를 정확히 고찰하고, 2절 이하에서는 추모(鄒牟)왕 신화를 통해서 거기에 나타난 '하늘 숭배와 땅 숭배'를 분석해 나간다. 이런 전설과 신화를 내용 소개에 끝나지 않고 그 신화의 역할을 통해 고대 한국의 민족적 기원을 추구해 간 것은 상당히 독창적인 연구성과라 할 수 있다.

여기서 특히 고대 한국의 민족적 기원에서 본 남과 북의 상관관계는 아주 흥미롭다. 비문에 나오는 추모왕 신화를 연구한 결과로 한민족 발생 · 발전 과정을 남방 요소와 북방 요소로 구분한 것이다. 남방 요소란 옛 인도네시아 지역의 영향을 받은 난생(卵生) 설화, 거북 숭배, 하늘 숭배에서 보이는 북(鼓)의 특별한 역할을 말하는 것이고, 북방 요소란 고대 알타이지역 신화의 영향을 받은 북부여와의 연관성, 말치는 목동, 활 잘 쏘는 영웅에 관한 신화를 말하는 것이다. 짜를가시노바는 부여, 고구려, 백제가 주몽(추모, 상해, 추몽, 중모, 도모)을 시조로 하는 공통적인 신화 요소를 갖는 것은, 고대 한민족(Proto-Korean)이 남방과 북방의 두 가지 요소를 모두 가지고

222) 짜를가시노바, 『금석학으로 보는 한민족의 발생과 민족사 – 광개토태왕비』, 1979, 58쪽

있다는 것이라고 주장했다. 한편 신라의 석탈해도 알에서 태어났다는 사실을 들어 한국의 고대 국가들이 공통된 신화를 지녔다는 점을 통해서 한민족의 정체성을 파악하고 있다.

4장은 '〈광개토태왕비〉에 나타난 고대 한국의 고유명사론'이다. 1절 지명(地名)에서는 부여, 북부여, 동부여, 고구려, 백제, 신라, 가야 순으로 크게 나누고, 각 지역에 나타난 지명을 자세히 분석하고 있다. 부여에 대해서 많은 논란이 있는 북부여와 동부여 문제도 많은 지면을 할애하고 있으며, 무덤지기(守墓人)에 나온 많은 지명들도 모두 언급하고 있다.

2절 민족 이름도 부여, 북부여, 동부여, 고구려, 고려, 백잔(백제), 신라, 임나가라, 안라처럼 광개토태왕비에 나온 민족들을 『삼국사기』나 다른 사서들의 내용을 대조해 가면서 자세하게 연구하였다.

3절 고대 한국 통치자들의 인간적 모델 발전에서는 추모왕 – 유류왕 – 대주류왕을 거쳐서 광개토태왕까지 이어가는 고구려 통치자들의 발전 모델을 자세하게 추적한 내용이다.

맺는말은 '문학적 기념비와 같은 〈광개토태왕비〉'라는 문학적 제목을 붙였다. 광개토태왕비가 한민족 고대사를 위한 중요한 자료일 뿐 아니라 당시 고구려인의 산문 문학의 발전, 민족적 자아의식의 발전을 알려주는 중요한 자료라는 것이다. 특히 광개토태왕비 앞부분에 나오는 추모왕에 대한 신화는 고구려에 독특한 문학적 전통이 이미 성립되어 있다는 사실을 증명하는 것이라고 주장한다.

마지막으로 20쪽에 달하는(161~181쪽) 참고문헌, 인명 색인, 지명 색인도 아주 꼼꼼하게 작업하여 러시아 어로 옮겨놓았다. 이 자료는 러시아에서 광개토태왕비 연구뿐 아니라 한국사, 한국 문학을 연구하는 모든 학자들에게 기본 자료가 되고 있다는 것을 알 수 있다.

이 책의 내용을 전체적으로 알아보기 위해 책의 차례를 한국어로 옮겨 보았다. 내용뿐 아니라 쪽수까지도 함께 표시한 것은 각 장이나 절의 비중을 통해서 저자의 의도를 정확하게 파악하기 위해서다.

II
관련 자료집(1)

〈번역〉「고구려 왕국의 한문(漢文) 비석」

〈원문〉 Stèle Chinoise du Royaume de Ko Kou Rye

URNAL ASIATIQUE

OU

RECUEIL DE MÉMOIRES

D'EXTRAITS ET DE NOTICES

RELATIFS À L'HISTOIRE, À LA PHILOSOPHIE, AUX LANGUES ET À LA LITTÉRATURE DES PEUPLES ORIENTAUX

STÈLE CHINOISE DU ROYAUME DE KO KOU RYE

PAR

M. MAURICE COURANT

(Extrait du n° de Mars-Avril 1898)

PARIS

IMPRIMERIE NATIONALE

M DCCC XCVIII

Ⅱ. 고구려 왕국의 한문(漢文) 비석

[옮긴이 해설]

이 논문은 모리스 꾸랑이 쓴 「Stèle Chinoise du Royaume de Ko Kou Rye」(『Journal Asiatique』, 1898 mars-avril, 210~211쪽) 전문을 한국어로 옮긴 것이다. 이 제목을 한국어로 어떻게 옮길 것인지부터 짚고 넘어가기로 한다. 먼저 쉽게 「고구려왕국의 중국 비석」이라고 쉽게 번역할 수 있다. 그러나 이런 번역은 '고구려 왕국에 중국의 비석이 있다'는 앞뒤가 맞지 않는 번역이 된다. 이 논문의 정확한 의미는 '고구려 비석'이지 '중국 비석'이 될 수는 없기 때문이다. 모리스 꾸랑이 '중국 비석(Stèle Chinoise)'이라고 한 것은 광개토태왕비를 중국의 비석으로 잘못 알고 썼을 가능성은 없다. 논문 전체에서 꾸랑은 이 비석 내용이 한국의 역사인 삼국시대의 유적이라고 분명히 했고, 고구려, 신라, 백제 3국을 하나로 묶어 서술한 『삼국사기』나 『삼국유사』를 가장 많이 인용하고 있으며, 모든 고유명사를 한국어 식으로 읽었다는 것을 보면 알 수 있다. 모리스 꾸랑은 "나는 모두 한국인의 발음을 사용하는데, 그것은 한국의 지명과 인물에 관한 것이기 때문이다"고 분명히 밝히고 있다. 이런 앞뒤 (이 비가) 사정을 놓고 볼 때 모리스 꾸랑은 이 비석이 '한문(漢文)으로 된' 것이라는 좀더 구체적인 설명을 하기 위해 'Chinoise'라는 단어를 썼다고 볼 수 있다. 그렇기 때문에 여기서는 「고구려 왕국의 한문(漢文) 비석」이라고 옮겼다.

STÈLE CHINOISE

DU ROYAUME DE KO KOU RYE.

L'inscription qui fait l'objet de ce mémoire, se trouve dans une localité dite Tong keou, 洞溝, sur le territoire de la sous-préfecture de Hoai jen[1], 懷仁, province de Cheng king, 盛京. D'après les gens du pays, elle était jadis enfouie dans la terre; il y a environ trois siècles, le sommet de la stèle commença d'apparaître; il y a quelques années, quatre hommes envoyés de Thien tsin[2] la déterrèrent et la lavèrent; puis on en prit un estampage, mais, en raison des inégalités de la surface de la pierre, on ne put se servir de grandes feuilles de papier et il fallut avoir recours à de petites feuilles mises bout à bout; on obtint ainsi deux exemplaires estampés de l'inscription. Un Japonais anonyme, qui passa par là en 1884, réussit à acquérir un de ces exemplaires, qui est ac-

[1] Cette sous-préfecture est de création récente et ne se trouve pas dans l'ouvrage de Playfair, *Cities and towns of China*. Hong-kong, 1879; in-8°.

[2] Je n'ai eu, à Thien tsin, aucun renseignement à ce sujet.

1.

고구려 왕국의 한문(漢文) 비석

I. 머리말[1)]

이 논문의 대상이 되는 비문은 성경(盛京)[2)]성 회인(懷仁)[3)]현 관할지역에 있는 통구(洞溝)라는 마을에 있다. 그 지역 사람들에 따르면, 이 비는 오랫동안 땅 속에 파묻혀 있었는데 3세기쯤 전부터 비석의 꼭대기가 드러나기 시작했다고 한다. 몇 년 전 톈진(옮긴이 주 : 天津)[4)]에서 장인 4명을 데리고 온 사람이 비석을 파내서 씻어냈다. 그리고 탁본을 떴지만 돌 표면이 일정하지 않아 큰 종이를 사용할 수 없어서 작은 종이 끝과 끝을 맞대어 써야만 했다. 그렇게 해서 그 비문의 탁본 2질을 떴다.

1884년 그곳을 지나던 한 이름 모를 일본인[5)]이 그 탁본 가운데 하나를 얻는 데 성공했는데, 현재 우에노박물관(博物館) 전시실에 보존되어 있다. 이 전시실 담당자

1) 〔옮긴이 주〕 : 원래 논문에는 이런 작은 제목이 붙은 차례가 없으나 전체 이해를 돕기 위해 옮긴이가 차례를 덧붙인 것임.

2) 〔옮긴이 주〕 : 청나라 때 압록강 북녘 고구려 옛 땅은 성경(盛京), 길림(吉林), 흑룡강(黑龍江) 3개 장군이 관할했는데, 1907년 관할구를 봉천(奉天), 길림(吉林), 흑룡강(黑龍江) 3성 편제로 바꾸었다. 성경은 지금의 요령성을 말하며, 요령성의 성도인 심양을 성경이라고 부르기도 했다. 통화와 집안은 지금 길림성에 속하지만 당시는 성경에 속했다.

3) 이 현(縣)은 최근에 생긴 것으로, Playfair, 『중국의 시와 현(Cities and towns of China)』(8), 홍콩, 1879.에는 나오지 않는다. 〔옮긴이 주〕 : 회인현은 1877년 설치된다.

4) 톈진에 대해서는 아무런 정보가 없다.
〔옮긴이 주〕 : 모리스 꾸랑은 논문에 많은 한자를 썼다. 그렇기 때문에 원래 꾸랑이 쓴 한자와 옮긴이가 더한 한자를 구별하기 위해 번거롭지만 옮긴이가 더한 한자에는 주를 달았다. 따라서 〔옮긴이 주〕 표시가 없는 한자는 모두 꾸랑이 직접 쓴 한자이다.

5) 〔옮긴이 주〕 : 여기서 '이름 모를 일본인'은 일본 육군참모본부에서 밀정으로 보낸 사카와 카케노부(酒匂景信)이다. 태왕비 탁본을 입수하여 일본으로 가져온 것을 집중적으로 연구한 곳은 바로 육군참모본부였고, 『회여록』에 처음 출토기와 연구 결과를 발표한 요꼬이도 육군 장교였다. 그렇기 때문에 중요한 정보는 일반인들에게 밝히지 않고 숨겼던 것이다.

tuellement conservé dans les bureaux du Musée d'Uheno, 博物館; l'obligeance des chefs de ce bureau m'a permis de jeter un coup d'œil sur cette pièce précieuse : les petites feuilles de l'estampage ont été collées côte à côte de manière à reproduire la disposition des quatre faces de la stèle; je n'ai pu me livrer à un examen minutieux de cet original, mais il m'a paru que les reproductions qui existent, en donnent une idée exacte. De ces reproductions, l'une de grandeur naturelle, avec les caractères en noir sur blanc, forme quatre panneaux exposés dans l'une des salles du rez-de-chaussée du Musée d'Uheno; d'autre part, la Société asiatique japonaise 亞細亞協會, en a publié une réduction photolithographique, qui a paru dans un supplément aux publications de cette Société en 1889. C'est un exemplaire de cette réduction que j'ai entre les mains; en raison du petit format du volume, elle forme 44 pages contenant chacune 5 colonnes de 8 caractères, la dernière colonne de la dernière page n'a que 7 caractères, ce qui donne un total de 1,759 caractères. La Société asiatique japonaise y a joint une notice sur la stèle et la localité où elle se trouve, des notes tirées d'un grand nombre d'ouvrages historiques et relatives aux événements mentionnés par l'inscription, enfin une lecture de l'inscription même; tout ce travail non signé, est dû, paraît-il, à M. Yokowi Tadanaho, 橫井忠直. La *Revue historique japonaise*, 史學雜誌, a publié deux séries d'articles au sujet de cette inscription : les premiers ont paru

들의 호의로 귀중한 물건을 한 번 볼 수 있었는데, 비석 네 면의 배치를 재현하기 위해 탁본을 뜬 작은 종이들은 가지런히 붙여 놓았다. 원 비석에 대한 자세한 조사는 할 수 없었지만, 현재 나와 있는 복사판들은 나에게 (이 논문을 쓰게 하는) 아이디어를 주었다. 복사판 가운데 원래 크기만 하게 만든 한 벌은 우에노박물관 1층 홀 한 면에 전시되어 있는데, 하얀 바탕에 검은 글자로 되어 있는 (이 탁본은) 4개의 패널로 되어 있다. 다른 하나는 일본 아시아협회(亞細亞協會)가 사진축소판으로 펴냈는데, 1889년 이 협회 출판물의 부록으로 나왔다. 내가 손에 넣은 것은 바로 이 복사판 한 부이다. 그 책의 판형에 따라 44쪽 분량이며 각각 8자씩 5줄로 되어 있고 마지막 쪽은 7글자씩으로 되어 있어 모두 1759자이다. 일본 아시아협회는 비석과 비석이 서 있는 마을에 대한 고찰, 그 비문에 언급된 사건들과 관련된 많은 사서에서 뽑은 주석, 그리고 마지막으로 그 비문 자체에 대한 석문이 덧붙여져 있다. 사인이 되어 있지 않은 이 모든 작업은 요꼬이 타다나오(横井忠直)가 한 것으로 보인다.[6)]

일본 『사학잡지(史學雜誌)』는 이 비문에 대하여 두 가지 시리즈의 논문을 실었다. 첫 번째 시리즈는 1891년 스게 마사토모(菅政友)가 쓴 것[7)]이고, 다른 하나는 1893년 나까 미치요(那珂通世)가 쓴 것[8)]이었다. 쯔보이 쿠마자우(坪井九馬三)도 1892년과 1893년에 같은 잡지에 실린 「조선 삼국의 건국에 대한 조사」[9)]에서 이 텍스트를 사

6) 〔옮긴이 주〕: 1889년에 나온 『회여록(會餘錄)』〔제5집, 아세아협회(亞細亞協會), 1889〕이다. 이 『회여록』에는 다음 다섯 가지가 함께 실려 있다. ① 고구려 옛 비문(古碑文) : 석판 인쇄한 사카와의 쌍구가묵본. 모두 44쪽에 실렸는데, 한 쪽에 가로 5자, 세로 8자씩 들어 있다. 모두 1760자인데 153개의 빠진 글자는 모두 빈칸으로 놔 두었기 때문에 실제는 1607자이다. 남아 있는 글자 가운데서도 분명하지 않는 글자도 제법 있다. ② 고구려 비 출토기 : 고구려 비가 발견된 지역과 발견된 경위, 비문의 글자 수, 아울러 주변의 장군무덤 같은 내용도 들어 있는데, 모두 4쪽이다. ③ 고구려 옛 비에 관한 고찰(高句麗古碑考) : 비석의 주인공과 세운 연대, 비문의 내용, 시조에 관한 것, 광개토태왕에 대한 것, 비석을 통해서 본 『삼국사기』나 『동국통감』 같은 한국 사서들의 문제점, 왜가 신라와 백제를 신민으로 삼은 전말 같은 것들을 연구 결과로 내놓고 있다. ④ 각서 참고 : 『동국통감』, 『조선사략』, 『양서』, 『삼국지』, 『독사방여기요』 같은 여러 사료에서 비문을 해석하는 데 도움이 되는 자료를 뽑아서 실었다. ⑤ 고구려 비 석문(釋文) : 비문 전체의 글자를 읽어내는 석문을 실었다.

7) 〔옮긴이 주〕: 菅政友, 「高麗好太王碑銘考」, 『史學雜誌』 2-22, 23, 24, 25, 1891.

8) 〔옮긴이 주〕: 那珂通世, 「高句麗古碑考」, 『史學雜誌』 47~49, 1893.

9) 〔옮긴이 주〕: 坪井九馬三, 「朝鮮三國建國調査」, 『史學雜誌』, 1892, 1893.

en 1891 et sont de M. Suge Masatomo, 菅政友; les autres, de 1893, sont dus à M. Naka Mitiyo, 那珂通世; M. Tubowi Kumazau 坪井九馬三, s'est aussi servi de ce texte dans son *Examen de la fondation des trois Royaumes coréens*, publié dans le même recueil en 1892 et 1893. Je dois immédiatement déclarer que ces différentes études m'ont été fort utiles : je n'ai cru devoir cependant adopter ni toutes les explications ni toutes les lectures proposées par les savants japonais. Il ne semble pas que cette stèle ait jusqu'ici attiré l'attention des Orientalistes européens.

J'emprunte à M. Yokowi les renseignements suivants : « La localité de Tong keou est au nord du Ya lou kiang, sur le cours supérieur de la rivière, à plus de 800 li chinois (environ 480 kilomètres) de Kieou lien tchheng, 九連城. Au milieu d'un plateau large de 3 à 4 li, long de 12 à 13, s'élève une ancienne muraille de terre de plus de 5 li de circonférence; c'est là qu'est établie la sous-préfecture de Hoai jen, qui était autrefois la ville de Ling 'an, 令安城. A l'est de cette ville, à environ 4 li, à plus de 3 li de la berge du fleuve, au pied de la montagne, coule un petit torrent, au bord duquel se dresse la stèle. . . Elle est haute de 18 pieds à partir de terre; les faces antérieure et postérieure ont 5 pieds 6 ou 7 pouces de large; les faces latérales ont 4 pieds 4 à 5 pouces de large. . . Sur les quatre faces sont gravés des caractères, au sud 11 colonnes, à l'ouest 10 colonnes, au nord 13 colonnes, à l'est

용하였다. 먼저 이러한 여러 연구들이 나에게 대단히 유용했다는 점을 밝힌다. 그렇지만 일본학자들이 제시한 설명이나 해석들을 모두 받아들여야 한다고는 생각하지 않았다. 이 비석이 아직까지 유럽의 동양학자들의 관심을 끌지는 못한 것 같다.

Ⅱ. 광개토태왕비 출토기

다음 정보들은 요꼬이 씨 연구를 인용한 것이다.[10)]

> 통구의 위치는 압록강 북쪽에 있으며, 강의 상류 끼오리엔 성(九連城)에서 800리(중국 거리의 단위, 약 480km) 떨어진 곳이다. 지세는 평탄하고 너비 3~4리, 길이 12~13리쯤 된다. 한가운데 옛날 토성이 있는데 둘레가 5리쯤 된다. (성)안에 회인현의 분현(옮긴이 주 : 分縣)을 두었는데, 이것이 바로 옛날의 링안 성(令安城)이다. 이 성에서 동쪽으로 4리쯤 떨어지고 강변에서 3리쯤 진 떨어진 곳 산 아래 있는 작은 개울이 하나 있는데 그 냇가에 비가 있다.
>
> 비는 땅에서부터 높이 18자(尺), 앞뒤 너비 5자(尺) 6~7치(寸), 양쪽 옆면 4자 4~5치이다. ……4면 모두 글자들이 새겨져 있는데, 남쪽 11줄, 서쪽 10줄, 북쪽 13줄, 동쪽 9줄, 합하여 모두 43줄이다. 줄마다 41자이니 1759자이다. 글자의 길이는 하나같지 않다. 긴 것은 5치, 짧은 것은 3치이며, 새긴 깊이는 5~6치에 이른다. 비문 가운데 깨져 없어진 것은 모두 197자[11)]이다.

---

10) 〔옮긴이 주〕: 橫井忠直, 『高句麗好太王碑文會餘錄』 第五輯, (亞細亞協會, 1889), 「高句麗古碑 出土記」를 간추려 번역한 것이다. 일본어판 원문과 대조하여 원문의 뜻을 최대한 살렸다.

11) 41자씩 43줄은 1763자이지만 마지막 줄은 빈 공간으로 끝난다.

9 colonnes; il y a ensemble 43 colonnes de 41 caractères chacune, ce qui fait en tout 1,759 caractères[1]. Les caractères, de différentes tailles, ont de 3 à 5 pouces de haut; ils sont creusés à 5 ou 6 pouces de profondeur. Il manque en tout 197 caractères.

« Auprès de la stèle se trouve un grand tumulus d'une forme irrégulière et aplatie. . . ; l'on dit que l'on y trouve de vieilles tuiles[2]. . . Ling 'an tchheng est situé en face des villes coréennes de Ko san 高山城, et de Man hpo, 滿浦城; de tous côtés, dans les environs, il y a de vieux *tumuli*, au nombre de plusieurs centaines, qui ont des colonnes enfouies avec plusieurs assises de pierre : les gens du pays les appellent les « tombeaux de Kaoli »[3]. A l'est de la stèle, il y a un grand tumulus que l'on nomme le tombeau du maréchal, 將軍墳 : il sort brusquement de terre et s'élève à une hauteur de 17 pieds, au-dessus de terre, il a deux étages et l'on ne sait combien d'étages sont au-dessous. Si l'on entre dans la porte de pierre de l'étage supérieur, on trouve

[1] 43 colonnes de 41 caractères font 1,763 caractères, mais la derniere colonne se termine par un espace blanc.

[2] Quelques-unes de ces tuiles ont été apportées au Japon; MM. Suge et Naka en décrivent une de 8 pouces de haut sur 4 à 5 pouces de large; elle porte les caractères 願大王之墓安如山固如丘 « Puisse le tombeau du grand Roi être paisible comme la montagne, ferme comme la colline ».

[3] *Kao li* est le nom chinois populaire de la Corée; il n'a été employé officiellement que de 918 à 1392; mais, probablement par suite de sa ressemblance avec le vieux nom de Kao keou li, 高句麗, *Ko kou rye* employé pendant plusieurs siècles, il est resté dans la mémoire du peuple qui n'en connaît pas d'autre.

비석 옆에는 납작하고 울퉁불퉁한 큰 무덤이 있다. 그 무덤에서 옛날 기와[12)]가 나왔다고 한다.

링안 성(令安城)은 강 하나 건너 한국의 고산성(高山城)·만포성(滿浦城)과 서로 마주보고 있다. 사방에 옛 무덤 수 백 기가 있다. 모두 땅 속에 기둥을 세우고, 돌을 쌓아 만들었는데, 본토박이에게 물으니 한결같이 '까오리 무덤(옮긴이 주 : 高麗墳)'[13)] 이라고 한다.

비(碑) 동쪽에 커다란 무덤이 하나 더 있는데, 보통 장군무덤(將軍墳)이라 부른다고 한다. 더할 수 없이 넓고 큰 그 무덤은 땅 위로 불쑥 솟아 있는 것이 17자(尺)이다. 위에 2층이 있는데, 땅 속에는 몇 층이나 있는지 알 수가 없다.

12) 그 기와 몇 개를 일본으로 가져갔다. 스게와 나까가 너비 4~5치, 높이 8치 크기의 기와 하나를 설명하고 있다. 그 기와에는 '願大王之墓安如山固如丘(대왕의 무덤이 산처럼 안전하고 언덕처럼 단단하기를 빕니다)'라는 글자가 쓰여 있다.
〔옮긴이 주〕: 기와가 아니라 벽돌이었다. 벽돌에 쓰인 글의 내용에 대해서는『회여록』에서 언급하지 않았던 것인데 1891년 스게가 맨 먼저 쓰고, 이어서 1893년 나까가 똑같은 내용을 인용한다. 두 사람 모두 실물을 보지 못하고 들은 말을 기록한 것이다. 원래 이 벽돌에는 '태왕의 능이 산처럼 안전하고 산처럼 단단하기를 비나이다(願太王陵安如山固如岳)'라는 글자가 새겨져 있는데 모두 잘못 기록한 것이다. 여기서 두 가지 석문의 차이를 보면 능(陵)=지묘(之墓), 악(岳)=구(丘)이다. 이 문제는 1913년 전문 고고학자들이 현장에 가서 같은 벽돌을 입수하여 정확하게 그 내용을 기록하게 된다. 꾸랑이 이 벽돌을 기와라고 번역하였는데, 꾸랑 이전의 두 일본 학자들이 그렇게 잘못 듣고 썼기 때문이다. 이 문제도 1913년 벽돌이라는 것을 밝히고 그 글자 탁본을 논문에 실어 분명하게 하였다(서길수,「유럽 학계의 광개토태왕비 조사와 연구」,『고구려연구』21, 2005, 44쪽).

13) 까올리(Kao li)는 중국 사람들이 한국을 부르는 이름이다. 까오리(옮긴이 주 : 高麗)는 공식적으로는 918년에서 1392년까지만 사용되었다. 그러나 여러 세기 동안 써온 까오꺼우리(高句麗)라는 옛 이름과 비슷하기 때문에 다르다는 것을 모르는 사람들의 기억 속에 그대로 남아 있었을 것이다.
〔옮긴이 주〕: 고구려 때 이미 '고구려'와 '고려' 두 가지 나라 이름을 다 쓰고 있었고, 고구려 후기에는 오히려 '고려'라는 이름을 주로 사용하였다. 그런데 꾸랑은 이 사실을 모르기 때문에 이렇게 쓴 것이다.

une chambre carrée de 20 pieds de côté et haute de 14 pieds, toute construite en grosses pierres, avec des colonnes de 14 pieds sur 3 pieds 2 pouces de diamètre; le sol est fait de grandes dalles de pierre; si dans les fentes entre les dalles on jette un caillou, on attend longtemps avant d'entendre le bruit sourd de la chute. »

La précision de ces renseignements est satisfaisante, surtout si l'on songe que le Japonais qui les a fournis à M. Yokowi ne voyageait certainement pas pour rechercher des antiquités; seul un archéologue pourra nous donner une description plus complète, et il est à désirer que l'attention des explorateurs se tourne vers ce côté de l'Asie orientale qui a été négligé jusqu'à présent. S'il est difficile, dans l'état actuel des choses, de nous faire une idée nette de cette nécropole coréenne, du moins l'inscription nous fournit-elle nombre de renseignements intéressants que je vais rapidement passer en revue : les limites forcément resserrées d'un mémoire comme celui-ci ne me permettront pas d'entrer dans les détails ni de fournir la preuve des identifications que je proposerai; je me promets, dans un avenir plus ou moins rapproché, de revenir sur les questions géographiques et ethnographiques si complexes que soulève l'histoire de cette région de l'Asie, où se sont heurtées et succédé tant de races diverses; j'espère que l'on voudra bien me faire crédit pour l'heure présente.

Le premier personnage mentionné par la stèle Si

위층 돌문 안으로 들어가면, 사방 너비 20자, 높이 14자(의 방)인데 모두 큰 돌을 쌓아 만들었다. 기둥은 길이 14자이고, 지름 3자 2치이고, 그 바닥에 큰 돌을 깔았다. 틈이 난 곳에 작은 돌을 던져 넣으면 한참 지난 뒤에야 그 소리가 멈춘다고 한다."

이 정보의 정확성은 만족스러운 것이었다. 특히 그 정보를 요꼬이에게 제공한 그 일본인의 여행 목적이 고대 유물을 조사하기 위한 것이 아니라 하더라도 고고학자가 아니면 이처럼 완전한 묘사는 할 수 없을 정도이다. 지금까지 무시되어 왔던 이 지역(동아시아)에 탐험가들의 주의를 끌 만한 것이다. 현재 상태에서 우리에게 한국의 지하 무덤에 대한 정확한 개념을 갖기는 어렵지만, 그 비문은 내가 빨리 짚어 보려 했던 흥미로운 많은 정보를 제공해 주었다. 이 글과 같은 논문의 한계는 세부적으로 들어갈 수 없다는 점과 내가 제시하고자 하는 판별증거를 제공할 수 없다는 점이다. 아시아의 이 지역 역사가 일으켰던 아주 복잡한 지리적 민족적 문제들, 그 많은 여러 종족들이 어디서 서로 충돌하고 연결되어 있는가 하는 문제는 가까운 미래에 다시 살펴볼 것을 약속한다. 지금으로서는 여러분이 나를 믿어 주기 바랄 뿐이다.

tjo, le roi Tchou mou, 始祖鄒牟王, est connu par le Sam kouk să keui, qui l'appelle Si tjo le saint roi Tong myeng, 始祖東明聖王, et qui donne son postnom sous diverses formes : Tjyou mong, 朱蒙, Tchou mou, 鄒牟, Syang mou, 象牟; les ouvrages chinois le nomment Tjyou mong et Tchou mou[1]; chez les Japonais on trouve les noms de Tchou mou, Tjyoung mou, 仲牟, même To mou 都牟. Ce ne sont là que des transcriptions différentes d'un même nom. La légende de ce roi est rapportée de la même façon, avec de légères variantes par le Sam kouk să keui, par les auteurs chinois et par notre inscription. A n'en prendre que les traits les plus généraux, elle rappelle une migration accomplie par les fondateurs du Ko kou rye et qui les amena du Pou ye septentrional à Hol pon. Les premières histoires dynastiques chinoises et d'autres anciens ouvrages, Heou han chou, 後漢書, Oei chou, 魏書 Liang chou, 梁書, Oei lio, 魏略, etc., permettent d'établir que le Pou ye, 夫餘, était situé sur la rive droite de la rivière Soungari (Em ri, 奄利, Em tchyei, 淹滯, Em hpyou, 掩淲, Si em, 施掩), s'étendant peut-être jusqu'à l'Amour (Yak syou, 弱水, Heuk syou, 黑水), au nord et jusqu'à la rivière Hourka ou à l'Ousouri (太魯水, Htai ro syou) à l'est; l'autre rive de l'Ousouri était habitée par les Eup rou, 挹婁; au sud, le Pou ye confinait au Tjyang păik san, 長白

[1] J'emploie partout les prononciations coréennes, puisqu'il s'agit surtout de localités et de personnages coréens.

Ⅲ. 비문에 관한 고찰

1. 고구려 시조 추모와 부여

비석이 언급하는 내용 가운데 가장 으뜸가는 인물인 시조[14] 추모[15]왕(始祖鄒牟王)은 『삼국사기』 때문에 알려져 있다. 추모왕은 시조 동명성왕(始祖東明聖王)이라 부르기도 하고, '주몽(朱蒙), 추모(鄒牟), 상모(象牟)' 같은 여러 형태로 불리기도 한다. 중국 책에는 주몽과 추모[16]라고 기록하고, 일본 책에는 추모, 중모(仲牟), 심지어는 도모(都牟)라는 이름도 있다. 이는 같은 이름을 여러 가지로 베껴 쓴 것에 불과하다. 이 왕에 관한 전설은 『삼국사기』나 중국의 사서들, 그리고 지금 보고 있는 비문에 약간의 차이는 있지만 (모두) 같은 방식으로 언급되어 있다.

가장 일반적인 특징만 따져 보면 고구려의 창시자들이 북부여에서 홀본(Hol pon, 옮긴이 주 : 忽本)으로 옮겨가는 것을 들 수 있다. 중국의 초기 왕조사들과 다른 고대 사서인 『후한서(後漢書)』, 『위서(魏書)』, 『양서(梁書)』, 『위략(魏略)』 같은 사서들은 부여(夫餘)가 숭가리[17] 강〔엄리(奄利), 엄체(淹滯), 엄표(掩淲), 시엄(施掩)〕 오른쪽 언덕에서 북쪽으로는 아마 아무르 강〔약수(弱水), 흑수(黑水)〕까지, 동쪽으로는 후르까 강이나 우수리 강〔태로수(太魯水)〕까지 펼쳐져 있었다고 기록하고 있다. 우수리 강 다른 쪽 언덕에는 읍루(挹婁)가 살고 있었다. 부여 남쪽으로는 장백산(長白山)과 고구려

---

14) 〔옮긴이 주〕 : 시조(始祖)를 번역하지 않고 고유명사처럼 '시조(Si tjo)'라고 읽었다.

15) 〔옮긴이 주〕 : 꾸랑는 추모(鄒牟)를 '추무'라고 읽었다. 이 단어는 앞으로도 많이 나오는데 원음대로 '추모'라고 옮긴다.

16) 한국의 지명과 인물에 관한 것이기 때문에 모두 한국 발음을 사용하였다.

17) 〔옮긴이 주〕 : 만주어로 송화강(松花江)을 일컫는 말이다.

山, et au Ko kou rye, 高句麗; à l'ouest il avait pour voisins les Syen pi, 鮮卑. Dans le Pou ye septentrional, peut-être faut-il voir seulement le Pou ye, situé au nord du Ko kou rye; peut-être faut-il, avec M. Tubowi qui s'appuie sur le Oei chou, dire que cette région était la contrée originaire des gens du Pou ye, située entre l'Amour, la mer d'Okhotsk et les monts Stanovoï et appelée plus tard Tou mak rou, 豆莫婁: ainsi s'expliquerait la double mention dans l'inscription du Pou ye septentrional, d'où le roi était originaire, et du Pou ye, d'où il sortit en franchissant la Soungari. Quoi qu'il en soit, les émigrants, continuant leur marche vers le sud arrivèrent naturellement dans la haute vallée de l'Ap rok kang[1], 鴨綠江 (沸流, Poul ryou) où ils s'établirent à Hol pon, 忽本: cette localité, qui n'est autre que le Tjol pon, 卒本 du Sam kouk să keui, est probablement très voisine du Heul seung kol 紇升骨 du Oei chou; un peu plus tard la capitale fut transférée à Kouk năi syeng, 國內城, appelé aussi Oui na am syeng 尉那巖城, et Poul i syeng, 不而城, et plus tard encore à Hoan to syeng, 丸都城; ces deux villes ne paraissent pas avoir été fort éloignées de Tjol pon, l'emplacement de la stèle marque donc approximativement la région qui fut le berceau du Ko kou rye; c'est de là qu'il sortit pour entrer dans des luttes fréquentes avec les États du nord de la Chine et pour soumettre la plus grande partie de la Corée. Lorsqu'il

[1] Ya lou kiang.

(高句麗)가 이웃해 있었고, 서쪽으로는 선비(鮮卑)가 있었다. 북부여는 '고구려 북쪽에 위치한 부여'라고 보아야 할 것이다. 『위서』를 지지하는 쯔보이의 견해처럼 이 지역은 아무르 강, 오호츠크 해와 스타노보이 산맥, 나중에 두막루(豆莫婁)라 불리는 산맥들 사이에 있는 부여 사람들의 본고장이었다고 할 수 있다. 비석 속에서 왕이 왔던 원래의 북부여와 그가 숭가리 강을 건너 떠나왔던 부여가 겹치는 것은 그렇게 설명될 수 있을 것이다.

2. 고구려의 건국과 수도

어쨌든 이주자들은 남쪽으로 계속 나아가 압록강[18]〔鴨綠江(비류(沸[19])流)〕에 있는 높은 계곡에 이르러 그곳 홀본(忽本)에 자리를 잡았다. 『삼국사기』의 졸본(卒本)과 같은 이 지역은 아마 『위서』에 나온 흘승골(紇升骨) 바로 이웃일 것이다. 얼마 뒤 수도가 위나암성(尉那巖城)과 불이성(不而城)이라 불리다가 나중에 환도성(丸都城)이라고 불렸던 국내성(國內城)으로 옮겨간다. 이 두 도시는 졸본에서 아주 멀리 떨어져 있는 것 같지는 않다. 그렇게 보면 (현재 호태왕) 비가 서 있는 곳이 대략 고구려의 요람 지역을 표시하고 있다고 본다.

고구려는 중국 북쪽의 나라들과 잦은 전쟁을 위해, 그리고 한국의 대부분을 복속시키기 위해 그곳(요람 지역)을 나오게 된다. 고구려는 (영토를) 남쪽으로 크게 확장

18) Ya lou kiang 얄루키양. 〔옮긴이 주〕: 압록강의 중국식 발음이다. 유럽 사람들에게 익숙한 중국식 이름을 주로 단 것이다.

19) 〔옮긴이 주〕: 꾸랑은 '비(沸)' 자를 '불(poul)' 자로 잘못 읽었다.

commença à prendre une grande extension vers le sud, la capitale passa à Hpyeng yang, 平壤, sur l'ancien territoire de la commanderie chinoise d'Ak rang, 樂浪, ou dans des villes très rapprochées; c'est en 247 que le roi bâtit la ville de Hpyeng yang afin d'y résider, mais ce n'est qu'en 427 que la capitale y fut définitivement fixée; il est fort possible que, dans la période intermédiaire, le siège du gouvernement ait oscillé d'une ville à l'autre, étant transporté dans la capitale du sud (平穰 de la stèle) lorsque les circonstances l'exigeaient. Un fait de ce genre est mentionné par l'inscription à la date de 399; il s'agissait alors, comme nous le verrons, de préparer une expédition dans le sud de la péninsule. Il me semble difficile que, dans ce texte, ce nom indique Nam hpyeng yang, 南平壤, qui était capitale du Păik tjyei à la même époque (372-475), qui n'appartenait pas au Ko kou rye et que l'inscription désigne par l'expression *Kouk syeng*, 國城.

Je ne pense pas qu'il y ait difficulté à identifier les deux rois You ryou, 儒留, et Tai tjyou ryou, 大朱留, de l'inscription, le premier avec Ryou ri myeng oang, 瑠璃明王, Ryou ri, 類利, You ryou, 孺留 du Sam kouk să keui, l'autre avec Tai mou sin oang, 大武神王, aussi appelé Tai hăi tjyou ryou, 大解朱留, ou Tai hăi song ryou, 大解宋留. Nous pouvons passer sur cette période légendaire aussi rapidement que fait l'inscription et arriver au roi en l'honneur duquel la stèle a été élevée.

Son nom est répété trois fois dans l'inscription :

하기 시작하면서 수도를 이전에 중국 고대 복속지역 낙랑(樂浪)[20]이었던 평양(平壤)으로 옮겼다. 또는 247년 왕이 거주하기 위해 아주 가까운 도시에 평양시를 건설했을 가능성도 있다.[21] 그렇지만 수도가 결정적으로 고정된 것은 427년이었다. 그 사이에는 상황에 따라 정부의 위치를 남쪽 수도〔비석에서 말하는 평양(平壤)〕로 옮기는 등, 여기저기로 옮겨 다녔던 것 같다. 이런 사실은 비문 399년 기사에 언급하고 있다[22]. 우리가 앞으로 볼 한반도 남쪽에 대한 원정에서 내가 어렵게 생각하는 것은, 이 텍스트에서 같은 시기(372~475) 백제의 수도이면서 고구려에 속하지 않았고, 비문에서 국성(國城)[23]이라 표현했던 남평양(南平壤)에 관한 것이다.

3. 유리왕에서 광개토태왕까지

유류(儒留)와 대주류(大朱留), 두 왕을 연결시키는 것은 어려운 일이 아니다. 비문에서 첫 번째(유류)는 『삼국사기』에 유리명왕(瑠璃明王), 유리(類利), 유류(孺留)와 연결되고, 다음 (대주류는) 대무신왕(大武神王), 대해주류(大解朱留), 대해송류(大解宋留)와 연결된다. 전설적인 시기에 비문을 만들었던 왕을 기리기 위해 비석이 세워졌다.

---

20) 〔옮긴이 주〕: 꾸랑은 낙랑을 악랑으로 읽었다.

21) 〔옮긴이 주〕: 이 문장은 동천왕 21년(247) "왕은 환도성이 난을 겪어서 다시 도읍으로 삼을 수 없다고 하여, 평양성을 쌓고 백성과 종묘와 사직을 옮겼다"는 『삼국사기』의 기록을 말하는 것이다. 현재 이 문제는 아직도 논란이 계속되고 있다. 당시 평양이 지금의 평양이라는 설과 전란 이후 천도할 수 있는 여력이 없었고 얼마 안 되어 다시 국내성이 수도가 된 점 등을 들어 국내성 가까운 곳에 임시로 거처를 만들었던 것이라는 두 설이 있다.

22) 〔옮긴이 주〕: 399년 기사는 "(영락) 9(399)년 기해에, 백제가 맹세를 어기고 왜(倭)와 통하였다. 왕이 순시하러 평양에 갔을 때 신라가 사절을 왕에게 고하기를 "△인들이 국경에 가득 차 성과 못을 파괴하고 있으니 이 노객(老客)을 백성으로 여기시는 왕께 구원을 요청합니다"고 하였다. 태왕은 은혜를 베풀고 그들의 충성을 칭찬하며 사절들이 돌아가 △△를 알리도록 하였다"는 기록을 말한다.

23) 〔옮긴이 주〕: 비문에서 '국성(國城)'이란 부분은 「(영락) 6년(396) 병신에, 왕께서 친히 군을 거느리고 잔국을 토벌하시었는데 … 구모성 · 고모야라성 · 막△성 · △△성 등을 쳐서 빼앗으셨다. 그리고 이어서 … 〔제2면〕 리성 · 미추성 … · 구천성 · △△△△ 등을 치셨다. △ 그 나라 성(國城) …"이라는 문장에 딱 한 번 나온다.

une fois sous la forme *Kouk kang hto* . . . 國岡土 . . . , deux fois sous la forme *Kouk kang syang* . . . 國岡上 . . . Je crois la première leçon inexacte et je rétablis dans le texte le caractère *syang* au lieu de *hto*; en effet le Sam kouk să keui donne à chacun des rois Ko kouk ouen, 故國原, Yang ouen, 陽原, Hpyeng ouen, 平原, un second nom, savoir Kouk kang syang, 國岡上, Yang kang syang, 陽岡上, Hpyeng kang syang, 平岡上; *kang syang* semble donc une expression particulière au Ko kou rye et correspondant à *ouen* et il est plus naturel, dans le cas présent, de lire *Kouk kang syang* que *Kouk kang hto*. D'après la coutume du Ko kou rye, les rois morts sont désignés par le nom de leur tombeau : ainsi les rois que je viens de citer, sont enterrés à Ko kouk ouen, Yang ouen, Hpyeng ouen; le roi mentionné par notre stèle serait donc le roi Kouk ouen, et le lieu de sa sépulture serait aussi appelé Kouk ouen; mais on ne trouve dans le Sam kouk să keui qu'un roi de ce nom, Ko kouk ouen qui a régné de 331 à 371, tandis que l'inscription parle plus loin de 21 ans de règne. D'autre part un descendant de Ko kouk ouen, portant le nom de Koang kăi hto, a régné d'après l'histoire, de 392 à 413; or les quatre caractères Koang kăi hto kyeng, 廣開土境, se trouvent dans le nom du roi qui nous occupe. Cette double coïncidence permet d'identifier le personnage : par exception, ce roi ne porte pas le nom de son tombeau, sans doute pour éviter la confusion avec son ancêtre Ko kouk ouen; la pra-

2.

그의 이름은 그 비문에서 세 번 되풀이되었다.

한 번은 국강토(國岡土)로, 두 번째는 국강상(國岡上)으로 나온다. 나는 첫 번째가 정확하지 않다고 생각해서 텍스트에 '토(土)' 대신에 '상(上)'이란 글자를 다시 넣는다. 사실 『삼국사기』는 고국원(故國原), 양원(陽原), 평원(平原)에게 각각 두 번째 이름인 국강상(國岡上), 양강상(陽岡上), 평강상(平岡上)을 붙여 주고 있다. 강상은 고구려의 특별한 표현으로 원(옮긴이 주 : 原)에 해당하는 표현인 것 같다. 따라서 지금 봐서는 국강토보다는 국강상이라고 읽는 것이 더 자연스럽다. 고구려의 관습에 따르면 죽은 왕들은 그들의 무덤 이름에 따라 불리게 된다. 조금 전 인용했던 왕들은 고국원, 양원, 평원에 묻혀 있다는 것이다. 따라서 비석에서 언급하는 왕은 국원왕이 되고 그 묘지가 있는 장소 또한 국원이라 불리는 곳이다.

(국원왕은) 『삼국사기』에 331년에서 371년까지 통치했던 고국원이라는 이름의 왕 하나밖에 없다. 그러나 비문에 21년 동안 통치했다고 기록되어 있어 거리가 멀다. 한편 광개토라는 이름을 가진 고국원의 후대 왕이 다음 역사를 이어 392년에서 413년까지 통치했는데, 우리가 관심을 갖는 '광개토경(廣開土境)'이라는 네 글자가 왕의 이름 속에 있다. 이 두 가지 우연의 일치는 그 인물의 신원을 밝혀 준다. 이 왕은 선대 왕인 고국원과 혼동을 피하기 위해 특별히 그 무덤과 다른 이름을 지니고 있는 것이다. 그리고 실용적인 이유 때문에 광개토경을 '광개토'로 줄였을 것이다.

tique aura abrégé Koang kăi hto kyeng en Koang kăi hto. Les caractères *hpyeng an*, 平 安, insérés dans le nom du roi la première fois qu'il est cité, ne sont pas répétés ensuite soit parce qu'ils étaient un postnom (le Liang chou 梁書 et le Tsin chou 晉書 le nomment *An*, 安), soit pour toute autre cause; ils avaient peu d'importance, même pour les contemporains du prince. Quant aux caractères *ho htai*, 好 太, ce sont deux épithètes appliquées fréquemment aux rois de Ko kou rye, soit ensemble, soit séparément; c'est ainsi que l'on trouve Myeng tchi ho oang, 明 治 好 王, Yang kang syang ho oang, 陽 岡 上 好 王, Hpyeng kang syang ho oang, 平 岡 上 好 王, Yeng rak htai oang, 永 樂 太 王, Htai tjo tai oang, 太 祖 大 王, Tchă tai oang, 次 大 王, Sin tai oang, 新 大 王, et, dans le Sei si roku, Kouk ho htai oang, 國 好 太 王, et Ho htăi oang, 好 台 王.

Les dates du règne de Koang kăi hto correspondent, à un an près, à celles de Koang kăi hto kyeng : d'après l'inscription, en effet, ce roi est monté sur le trône en l'année sin myo ou 391, et il a été enterré en l'année kap in ou 414 : or, pour être enterré en 414, il peut fort bien être mort en 413. Enfin il représente le 17ᵉ âge, 世, depuis Tai tjyou ryou : *âge* ne peut ici signifier *génération*, puisque de Tai tjyou ryou à Koang kăi hto kyeng, on trouve dix générations; il s'agit ici de règnes. Si l'on suit exactement le Sam kouk să keui, on n'en trouve que seize; mais on peut remarquer que le

왕 이름이 처음 인용되었을 때 그 안에 들어 있던 평안(平安)〔『양서(梁書)』와 『진서(晉書)』는 안(安)이라고 썼다〕이란 글자는 그것이 끝 이름이라는 이유나 혹은 다른 이유 때문에 다음에는 반복해서 쓰지 않는다. 이는 왕과 같은 시대 사람들에게도 별로 중요하지 않았을 것이다. 호태(好太)라는 두 글자는 고구려 왕에게 자주 붙여지던 수식어인데, 함께 쓰이거나 따로 쓰이기도 했다. 명치호왕(明治好王), 양강상호왕(陽岡上好王), 평강상호왕(平岡上好王), 영락태왕(永樂太王), 태조대왕(太祖大王), 차대왕(次大王), 신대왕(新大王), 국호태왕(國好太王), 호태왕(好台王) 등에서 찾아볼 수 있다.

광개토의 통치 기간은 1년을 빼면 광개토경의 통치기간과 같다. 비문에 따르면 이 왕은 신묘년 또는 391년에 왕위에 올라 갑인년 414년에 땅에 묻힌다. 414년에 땅에 묻히기 위해서는 413년에 죽었던 것이 틀림없다. 결국 그는 대주류부터 17세(世)가 된다. 여기에서 '세'는 '대(옮긴이 주 : 代)'를 나타낼 수 없다. 왜냐하면 대주류에서 광개토경까지 10대로 볼 수 있기 때문에 여기에서는 통치한 대수를 이야기하고 있다. 『삼국사기』를 정확히 따르자면 16대만 있기 때문이다.

Heou han chou, 後漢書, fait de Syou syeng, 遂成 (Tchă tai oang, 次大王) le fils de Koung, 宮 (Htai tjo tai oang, 太祖大王) tandis que l'historien coréen fait régner successivement trois frères : Koung, Syou syeng et Păik ko, 伯固 (Sin tai oang, 新大王) qui auraient occupé le trône de 53 à 179, pendant 126 ans. Il me semble qu'on peut admettre à titre d'hypothèse que Koung aurait eu pour successeurs ses trois fils; du premier le nom et le passage sur le trône auraient été oubliés; les deux autres seraient Syou syeng et Păik ko. Si cette supposition était exacte, on conserverait le fait des trois frères régnant l'un après l'autre, tel que le mentionnent les Coréens; l'on serait d'accord avec l'auteur chinois qui fait de Syou syeng le fils de Koung et avec l'inscription qui compte dix-sept règnes au lieu des seize de l'histoire; enfin l'on supprimerait l'anomalie de trois règnes, une seule génération, remplissant l'espace de 126 ans. Un pareil oubli n'aurait rien d'invraisemblable pour cette époque reculée où, comme nous le verrons, le Ko kou rye n'usait pas encore de l'écriture.

Le roi Koang kăi hto kyeng a été surtout un prince guerrier; il a conduit ses armées dans plusieurs contrées, qui nous sont connues d'ailleurs, et dans d'autres qui nous sont plus étrangères. Parmi les premières, je citerai le Sin ra, 新羅, dont la capitale, Sin ra syeng, 新羅城, de l'inscription, était ou Keum syeng, 金城, ou l'une des villes très voisines de Man ouel syeng, 滿月城, ou de Sin ouel

그렇지만 『후한서(後漢書)』가 수성〔遂成, 차대왕(次大王)〕을 궁〔宮, 태조대왕(太祖大王)〕의 아들로 기록한 것은 주목할 만하다. 반면 한국의 역사가들은 3형제〈궁, 수성, 백고〔伯固, 신대왕新大王)〕〉가 53년에서 179년까지 126년 동안 연속해서 왕좌를 차지해 통치했다고 한다. 궁의 세 아들이 후대 왕이었다는 가설을 인정할 수 있을 것 같다. 그 이름과 왕권 이양이 처음부터 빠졌을 수도 있는데, 다른 두 왕은 수성과 백고였을 것이다. 이 가설이 옳다면 한국인들이 말하는 것처럼 세 형제들이 뒤이어 통치했다는 사실을 고수할 수 있을 것이다. 수성이 궁의 아들이라는 중국 저자의 말과도 일치할 것이고, 역사에서 16이라는 숫자 대신에 17대 통치로 셈하는 비문과도 일치할 것이다. 결국 126년을 한 세대로 채움으로써 3대 통치의 불합리성을 제거할 수 있을 것이다. 앞으로 보겠지만 고구려가 아직 문자를 사용하지 않았던 오래 전 시기에는 이와 비슷한 망각이 없지 않았을 것이다.

4. 정복기사

광개토경은 특히 전쟁 군주였다. 그는 자신의 군대를 이미 알려진 곳뿐만 아니라 알려지지 않은 곳까지 여러 지방으로 이끌고 갔다. 이미 알려진 곳으로는 신라(新羅)를 들 수 있다. 신라의 수도로 비문에 나타난 신라성(新羅城)은 경주(慶州) 부근에 있는 금성(金城), 만월성(滿月城), 신월성(新月城)의 바로 옆 도시 가운데 하나이다.

syeng, 新月城, (environs de Kyeng tjyou, 慶州); le Kara, 加羅, région du sud-ouest du Kyeng syang to, 慶尙道, avec quelques-unes de ses divisions, An ra, 安羅, appelé aussi Ara kara, 阿羅加羅 (Ham an, 咸安) et Im na, 任那, correspondant au Grand Kara, 大加羅 (Ko ryeng, 高靈) et dont le nom prononcé *Mimana* par les Japonais n'avait pas encore paru sous cette forme dans les documents coréens; le Păik tjyei, 百濟, appelé sur la stèle Păik tjan, 百殘, et dont la capitale était alors Nam hpyeng yang, 南平壤; c'est probablement aujourd'hui la citadelle du Peuk han, 北漢, au nord de Seoul. Dans diverses expéditions vers le sud (396, 400, 404), les Japonais, qui s'étaient avancés jusque dans le territoire de Tăi pang, 帶方 (ancienne commanderie chinoise entre la rivière Hpai, 浿水, aujourd'hui Tai tong kang, 大同江, et la rivière Ryel, 列水, aujourd'hui Han kang, 漢江) furent repoussés plusieurs fois; le Sin ra fut secouru, le Păik tjyei abattu; l'un et l'autre devinrent vassaux du Ko kou rye.

D'autres expéditions sont moins claires, ainsi celle de 395, où le roi soumit les tribus montagnardes de la vallée de la rivière Yem, 鹽水 (peut-être Yem nan syou, 鹽難水, Teung kai kang, 佟佳江), et d'où il revint en chassant à travers la région de Hpyeng to, 平道 (sud du Liao tong?); pour celle de 398, on n'identifie aucun nom; celle de 407, autant qu'on peut le voir avec les lacunes du texte, a été dirigée contre le Păik tjyei et les Ja-

경상도(慶尙道) 남서지역인 가라(加羅)와 아래 지역들로는 아라가라〔阿羅加羅, 함안(咸安)〕라고도 불린 안라(安羅), 일본인들은 미마나라고 발음하는데 한국 자료에는 아직 나타나지 않은 대가라〔大加羅, 고령(高靈)〕에 해당하는 임나(任那), 비석에서는 백잔(百殘)이라 불리고 당시 수도가 남평양〔南平壤, 오늘날 아마도 서울의 북쪽 북한〔(北漢)산성〕인 백제(百濟) 등이 있다. 남쪽으로 간 여러 원정(396년, 400년, 404년)에서 대방〔帶方, 오늘날의 대동강(大同江)인 패수(浿水)와 오늘날의 한강(漢江)인 열수(列水) 사이에 있는 중국의 고대 복속지역〕까지 와 있었던 일본인들을 여러 번 격퇴시켰다. 신라는 도움을 받았으며 백제는 무너졌다. 따라서 두 나라는 고구려의 속국이 되었다.

다른 원정들은 그렇게 분명하지는 않다. 395년의 원정처럼, 왕은 염수〔鹽水, 아마도 염난수(鹽難水), 동가강(佟佳江)〕계곡의 산악부족들을 굴복시켰다. 그리고 그때부터 평도(平道, 요동 남쪽?) 지역을 가로질러 추격하고 돌아왔지만. 어떤 이름도 확인할 수 없다. 407년의 원정은 텍스트에서 없어진 부분을 감안해 보면 백제와 일본인에 대해 이루어진 것이었다.

ponais. En 410, le roi soumit un royaume vassal, le Pou ye oriental qui s'était révolté; ce pays est sans doute celui dont le roi vint en 494 faire soumission définitive au Ko kou rye, mais il diffère du vieux royaume de Pou ye qui avait été détruit par Mo yong Oi, 慕容廆[1], dans les années Thai khang, 太康 (280-289) : faut-il, avec M. Tubowi, y voir une résurrection de ce royaume au milieu des Ok tjya, 沃沮 (occupant à peu près le Ham kyeng to, 咸鏡道), chez qui la famille royale s'était réfugiée après le désastre? Cette idée n'est pas sans quelque vraisemblance, mais M. Tubowi la relie à des théories relatives à l'histoire du Păik tjyei, si nouvelles et si contraires au texte du Sam kouk să keui, qu'on ne peut les accepter sans un examen approfondi.

Je ne saurais chercher à fixer la situation des nombreuses villes nommées par l'inscription : ce travail m'entraînerait beaucoup trop loin. Je veux seulement faire remarquer encore avec quelle netteté les deux races des Han, 韓, et des Yei, 穢, sont distinguées par ce texte : les premiers sont les peuples des Sam han, 三韓, les anciens Sin, 辰, qui occupaient la plus grande portion de la péninsule et ont été en partie soumis, en partie refoulés vers le sud; les autres vivaient sur la côte de l'est (Kang ouen to, 江原道, et Ham kyeng to, 咸鏡道) et dans les montagnes septentrionales; ils étaient peut-être venus du nord avant ou après les hommes

[1] Les Mo yong, chinois *Mou yong*, étaient des Syen pi; à partir de 293, ils furent fréquemment en guerre avec le Ko kou rye.

410년, 왕은 반항해 오던 한 왕국, 동부여를 속국으로 만들었다. 이 나라는 아마 왕이 494년 고구려에 결정적으로 복속시킨 나라일 것이다. 하지만 태강(太康, 280-289) 시절 모용외(慕容廆)[24]가 무너뜨린 부여의 고대 왕국과는 다르다. 쯔보이 씨 주장처럼, 왕가가 재난을 당한 뒤 옥저〔沃沮, 함경도(咸鏡道)를 거의 차지한〕로 도망쳤던 (부여)왕국의 부활로 보아야할 것인가? 이런 쯔보이 씨의 주장은 약간의 가능성이 없진 않지만, 『삼국사기』 내용에 반대되는 새로운 백제사 이론에 가져다 붙인 것이다. 이 주장은 더 깊은 조사가 없이는 받아들일 수 없다.[25]

나는 비문에 나온 수많은 성들의 위치가 어디인지 확정할 수가 없다. 그 일은 나의 능력 밖의 일이다. 다만 이 텍스트에서 한(韓)과 예(穢)라는 두 종족들이 얼마나 정확하게 구별되어 있는지 주목하려는 것뿐이다. 한은 삼한(三韓), 반도 대부분을 차지했다가 일부는 복속되고 일부는 남쪽으로 물러난 옛 진(辰)나라의 백성들이다. 예는 동부 해안〔강원도(江原道)와 함경도(咸鏡道)〕 북부 산악지역에 살았다. 그들은 북쪽에서 왔는데 부여 사람에 속한 것이 확실하다.

24) 모용(중국어로 무용)은 선비족들이었다. 293년부터 그들은 고구려와 빈번히 전쟁을 하였다.

25) 〔옮긴이 주〕: 坪井九馬三, 「朝鮮三國建國調查」, 『史學雜誌』(36), 1893, 40쪽. "대강(大康) 7년(286) 고구려(쯔보이는 勾驪라고 했다) 서천왕 약로(藥盧)가 대방을 취하니, 모용외가 쳐들어와 흩어졌던 남부여 종족이 다시 모여 회복하려고 하였으나 이루어지지 않았다. 남부여는 남 · 마한으로 도망하여 백제국을 일으켰다."

du Pou ye auxquels ils étaient sans doute apparentés. La longue liste des gardes de tombeaux, dans la partie qui concerne les nouveaux gardes, ne donne les noms que de six localités des Han, une seule porte la mention Han et Yei; les autres, au nombre de vingt-huit, n'ont pas d'indication spéciale et il est permis, d'après le contexte, de croire qu'il s'agit là de Yei. Or les conquêtes du roi Koang kăi hto kyeng ont été faites surtout aux dépens du Păik tjyei : un rapprochement s'impose donc à l'esprit et il semble que les gens du Păik tjyei, auxquels l'histoire attribue pour berceau le Pou ye, étaient regardés comme de la race des Yei, ce qui confirme l'hypothèse énoncée quelques lignes plus haut, de la parenté des Yei et des gens du Pou ye.

Non moins intéressante pour nous que les expéditions du roi Koang kăi hto kyeng est la mention du fait suivant : le roi érigea des stèles avec des inscriptions sur les tombeaux de ses prédécesseurs; jusque-là les tombeaux n'avaient porté aucune inscription. Si l'on songe combien est répandue la coutume de mettre des inscriptions sur les tombes et de quel respect les morts sont entourés dans tout l'Extrême-Orient, on conclura avec moi que jusqu'à cette époque, l'écriture avait été sinon inconnue, du moins presque inusitée au Ko kou rye. Le fait rapporté par la présente inscription vient à l'appui de l'opinion que j'ai déjà eu l'occasion de soutenir; à mon avis, c'est dans le dernier quart du IVe siècle que l'écriture, et pour préciser, l'écriture chinoise,

새로운 무덤지기에 관한 부분에서 긴 무덤지기 목록을 보면, 여섯 지역에서는 한의 이름만 기록하고, 단 한 지역만 한과 예를 함께 기록한다. 28개나 되는 다른 지역에는 특별히 지적하고 있지 않지만 문맥으로 봐서 예에 관한 것이라는 것을 알 수 있다. 광개토경왕의 정복은 특히 백제를 희생시키며 이루어졌다. 여기서 하나의 직감적 접근이 가능해진다. 역사에서 부여를 요람으로 내세우는 백제 사람들이 바로 예의 종족으로 간주되었던 것으로 보인다는 점이다. 바로 이것이 위의 몇 줄, 즉 예와 부여의 연관성에 관한 가설을 확증해 주는 것이다.

5. 고구려의 문자 사용

광개토경의 원정에서 우리가 그냥 지나칠 수 없는 것이 바로 다음과 같은 언급이다. 왕은 선조와 선왕의 무덤에 모두 비문과 함께 비석을 세웠다는 점이다. 지금까지 무덤에는 어떤 비문도 없었다. 무덤 위에 비문을 놓는 전통이 얼마나 많이 퍼져 있었으며, 극동지역에서 죽은 자들을 얼마나 존경하고 있었는지 생각한다면, 이 시기까지 고구려에서는 문자가 알려지지 않았거나 적어도 쓰이지 않고 있었다고 결론지을 수 있다. 비문에 쓰인 사실은 내가 지지했던 의견을 뒷받침해 주고 있다. 내 생각으로는 문자가, 정확히 말하면 중국 문자가 서부 한국에서 현재처럼 사용되었던 것은 4세기 말(375~400)이다.

est devenue dans la Corée de l'ouest d'un usage habituel. Je n'admets pas en effet que les Coréens aient eu avant l'écriture chinoise une écriture quelconque, puisqu'aucun auteur ne fait allusion à un pareil fait. Et quant aux raisons qui m'ont amené à fixer cette époque, je les rappellerai brièvement ici : c'est en 372 que le bouddhisme fut introduit au Ko kou rye, en 384 il pénétra au Păik tjyei; en 372 le roi de Ko kou rye établit une école nommée Htai hak, 太學, pour y instruire les jeunes gens; entre 346 et 375, on commença au Păik tjyei à se servir de l'écriture pour noter les faits qui se produisaient; en 375, pour la première fois le titre de docteur, pak să, 博士, apparaît dans les annales du Păik tjyei; en 384, un collège des lettrés, Htai hak, fut fondé dans ce royaume; ce n'est qu'en l'an 600 que Ri Moun tjin, 李文眞, fut chargé officiellement d'écrire l'histoire du Ko kou rye; la plus ancienne histoire du Păik tjyei est celle qui fut écrite en 384, sous le nom de Sye keui, 書記, par Ko Heung, 高興, un lettré qui était probablement d'origine chinoise; il est difficile de fixer l'époque où ont été composées les histoires du Păik tjyei citées par le Nihon gi (Păik tjyei keui, 百濟記, Păik tjyei sin tchan, 百濟新撰, Păik tjyei pon keui, 百濟本記) puisque nous n'en avons que de rares fragments; elles sont certainement antérieures à 720, mais elles ne sauraient dater de plus haut que le ve siècle. Au moins jusqu'au commencement du ve siècle pour le Ko kou rye et jusqu'au commencement du vi[e]

한국인들이 중국 문자를 사용하기 이전 다른 문자를 사용했다는 것을 인정하지 않는다. 왜냐하면 어떤 저자도 비슷한 사실을 언급하지 않았기 때문이다.

여기서 이 시기를 주장하는 근거를 간단하게 설명하겠다. 불교가 고구려에 372년, 백제에는 384년에 들어왔다. 372년 고구려 왕은 젊은이들을 교육시키기 위해 태학(太學)이라 불리는 학교를 세웠다. 백제에서는 346년과 375년 사이에 일어난 사실들을 기록하기 위해 문자를 사용하기 시작했다. 375년에 처음으로 박사(博士)라는 칭호가 「백제본기」에 나타났다[26]. 384년 이 왕국에 태학이란 학교가 설립되었다. 이문진(李文眞)이 공식적으로 고구려 역사를 쓰는 일을 맡은 것은 600년이 되어서다. 백제에 대한 가장 오래된 역사는 아마 중국 출신 학자인 고흥(高興)이 『서기(書記)』라는 이름으로 384년에 쓴 것일 것이다. 아주 드문 단편들만 있기 때문에 『일본기』〔「백제기(百濟記)」, 「백제신찬(百濟新撰)」, 「백제본기(百濟本紀)」〕에 인용된 백제 역사의 구성 시기를 확인하는 것은 어렵다. 물론 720년 이전의 것이지만 5세기 이전으로 시기를 올려잡을 수는 없을 것이다.

---

26) 〔옮긴이 주〕: 『삼국사기』「백제본기」, 근초고왕 30년.

pour le Păik tjyei, les postnoms des rois ont l'aspect de simples transcriptions dépourvues de sens; je ne parle pas des noms dynastiques, puisque ce sont des titres décernés ou modifiés par décret, souvent bien longtemps après la mort de ceux auxquels ils s'appliquent. Jusqu'à la fin des royaumes de Ko kou rye et de Păik tjyei (668 et 660), les noms d'hommes sont presque tous transcrits en chinois d'une langue étrangère. Cet ensemble de faits établit que l'écriture a été répandue par les bonzes à partir de l'an 372, mais que la langue chinoise n'a jamais pénétré profondément dans la population de ces deux États, au temps de leur indépendance. Il est possible, surtout en ce qui concerne le Ko kou rye, que quelques personnes aient eu auparavant connaissance des caractères chinois, et il en eût difficilement été autrement en raison des relations qui existaient forcément entre les émigrés du Pou ye et les Chinois établis dans les commanderies d'Ak rang, de Tăi pang, du Liao tong, 遼東, etc.; c'est à ces lettrés peu nombreux que l'on doit probablement la composition des vieux mémoires du Ko kou rye ou Ryou keui, 留記; il n'est nullement prouvé d'ailleurs qu'ils remontent, comme le veut le Sam kouk să keui, à l'origine du royaume[1].

L'inscription qui fait l'objet de ce mémoire est donc de fort peu postérieure aux plus anciennes inscriptions du Ko kou rye, c'est-à-dire aux stèles éri-

[1] Tous les faits cités dans ce paragraphe sont tirés du Sam kouk să keui et du Nihon gi.

고구려에 대해서는 적어도 5세기 초까지, 백제에 대해서는 6세기 초까지 왕들의 끝 이름은 뜻 없이 단순하게 베끼는 모습을 띠고 있다. 내가 말하는 것은 왕조의 이름에 관한 것이 아니다. 왜냐하면 이것은 법령에 의해 부여되거나 변형된 칭호들이고, 때로는 죽은 지 한참 지난 뒤에 부여되기 때문이다. 고구려와 백제 왕국의 종말(668년과 660년)까지 사람들의 이름은 거의 모두 중국식으로 이상하게 베껴 썼다. 이러한 총체적인 사실로 보아 문자는 372년부터 승려들에 의해 퍼졌다고 가정한다. 그렇지만 중국 말은 그들이 멸망하는 시기에도 이 두 나라의 대중 속에 깊이 들어와 있지 않았다고 생각된다. 고구려에서는 몇몇 사람이 이미 중국 문자를 알았을 수 있다. 부여에서 온 이민자들과 낙랑, 대방, 요동(遼東) 같은 복속지역에 있는 중국인과 강한 유대관계를 갖고 있었기 때문에 상황이 다르다고 생각할 수도 있다. 하지만 고구려의 오래된 기록이나 『유기(留記)』는 몇 안 되는 학자들에게 맡겨서 쓴 것이다. 『삼국사기』처럼 왕국의 초기로 거슬러 올라가는 것은 어디서도 확인할 수 없다.[27]

이 논문이 대상으로 하는 비문은 고구려의 고대 기록들, 즉 왕의 무덤들 위에 세워진 비석들보다 조금 앞의 것이다.

27) 이 단락에 쓴 모든 사실들은 『삼국사기』나 『일본기』에서 뽑아낸 것이다.

gees sur les tombeaux royaux. Si l'on trouve un jour sur le sol des vieux royaumes coréens des inscriptions antérieures à 372, ce seront donc, selon toute vraisemblance, des inscriptions dues aux Chinois.

L'inscription du roi Koang kăi hto kyeng, par son aspect extérieur comme par sa composition même, trahit l'inexpérience de ceux qui l'ont rédigée comme de ceux qui l'ont gravée. Le style des caractères est archaïque, il ressemble à celui des inscriptions des premiers siècles de l'ère chrétienne; les caractères, entaillés très profondément, sont inégaux et gauches; quelques-uns sont audacieusement abrégés, d'autres sont défigurés au point de ne pas être lisibles, bien que les traits en soient encore fort nets. Pour la rédaction, à côté de phrases très simples et parfaitement chinoises, on trouve des expressions qui sont encore aujourd'hui caractéristiques du style chinois en Corée; il en est enfin d'incompréhensibles.

Ces diverses considérations pourraient suffire à établir l'authenticité de la stèle; mais les coïncidences historiques avec les documents déjà connus viennent encore l'appuyer. Au reste, je ne sais à qui l'on pourrait attribuer la supposition d'un monument de ce genre; car si les Chinois ont inventé de toutes pièces d'anciens documents, ce n'est qu'à propos de leur vieille histoire nationale, et le patriotisme des Japonais n'a rien à gagner à la constatation des défaites infligées à leurs ancêtres; bien au contraire, quelques auteurs se sont efforcés de main-

만약 언젠가 한국의 고대 왕국 땅에서 372년 이전의 기록을 발견한다면 그것은 틀림없이 중국인들의 기록일 것이다.

광개토경왕의 비문은 구성 자체만큼이나 겉모습에서도 그것을 새긴 사람이나 세운 사람의 무경험을 드러낸다. 글씨체는 고풍스럽고, 서력 기원 초기의 기록에 나타난 글씨체와 비슷하다. 글자들은 아주 깊이 새겨져 있는데, 고르지 않고 서투르다. 어떤 것은 대담하게 생략되었고, 어떤 것은 선은 정확하게 그었지만 도저히 읽을 수 없도록 변형되었다. 아주 단순하고 완전한 중국식 문장도 있지만, 오늘날 한국에서 쓰이는 한국식 중국어로 작성되어 있기 때문에 이해할 수 없게 된다.

이상 여러 가지 살펴본 것으로 비석에 대한 진실을 찾기에는 충분하지만 이미 알려진 자료와 역사적으로 일치시키는 것은 아직 증거자료가 더 필요하다. 또한 이런 비석에 대한 나의 가설을 누구에게 주장해야 할지 모르겠다. 왜냐하면 중국인들이 만든 모든 고대 자료들은 그들의 오래된 국가 역사에 관한 것뿐이고, 일본인들의 애국주의는 그들의 선조들이 패배한 사실에 대해서는 조금도 확인하려 않고, 반대로 고구려가 공식적으로 집필한 것을 과장이나 허풍으로 몰아 부치면서 『고사기』나 『일본서기』에서 보존되어 온 훌륭한 전통을 그대로 유지하려고 노력하는 저자들도 있기 때문이다.

tenir l'intégrité des traditions respectables conservées dans le Ko zi ki et le Nihon gi, en taxant d'exagération et de vantardise les rédacteurs officiels du Ko kou rye.

TRADUCTION DE L'INSCRIPTION,

(Ici) est le territoire où jadis Si tjo, le roi Tchou mou fonda (son royaume). Il venait du Pou ye septentrional; (il était) fils de l'Empereur du ciel. Sa mère (était) fille du dieu du fleuve[1]; ayant brisé l'œuf, elle le mit au monde. Il eut une vertu sainte.....Il ordonna de diriger son char vers le sud; le chemin depuis le Pou ye passait par la grande rivière Em ri; le Roi s'approchant du passage parla en ces termes : « Je suis fils du ciel souverain; ma mère est fille du dieu du fleuve; (je suis) le roi Tchou mou : faites un pont flottant[2]. » Les tortues qui nageaient répondirent à ces paroles, aussitôt elles furent tortues nageant (en forme de) pont flottant : ensuite il traversa. Dans la vallée de Poul ryou, à l'ouest de Hol pon, il fortifia le sommet de la montagne et fonda sa capitale. (Puisse sa race) se réjouir éternellement du trône héréditaire! Un dragon jaune ayant été envoyé pour descendre au-devant du Roi, le Roi étant sur la colline orientale de Hol pon, le dragon jaune, ayant sur son dos (le Roi), monta au ciel. (Le Roi) se retournant ordonna au prince héritier (qui fut) le roi You ryou, de gouverner conformément

[1] L'expression 女郎, *nye rang* « fille de rang élevé » se retrouve dans quelques citations du Păik tjyei sin tchan faites par le Nihon gi.

[2] 木連廒, d'après le contexte et d'après la légende de Tchou mou, signifie « un radeau » ou « un pont »; les deux premiers caractères, *mok ryen*, veulent dire « bois » et « relier »; 廒 est peut-être une forme erronée de 厥 *kouel*, mis pour 橛, qui signifie 杙 *ik* « un poteau ».

Ⅳ. 비문 번역[28)]

1면 ① 고구려의 건국 역사

(여기는) 옛날 시조 추모왕이 (자신의 왕국을) 세웠던 땅이다. 그는 북부여에서 왔다. (그는) 천제의 아들이었고, 그의 어머니는 강신(江神)[29)]의 딸[30)]이었는데, 그녀는 알을 깨뜨려서 그를 세상에 내놓았다. 그는 성스러운 미덕을 지니고 있었다. ……그는 남쪽으로 그의 수레를 끌고 가도록 명령했다. 부여에서부터 이어진 그 길은 엄리라는 큰 강을 지나갔다. 왕은 건널목 가까이 다가가서 다음과 같이 말했다. "나는 위엄 있는 하늘의 아들이고, 나의 어머니는 강신의 딸이다. (나는) 추모왕이다. 부교(浮橋)[31)]를 만들어라."

이 말에 따라 헤엄치고 있던 거북들이 곧 부교(형태)를 만들어 건너갔다. 홀본 서쪽 비류[32)] 계곡에서 산꼭대기를 요새화해 수도를 만들었다. (그의 자손이) 대를 이어 영원히 왕좌를 누리리라! 황룡 한 마리가 왕 바로 앞에 내려와 왕은 홀본 동쪽 언덕에서 황룡의 등을 타고 하늘로 올라갔다. (왕은) 그의 뒤를 이어 유류왕(이 된) 후계자 왕자에게 도리에 따라 통치하도록 명령했다.

---

28) 〔옮긴이 주〕: 원본에는 '비문 번역'이란 제목만 붙어 있다. 옮긴이가 읽는 이들의 편의를 위해 자세하게 1~4면의 구분을 하고, 내용도 자세하게 작은 제목을 달았다.

29) 〔옮긴이 주〕: 이 한자는 옮긴이가 덧붙인 것이다. 3장까지는 꾸랑이 쓴 한자를 분명하게 하기 위해 옮긴이가 덧붙인 한자는 모두 주를 달았다. 그러나 비문 번역문에는 꾸랑이 단 한글자의 한자도 쓰지 않았다. 그렇기 때문에 수많은 고유명사의 한글 발음을 불어식으로 옮겨놓아 한자를 덧붙이지 않으면 알아볼 수가 없는 곳이 많다. 이런 곳은 옮긴이가 한자를 덧붙여 이해를 도왔다. 따라서 여기서부터 번역문에 있는 한자는 모두 옮긴이가 덧붙인 것이다. 다만 주에는 꾸랑이 많은 한자를 사용했기 때문에 앞에서처럼 옮긴이 주를 표시하고 한자를 쓰겠다. 여기서 강신(江神)은 비문의 하백(河伯)을 프랑스 어로 번역한 것이다.

30) '높은 계급의 딸'을 뜻하는 여랑(女郎)이란 표현은 『일본기』에 의해 만들어진 백제신찬의 여러 인용문에 나온다.

31) 문맥과 추모의 전설에 따르면 목련㢑(木連㢑)은 '뗏목'이나 '다리'를 뜻한다. 앞의 두 글자 목련은 '나무'와 '연결하다'를 뜻한다. 㢑는 아마 '기둥'〔익(杙)〕을 뜻하는 궐(橛)자를 궐(蕨)로 잘못 쓴 것일 것이다.

32) 〔옮긴이 주〕: 꾸랑은 비류(沸流)를 불류(Poul ryou)로 잘못 읽었다.

à la raison. Le roi Tai tjyou ryou reçut ensuite le territoire héréditaire....... Au dix-septième âge, son petit-fils, le roi grand et bon Kouk kang syang koang kăi hto kyeng hpyeng an, à deux fois neuf (ans), monta sur le trône; son surnom fut le grand roi Yeng rak [1]; sa bienfaisance se régla sur le ciel auguste; sa force guerrière s'étendit sur les quatre mers [2]; il chassa.....de façon à pacifier son territoire; le royaume fut riche, le peuple fut prospère; les cinq céréales [3] furent abondantes et mûrirent. Le ciel auguste n'ayant pas compassion [4], à trente-neuf ans, (le Roi), se reposant sur son char, abandonna son royaume. En l'année kap in, à la 9ᵉ lune, au 29ᵉ jour (portant les caractères cycliques) eul you, il fut transporté à la sépulture royale; à cet endroit, on éleva une stèle rappelant sa gloire pour (durer) éternellement pendant les générations à venir.

Cette composition dit :

.....La cinquième année Yeng rak, (l'étoile de) l'année étant dans les caractères eul mi, le Roi, prenant Pi rye, sans repos.....; de plus, en personne conduisant (son armée) il alla [5] châtier Pou pi de la montagne Hpa pou, il

[1] Comme on le verra plus loin, 永樂, *yeng rak*, est un *nien hao*; l'histoire n'avait pas conservé trace des *nien hao* des rois de Ko kou rye. Le nom du roi signifie «le roi grand et bon, pacifique, civilisant largement le territoire, (roi) de la plaine du royaume».

[2] 柳被 *ryou pi*, «recouvrir à la façon d'un saule» cette expression est à rapprocher du 桄被, *koang pi*, ou 光被, *koang pi*, des classiques, qui a un sens analogue.

[3] 穀 qui ne se trouve pas dans les dictionnaires, est évidemment pour 穀, *kok*, «céréale».

[4] 昊天不吊 : on trouve dans le *Chi king* 不吊昊天; les deux phrases paraissent équivalentes

[5] 住討, *tjyou hto*, et plus loin 住救, *tjyou kou*, et 率住 *sol tjyou* : le caractère *tjyou* est évidemment une abréviation fautive pour 往, *oang*.

② 광개토호태왕의 생애

따라서 대주류왕이 세습영토를 이어받았다. ……그의 17세손인 국강상광개토경평안호태왕은 9의 2배인 (나이)에[33] 왕좌에 올랐다. 그의 호는 영락태왕[34]이었다. 그가 바른 정사를 한 것은 신성한 하늘을 본받아 행동한 것이다. 그의 전투적인 힘은 사해(四海)로 퍼져나갔다[35]. 그는 자신의 영토를 평화롭게 하는 방식으로…… 몰아갔다. 왕국은 부유하고, 백성들은 번영했다. 5곡[36]은 풍부했고 잘 익어갔다. 신성한 하늘이 동정하지 않아[37] 39세의 나이에 수레에서 쉬던 (왕은) 자신의 왕국을 버렸다. 갑인년 9월 29일 (주기를 나타내는 글자로) 을유날 왕의 묘지로 옮겨졌고, 다가올 여러 세대 동안 영원히 (지속되도록) 그의 영광을 기리는 비석을 세웠다. 그 내용은 다음과 같다.

③ 업적 1 – 영락 5년(395) 비려 정벌

영락 5년, 그 해 (별이) 을미라는 글자에 있을 때 왕은 비려(裨麗)를 취하고 쉬지 않고…… 나아가 몸소 (그의 군대를) 이끌고 파부산(?富山)의 부비(負碑)를 징벌하러 갔다.[38] 염수(鹽水)에 이르러 600~700(을 헤아리는) 언덕의 부락[39]을 정복하였다. (그는) 말할 수 없이 많은 말과 양을 사용하기 위해 (취했다), 그리고 그는 자신의 수

---

34) 〔옮긴이 주〕: '二九登祚'라는 문구를 번역한 것으로, 9×2=18, 즉 18세를 뜻한다.

35) 앞으로 더 자세히 보겠지만 영락(永樂)은 연호다. 역사는 고구려 왕들의 연호에 대한 흔적을 보존하지 못했다. 왕의 이름은 '위대하고 좋으시고, 평화롭고, 영토를 널리 경작하신 왕, 왕국 평원의 (왕)'이란 뜻이다.

36) 류피(柳被) '버드나무처럼 뒤덮다'는 이 표현은 비슷한 의미를 지닌 고전적 표현인 광피(桄被)나 광피(光被)와 연관이 있다.

37) 槃 : 사전에 없는 이 글자는 분명히 '곡식'을 뜻하는 곡(穀)일 것이다.

38) 호천부적(昊天不吊) : 치킹(Chi king)에 부적호천(不吊昊天)을 찾아볼 수 있다. 두 문장은 같은 것으로 보인다. 〔옮긴이 주〕: Chiking은 ?經을 말한다.

39) 주토(住討), 좀더 보면 주구(住救)와 솔주(率住) : '주' 자는 왕(往) 자를 약자로 잘못 쓴 것이 분명하다.

40) 락(洛)은 락(落)이다.

arriva à la rivière Yem et vainquit les tribus[1] de ces collines (au nombre) de six ou sept cents; (il prit) pour son usage des chevaux et des moutons à n'en pouvoir dire le nombre. Alors il retourna son char; son char passant[2] par Hpyeng to, Tong sin[3], ? syeng, Ryek syeng, Peuk hpoung, O pi?[4], en voyageant il inspecta le territoire, chassa[5] et revint.

Le Păik tjan et le Sin ra étaient jadis tributaires (du Ko kou rye) et venaient rendre hommage et apporter le tribut; mais les Japonais, en l'année sin myo, sont venus, ont passé la mer, ont vaincu le Păik tjan, le.......et le Sin ra et en ont fait leurs sujets En la sixième année, pyeng sin, le Roi en personne conduisant son armée de mer, châtia[6] le Păik tjan. L'armée.......d'abord attaqua et prit la ville de Il hpal, la ville de Kou mo ro, la ville de Ya(?) mo ro[7], la ville de Kan kouen(?) ri, la ville de ? ?....., la ville de Kak mi, la ville de Mou ro, la ville de Mi sa, la ville de ...? sya tyo, la ville d'A tan, la ville de Ko ri, la ville de ? ri, la ville de Tjap mi, la ville d'O ri, la ville de Kou mou, la ville de Ko syou neung ra, la ville de Hyel?, la ville de ? ?, la ville de Poun i neung ra, la ville de Tchyang, la ville de ? ?, la ville de ? ?, la ville de Tou no, la ville de

[1] 洛, *rak* pour 落, *rak*.

[2] Au lieu de 過 駕, *koa ka*, il faudrait plutôt renverser l'ordre: *ka koa*.

[3] Malgré l'avis des commentaires japonais, je ne puis ici lire que 辛, *sin*, et non pas 來, *răi*; il suffit de comparer les caractères avec 辛 卯, *sin myo*, et 來 渡, *răi to*, qui sont un peu plus bas.

[4] 㹶 ne se trouve pas dans les dictionnaires.

[5] 猜 est peut-être pour 獵 *ryep*; le sens de ce mot s'accorde d'ailleurs avec ce que l'on sait des divertissements des rois de Ko kou rye.

[6] 討 科 *hto koa* «châtier», mot à mot «frapper et qualifier le crime».

[7] 若 est peut-être pour 若, *ya*. Les corrections que je fais à cette liste des villes, sont indiquées par la seconde liste donnée plus loin.

레를 돌렸다. 그의 수레가 평도(平道), 동(東), 신(辛)[40], ?성, 역성(力城), 북풍(北豊), 오비(五비?)[41]를 지나는 동안[42] 순행하면서 영토를 둘러보고, 사냥을 하고[43] 돌아왔다.

④ 업적 2 – 이른바 신묘년(辛卯年) 기사

백잔(百殘)과 신라는 옛날에 (고구려의) 속국이었고 경의를 표하러 조공을 가지고 왔다. 하지만 신묘년에 일본인들은 와서 바다를 건너, 백잔…… 신라를 물리쳐 그들의 신민으로 만들었다.

⑤ 업적 3 – 영락 6년의 백제 정벌

6년 병신년에 왕은 몸소 바다의 군대를 이끌고 백잔을 징벌했다.[44] 군대는…… 우선 일팔성(壹八城), 구모[45]로성(臼模盧城), 야(?)모로성(?模盧城)[46] 간권(?)리성(幹卷利城), ??성, 각미성(閣彌城), 모로성(牟盧城), 미사성(彌沙城), ?사조성(?舍?城), 아단성(阿旦城), 고리성(古利城) ?리성(?利城), 잡미성(?彌城), 오리성(奧利城), 구모성(勾牟城), 고수능라성[古須能羅城, 혈?성(頁?성)], ??성, 분이능라성(分而能羅 **2면** 城), 장성(?성), ??성, ??성, 두노성(豆奴城), 비[47]팔나리성(沸八那利城), 미추성(彌鄒城),

---

40) 일본인들이 단 주석과는 달리, 나는 여기서 신(辛)만 읽을 수 있다. 래(來)는 아니다. 신묘(辛卯)와 조금 더 아래 나온 래도(來渡)라는 글자를 비교해 보면 바로 알 수 있다.

41) 狛 : 이 글자는 사전에 안 나와 있다.

42) 과가(過駕) 대신에 차라리 '가과'로 순서를 바꾸어야 할 것이다.

43) 獖 : 이 글자는 아마 렵(獵)일 것이다. 이 단어의 뜻은 사람들이 고구려 왕들의 놀이라고 알고 있는 것과 같은 것이다.

44) 토과(討科, '징벌하다')는 글자 하나하나의 뜻을 보면 '쳐서 죄를 묻다'이다.

45) 〔옮긴이 주〕 : 꾸랑은 '模' 자를 모두 '무'로 읽었으나 여기서 '모' 자로 썼다.

46) 若 : 이 글자는 아마 야(若)일 것이다. 이 성들의 목록에서 내가 고친 것은 뒤에 나오는 두 번째 목록에 나타나 있다.

47) 〔옮긴이 주〕 : 꾸랑은 비(沸) 자를 모두 '불' 자로 읽었으나 '비' 자로 옮긴다.

Poul hpal na ri, la ville de Mi tchou, la ville de Ya ri, la ville de Tai san han, la ville de So ka, la ville de Ton pal, la ville de ? ?, la ville de ? rou mai, la ville de San na, la ville de ? ?, la ville de Syei, la ville de Mou rou, la ville de Koung rou[1], la ville de So hoi, la ville de Yen rou, la ville de Syek tji ri, la ville d'Am moun tji, la ville de Rim, la ville de ? ?, la ville de ? ?, la ville de ? ri, la ville de Tchyou tchou, la ville de ? pal, la ville de Ko mou rou, la ville de Nyoun no, la ville de Tchyang no, la ville de Sam yang, la ville de ? ?, la ville de ? ? ro, la ville de Kou htyen..... (L'armée s'avança jusqu'à) la capitale du pays; les brigands, ne se soumettant pas, osèrent faire une sortie et engager le combat. Le roi avec un courroux[2] majestueux et terrible passa la rivière A hpi; il envoya (ses soldats) attaquer la ville; transversalement..... approcher (?) la capitale. Le roi de Păik tjan, épuisé, offrit respectueusement en bouches (d'esclaves) mâles et femelles mille personnes[3], en toile fine mille rouleaux[4]; il se soumit volontairement au Roi et jura que désormais il serait éternellement son esclave. Le grand Roi avec bienfaisance pardonna aux manifestations de son égarement et fit inscrire la sincérité de sa soumission ultérieure. Alors, (le Roi)..... cinquante-huit villes fortes et sept cents villages; prenant le frère cadet du roi de Păik tjan et ses ministres (au nombre de) dix hommes, il retourna dans sa ville et rentra dans sa capitale.

En la huitième année, mou syoul, (le Roi) ordonna[5]

[1] 弖 est peut-être pour 弓, *koung*.

[2] 奴, *no* est évidemment pour 怒, *no*.

[3] 白 *păik* «blanc», est inexplicable; je traduis comme s'il y avait 口, *kou* «bouche, âme».

[4] 亚 est sans doute pour 帀, *tjap* «rouleau».

[5] 敎 *kyo* pour dire un «décret royal» est encore employé aujourd'hui en Corée; la *Gazette officielle* est remplie de l'expression 傳敎, *tjyen kyo* «on a transmis un décret». La même remarque

야리성(也利城), 대산한성(大山韓城), 소가성(掃加城), 돈발성(敦拔城), ??성, ?루매성(?婁賣城), 산나성(散那城), ??성, 세성(細城), 모루성(牟婁城), 궁루성(?婁城)[48], 쇠회성(蘇灰城), 연루성(燕婁城), 석지리성(析支利城) 암문지성(巖門至城) 임성(林城), ??성, ??성, ?리성(?利城) 취추성(就鄒城) ?발성(?拔城), 고모루성(古牟婁城), 윤노성(閏奴城), 창노성(?奴城), 삼양성(彡穰城), ??성, ??로성(??盧城), 구천성(仇天城)……을 쳐서 빼앗았다.

⑥ 업적 4 – 백제 정벌

(군대는) 그 나라의 수도(까지 나아갔다.) 몇몇 반도들이 항복하지 않고 감히 나와 싸움을 걸어왔다. 왕은 위엄을 갖추고 몹시 화를 내며[49] 아피수(阿被水)를 건너갔다. 그는 (자신의 군대를) 보내 그 성을 공격했다. 가로질러…… 수도로 다가갔다(?). 백잔의 왕은 기겁하여 남녀 사람[50] 1000명(의 노예)[51], 고운 천 1000필[52]을 정중하게 바치며 왕에게 스스로 항복했고 그 뒤부터는 영원히 그의 노예라는 것을 맹서하였다. 왕은 자비를 베풀어 허물을 용서하고, 앞으로 항복에 대한 신의를 지키도록 했다. 따라서 (왕은) 58개 성과 700개 마을을…… 백잔 왕의 동생과 신하 10명(인원)을 데리고 자신의 성으로 돌아와 수도로 귀환하였다.

48) 𢎗 : 이 글자는 아마 궁(弓) 자일 것이다.
49) 奴 : 이 글자는 분명히 노(怒) 자다.
50) 〔옮긴이 주〕: 꾸랑는 '生口'를 'bouche(입)'라고 옮겼다.
51) 백(白, '흰색') : 이것은 설명할 수가 없다. 구(口, '입, 사람')로 해석한다.
52) 凾 : 이것은 아마 잡(帀 '필')일 것이다.

d'envoyer des compagnies de soldats pour inspecter la vallée de ?[1] sin hto; l'on profita de l'occasion pour prendre plus de trois cents personnes, hommes et femmes de la vallée de Ka htai ra, (dépendant de) la ville de Mak ? ra. Dès lors, (les gens de ce pays) rendirent hommage, payèrent tribut et exposèrent leurs affaires (à la cour).

En la neuvième année, keui hăi, le Păik tjan, violant son serment, s'unit aux Japonais par une alliance. Le Roi descendit à Hpyeng yang. Et le Sin ra expédia des envoyés qui firent un exposé au Roi, disant : « Les Japonais remplissent le territoire de ce pays, ils bouleversent les remparts et les fossés; de (vos) esclaves[2], ils font (leur) peuple. (Nous) venons au Roi lui demander ses ordres. » Le grand Roi..... ensuite (ils) dirent leur loyauté.....alors (?) violer; les envoyés retournèrent déclarer pour........accuser.

En la dixième année, kyeng tjă, (le Roi) ordonna d'envoyer cinquante mille fantassins et cavaliers pour aller secourir le Sin ra. De la ville de Nam ke à la ville (capitale) du Sin ra, les Japonais remplissaient l'intervalle; à peine les troupes arrivèrent-elles que les brigands japonais reculèrent ....ils vinrent[3] abandonner et s'arrêter. Ils poursuivirent jusqu'en Im na et Ka ra, puis attaquèrent la ville : la ville aussitôt se soumit. Les soldats des gens d'An ra attaquèrent la ville (capitale) du Sin ra et la ville de ?[4]. Les Japonais remplissaient...............
....

s'applique aux mots 敎言, *kyo en*, 言敎, *en kyo*, 敎令, *kyo ryeng*, que l'on verra plus bas.

[1] 帛 n'existe pas dans les dictionnaires.

[2] 奴客, *no kăik*, n'est pas une expression chinoise; je pense que ces mots ont le sens de 奴隷, *no ryei* « esclaves ».

[3] Ici la stèle porte plutôt 辛, *sin*, que 來, *răi*; peut-être trouvera-t-on audacieuse la restitution de *răi*, dans l'état de mutilation où est cette partie du texte.

[4] Le caractère 㒵 ne se trouve pas dans les dictionnaires.

⑦ 업적 4 - 영락 8년 숙신 정벌(?)

8년 무술년에 (왕은) 교지[53]를 내려, 군대를 보내 ?[54] 신토곡(愼土谷)을 순시하도록 하였다. 그 참에 막?라성(莫?羅城) (에 속한) 가태라곡(加太羅谷)에서 남녀 300여명을 잡아왔다. 그때부터 (이 나라의 사람들은) (왕궁에) 경의를 표하고, 공물을 바쳤으며, 그들의 일을 아뢰었다.

⑧ 업적 5 - 영락 9, 10년 신라를 침입한 왜구(倭寇) 정벌

9년 기해년에 백잔이 맹세를 어기고 왜(倭)와 연합했다. 왕이 순시하러 평양으로 내려갔을 때, 신라가 왕에게 사신들을 보내 "왜들이 이 나라 영토에 꽉 차, 성벽과 해자를 뒤엎고, (당신의) 노예(老客)[55]를 (그들의) 백성으로 만들고 있어, (우리는) 왕에게 질서를 유지해 달라고 요청하러 왔다"고 아뢰었다. 태왕은 …… 그래서 (그들은) 자신들의 충성심을 표하고 …… 그래서(?) 어겼다. 사신들은 알리기 위해 돌아가 …… 알렸다.

10년 경자년에 (왕은) 신라를 원조하러 5만 명의 보병과 기병을 보낼 것을 명령했다. 신라의 남거성(男居城)에서 신라(수도)성까지의 사이를 왜들이 채우고 있었는데 군대들이 도착하자마자 왜구(倭寇)[56]는 물러났다. ……그들은 와서[57] 포기하고 그만두었다. 그들은 임나(任那)와 가라(加羅)까지 쫓아가 성을 공격하자 그 성은 곧 함락되었다. 안라인 병사들은 신라(수도)성과 ?[58]성을 공격했다. 왜인이 가득 차 있었

---

53) '왕의 칙령'을 말하기 위한 교(敎)는 오늘날에도 한국에서 쓰이고 있다. 관보(Gazette officielle)에서는 전교(傳敎, '법령을 공포했다')라는 표현으로 되어 있다. 앞으로 나올 교언(敎言), 언교(言敎), 교령(敎令)도 같은 뜻이다.

54) 㿾 : 이 글자는 사전에 없다.

55) 노객(奴客)은 중국식 표현이 아니다. 나는 이 단어가 노예(奴隷, '노예들')라는 뜻을 가지고 있다고 본다.

56) 〔옮긴이 주〕 : 꾸랑은 왜인(倭人)을 'Japonais'라고 했는데, 여기서는 특별히 'brigands japonais'라 했다. brigand은 도적, 산적, 불한당 같은 뜻을 갖기 때문에 원문을 참조하여 '왜구'라고 옮겼다.

57) 비석에는 래(來)가 아니고 신(辛)으로 되어 있다. 이 부분이 있는 비문의 훼손 상태를 볼 때 '래'자를 대담하게 복원했다고 생각한다.

58) 𩣡 : 이 글자는 사전에 없다.

neuf (fois ?) épuiser; les ministres eurent de la ruse. Les soldats des gens d'An ra........................
....
les Japonais bouleversèrent les murailles; grand rouge.....
........................les soldats des gens d'An ra. Autrefois le roi[1] de Sin ra ne venait pas en personne rendre hommage et apporter le tribut.......le Roi grand et bon Kouk kang syang koang kăi hto kyeng..........
arriver......renverser.........rendre hommage et apporter le tribut.

En la quatorzième année, kap tjin, les Japonais, manquant aux principes, envahirent[2] et franchirent les frontières de Tăi pang;.......forteresse de pierre.......bateaux réunis.......conduire (l'armée).........serviteurs (?)...
.......se rencontrer. Le Roi ? ?[3] voulant se précipiter en coupant (la retraite), attaqua les brigands japonais qui furent battus et tués (en quantité) innombrable.

En la dix-septième année, tyeng mi, (le Roi) ordonna d'envoyer cinquante mille fantassins et cavaliers.........
Hpyeng yang..... combattre; les tués (furent en si grand nombre que les combattants disparaissaient comme l'eau

[1] L'expression *an keum* 安 錦, que je traduis par « roi », d'après le contexte, est embarrassante. Le titre indigène du roi de Sin ra à cette époque, était *ni să keum*, 尼 師 今 ou 尼 師 錦, que le *Nihon gi* lit *nisiki;* nous ne connaissons pas le mot « roi » dans la langue du Ko kou rye, mais le Păik tjyei, qui selon toute vraisemblance parlait la même langue, employait le mot *e ra ha* 於 羅 瑕; d'ailleurs, les autres titres employés plus tôt ou plus tard pour les rois de Sin ra ressemblent encore moins à *an keum*. Les initiales *a*, *al*, *ak* se rencontrent dans un assez grand nombre de titres officiels en langue du Sin ra; mais ont-elles quelque chose à faire ici?

[2] 浸 pour 侵, *tchim*, comme plus haut 住, *tjyou*, pour 往, *oang*.

[3] Cette phrase est assez obscure; le caractère 憧, *tjyong* ou *htong* se trouve avec le sens de 遲, *tji*, « tard » de 慟, *htong*, « violemment ému ».

다. 9(번?) 지치게 하다. 신하들은 꾀를 내었다. 안라인 병사들은 **3면** …… 왜는 성벽을 뒤엎었다. 큰 붉은 …… 안라인 병사들. 이전에는 신라 왕[59)]이 몸소 경의를 표하며 조공을 바치러 오지 않았다. …… 국강상광개토경호태왕 …… 다다르다 …… 뒤엎다 …… 경의를 표하며 조공을 바치다.

⑨ 업적 6 – 영락 14년 대방 침입 왜구 격멸

14년 갑진년에 왜가 법도를 지키지 않고 대방 경계를 침입하여[60)] 건너왔다. 석성 …… 모인 배들 …… (군대를) 이끌다 …… 노예들(?) …… 서로 만나다. 왕??[61)]이 (퇴로를) 끊고 공격하자 왜구(倭寇)는 패배하여 셀 수 없을 (정도로) 많이 죽었다.

⑩ 업적 7 – 영락 17년 후연(後燕) 정벌

17년 정미년에 (왕은) 5만 명의 보병과 기병을 보낼 것을 명령했다. …… 평양 …… 싸우다. 사망자들이 (하도 많아서) 항아리로 푸는[62)] (물처럼 전투자들이 사라졌다). 거

59) 문맥에 따라 '왕'이라고 해석한 안금(安錦)이란 표현은 어떻게 해야 할지 모르겠다. 이 시기 신라 왕의 원래 칭호는 『일본기』에서 니시끼라고 읽는 니사금(尼師今 또는 尼師錦)이었다. 우리는 고구려의 언어로 '왕'이란 단어를 모른다. 하지만 여러 추측을 동원해 보면 같은 말을 썼던 백제가 어라하(於羅瑕)라는 단어를 사용했고, 그 시기 앞뒤로 신라 왕들이 사용한 다른 칭호들도 안금과는 거의 닮지 않았다. 신라 말에서는 꽤 많은 공식적인 칭호의 첫 글자가 '아', '알', '악'으로 시작된다. 여기서는 무엇을 일컫는 것인지?

60) 𠊱 : 이 글자는 침(侵)자이다. 위에서 왕(往)를 주(住)로 쓴 것과 같다.

61) 이 문장은 꽤 아리송하다. (忄+重)('종' 또는 '동')자는 지(遲, '늦게')라는 뜻과 통(慟, '크게 감동된')이란 뜻을 갖는다.

62) 나는 탕(湯)을 탕(盪)처럼 번역한다. 치(稚)는 획(獲)을 잘못 쓴 것이다.

que) l'on épuise[1] avec un vase; les cuirasses prises (furent au nombre de) plus de dix mille; des approvisionnements et des armes, on ne peut dire le nombre. En revenant, l'armée prit la ville de Sa kou, la ville de Rou; revenir..... soldats (ou capitale).......ville forte.

En la vingtième année, kyeng syoul, le Pou ye oriental, qui était jadis un peuple dépendant du roi Tchou mou, se révoltant, n'apporta pas le tribut. Le Roi en personne conduisant toute son armée, se rendit à la ville (capitale) du Pou ye et le Pou ye, levant les (chars à) deux chevaux du royaume................la ville de Na? La bienfaisance du Roi s'étendit sur toute la région. Alors il retourna. De plus, ceux qui adoptant la civilisation vinrent suivre[2] les fonctionnaires, (furent) Mi kou rou ap ro[3], Pi să ma ap ro, ?[4] rip rou ap ro, Syouk să sya ap ro, ? ? ? ap ro.

En tout, les villes fortes qu'il prit (sont au nombre de) soixante-quatre, les villages (au nombre de) quatorze cents.

GARDES DES TOMBEAUX, LISTE DES FEUX[5].

Peuple de Mai kou ye..........	gardes généraux .	2
	gardes.........	3
Tong hăi ka..................	gardes généraux .	3
	gardes.........	5

[1] Je traduis 湯, *htang*, comme s'il y avait 盪, *htang*; 稚, *tchi*, est par erreur pour 獲, *hoik*.

[2] 隋, *toa*, pour 隨 *syou*.

[3] 鴨盧, *ap ro*, désigne probablement une fonction; on trouve au Ko kou rye le titre officiel de *tăi ro*, 對盧.

[4] Le caractère 㟏 ne se trouve pas.

[5] L'expression 守墓人烟戶 «feux, nombre de familles des gardes de tombeaux» s'explique facilement. Les titres *kouk yen* 國烟 et *kan yen*, 看烟, sont moins compréhensibles; les premiers sont évidemment supérieurs aux seconds. Quant à *to yen*, 都烟,

두어들인 방패는 1만개가 넘었고, 보급품과 무기는 헤아릴 수가 없다. 돌아오면서 그 군대는 사구성(沙溝城)과 누성(婁城)을 점령했다. 돌아오다 …… 병사들(또는 수도) …… 강한 성.

⑪ 업적 8 – 영락 20년 동부여 정벌

20년 경술년에 옛날 추모왕의 속민이었던 동부여가 배반하여 조공을 바치지 않았다. 왕은 몸소 자신의 전 군대를 이끌고 부여성(수도)과 부여로 가서, 왕국의 쌍두(마차)에 올라 ……나?성(那?城). 왕의 은혜가 모든 지역으로 퍼졌다. 그리고 그는 돌아왔다. 또한 문명을 택해 관리를 따라왔던[63] 사람들은 미구루압로(味仇婁鴨盧)[64], 비사마압로(卑斯麻鴨盧), ?[65]립루압로(?立婁鴨盧), 숙사사압로(肅斯舍鴨盧) ???압로(???鴨盧) 였다. 전체적으로 그가 점령했던 강한 성은 64개, 마을[66]은 1400개(의 숫자)이다.

⑫ 무덤지기(守墓人), 가구(烟戶)[67]의 목록

매구여(賣勾余)의 백성 ……………………………… 국연(國烟)[68] 2, 간연(看烟)[69] 3

동해가(東海賈) …………………………………… 국연 3, 간연 5

---

63) 타(隋)는 수(隧)다.

64) 압로(鴨盧)는 관직을 나타내는 것으로 보인다. 고구려에는 대로(對盧)라는 벼슬이 있다.

65) 𡉏 : 이 글자는 없는 글자이다.

66) 〔옮긴이 주〕: 꾸랑은 '성(城) = ville', '마을(村) = village', '계곡(곡) = vallée'로 옮겼다.

67) 수묘인 연호(守墓人烟戶, '가구, 무덤지기 집의 수')라는 표현은 쉽지만, 국연(國烟)과 간연(看烟)이란 칭호는 이해하기가 더 힘들다. 첫 번째 사람들이 두 번째 사람들보다 분명히 윗사람들이다. 단 한 번 나오는 도연(都烟)은 간연을 잘못 쓴 것이라고 본다. 왜냐면 목록을 요약한 것에는 국연과 간연만 있기 때문이다.

68) 〔옮긴이 주〕: 꾸랑은 국연(國烟)을 장수 (무덤)지기(gardes généraux)라 했다. 번역은 '국연'이라 하였다.

69) 〔옮긴이 주〕: 꾸랑은 간연(看烟)을 (무덤)지기(gardes)라 했다. 번역은 비문에 따라 '간연'이라고 옮겼다.

Peuple de la ville d'O ton 4
familles, toutes sont gardes.

De la ville de Koung 1
famille est garde.

De la ville de Pi ri 2
familles sont gardes généraux.

Peuple de la ville de Hypeng yang. { garde général . . . 1
gardes 10

De Tjă ryen 2
familles sont gardes.

Gens de Tjyou rou . . . . { garde général . . . 1
gardes 43

De la vallée de Ryang[1] 2
familles sont gardes.

De la ville de Ryang 2
familles sont gardes.

D'An sil ryen 22
familles sont gardes.

De Kăi kok 3
familles sont gardes.

De la Ville neuve (Sin syeng) 3
familles sont gardes.

De la ville de Nam so 1
famille est garde général.

Han et Yei nouvellement venus :

De la ville de Sa syou . . . . { garde général . . . 1
garde 1

De la ville de Mou rou 2
familles sont gardes.

Han de Keui pi ap pon 5
familles sont gardes.

que l'on rencontre une seule fois, je pense que c'est une erreur pour *kan yen*, puisque, dans le résumé de la liste, il n'est question que de *kouk yen* et de *kan yen*.

[1] [illegible] est, je pense, pour 梁, *ryang*.

오돈성(五敦城)[70] ······························ 4집 모두 간연

궁성(?城) ······································ 간연 1집

비리성(碑利城) ································ 국연 2집

평양성(平穰城) 백성 ···························· 국연 1, 간연10

차련(?連) ······································ 간연 2집

주루(住婁) 사람································ 국연 1, 간연 43

양곡(?[71]谷) ·································· 간연 2집

양성(?城) ······································ 간연 2집

안실련(安失連) ································ 간연 22집

개곡(改谷) ······································ 간연 3집

신성(新城) ······································ 간연 3집

남소성(南蘇城) ································ 국연 1집

새로 온 한(韓)과 예(穢)

사수성(沙水城) ································ 국연 1, 간연 1

모루성(牟婁城) ································ 간연 2집

기비압본(已比鴨本)의 한(韓) ···················· 간연 5집

---

70) 〔옮긴이 주〕: 오돈성(五敦城)은 꾸랑의 착오였다. 앞의 오(五)는 매구가의 간연 수인 5(五)인데, 띄어 읽기를 잘못하여 앞뒤로 두 번 쓴 것이다. 마땅히 돈성(敦城)이어야 한다.

71) 㴟 : 양(梁)이라고 본다.

Esclaves [1] de Kou mou........................... 2
familles sont gardes.

Han de Yeng tji.................................. 1
famille est garde.

Han et Yei de la ville de Sya tyo [2].	gardes généraux.	3
	gardes.........	21

De la ville de Ko syou neung ra.................. 1
famille est garde.

De la ville de Kyeng ko.........	garde général ...	1
	gardes.........	3

Han de Kăik hyen................................. 1
famille est garde.

Des villes d'A tan et de Tjap mi ensemble......... 10
familles sont gardes.

Han de la ville de Hpa no........................ 9
familles sont gardes.

De la ville de Ya (?) mo ro...................... 4
familles sont gardes.

De la ville de Kou (?) mo ro..................... 2
familles sont gardes.

De la ville de Mou syou.......................... 3
familles sont gardes.

De la ville de Kan kouen ri......	gardes généraux.	2
	gardes.........	2
De la ville de Mi tchou.........	gardes généraux.	7
	gardes.........	7

De la ville de (Ko *ou* Ya) ri................... 3
familles sont gardes.

De la ville de Tou no..........	garde général...	1
	gardes.........	2

[1] 客頭, *kăik tou*, est peut-être l'équivalent de *no kăik*, 奴客, que nous avons rencontré plus haut.

[2] Je rétablis 蔦, *tyo*, au lieu de 鳥, d'après le commencement de l'inscription; je fais plus bas quelques autres corrections du même genre.

구모(勾牟) 노비(客頭)[72] ………………………… 간연 2집

영저(永底)의 한(韓) ……………………………… 간연 1집

사조성(舍蔦[73]城) 한(韓)과 예(穢) ………………… 국연 3, 간연 21

고수능라성(古?耶羅城) ………………………… 간연 1집

경고성(炅古城) ……………………………………… 국연 1, 간연 3

객현(客賢)의 한(韓) ……………………………… 간연 1집

아단성(阿旦城)과 잡미성(雜珍城)의 전체 ……… 간연 10집

파노성(巴奴城)의 한(韓) ………………………… 간연 9집

야(?)모로성(?模盧城) …………………………… 간연 4집

구(?)모로성(?模盧城) …………………………… 간연 2집

모수성(牟水城) ……………………………………… 간연 3집

간권리성(幹?利城)………………………………… 국연 1, 간연 2

미추성(弥鄒城) ……………………………………… 국연 7, 간연 7[74]

고 또는 야리성(古 또는 也利城) ………………… 간연 3집

두노성(豆盧城) ……………………………………… 국연 1, 간연 2

72) 객두(客頭)는 아마 우리가 위에서 보았던 노객(奴客)과 같은 것일 것이다.

73) 나는 비문의 첫 부분에 나타난 대로 조(鳥)자 대신 조(蔦)자를 선택하였다. 앞으로도 이런 정정을 몇 개 더 할 것이다.

74) 〔옮긴이 주〕: 일곱 자는 4면 첫머리에 있다.

De la ville d'O ri............. { gardes généraux. 2 / gardes......... 8 }
De la ville de Syou tchou....... { gardes généraux. 2 / gardes......... 5 }
Han de Nam ke au Păik tjan..... { garde général... 1 / gardes......... 5 }
De la ville de Tai san han 6
familles sont gardes.
De la ville de Nong mai........ { garde général... 1 / garde.......... 1 }
De la ville de Nyoun no......... { gardes généraux.. 2 / gardes......... 22 }
De la ville de Ko mou rou....... { gardes généraux. 2 / gardes......... 8 }
De la ville de Tchyang......... { garde général... 1 / gardes......... 8 }
De la ville de Mi........................... 6
familles sont gardes.
De la ville de Tchyou tjă....................... 5
familles sont gardes.
De la ville de Sam yang......................... 24
familles sont gardes.
De la ville de San na........................... 1
famille est garde général.
De la ville de Na tan........................... 1
famille est garde.
De la ville de Kou mou.......................... 1
famille est garde.
De la ville d'E ri.............................. 8
familles sont gardes.
De la ville de Pi ri............................ 3
familles sont gardes.
De la ville de Syei............................ 3
familles sont gardes.

Le Roi grand et bon Kouk kang syang koang kăi htò kyeng,

오리성(奧利城) ………………………………… 국연 2, 간연 8

수추성(須鄒城) ………………………………… 국연 2, 간연 5

백잔(百殘) 남거(南居)의 한(韓) ………………… 국연 1, 간연 5

대산한성(大山韓城) ………………………… 간연 6집

농매성(農賣城) ………………………………… 국연 1, 간연 7

윤노성(閏奴城) ………………………………… 국연 2, 간연 22

고모루성(古牟婁城) ………………………… 국연 2, 간연 8

창성(?城) ……………………………………… 국연 1, 간연 8

미성(味城) ……………………………………… 간연 6집

취자성(就咨城) ………………………………… 간연 5집

삼양성(彡穰城) ………………………………… 간연 24집

산나성(散那城) ………………………………… 국연 1집

나단성(那旦城) ………………………………… 간연 1집

구모성(勾牟城) ………………………………… 간연 1집

어리성(於利城) ………………………………… 간연 8집

비리성(比利城) ………………………………… 간연 3집

세성(細城) ……………………………………… 간연 3집

considérant (les circonstances de) l'époque, a ordonné et dit : « Les rois mes ancêtres, les rois précédents ont seulement ordonné de prendre nos anciens sujets (des régions) éloignées et proches pour garder les tombeaux et nettoyer. J'ai pensé que mes anciens sujets, suivant un roulement, devaient remplir les manques[1]; peut-être moi, après dix mille ans, en établissant les gardes des tombeaux, je prendrais seulement des Han et des Yei que je ferais venir, les conduisant en personne; je leur ferais préparer et nettoyer. Mon ordre est tel. »

C'est pourquoi, conformément au décret, on a pris des Han et des Yei deux cent vingt familles. Pensant qu'ils ne savent pas les règles, alors de nouveau on a pris des anciens sujets cent dix familles. En réunissant les feux des gardes de tombeaux, anciens et nouveaux, (on a établi) gardes généraux trente, gardes trois cents, tout ensemble trois cent trente familles[2].

Depuis les premiers ancêtres et les rois précédents jusqu'alors, sur les tombeaux on n'avait pas établi de stèles, de sorte que les gardes des tombeaux faisaient des confusions. C'est seulement le Roi grand et bon Kouk kang syang koang kăi hto kyeng qui, pour tous les rois précédents ses ancêtres, sur les tombeaux, a érigé des stèles avec inscriptions, de façon que les gardes ne fassent pas de confusions. De plus le Roi a décidé que, pour les gardes de tombeaux, désormais on ne pourrait les échanger ni les vendre; et s'il y avait des (gens) assez riches, ils ne pourraient non plus oser les acheter. Ceux qui contreviendraient à cet ordre, les vendeurs

[1] [illegible] est probablement pour [illegible], ancienne forme de 羸, *yeng*.

[2] Le total de la première liste est donné exactement par l'inscription (100 gardes, 10 gardes généraux); pour la seconde liste, le rédacteur a fait une erreur de calcul : je trouve, en effet, 193 gardes, 27 gardes généraux, au lieu de 200 gardes, 20 gardes généraux. Le total d'ensemble reste le même.

⑬ 무덤지기 제도의 정립

국강상광개토경호태왕이 당시 (상황을) 고려해 명령하기를 "조왕(祖王)과 선왕(先王)들은 멀고 가까운 (지역의) 우리 옛 신민(舊民)들만 데려와 무덤을 지키고 청소하게 하였지만, 나는 우리 옛 신민들이 번갈아 부족한 것[75]을 채워야 한다고 생각했다. 만일 내가 1만 년 뒤 무덤지기를 세운다면 내가 몸소 끌고 온 한(韓)과 예(예)만 데려다가 준비하고 청소하게 할 것이다. 나의 명령은 그러하다"고 말했다.

그래서 그 명령에 따라 한과 예 220집을 데려왔으며, 그들이 규칙을 모른다고 생각해서 새로 옛 신민 110집을 데려왔다. 옛 무덤지기와 새 무덤지기의 가구들을 합쳐 국연 30집, 간연 300집, 모두 330집[76]을 세웠다.

초기 선조들과 선대 왕들부터 그 때까지 무덤에 비석을 세우지 않았기 때문에 무덤지기들이 혼동을 일으킬 수 있었다. 국강상광개토경호태왕에 들어와서야 무덤지기들이 혼동을 일으키지 않도록 모든 선조와 선왕들의 무덤 위에 비문이 있는 비석을 세웠다. 또한 왕은 그때부터 무덤지기들에게 그것을 서로 바꾸거나 팔지 못하도록 정했다. 그리고 아무리 부유한 사람이라도 감히 사지 못하게 하고, 이 명령을 어기는 사람들이나 파는 사람들은 벌을 주고, 사는 사람들은 무덤지기[77]가 되도록 하였다.

75) 羸 : 이 글자는 영(嬴)의 옛 글자인 羸일 것이다.

76) 첫 번째 목록의 합계(간연 100집, 국연 10집)는 비문에 정확하게 나타나 있다. 두 번째 목록에 대해서는 편집자가 계산하면서 착오를 일으켰다. 사실은 간연 200집, 국연 20집이 아니고 간연 193집 국연 27집이다. 총체적인 숫자는 같다.

77) 법이나 법령에 따르면 무덤지기들은 농노들이었던 것 같다. 18세기까지 많은 공공부역, 즉 뱃사공, 역참의 노예, 여러 분야의 장인들이 일은 정해진 가구들이 대대로 맡아서 했다. 이러한 제도의 흔적은 오늘날도 남아 있다. 고구려에도 비슷한 관습이 있었던 것으로 보인다.

(31)

seront châtiés; les acheteurs seront condamnés à garder les tombeaux[1].

[1] Il semble que, de droit ou par abus, les gardes des tombeaux fussent des serfs : jusqu'au XVIIIe siècle, beaucoup de services publics, ceux des passeurs, esclaves des relais de poste, artisans de divers genres, étaient remplis par des familles qui y étaient héréditairement attachées; des traces de ce régime subsistent encore aujourd'hui. Il existait sans doute une coutume analogue dans le Ko kou rye.

비면	모리스 꾸랑의 석문	비고
1면 (22자)	I-34 德, II-2 韶(초), II-35 蕨(궐), III-2 蕨, IV-32 上, V-5 號, V-13 格, V-14 于, V-36 穀, VI-5 宴, VI-38 詞, VII-19 往, VII-34 落, VIII-31 獵, X-11 若, X-16 卷, X-18 城, X-27 城, XI-19 城, XI-27 城, XI-28 瑒(창), XI-35 城	
2면 (16자)	I-21 城, I-27 那, I-37 弓, II-17 城, II-20 城, II-37 昌, III-4 城, III-15 進, III-16 至, III-31 怒, III-37 剌(날) 또는 刺(자), IV-17 △, IV-24 帀(잡), VIII-1 時, VIII-19 往, IX-9 來	
3면 (35자)	I-22 國, I-23 岡, I-24 上, I-25 廣, II-16 侵, IV-7 盪, IV-10 獲, V-24 往, VI-2 城, VI-15 隨, VI-37 鴨, VI-38 盧, VII-1 鴨, VII-3 凡, VIII-1 民, VIII-8 弓 또는 于, IX-9 梁, IX-16 梁, XI-21 蔦(조), XI-33 須, XII-22 彌, XIII-39 若, XIII-7 若 또는 臼, XIII-25 卷, XIII-33 二, XIII-34 彌, XIII-35 鄒.	
4면 (7자)	I-2 古 또는 也, I-28 就, III-4 瑞, V-36 𦏧 또는 嬴(영) VI-18 俻 (비), VIII-8 差, VIII-36 差	V-36은 옥편에 없는 한자
80자		

주 : 세로줄 사이 글자 오른쪽 위에 붙인 별표는 석문을 바꾼 것이나 문맥으로 보아 새로 복원한 것을 표시한다. 바로 아래 가로줄과 세로줄을 나타내는 숫자를 통해 수정된 글자를 쉽게 찾을 수 있을 것이다.

비면	모리스 꾸랑의 석문	비고
1면 (22자)	I-34 德, II-2 軺(초), II-35 嶡(궐), III-2 嶡, IV-32 上, V-5 號, V-13 格, V-14 于, V-36 穀, VI-5 宴, VI-38 詞, VII-19 往, VII-34 落, VIII-31 獵, X-11 若, X-16 卷, X-18 城, X-27 城, XI-19 城, XI-27 城, XI-28 瑒(창), XI-35 城	
2면 (16자)	I-21 城, I-27 那, I-37 弓, II-17 城, II-20 城, II-37 昌, III-4 城, III-15 進, III-16 至, III-31 怒, III-37 剌(날) 또는 刺(자), IV-17 △, IV-24 帀(잡), VIII-1 時, VIII-19 往, IX-9 來	
3면 (35자)	I-22 國, I-23 岡, I-24 上, I-25 廣, II-16 侵, IV-7 盪, IV-10 獲, V-24 往, VI-2 城, VI-15 隨, VI-37 鴨, VI-38 盧, VII-1 鴨, VII-3 凡, VIII-1 民, VIII-8 弓 또는 于, IX-9 梁, IX-16 梁, XI-21 蔦(조), XI-33 須, XII-22 彌, XIII-39 若, XIII-7 若 또는 臼, XIII-25 卷, XIII-33 二, XIII-34 彌, XIII-35 鄒.	
4면 (7자)	I-2 古 또는 也, I-28 就, III-4 瑞, V-36 𡤉 또는 嬴(영) VI-18 俻(비), VIII-8 差, VIII-36 差	V-36은 옥편에 없는 한자
80자		

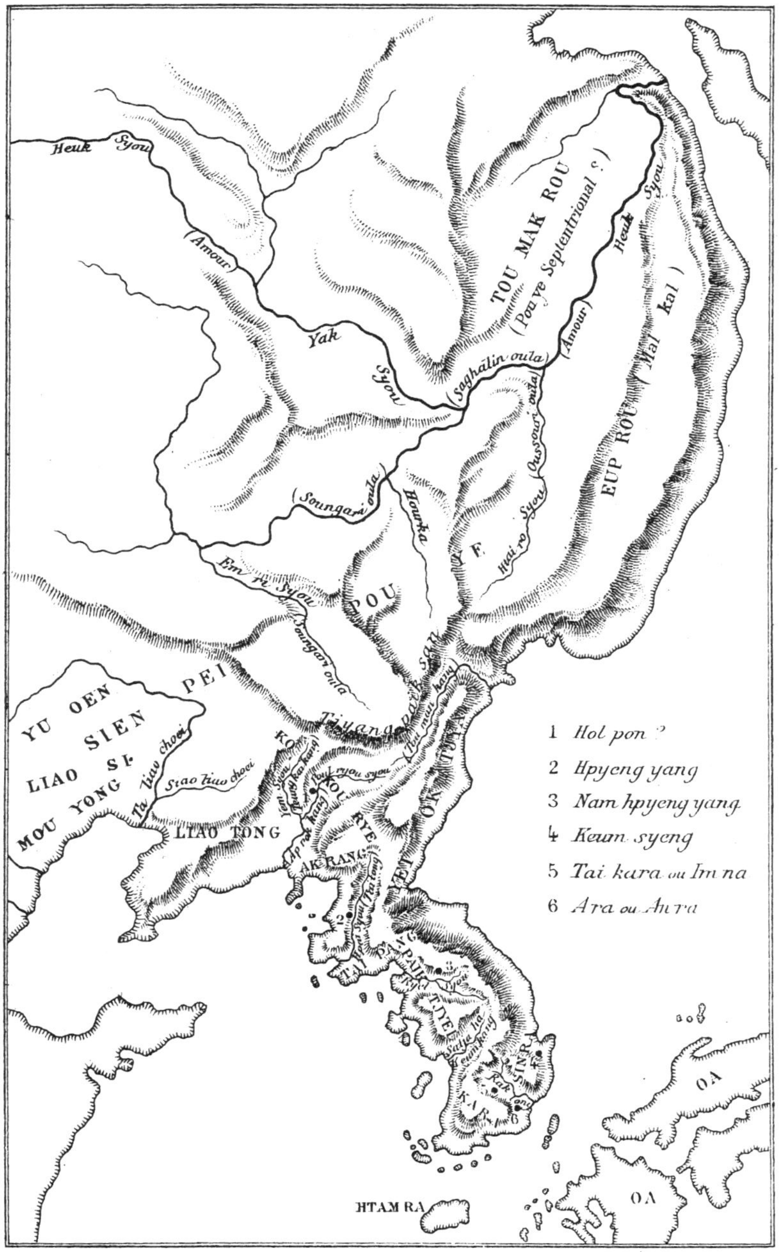
Heuk Syou
(Amour)
Yak
Syou
TOU MAK ROU
(Pou ye Septentrional ?)
(Saghalin oula)
(Amour)
Heuk Syou
EUP ROU (Mal kal)
(Soungari oula)
Houka
Em re Syou
POU
YE
PEI
YU OEN
SIEN
LIAO SI
MOU YONG
LIAO TONG
Siao Liao choei
Ta Liao choei
KO
KOU
RYE
OK
AK RANG
PAIK
TJE
SINRA
KAR
OA
OA
HTAM RA
1 Hol pon ?
2 Hpyeng yang
3 Nam hpyeng yang
4 Keum syeng
5 Tai kara ou Im na
6 Ara ou An ra

III
관련 자료집(2)

〈번역〉「한국의 고대 왕국 고구려 유적에 관한 보고서」

〈원문〉Rapport sur les Monuments de L'ancien Royaume Coréen de Kao-Keou-Li

T'OUNG PAO

通 報

OU

ARCHIVES

CONCERNANT L'HISTOIRE, LES LANGUES,
LA GÉOGRAPHIE ET L'ETHNOGRAPHIE
DE
L'ASIE ORIENTALE

Revue dirigée par

Henri CORDIER
Membre de l'Institut
Professeur à l'Ecole spéciale des Langues orientales vivantes
ET
Edouard CHAVANNES
Membre de l'Institut, Professeur au Collège de France.

SÉRIE II. VOL. IX.

LIBRAIRIE ET IMPRIMERIE
CI-DEVANT
E. J. BRILL
LEIDE — 1908

Ⅲ. 한국의 고대 왕국 고구려 유적에 관한 보고서[1)]

[옮긴이 해설]

고고학자로서 처음 고구려 국내성을 방문한 사람은 프랑스인 에두아르 샤반느(M. Éd. Chavannes)이다. 1907년 4월, 5일 동안 현지를 답사한 샤반느는 같은 해 5월에 바로 소속 아카데미에 보고서를 올린다. 그리고 이 보고서는 1907년 학회지에 발표되었는데 이것이 「고대 한국의 왕국 고구려 유적에 관한 보고서(M. Éd. Chavannes, "Rapport sur les Monuments de L'ancien Royaume Coréen de Kao-Keou-Li", Académie des Inscriptions & Belles-lettres, Comptes Rendus des Séances de L'année, Paris, Librairie Alphonse Picard et fils, 1907년 9월, 572~573쪽)」이다.

1) 1907년 9월 6일 학술대회에서 아카데미에 발표된 것이다(A주). 1907년 9월 6일 비문 · 순문학아카데미(Académie des Inscriptions & Belles-lettres) 학술대회에서 발표된 것이다. 이 주는 이미 아카데미 발표문에서 나온 것이다. 나는 아카데미 비용으로 뺀 사진과 함께 발표문을 다시 싣도록 허가해 준 상임 사무총장님에게 감사를 드린다. 읽는 이들이 새롭게 접할 수 있도록 거대한 고구려 비문 탁본 4장을 여기에 덧붙인다.
〔옮긴이주〕: 비문 · 순문학아카데미(Académie des Inscriptions & Belles-lettres)는 프랑스 5대 아카데미의 하나로 주로 사학 · 고고학 · 문헌학의 학자들로 구성되어 있다.

다음 해인 1908년 같은 내용을 본인이 편집위원으로 있는 『T'oung Pao(通報)』에 싣게 된다(M. Éd. Chavannes, "Les Monuments de L'ancien Royaume Coréen de Kao-Keou-Li", T'oung Pao(通報), Leiden, 1908년 시리즈 Ⅱ, 9호, 259~260쪽). 제목이 똑같고 내용도 거의 같은데 『통보』에 실린 보고서에는 자세한 설명을 주로 달았고, 더구나 중요한 이름, 지명, 비문 내용 같은 것을 한자로 토를 달았기 때문에 읽는 사람들이 이해하기가 훨씬 좋다.

1942년 『통보』에 실린 보고서가 일본어로 번역되었고(平山和己 옮김, 「朝鮮の古王朝高句麗の遺蹟」『收書月報』 73, 1942, 7~17쪽), 1976년 한국어로 번역되었다(김정배 옮김, 「한국의 고대 왕조 고구려의 역사적 기념물」, 『백산학보』 21, 1976, 179~193).

1907년 학회 보고서에는 주가 2개밖에 나오지 않으므로 특별히 이 주에만 A주)라는 표시를 하고, 이런 특별한 표시가 없는 주는 모두 1908년 『통보』에 달린 주이다.

읽는 이들의 편의를 위해서 Ⅰ. 비석, Ⅱ. 무덤, Ⅲ. 옛 성터 같은 제목을 붙였다. 원문에는 셋으로 절을 나누어 번호만 붙여 놓았는데 옮긴이가 따로 제목을 붙인 것이다.

지난 15년 동안 현장을 답사한 옮긴이는 이 보고서를 바탕으로 논문을 쓰면서 한국어로 새롭게 옮길 필요가 있다고 생각하여 다시 시도하였다. 옮기는 과정에서 짧은 기간에 이처럼 정확하고 다양한 보고서를 쓴 샤반느의 학자적 통찰력에 놀랐고, 아직도 논의되고 있는 많은 문제들에 대해 상당 부분 그 당시 자신의 의견을 이미 피력해 놓았다는 것을 알게 되었다. 현장을 많이 답사한 옮긴이는 마치 100년을 거슬러 올라가 샤반느와 함께 여행하는 기분으로 흥분 속에서 이 작업을 하였다.

LES MONUMENTS DE L'ANCIEN ROYAUME COREEN DE KAO-KEOU-LI[1])

PAR

EDOUARD CHAVANNES.

Pendant mon séjour à Moukden, du 14 au 22 avril 1907, j'ai trouvé chez les autorités chinoises, et notamment chez le maréchal Tchao Eul-souen 趙爾巽[2]), une si grande bienveillance que je me suis décidé à la mettre à profit pour entreprendre une expédition archéologique dans la partie la plus orientale de la province mandchoue de Cheng-king, sur les bords du fleuve Yalou qui sépare la Chine de la Corée. Je savais en effet, par un article de M. Maurice Courant publié dans le *Journal Asiatique* de mars-avril 1898 (p. 210–238), que des voyageurs japonais avaient signalé, auprès de la localité de T'ong-keou 通溝[3]), un groupe important de monuments, vestiges de l'ancien royaume de Kao-keou-li

1) Communiqué à l'Académie des Inscriptions et Belles-lettres dans la séance du 6 septembre 1907. — Cette note a déjà paru dans les comptes-rendus de l'Académie; je remercie M. le Secrétaire perpétuel d'avoir bien voulu m'autoriser à la reproduire ici avec les figures qui ont été gravées aux frais de l'Académie; j'y ai ajouté les quatre planches de la grande inscription du Kao-keou-li dont nos lecteurs auront ainsi la primeur.

2) Aujourd'hui vice-roi du Hou-kouang.

3) Et non 洞溝, comme écrivent par erreur les auteurs japonais.

한국의 고대 왕국 고구려 유적에 관한 보고서

베이징(北京), 1907년 5월 27일[2)]

1907년 4월14일부터 22일까지 내가 묵덴[3)]에 머무르고 있을 때, 중국의 고위층, 특히 짜오얼순(趙爾巽)[4)] 장군에게 큰 환대를 받았다. 그래서 내가 만주지역에서 가장 동쪽에 있는 성경(옮긴이 주 : 盛京), 중국과 한국을 가르는 압록강 가로 고고학적 탐사를 하기로 결정할 수 있었다.

나는 모리스 꾸랑(Maurice Courant) 씨가 『아시아 잡지(Journal Asiatique)』 1898년 3 · 4월호(210~238쪽)에 발표한 논문을 통해 일본 여행자들이 통구(通溝)[5)] 가까운 곳에서 꼬레(Corée)라는 이름을 주었던 고구려(高句麗) 고대 왕국의 유적과 중요한 유적 한 떼를 발견하였다는 사실을 알았다.

---

2) 〔옮긴이주〕 : 1907년 학회에 보고서를 보낸 날짜이다. 5월 8일까지 답사를 마치고 북경에 돌아와 바로 쓴 것이다. 『통보』 보고서에는 없는 문구이다.

3) 〔옮긴이 주〕 : 묵덴(Mukden)은 지금의 요령성(遼寧省) 심양(瀋陽)의 만주어(滿洲語) 이름이다. 여진족의 후예인 만주족이 청나라를 세운 뒤 태조 누루하치가 1625년 심양으로 수도를 옮겼다. 1634년 태종(太宗) 황태극(皇太極)이 성경(盛京)이라고 바꾸어 국도(國都)가 되었다. 1644년 수도를 북경으로 옮긴 뒤, 1857년 만주족이 중국 전체를 통일하고 심양에 봉천부(奉天府)를 설치하였다. 1945년 만주국이 망하고 일본에서 해방되면서 심양이란 이름이 다시 쓰이게 되었다.

4) 지금의 후꽝(湖廣) 부총독.

5) 일본 학자들은 통구(洞溝)라고 쓰고 있는데 잘못된 것이다.

高句麗 qui a donné son nom à la Corée. Parmi ces monuments, une grande inscription du commencement du Ve siècle de notre ère, qui a été publiée et traduite par M. Courant d'après les travaux des archéologues japonais, est un document historique dont la valeur est considérable. Cependant nous n'avions jusqu'ici aucun estampage qui nous permît d'étudier avec toute la précision désirable le texte de la stèle; nous ne possédions aucune photographie des tombeaux qui sont situés dans la même région et qui sont, eux aussi, des restes de l'ancienne civilisation coréenne; enfin aucun voyageur de race blanche n'avait jusqu'ici exploré cette partie lointaine du territoire chinois. Il y avait donc un réel intérêt à aller visiter un site aussi mal connu.

Des difficultés de deux sortes pouvaient se présenter: les premières étaient celles que la nature aurait opposées si la route avait été dangereuse; les secondes étaient celles que les hommes auraient suscitées si le pays avait été rendu peu sûr par des bandes de malfaiteurs. En ce qui concerne les périls naturels, j'ai pu constater qu'ils n'existaient pas; les six jours de marche de Moukden jusqu'à la sous-préfecture de T'ong-houa 通化 se font en charrette sur une route qui ne présente d'autres inconvénients que la poussière et les fondrières communes à toutes les voies de communication en Mandchourie; à partir de T'ong-houa, la carte de la région est fort mal faite, et nous avons eu quelque peine à déterminer exactement le chemin par où nous devions passer [1]); ici

1) La carte la moins mauvaise est la carte allemande de la Chine orientale au millionième; sur la feuille de Pyöng-yang on pourra suivre mon itinéraire à partir de T'ong-houa; je me suis d'abord rendu à Sseu tao kiang 四道江, c'est-à-dire au quatrième passage de la rivière, car, dans toute cette région, les localités sont désignées par le numéro d'ordre du gué qu'on y traverse; puis j'ai passé par les villages de Leou tao keou

이 유적 가운데 서기 5세기 초의 거대한 비문은 상당히 가치 있는 역사적 기록인데, 일본 고고학자들이 연구한 것을 모리스 꾸랑이 (프랑스 어로) 번역, 발표한 것이다. 그러나 아직까지 우리가 바라는 만큼 정확하게 비문을 연구할 수 있는 탁본이 없었고, 같은 지방에 있고 한국 고대문화유적인 무덤 사진 한 장도 없었으며, 지금까지 백인 여행가는 누구도 이렇게 중국의 먼 지역까지 탐험한 사람이 없었다. 이 때문에 알려지지 않은 이 지역을 찾아 갈 진짜 흥미를 갖게 되었던 것이다.

두 가지 어려운 일이 있을 수 있었다. 하나는 자연이 주는 어려움, 즉 도로가 위험하다는 것이고, 다른 하나는 인간이 주는 어려움, 즉 비적떼 때문에 나라가 안전하지 않다는 것이다. 첫 번째 자연적인 위험은 없다는 것을 알 수 있었다. 묵덴에서 통화(通化)현까지 엿새 동안 마차로 가는 일정은 대체로 만주의 모든 길이 그러하듯 웅덩이가 많고 먼지나는 것 빼놓고는 다른 불편한 점이 없었다.

통화에서는 그 지역 지도가 제대로 만들어지지 않아 어떤 길을 정확하게 가야 할지 결정하느라 애를 먹었다.[6)]

---

6) 중국 동부에 관한 지도 가운데 괜찮은 지도는 독일에서 나온 100만분의 1 지도이다. 평양(이라고 제목이 붙은) 쪽을 보면 통화에서 우리가 갈 길을 따라갈 수가 있다. 먼저 스따오캉(四道江)으로 갔다. 이 지역에서는 강 건널목 순서에 따라 땅이름을 붙이고 있는데, 이곳은 강에서 네 번째 통과 점에 해당되는 것이다. 다음 루따오구(六道溝), 빠타오구(八道溝), 까오리청즈(高麗城子), 쓰따오구(十道溝), 쓰이따오구(十一道溝)를 차례로 지나갔다. 쓰이따오구(十一道溝)부터는 가파른 비탈이 시작되는데, 1시간 남짓 가면 라오링(老嶺) 고개에 다다른다. 여기서 산꼭대기를 넘어간다. 라오링(老嶺)에서 통구로 가는데 거쳐가는 지역은 다음과 같다 : 슈앙차투(雙岔頭), 초차오디(錯草地), 따후앙구(大荒溝), 투구(土口). 이 고개에 다다르면 눈앞에 동쪽이 압록강 물로 막힌 반원형의 통구평야가 펼쳐진다. 통구 고개를 내려가면 왼쪽에 장군무덤(將軍墳)이라는 이름으로 알려진 피라미드가 있고, 그 유명한 고구려 왕국의 비석이 서 있는 동강(東岡)이란 작은 부락에 다다른다. 여기서 6리쯤 서남쪽으로 더 가면 통구(通溝)에 이른다.

encore cependant on ne se heurte à aucun obstacle sérieux; les montagnes redoutables que nos cartes indiquent, en les plaçant d'ailleurs beaucoup trop à l'Ouest, entre la sous-préfecture de T'oung-houa et la rivière Yalou, n'ont en réalité pas plus de mille mètres d'élévation; on les traverse en remontant le cours d'une petite rivière du versant occidental, puis en descendant la vallée d'un cours d'eau de moindre importance sur le versant opposé; nous n'avons rencontré de difficultés que dans les passages à gué où nos montures avaient parfois de l'eau jusqu'au ventre dans un courant assez fort; il faut quatre jours à cheval pour aller de T'ong-houa à T'ong-keou; si nous avons mis six jours à faire ce trajet, c'est par suite d'une modification d'itinéraire qui nous a obligés à revenir sur nos pas pendant une journée entière.

Quant aux fameux brigands à cheval (Ma tsei) ou Kongouses (Hong hou tseu), leur existence n'est point un mythe, encore que leurs exploits soient peut-être exagérés par les Japonais, désireux qu'aucun étranger ne pénètre dans la zone d'influence qu'ils s'attribuent. Comme le maréchal Tchao me garantissait cependant qu'il

---

六道溝, Pa tao keou 八道溝, Kao-li tchʻeng tseu 高麗城子, Che tao keou 十道溝, Che yi tao keou 十一道溝; c'est à partir de cette localité que commence la montée assez raide qui mène en un peu plus d'une heure à la passe Lao ling 老嶺; la route franchit en cet endroit la crête des montagnes; à partir du Lao ling, les localités qu'on traverse pour aller à Tʻong-keou sont les suivants: Chouang-tcha-tʻeou 雙岔頭, Tsʻo-tsʻao-ti 錯草地, Ta-houang keou 大荒溝, col Tʻou-kʻeou 土口; quand on arrive à cette passe, on voit s'ouvrir devant soi la plaine demi-circulaire de Tʻong-keou limitée à l'Est par le cours du Yalou; en descendant de la passe Tʻou-kʻeou, on laisse à gauche la pyramide connue sous le nom de tombe du maréchal 將軍墳, puis on arrive au petit hameau de Tong kang 東岡 où se dresse la fameuse stèle du royaume de Kao-keou-li. En marchant encore pendant huit *li* vers le Sud-Ouest, on arrive à Tʻong-keou 通溝.

그러나 그곳에서도 심각한 장애는 하나도 없었다. 우리 지도에 나타난 위험한 산들은 통화현에서 압록강까지 (가는 길에서) 훨씬 서쪽에 그려져 있고, 실제로는 1000m도 채 되지 않았다. 서쪽 비탈의 작은 개울을 거슬러 산을 넘고, 그리고 반대편 비탈의 작은 물줄기가 흐르는 계곡을 내려가며 산을 넘어갔다. 어려운 점 하나는 강을 건널 때 가끔 물살이 센 곳에서는 우리가 탄 말의 배까지 물이 차는 것뿐이었다. 통화에서 통구까지는 말로 4일이 걸린다. 그런데 우리는 엿새나 걸린 것은 (길을 잘못 가) 갔던 길을 하루 종일 되돌아와야 했던 일정 변경 때문이었다.

그 유명한 마적이나 홍호자(紅鬍子)[7]가 있다는 것은 지어낸 말이라 해도 좋다. 그들의 활약상은 자신들이 영향력을 행사하고 있는 지역에 어떤 외국인도 들어오지 않기를 바라는 일본인들이 부풀린 것일 수도 있다.

7) 〔옮긴이 주〕: 마적을 일컫는 다른 이름.

ne m'arriverait aucune mésaventure, je me suis mis en route avec quatre soldats d'escorte qui devaient être renforcés dans toutes les sous-préfectures où je passerais par un ou deux gendarmes de la police locale. Je n'ai fait aucune rencontre fâcheuse et j'ai été reçu par tous les fonctionnaires chinois auxquels j'ai eu affaire avec une courtoisie et une bonne grâce que je tiens à reconnaître.

La localité de T'ong-keou est située à quelques centaines de mètres au Nord du fleuve Yalou par environ 126° 20′ E. de Greenwich, et 41° 5′ de lat. Nord; elle a été érigée en sous-préfecture sous le nom de Tsi-ngan hien 輯安縣 depuis l'année 1902; pour marquer cette élévation en dignité, on l'a entourée d'un rempart quadrangulaire en terre, à l'intérieur duquel un petit nombre de maisons sont disséminées au milieu de champs de culture; cette prétendue cité n'a jusqu'ici qu'une existence factice, et si on lui enlevait son rempart et son titre de sous-préfecture, on ne se trouverait plus en présence que d'un maigre hameau. Le sous-préfet actuel, Wou Kouang-kouo 吳光國, évalue à quatre cents le nombre des habitants de la ville; il a sous sa juridiction, dans toute l'étendue du territoire qu'il administre, sept mille familles chinoises et mille familles coréennes; il maintient l'ordre avec deux cents soldats.

Les monuments de T'ong-keou peuvent être répartis sous trois titres: la stèle, les tombes, l'ancien rempart.

짜오(趙) 장군이 어떤 재난도 일어나지 않을 것이라고 장담했기 때문에 나는 4명의 호위병과 함께 길을 떠났고, 내가 통과한 모든 현에서 지방경찰을 한두 명 강화해야 했다. 그래서 아무런 곤란을 만나지 않았고, 내가 만난 모든 중국 관리들은 아주 예의바르고 호의적이어서 나는 늘 고마워하고 있다.

통구지역은 동경 126° 20′ 북위 41° 05′ 쯤 되는 곳으로 압록강에서 북쪽으로 몇 100m 떨어져 있다. 이곳은 1902년 지안현(輯安縣)이란 이름의 현으로 승격되었다. 이 승격에 맞는 격식을 갖추기 위해 흙으로 네모난 성벽을 쌓았는데, 성 안에는 경작지 사이에 몇 채의 집들이 흩어져 있었다. 지금까지 이곳을 도시라고 부른 것은 자연스럽지 못하다. 성벽과 현이라는 명칭을 없애버리면 현재는 초라한 마을밖에 더 볼 것이 없기 때문이다. 현재 현장인 우꾸앙구오(吳光國)는 성안 주민을 400명쯤으로 평가하였다. 그가 다스리는 전 지역에는 중국인 7000가구와 조선인 1000가구가 있고, 200명의 군인이 치안을 유지하고 있다고 하였다.

통구의 유적은 비석, 무덤, 옛 성터 세 가지로 나눌 수 있다.

I.

LA STÈLE.

Dès que le voyageur qui vient de T'ong-houa a franchi le col de T'ou-k'eou et voit s'étendre devant ses yeux sur la rive droite du Yalou, la petite vallée semi-circulaire de T'ong-keou, il peut apercevoir vers le Sud une tache sombre dans la plaine; c'est le

Fig. 2. — T'ong-keou. — Stèle du Kao-keou-li (face Nord). [1])

bloc énorme de la stèle à côté de laquelle il passera une demi-heure plus tard en continuant sa route. Ce monument est à huit li (un peu moins de quatre kilomètres) au N.-E. de T'ong-keou,

1) La photographie marquée 1 n'a pu être reproduite.

I. 비석

통화에서 온 여행자가 토구(옮긴이 주 : 土口)라는 고개를 넘어 압록강 오른쪽 언덕 위에 펼쳐진 반원형 통구 계곡을 보자마자, 남쪽 평원 위에 까만 점을 하나를 볼 수 있다. 그것이 바로 거대한 비석인데, 길을 계속 가면 30분 뒤 그 곁을 지나가게 된다. 이 비석은 통구에서 동북쪽으로 8리(4km 빠듯한) 떨어진 곳에 있는 동강(옮긴이 주 : 東岡)이라는 마을 높은 곳에 서 있다.

〈사진 2〉 통구 – 고구려 비석(북쪽 면)[8]

8) A주) : 1번 표시가 된 사진을 인화할 수가 없었다. 그러나 샤반느가 (옮긴이 주 : 2번이라고) 번호를 매긴 것을 그대로 따랐다. T주) : 1번 표시가 된 사진을 인화할 수가 없었다.

dans le haut d'un village nommé Tong-kang; c'est un monolithe de serpentine verdâtre d'une hauteur de 6^{m} 20 environ, qui a la forme d'un pilier quadrangulaire; on ne peut en mesurer les faces qu'approximativement, à cause de l'irrégularité des arêtes; le côté Sud [1]) est large de 1^{m} 46 et comprend 11 lignes d'écriture; le côté Ouest

Fig. 3. — T'ong-keou. — Stèle du Kao-keou-li (face Sud).

mesure 1^{m} 45 de large et compte 10 lignes; le côté Nord comporte 14 lignes (dont la première est entièrement effacée) et mesure 1^{m} 94; le côté Est, avec 9 lignes de texte, est large de 1^{m} 41. Chaque ligne est de 41 mots; les caractères sont profondément

1) L'orientation de la stèle n'est pas nettement le Sud; elle est SSO.

높이 6m 20cm쯤 되는 네모진 기둥처럼 생겼는데, 초록빛을 띤 사문석(옮긴이 주 : 蛇紋石)이다. 모서리각이 고르지 않아 그 표면은 대강 잴 수밖에 없는데, 남쪽[9)]면 너비 1m 46cm 11줄, 서쪽 면 너비 1m 45cm 10줄, 북쪽 면 1m 94cm 14줄(첫 줄은 거의 지워졌다), 동쪽 면 너비 1m 41cm 9줄의 글이 적혀 있다. 줄마다 41자이고, 글자는 바위에 깊이 새겨져 있는데,

〈사진 3〉 통구 – 고구려 비석(남쪽 면)

9) 비석의 방향은 정남(正南)쪽이 아니고 남남서쪽이다.

gravés dans le roc et mesurent en moyenne 10 centimètres de haut sur 9 de large. L'inscription commence à environ 1 mètre au-dessous du sommet du bloc et descend jusqu'en bas.

Fig. 4. — T'ong-keou. — Stèle du Kao-keou-li (face Est).

Il n'est point aisé d'estamper un texte d'aussi grande dimension; aussi dois-je une reconnaissance toute particulière au maréchal Tchao qui a bien voulu me faire don d'un excellent estampage pris, d'après la méthode chinoise, en blanc sur noir, ce qui m'a permis d'en tirer aisément la reproduction ci-jointe [1]). Au moment

1) Par suite d'un malentendu avec le graveur, les quatre planches que nous publions ici ont des longueurs différentes et une largeur identique; pour que la reproduction des

글자 크기는 평균 너비 9cm, 높이 10cm다. 비문은 비석 꼭대기에서 1m쯤 내려온 곳에서 시작하여 바닥까지 내려간다.

이처럼 거대한 비문의 탁본을 뜨는 일은 결코 쉬운 일이 아니다. 따라서 짜오 장군이 중국식으로 떠놓은 훌륭한 흑백 탁본을 나에게 준 것에 대해서 특별히 감사드린다.[10] 덕분에 여기 덧붙인 도판을 쉽게 만들 수 있었다.

〈사진 4〉 통구 – 고구려 비석(동쪽 면)

10) 사진 제판사가 잘못 알아 우리가 인쇄한 4개의 도판을 길이가 다르고 너비 같게 되었다. 탁본의 도판이 정확하려면 위와 반대로 길이가 같고 너비가 달라야 한다.

où j'ai fait mes photographies (fig. 2, 3, 4), la stèle était toute noire de l'encre de Chine qui avait servi à imprimer cet estampage et les perches de l'échafaudage qu'avaient dû élever les ouvriers entouraient le monument.

Du contenu de l'inscription je ne dirai rien en ce moment, car ce n'est pas en cours de route que j'ai pu avoir les moyens de faire une étude approfondie d'épigraphie. L'article précité de M. Courant permet dès maintenant d'apprécier l'importance de ce texte qui nous révèle que nous sommes à T'ong-keou sur l'emplacement de la capitale même de l'ancien Kao-keou-li, et qui nous apprend quels furent les exploits d'un des chefs de ce puissant royaume; il y a là toute une page, et non des moindres, de l'histoire de l'Asie orientale. Mais il reste encore bien des points obscurs à élucider dans ce texte; l'estampage que j'ai pu me procurer assure du moins une base solide aux recherches nouvelles qu'il faudra entreprendre.

II.

LES TOMBES.

A environ deux kilomètres au Nord de la stèle est une sorte de pyramide tronquée quadrangulaire construite en blocs énormes de granit rose; elle est connue localement sous le nom de «tombe du maréchal» (tsiang kiun fen), mais elle appartient en réalité à une sépulture royale (figures 5, 6, 7, 8, 9); ce monument cyclopéen a vivement frappé l'imagination populaire; on raconte que les hommes qui le construisirent étaient des géants qui avaient le double de la taille ordinaire; un respect religieux l'entoure; un malfaiteur qui voulut violer cette sépulture tomba mort, dit-on, dès

estampages fût absolument fidèle il aurait fallu, au contraire, que les planches eussent toutes même longueur et différassent en largeur.

내가 사진(사진 2, 3, 4)을 찍었을 때 비석은 탁본을 뜰 때 쓴 중국 먹 때문에 시꺼멓게 되어 있었고, 일꾼이 올라가 일했던 발판 장대가 비석을 둘러싸고 있었다.

금석학을 깊이 있게 연구할 수 있는 일정이 아니었기 때문에 여기서는 비문 내용을 다루지 않는다. 앞에서 인용한 모리스 꾸랑의 논문이 앞으로 비문의 중요성을 충분히 평가해 줄 것이다. 이 비문은 우리가 옛 고구려 수도가 있던 통구에 있다는 것을 보여주고, 강대한 왕국의 한 왕에 대한 공적이 어떤 것인지 알려주고 있다. 여기에 동아시아의 위대한 역사의 한 페이지가 통째로 들어 있다. 그러나 아직도 이 비문에는 밝혀야 할 불분명한 점들이 많이 있다. 내가 얻은 탁본은 적어도 앞으로 새로운 연구를 기획하는 데 튼튼한 기초가 될 것이라고 확신한다.

Ⅱ. 무덤

비석에서 북쪽으로 2km쯤 되는 곳에 분홍색 쑥돌(화강암) 돌덩이로 된 거대한 네모꼴의 머리가 잘린 피라미드가 있다. 현지에 사는 사람들은 장군무덤(將軍墳)이라고 부르는데, 사실은 왕릉(사진 5, 6, 7, 8, 9)에 속하는 것이다. 이 거대한 유적[11]은 사람들의 상상력을 생생하게 불러일으켜, 어떤 사람은 이 유적을 만든 사람은 보통 사람보다 두 배나 큰 거인들이었다고 말하고, 종교적 경외감을 나타내는 사람도 있고, 무덤에 침입하려던 강도가 무덤방 덮개돌을 들어 올리자마자 죽었다는 이야기도 있고,

11) 〔옮긴이 주〕: 원문에는 monument cyclopéen(키클로페스 유적)이란 표현을 썼다. 키클로페스 족이 만든 것으로 전해지는 거대한 건축물인데, 모르타르를 사용하여 큰 돌을 쌓아 만들었다.

qu'il essaya de soulever une des dalles de la chambre funéraire; deux autres qui avaient pénétré dans la tombe furent frappés de cécité.

La pyramide est orientée vers le Sud, mais avec une notable inclinaison du côté de l'Ouest; elle est constituée par sept assises successives, chaque assise étant en retrait par rapport à celle qui lui est inférieure. La première assise repose sur un soubassement qui la dépasse de 67 centimètres et qui émerge à 24 centimètres

Fig. 5. — T'ong-keou. — Tombe du Maréchal (face Sud).
On voit, en haut, l'entrée de la chambre funéraire supérieure.

au-dessus du sol; cette première assise comprend quatre rangées de blocs de granit formant aux angles du monument une arête qui a en moyenne 3^{m} 30 de hauteur totale; la plus basse pierre mesure de 1 mètre à 1^{m} 10; la seconde, environ 0^{m} 75; la troisième et la quatrième, chacune 0^{m} 70; en outre, le retrait de la seconde pierre sur la première est de 17 centimètres; celui de la troisième sur la seconde est aussi de 17 centimètres; celui de la quatrième sur la troisième est de 14 centimètres (fig. 9).

La seconde assise est en retrait de 1^{m} 10 sur la première; elle

또 침입한 두 사람이 갑자기 눈이 멀어버렸다는 얘기도 전해진다.

〈사진 5〉 통구 – 장군무덤(남쪽 면). 높은 곳에 위 무덤방 입구가 보인다.

이 피라미드는 남쪽을 향하고 있는데, 서쪽으로 경사가 심하다. 7층으로 이어져 있는 각 층을 아래층보다 조금씩 들어가게 쌓았다. 1층은 앞으로 67cm 튀어나오고 땅바닥에서는 24cm 드러나 있는 기단 위에 서 있다. 1층은 4단의 쑥돌(화강암)을 겹겹이 쌓았는데 합친 높이가 3m 30cm이다. 가장 아래 단 1m~1m 10cm, 2단 약 75cm, 3단과 4단은 각각 60cm다. 또 1층에서 2단 돌은 1단 돌보다 17cm 안쪽으로 들여쌓았고, 3단 돌도 마찬가지로 2단보다 17cm, 4단은 3단보다 14cm 안쪽으로 들여쌓았다(사진 9).

se compose de trois rangs de blocs ayant une hauteur totale de 1^m 64. Dans cette assise comme dans les assises supérieures, le retrait de chaque pierre sur celle qui la précède est beaucoup moins marqué que dans la première assise; ce retrait n'est plus ici constitué que par un rebord de 9 centimètres de large sur 1 centimètre et demi de haut qui court à l'extrérieur de la pierre du dessous et qui assure la stabilité de la pierre du dessus encastrée à l'intérieur de ce rebord.

Fig. 6. — T'ong-keou. — Tombe du Maréchal (face Est).

La troisième assise, en retrait de 1^m 16 sur la seconde, se compose de trois rangs de blocs ayant une hauteur totale de 1^m 50. Le retrait de chacune des assises suivantes sur celle qui la précède est également de 1^m 16; ces assises, composées elles aussi de trois rangs de blocs chacune, ont les hauteurs suivantes: la quatrième, 1^m 37; la cinquième, 1^m 32; la sixième, 1^m 16; la septième, 0^m 99.

Si on additionne les hauteurs des arêtes des sept assises, on trouve que la longueur totale d'une arête de la pyramide doit être d'un peu plus de 11 mètres.

2층은 1층보다 1m 10cm 들여쌓았는데, 3단의 돌로 쌓은 전체 높이는 1m 64cm이다. 이 층에서는 그 위층 전부가 그렇듯이 1층 각 단의 들여쌓기에 비해 그 차이가 매우 엷다. 또 윗돌을 올려놓는 아래 돌의 위쪽 끝마다 너비 9cm, 높이 1.5cm의 턱을 만들어 서로 맞물리게 하여 윗돌의 안정감을 주었다.

〈사진 6〉 통구 – 장군무덤(동쪽 면)

3층은 2층보다 안으로 1m 16cm 들어갔으며, 3단의 돌덩이로 되어 있는데 총 높이가 1m 50cm이다. 3층에서 7층까지는 층마다 모두 똑같이 1m 16cm씩 들여쌓기를 하고, 모두 3단의 돌덩이로 만들었는데, 높이는 4층 1m 37cm, 5층 1m 32cm, 6층 1m 16cm, 7층 99cm이다.

7층 각 층의 높이를 합쳐서 얻은 이 피라미드의 높이는 11m 남짓 된다.

Au bas de chacune des quatre faces de la pyramide sont appuyés trois blocs de pierre énormes de forme irrégulière; ils s'élèvent pour la plupart plus haut que le sommet de la première assise; l'un de ces blocs est au centre de la face du monument; les deux autres sont voisins respectivement des deux angles. Le bloc occidental de la face sud mesure 3 mètres 78 de hauteur (fig. 9).

Fig. 7. — T'ong-keou. — Tombe du Maréchal (angle Nord-Est, avec les faces Est et Nord).

La largeur de la pyramide à la base est de 31 mètres de côté environ. Il est difficile de mesurer exactement la largeur que devait avoir à son faîte la pyramide tronquée, car la septième assise est presque entièrement détruite et il n'en subsiste guère qu'une partie sur la face orientale; cependant, en tenant compte de divers indices de construction, on peut estimer que la dernière assise devait avoir environ 13 mètres de côté.

Les pierres formant la crête de cette dernière assise présentent sur leur face supérieure des trous ronds de 8 centimètres de diamètre sur 11 centimètres de profondeur; ils sont respectivement

피라미드의 네 면의 밑에는 모두 생김새가 다른 큰 돌을 3개씩 기대어 놓았는데, 그 꼭대기 부분은 거의 1층보다 높게 올라와 있다. 이 버팀돌은 하나는 각 면의 가운데 있고, 2개는 각각 두 귀퉁이 가까이에 있다. 남쪽 면의 서쪽 것은 높이가 3m 78cm나 된다(사진 9).

〈사진 7〉 통구 – 장군무덤(동 · 북쪽 면과 동북 모서리)

피라미드 기단 너비는 한 변이 31m쯤 된다. 7층은 거의 무너져 동쪽 일부만 남아 있기 때문에, 목 잘린 피라미드 꼭대기의 너비를 정확히 재는 것은 어렵지만 여러 가지 건축 구조를 헤아려 보면 한 변의 길이가 13m쯤 된다.

distants les uns des autres de 42 centimètres. Je ne m'explique l'existence de ces trous qu'en supposant qu'ils servaient à maintenir par la base des colonnettes en bois; celles-ci elles-mêmes auraient supporté une toiture en tuiles, et c'est ce qui justifierait la présence sur les flancs du monument de nombreux débris de tuiles faites en une argile dure de couleur noire; j'ai rapporté quelques-uns de ces fragments [1]); on remarquera sur leur face interne un quadrillage qui provient de ce qu'on façonnait la tuile fraîche en

Fig. 8. — T'ong-keou. — Tombe du Maréchal (angle Nord-Ouest, avec les faces Ouest et Nord).

la posant sur une toile grossière de chanvre; les tuiles qu'on fabrique aujourd'hui encore dans cette région présentent le même quadrillage dû à la même cause.

Si mes conjectures sont exactes, l'édifice, lorsqu'il était complet, devait donc offrir l'aspect d'une pyramide tronquée à sept assises dominée par une charpente quadrangulaire en bois qui supportait une toiture en tuiles noires [2]). A l'intérieur de ce pavillon, l'énorme

1) Ils sont actuellement déposés au Musée Guimet.

2) Cette conjecture a été confirmée à mes yeux lorsque j'ai visité à huit *li* au NE de

맨 꼭대기 층을 이루는 돌 윗면에는 지름 8cm, 깊이 11cm짜리 장부구멍이 42cm 간격으로 뚫려 있다. 이 구멍은 나무 기둥을 박는 데 사용한 것이고, 이 나무 기둥은 기와지붕을 받치는 데 쓰였을 것이다. 그래야만 이 무덤 주변에 검은 흙으로 만든 단단한 기와 조각이 많이 흩어져 있는 것을 설명해 줄 수 있다. 나는 그 기와를 몇 조각 가지고 왔다.[12] 이 기와 안쪽 면에 바둑판무늬가 보이는데, 삼베의 거친 천 위에 새 기와를 놓아 만들었기 때문이다. 현재도 이 지역에서 만들어진 기와에는 같은 과정을 거친 바둑판무늬가 있다.

〈사진 8〉 통구 – 장군무덤(서 · 북쪽 면과 서북 모서리)

나의 가설이 옳다면 이 건축물이 완전했던 때는 7층 위에 네모난 나무 기둥으로 받쳐진, 검은 기와지붕을 가진 머리 없는 피라미드 꼴을 하고 있었을 것이다.[13]

12) 이 조각들은 현재 기메박물관에 소장되어 있다.

13) 이것은 내가 취푸쉬엔(曲阜縣, 산동성)에서 동북쪽으로 8리 떨어져 있는 소호능(少皞陵)이란 이름으로 알려진 고분을 실제 본 결과를 가지고 추측한 것이다. 이 능도 장군무덤과 비슷하게 머리가 잘린 피라미드 꼴이고 그 꼭대기에 기와로 지붕을 이은 조그마한 집이 있다.

dalle servant de couvercle à la pyramide était surmontée d'un rang de blocs de granit rose.

A la hauteur de la seconde pierre de la quatrième assise se trouve, sur la face sud, la base d'une ouverture quadrangulaire dont

Fig. 9. — T'ong-keou. — Tombe du Maréchal (angle Ouest de la face Sud. Remarquer le bloc de pierre servant de contrefort).

le haut atteint juste la première pierre de la sixième assise (fig. 5). Cette ouverture mesure 1^{m} 94 de large et 1^{m} 50 de haut; mais sa hauteur est réduite à 91 centimètres environ par un seuil de 56

K'iu-feou hien 曲阜縣 (prov. de Chan-tong), le singulier monument connu sous le nom de Tombe de Chao-hao 少皞陵; ici aussi nous nous trouvons en présence d'une pyramide tronquée, analogue à celle de la Tombe du maréchal, quoique ses assises ne soient pas rentrantes; au sommet de cette pyramide s'élève un petit édicule recouvert de tuiles.

그리고 그 닫집 속에는 피라미드 덮개로 쓰인 큰 돌 위에 한 단의 분홍빛 쑥돌(화강암)이 있었다.

〈사진 9〉 통구 – 장군무덤(남쪽 면의 서쪽 모서리. 버팀돌이 보인다)

4층 두 번째 단과 같은 높이의 남쪽에 네모난 입구의 기단이 있고, 입구 꼭대기는 바로 6층의 첫 번째 단에 다다른다(사진 5). 이 입구는 너비 1m 94cm, 높이 1m 50cm인데, 너비 25cm, 높이 56cm의 문턱 때문에 실제 높이는 91cm로 줄어든다.

centimètres de haut sur 25 centimètres de large. Après avoir franchi le seuil, on traverse un couloir d'une longueur de 5^m 50 environ, et, comme on descend quelques marches en partie détruites, la hauteur augmente progressivement en sorte qu'elle est de 2^m 20 au moment où on débouche du couloir dans la salle à laquelle il donne accès.

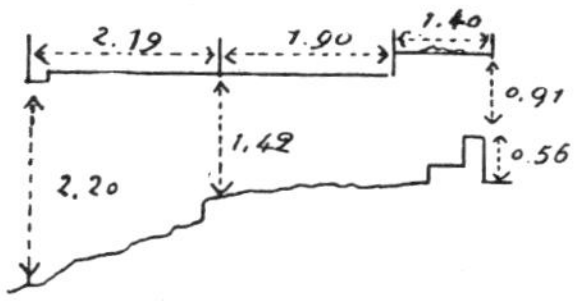

Coupe longitudinale du couloir donnant accès à la salle dans l'intérieur de la pyramide.

Cette salle, qui s'élève jusqu'au sommet de l'édifice, est un cube de 5^m 40 à 5^m 60 de côté et de 4^m 93 à 5^m 03 de hauteur; elle n'est pas voûtée, elle est simplement recouverte par une dalle colossale reposant par ses bords sur quatre solives de pierre qui font saillie de 70 centimètres environ sur les quatre parois de la salle auxquelles elles sont respectivement parallèles. La hauteur de chaque paroi jusqu'à la solive qui la couronne étant de 4^m 10, tandis que

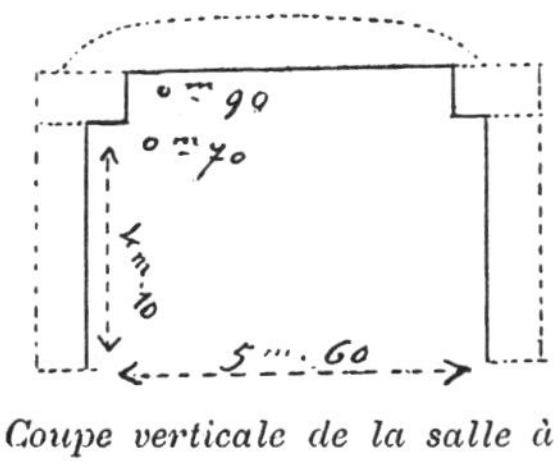

Coupe verticale de la salle à l'intérieur de la pyramide.

la hauteur totale de la paroi et de la solive jusqu'à la dalle servant de couvercle est de 5 mètres environ, on peut évaleur à 90 centimètres l'épaisseur de la solive.

Les parois sont faites de six rangs de blocs de granit: voici

문턱을 넘어서면 길이가 5m 50cm쯤 되는 널길(羨道)이 있고, 무너진 곳으로 몇 걸음 내려가면 높이가 점점 늘어나 널방 입구에서는 2m 20cm쯤 된다.

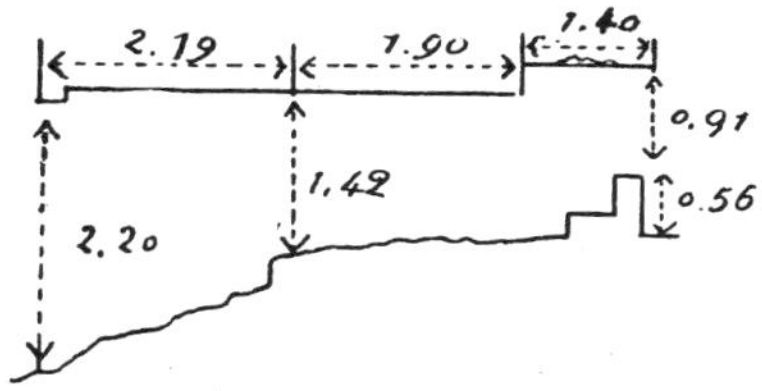

〈그림 1〉[14] 피라미드 속 널방으로 들어가는 널길의 세로 단면도

이 건축물의 꼭대기까지 올라온 널방은 너비 5m 40cm~5m 60cm, 높이 4m 93cm~5m 3cm이고, 위는 무지개꼴 천장이 아니고 단순하게 하나의 큰 너럭바위로 덮여 있다. 이 덮개돌은 돌방 네 모서리에 있는 돌로 된 들보 위에 덮여 있다. 들보는 벽과 나란하고 70cm쯤 튀어나와 있다. 널방을 왕관처럼 씌우고 있는 들보까지의 높이가 각각 4m 10cm이고, 덮개돌까지의 높이는 5m쯤 되기 때문에 들보 두께는 90cm가 된다.

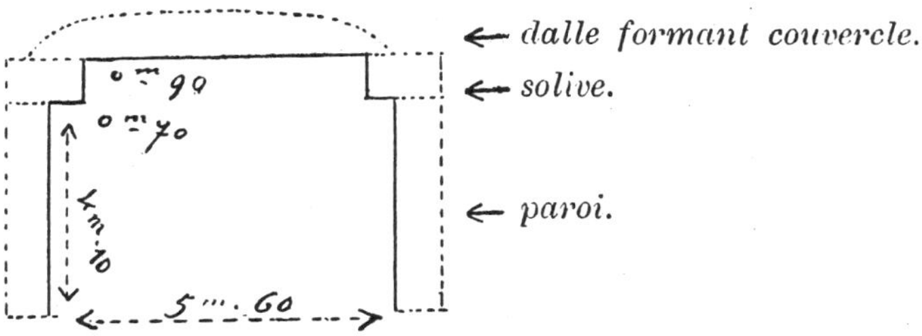

〈그림 2〉 피리미드 속 널방의 수직 단면도. 덮개돌, 들보, 안벽

---

14) 〔옮긴이 주〕: 그림이라는 제목과 순서는 옮긴이가 읽는이의 편리를 위해 붙인 것임. 그림의 순서는 『通報』를 따랐다. 1907년 보고서에는 널방 단면도가 맨 앞에 나와 있다. 본문의 내용과 다른 것으로 보아 인쇄할 때 잘못된 것을 다음 해 바로잡은 것으로 보인다.

en mètres les dimensions des pierres qui forment la paroi occidentale:

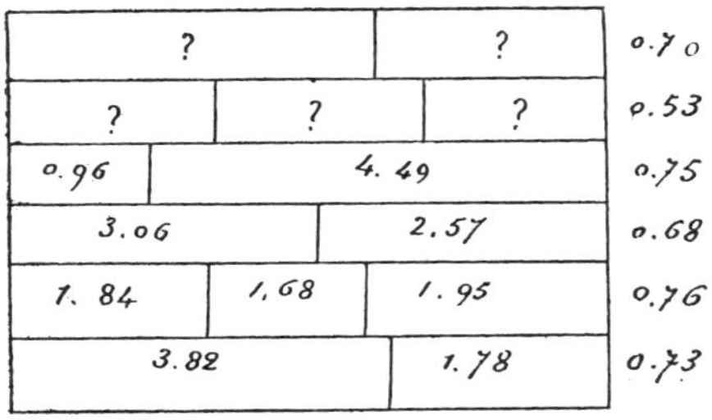

Sur le sol de cette salle, on remarque des fragments de pierre qui sont en partie restés à leur place originaire, en sorte qu'on

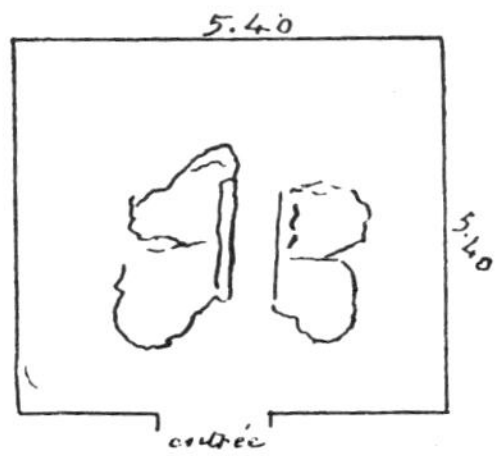

Disposition des dalles couchées au milieu de la salle. Aspect actuel.

peut en reconstituer la disposition primitive: le milieu de la salle devait être occupé par deux grosses dalles rectangulaires couchées

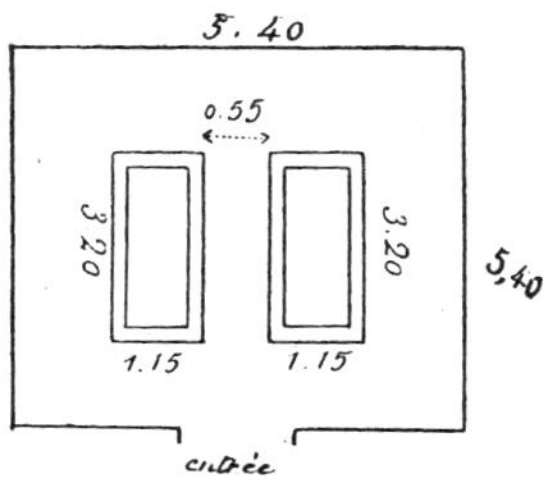

Disposition des dalles couchées au milieu de la salle. Reconstitution théorique.

à plat et séparées l'une de l'autre par un intervalle de 0^m 55; chacune de ces dalles, ayant l'orientation nord-sud dans le sens de

벽은 쑥돌(화강암) 6단으로 되어 있는데 서쪽 벽을 이루는 돌의 크기를 m로 나타내면 다음과 같다.

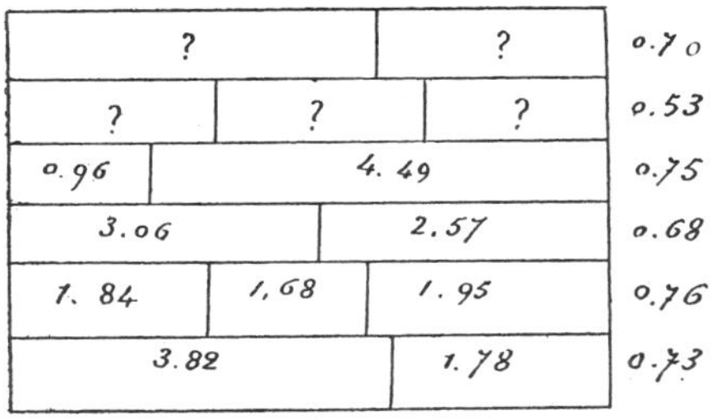

〈그림 2〉

일부 돌덩이가 널방 바닥 위 원래 자리에 있기 때문에 원래 배치대로 복원해 볼 수 있다.

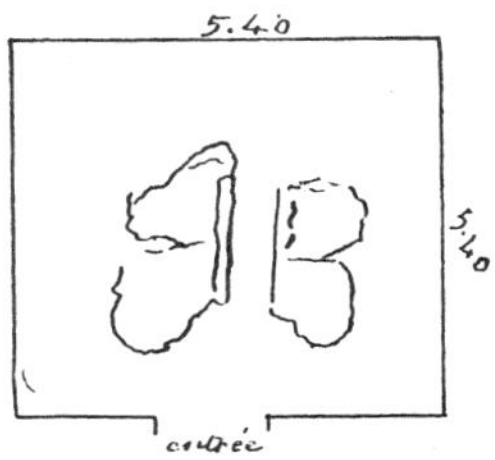

〈그림 3〉 널방 가운데 놓여 있는 돌의 배치. 실제 모습

널방 가운데 두 개의 큰 긴네모꼴의 돌이 55cm 간격을 두고 북쪽에서 남쪽으로 반듯하게 놓여 있는데, 각각 길이 3m 20cm, 너비 1m 15cm 이다.

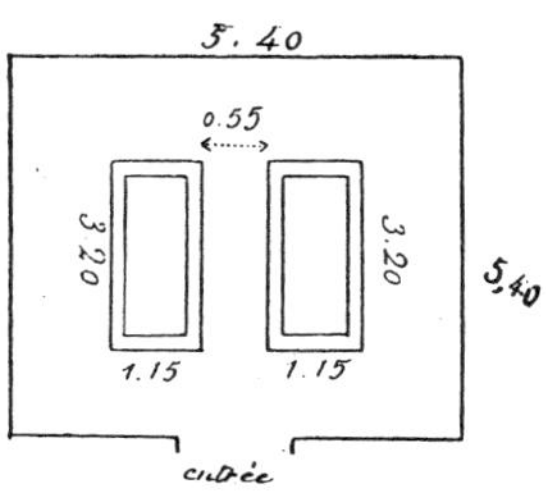

〈그림 4〉 널방 가운데 놓여 있는 돌의 배치. 이론적 복원

sa longueur, mesurait 3^{m} 20 de long et 1^{m} 15 environ de large; elle s'élevait à 0^{m} 12 au-dessus du sol, mais elle présentait sur tout son pourtour un rebord de 0^{m} 13 de large qui l'exhaussait encore de 0^{m} 12, en sorte que, sur sa tranche, elle s'élevait à 0^{m} 24 au-dessus du sol; je ne puis déterminer quelle était la destination de ces deux grands plateaux rectangulaires à rebord.

Dans le fond de la salle, face à l'entrée, on a disposé un misérable petit autel de bois pour brûler des bâtonnets d'encens «en hommage à l'Auguste roi bon d'une ancienne dynastie» 供奉前朝好大王之神位. Nous avons là une manifestation des sentiments religieux qui s'adressent aujourd'hui encore à la tombe

Fig. 10. — T'ong-keou. — Tombe en partie détruite, au Nord-Est de la tombe du Maréchal (face Ouest).

du maréchal; mais la dédicace à l'Auguste roi est certainement fautive, car, ainsi que nous le montrerons plus loin, la tombe du souverain que la stèle nous fait connaître sous le nom de l'Auguste roi est située ailleurs; la tombe dite du maréchal ne nous a point encore révélé le nom du mort illustre qu'elle abrite. Peut-être ce

이 큰 돌은 바닥에서 12cm 올라와 있는데, 윗면에 너비 13cm, 높이 12cm인 가장자리 턱이 있기 때문에 결국 지상 24cm 높이가 된다. 가장자리에 턱이 있는 2개의 큰 긴네모꼴 받침대가 무엇으로 쓰였는지 나로서는 판단할 수가 없다.

널방 안쪽, 입구 건너편에 「전조 호대왕의 신위를 기리며(供奉前朝好大王之神位)」 향을 피우는, 볼품없이 작은 나무제단이 놓여 있었다. 지금도 장군무덤에 대한 종교적 의식을 하고 있다는 것을 알 수 있다.

〈사진 10〉 통구 – 장군무덤 동북쪽에 있는 일부 무너진 무덤(서쪽 면)

그러나 호대왕에게 제사를 지낸다는 것은 확실히 잘못된 것이다. 왜냐하면 앞으로 더 자세히 보겠지만 호대왕이라고 알려진 왕 무덤이 다른 곳에 있기 때문이다. 아직 장군무덤에 묻혀 있는 사람의 이름이 전혀 알려지지 않았다.

nom nous serait-il connu si nous pouvions pénétrer dans la salle inférieure qui doit exister sous la salle que nous avons décrite, mais il ne serait pas possible actuellement de tenter cette profanation.

La tombe du maréchal n'était pas la plus grande de celles qu'avaient élevées au temps de leur splendeur les princes de Kao-keou-li et elle ne paraît pas avoir été la plus magnifique. Mais elle est la seule qui se soit à peu près conservée dans son intégrité et elle acquiert, de ce fait, une valeur documentaire inappréciable; c'est elle, en effet, qui nous apprend quelles étaient les

Fig. 11. — T'ong-keou. — Tombe en partie détruite au Nord-Est de la tombe du Maréchal (face Est. — Au second plan, on aperçoit les faces Est et Nord de la tombe du Maréchal).

dispositions caractéristiques de cette architecture funéraire et qui nous permet de reconstituer par la pensée les autres monuments dont il ne reste que des débris. Elle aussi cependant court de grands risques; une végétation vigoureuse de jeunes arbres l'a envahie comme on peut le voir sur mes photographies; nombre de pierres ont déjà été déplacées par les racines qui s'insinuent entre elles et plusieurs ont glissé jusqu'au bas de l'édifice; les jeunes gardiens de

만약 앞에서 설명한 널방 아래 있을 것으로 보이는 아래쪽 널방에 들어가 볼 수 있다면 그 이름을 알 수 있을지 모르지만, 현재는 그런 신성 모독행위를 감히 할 수가 없다.

장군무덤은 고구려 왕들이 전성기에 세운 무덤 가운데 가장 크거나 훌륭한 것은 아니다. 그러나 파괴되지 않고 거의 온전한 상태로 보존된 유일한 것이기 때문에 무덤 건축의 특징적 배치가 어떤 것이지 보여주고, 잔해만 남은 무덤 원형을 복원해 줄 수 있어 값을 매길 수 없는 가치를 가진 자료이다.

〈사진 11〉 통구 – 장군무덤 동북쪽에 있는 일부 무너진 무덤[15](동쪽 면. – 멀리 있는 사진에는 장군무덤 동 · 북면이 보인다).

그러나 장군무덤도 위험을 겪고 있다. 즉 내 사진에서 볼 수 있듯이 어린 나무가 왕성하게 자라고 있어 그 무덤을 훼손하고 있고, 돌을 파고 들어오는 뿌리 때문에 많은 돌들이 떠밀리고 건축물 밑으로 떨어져 나간 것도 있으며,

15) 〔옮긴이 주〕: 꾸랑이 말한 일부 무너진 무덤은 딸린무덤(陪塚)을 가리킨다.

porcs viennent jouer sur les degrés de granit et achèvent de briser ce qui reste des tuiles de l'ancienne toiture; actuellement, une restauration intelligente qui débarrasserait le monument de toute sa végétation parasite et qui remettrait en place les blocs gisant à terre permettrait de rendre à la pyramide son aspect primitif; mais si on laisse les choses en l'état, il est bien à craindre que, dans une cinquantaine d'années, la dernière grande tombe du Kao-keou-li ne soit plus, comme ses voisines, qu'un amas de décombres.

Fig. 12. — T'ong-keou. — Tombe en partie détruite, au Nord-Est de la tombe du Maréchal (face Nord. — On peut distinguer sur cette face la forme pyramidale du monument primitif).

A côté de la tombe du maréchal, mais un peu en arrière au Nord-Est, se trouve un autre tombeau qui m'a très vivement frappé au premier aspect, car il a toute l'apparence d'un dolmen (figures 10 et 11): deux blocs de pierre de 2^m 55 de long, de 1^m 30 de haut et de 1 mètre à 1^m 20 d'épaisseur sont disposés parallèlement à une distance de 1^m 20 l'un de l'autre; une dalle de 1^m 20 de large sur 1^m 25 de haut ferme au fond l'espace compris entre ces deux blocs; une très grosse pierre de 4 mètres environ de long sur 3^m 50 de large et sur près de 1 mètre d'épaisseur constitue le pla-

돼지를 모는 아이들이 쑥돌 계단에서 놀며 옛날 지붕 기와 가운데 남은 조각들마저 깨트리고 있다. 지금 무덤에 있는 모든 더부살이 식물을 없애고, 땅에 떨어진 돌을 제자리에 가져와 잘 복원하면 옛날 피라미드 모습을 되찾을 수 있을 것이다. 그러나 그대로 두면 50년 뒤에는 고구려의 마지막 대형 무덤도 주변 것들처럼 부서진 조각더미로 바뀔 수밖에 없다.

〈사진 12〉 통구 - 장군무덤 동북쪽에 있는 일부 무너진 무덤(북쪽 면. - 이쪽 면에서 보면 원래 무덤의 미라미드꼴을 잘 알아볼 수 있다).

장군무덤 옆, 동북쪽 조금 뒤에 다른 무덤이 있는데, 고인돌 같이 생겼기 때문에 첫눈에 나를 사로잡았다(그림 10, 11). 길이 2m 55cm, 높이 1m 30cm, 두께 1m 20cm인 두 개의 너럭바위가 1m~1m 20cm 간격을 두고 나란히 놓여 있고, 그 사이에 있는 공간을 높이 1m 25cm, 너비 1m 20cm의 돌이 뒤로 막고 있으며, 너비 3m 50cm, 두께 1m, 길이 4m쯤 되는 아주 큰 천장이 돌방을 이루고 있다.

fond de la chambre ainsi formée. Mais si, au lieu de considérer l'édifice de face, on le contourne par derrière, sa figure change (figure 12); on se trouve alors en présence du mur d'une pyramide analogue à la tombe du maréchal; ce sont les mêmes blocs de granit encastrés les uns dans les autres grâce au rebord de la pierre inférieure dans lequel vient s'emboîter la pierre supérieure; le retrait de chaque bloc sur celui qui le précède est uniformément de 7 à 8 centimètres; au-dessus d'un soubassement qui dépasse de 46 centimètres le pied du monument, on peut encore compter huit rangées de blocs dont les arêtes légèrement inclinées mesurent respectivement 0^m 50, 0^m 40, 0^m 37, 0^m 35, 0^m 33, 0^m 36, 0^m 35, 0^m 34. Cette construction avait une base de 8^m 90 de côté. Il est évident que le pseudo-dolmen n'est autre chose que la chambre supérieure d'une pyramide dont la face sud a entièrement disparu et dont la face nord est seule conservée en majeure partie avec quelques fragments des assises de l'Est et de l'Ouest. On sait que des voyageurs ont signalé l'existence de dolmens en Corée; il y aurait lieu de vérifier si ces dolmens ne sont pas de simples chambres funéraires dont le revêtement, soit sous la forme d'une pyramide de pierre, soit sous la forme d'un tumulus de terre, a disparu.

Si je parle de tumulus en terre, c'est parce que précisément la région de T'ong-keou présente, à côté de pyramides en pierres, des tumulus de terre qui, eux aussi, affectent parfois, lorsqu'ils sont de grandes dimensions, la forme de pyramides à quatre pans; en arrière et à l'Ouest de la tombe du maréchal on voit un de ces tertres [1]); plusieurs autres, de taille moindre, s'alignent dans les champs qui,

1) Dans la tombe de Chao hao que nous avons déjà mentionnée (p. 247, n. 2), on remarque aussi en arrière de la pyramide un grand tumulus de terre; je me demande si, dans cette sépulture comme dans celle du maréchal, ce n'est pas le tumulus en terre qui est la véritable tombe; la pyramide de pierre n'aurait servi qu'à loger la salle où on faisait les sacrifices.

그 건축물을 앞에서 보지 않고 뒤로 돌아가 보면, 모습이 바뀌어 장군무덤과 비슷한 피라미드의 벽을 보게 된다. 같은 쑥돌이고, 아랫돌 윗면 가장자리에 턱을 만들어 윗돌을 끼우는 방식이다. 각 단의 돌은 아랫돌보다 윗돌을 7~8cm씩 들여쌓았고, 46cm쯤 튀어나온 기단 위에 8단으로 쌓았는데, 각각 50cm, 40cm, 37cm, 35cm, 33cm, 36cm, 35cm, 34cm씩 들여쌓아 경사를 이루고 있다. 이 건축물의 기단은 한 변 길이가 8m 90cm이다. 가짜 고인돌은 피라미드의 윗방이 틀림없는데, 남쪽 면을 완전히 없어지고, 북쪽 면만 대부분 남아 있으며, 동북쪽은 부서진 단의 조각들이 남아 있다. 여행가들이 한국에 고인돌이 있다고 기록하였다는 것을 알고 있다. 돌로 쌓은 피라미드인지 흙무지무덤인지는 모르지만 바깥 모습이 없어진 단순한 무덤방이 아닌지 검증할 필요가 있다.

만일 흙무지무덤이라면 통구지역에 돌로 만든 피라미드 옆에 흙무지무덤이 많은데 큰 것은 네 면이 있는 피라미드꼴을 나타내는 것도 있기 때문이다. 장군무덤의 서쪽 들판에 작은 흙무지무덤이 줄지어 있다[16].

16) 주 13)에서 이미 본 소호능(少皥陵)에서 피라미드 뒤쪽에 큰 흙무지무덤를 볼 수 있다. 장군무덤처럼 이 무덤도 진짜 무덤인 흙무지무덤이라고 생각하지 않는다. 돌로 만든 피라미드는 사람들이 제물을 바치는 넓은 방으로 쓰였을 뿐이다.

sont à l'Ouest de la tombe du maréchal; quelques-uns sont en partie détruits.

Uu second groupe de sépultures du royaume de Kao-keou-li commence au village de Tong-kaug, à peu de distance à l'Ouest de la stèle; la plus importante de ces tombes est celle qui se trouve derrière la principale auberge du village (figure 13); elle devait être construite comme la tombe du maréchal, mais elle était plus grande; malheureusement elle n'est plus qu'un tas de décombres; deux petits temples taoïstes qu'on a réédifiés en 1906 au pied de ce monument

Fig. 13. — T^cong-keou. — Tombe de l'Auguste roi (angle Sud-Est. On distingue sur la face Sud les gros blocs de pierre servant de contreforts).

ont été construits avec ses débris et ont hâté sa ruine; d'autre part, j'ai pu voir deux meules à moudre le maïs qu'on était en train de tailler dans un des beaux blocs de granit de la base; la disparition totale de cet édifice est imminente. La photographie (n° 13) que j'ai prise de l'angle sud-est qui est le mieux conservé permet de distinguer sur la face sud les gros rochers qui, comme dans la tombe du maréchal, servaient de contreforts à l'assise inférieure. Ce mo-

그 밖에도 높이가 낮고 일부 파손된 것도 있지만 많은 흙무지무덤이 장군무덤 서쪽 밭 가운데 늘어서 있다.

고구려 왕국의 두 번째 무덤떼는 큰 비석 서쪽 가까운 곳에 있는 동강(옮긴이 주 : 東岡) 마을에서 시작한다. 이 무덤떼 가운데서 가장 중요한 것은 이 마을에서 손꼽히는 여관 뒤에 있는 것인데, 구조는 장군무덤과 같지만 더 크다(사진 13). 그러나 불행하게도 지금은 완전히 무너져 부서진 조각더미에 불과하다. 1906년 이 무덤 밑에 세운 두 개의 도교 사찰은 그 무덤의 조각들로 건설해 이 무덤의 붕괴를 앞당기게 하였다.

〈사진 13〉 통구 – 호태왕릉(동남 모서리. – 남쪽 면에 큰 버팀돌이 보인다)

한편 받침돌 가운데 아주 멋있는 쑥돌 하나를 빼서 옥수수 찧는 맷돌 2개를 다듬고 있는 것을 보니, (이 무덤이) 완전히 없어져가고 있다는 것을 알 수 있었다.

가장 잘 남아 있는 동남쪽에서 내가 찍은 (13번) 사진을 보면 장군무덤처럼 아래층의 버팀돌 구실을 하는 커다란 돌이 남쪽 면에 있다는 것을 알 수 있다.

nument si délabré offre cependant un intérêt tout particulier; c'est lui en effet qui est la tombe de l'Auguste roi dont les exploits sont commémorés par la stèle voisine; on en a la preuve dans le fait qu'on a trouvé sur cet emplacement des briques minces portant sur la tranche l'incription suivante: «Nous souhaitons que la sépulture de l'Auguste roi reste ferme comme la montagne, solide comme le pic». 願大王之墓安如山固如丘. Une de ces briques est au Japon; j'en ai recueilli moi-même sur place un fragment qui porte les deux premiers mots de l'inscription, et je

Fig. 14. — T'ong-keou.
Tombe en ruines au Nord-Ouest de la tombe de l'Auguste roi (face Sud, partie occidentale).

dois à l'obligeance du sous-préfet de Tsi-ngan un autre fragment sur lequel les cinq premiers caractères sont conservés [1]). Outre ces

1) Ces fragments sont déposés au Musée Guimet, de même que les débris de tuiles dont il va être question. — Comme l'a remarqué M. Courant, l'épithète 大王, ou 好王 ou 好大王 se retrouve dans les noms de plusieurs rois; cependant le fait que la tombe sur laquelle gisent les briques portant l'épithète 大王 est la plus voisine de la stèle consacrée au roi qualifié de 好太王 semble bien prouver que la tombe et la stèle se rapportent au même souverain.

이처럼 무너지고 있으나 이 무덤은 아주 특별한 주목을 끄는 것이 있다. 바로 대왕무덤이기 때문인데, 그의 공적을 이웃에 있는 비석에 기리고 있다. 이 능에서 나온 얇은 벽돌 측면에 '대왕의 무덤이 산처럼 안전하고 언덕처럼 단단하기를 빕니다(願大王之墓安如山固如丘)'[17]라고 새겨진 기록이 그 증거이다. 이 벽돌 가운데 하나는 일본에 있다. 나는 첫 두 글자가 남아 있는 조각을 주웠는데, 그 자리에서 집안현 현장 덕분에 맨 앞 다섯 글자가 새겨진 다른 한 조각도 손에 넣을 수 있었다.[18]

〈사진 14〉 통구 – 태왕릉 서북쪽에 있는 무너진 무덤(남쪽 면, 서쪽 부분)

17) 〔옮긴이 주〕: 이 벽돌에는 원래 '왕의 능이 산처럼 안전하고 산처럼 단단하기를 비나이다(願太王陵安如山固如岳)'라는 글자가 새겨져 있다. 그런데 샤반느는 그 글의 내용을 '대왕의 무덤이 산처럼 안전하고 언덕처럼 단단하기를 빕니다(願大王之墓安如山固如丘)'이라고 새겼다. 샤반느가 모리스 꾸랑의 논문에 있는 내용을 그대로 사용했음을 알 수 있다. 모리스 꾸랑도 일본에 소장되어 있는 이 벽돌을 직접 보고 자신이 그 내용을 정확하게 읽어낸 게 아니라 일본 학자들이 쓴 것을 단순하게 인용했기 때문에 착오가 있었다. 두 가지 석문의 차이를 보면 능(陵)=지묘(之墓), 태(太)=대(大), 악(岳)=구(丘)로 잘못 읽었다는 것을 알 수 있다. 그러나 지금까지 일본에서 나온 책, 국립박물관 소장 벽돌, 집안시박물관 소장 벽돌, 2003년 발굴 당시 나온 많은 벽돌들을 모두 보아도 하나같이 '원태왕릉안여산고여악(願太王陵安如山固如岳)'이다. 아울러 샤반느 자신이 가지고 간 두 조각 가운데 다섯 글자가 새겨진 벽돌에도 '원태왕릉안(願太王陵安)'까지는 남아 있기 때문에 '능'을 지묘(之墓)로 읽을 수는 없는 것이다. 여행 도중 북경에서 보고서를 작성하면서 수집한 유물을 검토할 수 없었던 것으로 보이며, 그 뒤 귀국해서도 벽돌의 글자를 정확히 석문하지 않았다는 것을 알 수 있다.

18) 기와 조각처럼 이 벽돌 조각도 기메(Guimet)박물관에 소장되어 있다. 모리스 꾸랑이 썼듯이 대왕(大王), 호왕(好王), 호태왕(好太王) 같은 단어는 다른 왕들에게도 쓰이고 있다. 그러나 대왕(大王)이란 문자가 새겨진 벽돌이 있는 무덤은 호태왕(好太王)이란 왕에게 받친 비석에서 가장 가까운 곳에 있다는 사실로 그 무덤과 비석이 같은 왕에 관계되는 것이라는 사실을 잘 증명해 주고 있다.

briques, on remarque encore des débris de tuiles analogues à ceux qu'on peut ramasser sur la tombe du maréchal; mais ces débris sont plus nombreux et témoignent d'une ornementation plus riche; c'est ainsi que j'ai rapporté plusieurs morceaux de rondelles à décor uniforme qui devaient former l'extrémité inférieure de chaque rangée de tuiles. Enfin, sur deux des fragments de tuiles que j'ai trouvés, on distingue la caractère *wou* «cinq», et, sur un autre, le caractère *tchong* «milieu». Comme pour la tombe du maréchal, je suppose que ces briques et ces tuiles devaient constituer la toiture

Fig. 15. — T'ong-keou.
Tombe en ruines, au Nord-Ouest de la tombe de l'Auguste roi (angle Sud-Est).

d'un pavillon en bois placé au faîte de la pyramide tronquée.

Parmi les tombes qui s'alignent en demi-cercle au pied des montagnes sur une longueur de deux à trois kilomètres à l'Ouest de la tombe de l'Auguste roi, on en peut signaler au moins deux qui, malgré leur état de ruine presque complète, ont été manifestement construites sur le même plan que la tombe du maréchal. J'ai pris deux photographies de l'une d'elles (n°s 14 et 15) qui a vingt

이런 벽돌 말고도 장군무덤 위에서 봤던 것과 같은 기와 조각이 여기서도 발견되는데, 이곳이 더 많고 장식도 다양하다. 기와 각 줄 맨 아래 끝을 막은 일정한 모양의 수막새(옮긴이 주 : rondelle, 중국말로 瓦當이라고 한다)를 여러 조각 가지고 돌아왔다. 또한 내가 찾은 2개의 기와 조각에는 한자로 오(五)자가 새겨진 것도 있고 중(中)자가 새겨진 것도 있었다. 나는 장군무덤의 경우와 마찬가지로 이 기와와 벽돌이 머리 없는 피라미드 꼭대기에 있던 지붕을 이었던 것이라고 본다.

〈사진 15〉 통구 – 태왕릉 서북쪽에 있는 무너진 무덤(동남 모서리)

대왕릉에서 서쪽으로 2~3km 떨어진 산기슭에 반원형으로 늘어서 있는 무덤떼에서 거의 완전히 무너진 상태지만 적어도 2개는 장군무덤과 같은 구조로 축조된 것이 발견 되었다. 그 가운데 하나는 2장의 사진(사진 14, 15)을 찍었는데, 한 변의 길이가 20m이고,

mètres de côté à la base et qui a conservé sur sa face sud la première assise de granit et une partie de la seconde, ainsi que les gros blocs de rocher servant de contreforts. Sur la deuxième de ces tombes, j'ai ramassé, à côté de débris de poterie grise ou noire analogues à ceux qui abondent sur la tombe du maréchal et sur celle de l'Auguste roi, des fragments de poterie rouge; ces fragments proviennent, selon toute vraisemblance, de grosses tuiles analogues à celle que le sous-préfet de Tsi-ngan a trouvée en faisant creuser un puits dans son yamen; cette tuile, dont j'ai pu prendre

Fig. 16. — T'ong-keou.
Petite tombe dont on voit la chambre funéraire.

la mesure, est demi-cylindrique, mais fortement renflée à une de ses extrémités pour permettre l'emboîtage avec la tuile suivante; elle a 44 centimètres de long; une des extrémités a 13 centimètres de diamètre et 19 centimètres de pourtour extérieur, l'autre a 18 centimètres et demi de diamètre et 30 centimètres de pourtour.

Comme dans les environs immédiats de la tombe du maréchal, il y a, dans le second groupe de sépultures, plusieurs tumulus en terre; ceux-ci sont particulièrement nombreux et réguliers dans la

남쪽 면 1층 쑥돌 기단과 2층 일부, 그리고 버팀돌로 쓰인 큰 돌이 남아 있었다. 두 번째 무덤에서는 장군무덤이나 대왕릉에서 많이 나온 것과 비슷한 회색이나 검은색 오지그릇 조각이 나왔는데, 함께 붉은 오지그릇 조각을 주웠다. 이 (붉은) 조각은 겉보기에 집안현 현장이 자기 청사에서 우물을 팔 때 나온 큰 기와와 비슷하다고 한다.

〈사진 16〉 통구 – 널방이 드러난 작은 무덤

이 기와를 검토해 보니 반원통형인데, 다음 기와와 꽉 끼게 하기 위해 한쪽 끝을 아주 볼록하게 만들었다. 길이 44cm이고, 한쪽 끝은 지름 13cm, 바깥둘레 19cm, 다른 한쪽 끝은 지름 18.5cm, 바깥둘레 30cm이다.

장군무덤에서처럼 두 번째 무덤떼에도 많은 흙무지무덤이 있다. 이 흙무지무덤은 맨 서쪽지역에 특히 많이 있고 조화를 이루고 있다.

région la plus occidentale; quelques-uns ont la forme d'une pyramide à quatre pans; sans doute ils recèlent une ou plusieurs chambres funéraires en pierre, mais il semble peu probable qu'ils recouvrent des pyramides en granit analogues à la tombe du maréchal ou à celle de l'Auguste roi; c'est du moins la conclusion que je tire du fait que l'un de ces grands tumulus a été éventré au tiers environ de son épaisseur et qu'on ne voit dans la brèche aucune trace de paroi en pierre.

Parmi les petits tumulus, plusieurs sont ouverts et laissent voir plus ou moins nettement la chambre funéraire qu'ils recouvrent; la

Fig. 17. — T'ong-keou. — Peintures sur l'enduit en plâtre d'une tombe.

figure n° 16 représente une de ces tombes secondaires qui ne mesure guère que 1 mètre de hauteur; il y en a un très grand nombre d'analogues.

L'une de ces sépultures de moindre dimension mérite une mention particulière, parce qu'elle est la seule qui ait conservé des vestiges encore perceptibles de peintures à fresque; elle est située

그 가운데 몇 개는 네 면으로 된 피라미드꼴로 된 것이 있는데 아마 돌로 만든 무덤방이 1개 또는 여러 개가 숨겨져 있을 것이다. 그러나 그것이 장군무덤이나 대왕릉처럼 쑥돌로 된 피라미드인지는 확실하지 않다. 두께의 3분의 1 정도가 속을 드러내놓고 있는 어떤 흙무지무덤 구멍에서 어떤 돌 구조물 자취도 볼 수 없었다는 사실에서 얻은 결론이다.

작은 흙무지무덤은 대부분 파헤쳐져 있어 그 속에 있는 무덤방을 좀 분명하게 볼 수 있었다.

〈사진 17〉 통구 – 무덤 회벽 위에 그린 그림

사진 16은 높이 1m에 지나지 않은 작은 흙무지무덤인데, 부수적인 무덤 가운데 하나이다. 이러한 것들은 헤아릴 수 없이 많이 있다.

규모가 작은 흙무지무덤 가운데 하나는 특별히 주목할 가치가 있는데, 아직까지 알아볼 수 있는 벽화의 자취가 남아 있기 때문이다.

à peu près à mi-distance entre les deux extrémités du groupe que nous étudions: en se glissant dans un couloir de 1^m 13 de large et de 0^m 90 de goul, on accède dans une antichambre de 3^m 20 de long sur 1^m 12 de large; sur les parois, un enduit qui s'effrite porte encore les traces d'un réticule de lignes rouges sinueuses; un nouveau couloir de 80 centimètres de long nous amène dans la salle principale qui est un carré de 3^m 40 environ de côté; sur les parois verticales on distingue les traces d'une ornementation symétrique formée de grandes rosaces à seize pointes qui mesurent 26 centimètres de diamètre et qui sont distantes entre elles de 35 centimètres; elles sont peintes en rouge et noir sur fond jaune; au-dessus de la partie verticale de la paroi, le mur s'infléchit en avant pour diminuer la grandeur de l'ouverture au sommet; sur cette surface inclinée, le décor est constitué par des fleurs stylisées à treize pétales; ces fleurs qui sont peintes en noir, en rouge et en jaune, mesurent 28 centimètres de haut sur 22 de large; elles ont une tige qui se termine en forme de fleur de lys renversée (figure 17 sur la gauche). Ces fresques sont malheureusement dans un fort mauvais état de conservation, et c'est à grand'peine si j'ai pu en obtenir quelques linéaments sur une plaque photographique.

III.

LE VIEUX REMPART.

Immédiatement à l'Ouest de la ville de T'ong-keou coule un affluent de la rivière Yalou qui est connu sous le nom de rivière de T'ong-keou; après l'avoir traversé, on remontre le long de la rive droite; on passe bientôt auprès de nombreux tumulus de peu d'importance; l'un d'eux est ouvert et on peut pénétrer dans la chambre funéraire qui a 3^m 20 de côté; des traces de peinture se

이 작은 무덤은 옛 무덤떼 한가운데쯤 자리 잡고 있다. 너비 1m 13cm, 길이 90cm 되는 널길(옮긴이 주 : 羨道)을 빠져나가면 바로 길이 3m 20cm, 너비 1m의 앞방이다. 칠이 벗겨진 벽에는 아직 붉은색 곡선으로 그린 작은 그물무늬 자국이 남아 있다. 길이 80cm 되는 새로운 널길은 널방으로 이어지는데, 그 널방은 한 변이 3m 40cm쯤 되는 바른네모꼴이다. 널방의 수직벽 위에는 지름 26cm짜리 뾰족한 끝을 가진 커다란 장미무늬 16개가 35cm 간격으로 그려져 있다. 이것은 노란 바탕에 붉은색과 검은색으로 그려져 있다. 수직벽 윗부분은 안으로 꺾이며 위 꼭대기는 좁아지는 꼴을 하고 있다. 그 기울어지는 표면에는 13매의 꽃잎이 달린 꽃무늬가 그려져 있다. 검정색, 붉은색 노란색으로 그려진 꽃들은 너비 22cm, 높이 28cm이다. 줄기는 백합을 거꾸로 한 것 같은 꼴을 하고 있다(사진 17의 왼쪽). 불행히도 이 벽화는 보존상태가 아주 나빠 윤곽만 사진으로 찍을 수 있었다.[19)]

Ⅲ. 옛 성터

통구마을 서쪽에 통구하라는 이름으로 알려진 압록강 지류가 흐른다. 그 강을 건너 오른쪽 기슭을 따라가면 머지않아 그다지 중요치 않은 흙무지무덤떼 곁을 지나게 된다. 그 가운데 하나는 파헤쳐져 있어 그 무덤방으로 들어가 볼 수가 있었는데 너비가 3m 20cm이고, 벽 위에는 그림 자국이 남아 있다.

---

19) 현재 한국에서 샤반느는 벽화를 처음 발견한 사람으로 유명하다. 1907년 프랑스의 샤반느가 흩어진연꽃무덤(散蓮花塚)에서 벽화를 발견하고 1908년 이를 학계에 소개하면서부터 그 존재가 알려지기 시작했다는 것이 일반적인 학설이다(전호태, 「고구려 고분벽화 연구사」, 『고구려연구』(4), 1997, 45쪽; 전호태, 『고구려 고분벽화의 세계』, 서울대학교출판부, 2004, 89쪽). 샤반느가 처음 발견했다고 알려진 흩어진연꽃무덤(散蓮花墓)은 집안 우산하무덤떼 1896호이다. 흩어진연꽃무덤은 샤반느가 다녀간 뒤 얼마 안 되어 일본인 세키노 타다시가 조사하면서 무덤 안에 연꽃이 흩어져 그려져 있어 무덤 이름을 그렇게 붙였다.

voient sur les murs. Au bout de trois quarts d'heure de marche environ, on parvient à un promontoire rocheux qui domine un coude de la rivière; cette position stratégique a été autrefois mise à profit et on a construit un rempart en pierres de moyenne dimension pour couronner la falaise; c'est cette muraille qui a valu à la localité son nom actuel de Chan tch'eng tseu 山城子 «le rempart dans la montagne». La tradition populaire attribue au royaume de Kao-keou-li la place forte qui devait autrefois se dresser là; elle est confirmée par le fait qu'on trouve, en continuant à remonter la rive droite de la rivière, de nombreux tombeaux assez analogues à ceux du maréchal et de l'Auguste roi (figure 18).

Fig. 18. — T'ong-keou.
La Vallée des tombeaux, à l'Est de Chan tch'eng tseu.

Les recherches que j'ai faites dans la région de T'ong-keou me paraissent éclaircir deux passages de la grande inscription gravée sur la stèle. Parlant du fondateur du royaume de Kao-keou-li, ce texte dit: «Dans la vallée de Fei-leou, à l'Ouest de Hou-pen, il fortifia le sommet d'une montagne et y établit sa capitale: 於沸

45분쯤 걸어가면 강이 굽이를 내려다보이는 바위곶에 다다른다. 이곳은 옛날 전략상 요충지로 절벽에 중간 크기의 돌성을 쌓았다. 이곳이 오늘날 '산성자(山城子)'라고 불리는 성터이다. 백성들에게 전해 오는 말에 따르면 옛날에 고구려 왕국의 요새가 있었다고 한다. 계속해서 오른쪽 강기슭 따라가면서 장군무덤이나 대왕릉과 꽤 비슷한 무덤들이 많은 것을 보면 그 말이 잘못된 게 아니라는 사실을 알 수 있다.(사진 18)[20]

〈사진 18〉 통구 – 산성자 동쪽에 있는 무덤 계곡

통구(通溝)지역을 답사하고 나서 비석 위에 새겨진 위대한 비문에서 2개의 문구를 확실하게 알게 되었다. 즉 고구려 왕국의 시조에 대해 비문에서 '홀본 서쪽 비류 계곡이 있는 산 위에 성을 쌓고 도읍을 이루었다(於沸流谷忽本西城山上而建都)'고 썼고,

---

20) 〔옮긴이 주〕: 보고서에서는 이 부분을 이렇게 쓰고 있다. "동남 만주에서 그 유적이 어느 시기에 속하든 까올리라는 이름이 모든 유적에 적용되고 있는 것은 특기할 만한 일이다. 그래서 산성자가 있는 곳에 고구려라는 옛날 성이 존재한다는 것은 약간 의심이 간다." 북경에서 보낸 보고서와 귀국하여 다시 고친 내용에서 차이가 있는 것이다.

流谷忽本西城山上而建都»; et, un peu plus loin: «Le roi se trouvant sur la montée qui est à l'Est de Hou-pen, un dragon jaune le prit sur son dos et le fit monter au ciel 王於忽本東岡黃龍負昇天». La vallée de Fei-leou est la vallée où coule le fleuve Fei-leou 沸流水 lequel est mentionné dans le *San kouo tche* (*Wei tche*, chap. XXVIII, p. 3 r°) et n'est autre que le fleuve Yalou. La montagne que le roi fortifia 城山上 à l'Ouest de Hou-pen n'est autre que le vieux rempart sur la montagne 山城子 à l'Ouest de Hou-pen qui se trouve ainsi identifié avec T'ong-keou. Enfin la montée à l'Est de Hou-pen 忽本東岡 est le village encore aujourd'hui appelé Tong kang 東岡 où se trouve la stèle.

Je suis resté cinq jours à T'ong-keou (du 4 au 8 mai 1907) parce que les distances entre les divers monuments sont assez grandes et que mes travaux de mensuration et de photographie, gênés pendant deux jours par une pluie torrentielle, m'ont pris plus de temps que je ne pensais d'abord y consacrer. Je n'ai pas fait de fouilles: il ne faut pas en effet songer à en pratiquer dans les tombes qui sont encore aujourd'hui entourées d'un respect religieux; quant à creuser le sol à l'endroit où s'élevait autrefois la capitale du Kao-keou-li, l'entreprise serait assurément intéressante, mais il me semble difficile de savoir où on aurait chance de faire des trouvailles; d'ailleurs les fonds dont je disposais étaient restreints et je ne pouvais m'exposer à les dépenser en totalité dans des recherches qui étaient trop mal localisées pour promettre d'être fructueuses.

Je rapporte de mon voyage: la notice qu'on vient de lire et les photographies qui y sont jointes; l'estampage de la grande inscription du Kao-keou-li; enfin des débris de tuiles recueilles sur les tombes du maréchal et de l'Auguste roi; j'y ai joint deux pointes de flèche quadrangulaires en fer, une tuile ronde de style chinois

더 자세히 보면 '왕은 홀본 동쪽 언덕에서 노란 용을 타고 하늘로 올라갔다(王於忽本東岡黃龍負昇天)'라고 하였는데, 비류곡은 『삼국지』(「위서」 28장 3쪽)에 나오는 비류수가 흐르는 계곡을 말하는 압록강이 틀림없다. 홀본 서쪽에 왕이 성을 쌓은 산(城山上)은 홀본 서쪽에 있는 산 위의 옛 성(山城子)이 틀림없다. 홀본은 통구와 같은 것이다. 홀본 동쪽의 언덕은 오늘날에도 동강(東岡)이라고 부르는 마을로, 비석이 서 있는 곳이다.

내가 통구에 머물렀던 기간은 5일(1907년 5월 4일~8일까지)이었다. 여러 유적 사이의 거리가 멀고, 폭우 때문에 이틀 동안 갇혀 있어 사진촬영과 측량 작업에 생각했던 것보다 더 많은 시간이 걸렸기 때문이다.

이번 여행에서 발굴은 못했다. 그곳 무덤에서는 지금도 종교적인 숭배가 계속되고 있기 때문에 감히 발굴 같은 일은 꿈도 꿀 수 없었다. 옛 고구려의 수도였던 곳에서 발굴을 해 본다는 것은 분명 흥미진진한 일이지만 유물이 어디에 있는지 찾기가 어려워 보였고, 더구나 쓸 수 있는 예산이 제한되어 있어 결과가 보장되기에는 너무 척박한 지역의 답사에 많은 비용을 쓸 수가 없었다.

내가 여행에서 가져온 것은 지금까지 읽은 보고서와 첨부된 사진, 고구려의 위대한 비문의 탁본, 그리고 장군무덤이나 대왕릉에서 수집한 기와와 벽돌 조각, 쇠로

et une monnaie de l'époque des Song qui m'ont été données par le sous-préfet de Tsi-ngan et qui ont été exhumées dans l'enceinte de la ville de T'ong-keou.

NB. L'article imprimé dans le Bulletin de l'Académie présente avec celui-ci quelques divergenses; le texte que je reproduis ici doit être considéré comme seul exact.

Les quatre estampages de la stèle du Kao-keou-li ont été déposés par moi au Département des manuscrits de la Bibliothèque nationale.

만든 네모난 화살촉 2점, 중국식 둥근 기와 1점, 집안현 현장이 통구 마을 안에서 발굴되었다고 선물한 송나라 때의 동전 1개 정도이다.

『통보』 보고서의 꼬리말 : La Bulletin de L'Académie에 실린 글은 이 글과 다른 점도 있지만 이 글이 더 정확하다. 가지고 온 고구려 비석 탁본 4장은 Bibliothèque Nationale의 Département des manuscrits에 소장되어 있다.

IV
관련 자료집(3)

에두아르 샤반느의 보고서
「한국의 고대 왕국 고구려 유적」 원문

Ⅳ. 에두아르 샤반느의 보고서 「한국의 고대 왕국 고구려 유적」 원문

1907년 4월 프랑스의 동양학자 에두아르 샤반느(Édouard Chavannes, 1865~1918)가 유럽 학자로는 처음으로 고구려의 국내성 옛터인 중국 길림성 집안을 방문하였다. 그는 여행 도중 자신이 속한 아카데미에 고구려 유적에 대한 보고서를 보냈는데, 이것이 유럽에서 보고된 고구려 유적에 대한 최초의 탐사기다.

「한국의 고대 왕국 고구려 유적(Rapport sur les Monuments de L'ancien Royaume Coréen de Kao-Keou-Li)」, 『비문 · 순문학아카데미(Académie des Inscriptions & Belles-lettres) 1907년도 연차보고서』, 알퐁스 피까르 에 피쓰 서점, 1907년 9월. 549~575쪽.

ACADÉMIE

DES

INSCRIPTIONS & BELLES-LETTRES

COMPTES RENDUS

DES

SÉANCES DE L'ANNÉE

1907

PARIS

LIBRAIRIE ALPHONSE PICARD ET FILS.

LIBRAIRE DES ARCHIVES NATIONALES ET DE LA SOCIÉTÉ DE L'ÉCOLE DES CHARTES

82, RUE BONAPARTE, 82

M D CCCC VII

APPENDICE

RAPPORT SUR LES MONUMENTS
DE L'ANCIEN ROYAUME CORÉEN DE KAO-KEOU-LI,
PAR M. ÉD. CHAVANNES, MEMBRE DE L'ACADÉMIE.[1]

Péking, 27 mai 1907.

Pendant mon séjour à Moukden, du 14 au 22 avril 1907, j'ai trouvé chez les autorités chinoises, et notamment chez le maréchal Tchao Eul-Souen, une si grande bienveillance que je me suis décidé à la mettre à profit pour entreprendre une expédition archéologique dans la partie la plus orientale de la province mandchoue de Cheng-king, sur les bords du fleuve Yalou qui sépare la Chine de la Corée. Je savais en effet, par un article de M. Maurice Courant publié dans le *Journal Asiatique* de mars-avril 1898 (p. 210-238), que des voyageurs japonais avaient signalé, auprès de la localité de T'ong-keou, un groupe important de monuments, vestiges de l'ancien royaume de Kao-keou-li qui a donné son nom à la Corée. Parmi ces monuments, une grande inscription du commencement du ve siècle de notre ère, qui a été publiée et traduite par M. Courant d'après les travaux des archéologues japonais, est un document historique dont la valeur est considérable. Cependant nous n'avions jusqu'ici aucun estampage qui nous permît d'étudier avec toute la précision désirable le texte de la stèle; nous ne possédions aucune photographie des tombeaux qui sont situés dans la

1. Communiqué à l'Académie dans la séance du 6 septembre 1907.

même région et qui sont, eux aussi, des restes de l'ancienne civilisation coréenne ; enfin aucun voyageur de race blanche n'avait jusqu'ici exploré cette partie lointaine du territoire chinois. Il y avait donc un réel intérêt à aller visiter un site aussi mal connu.

Des difficultés de deux sortes pouvaient se présenter : les premières étaient celles que la nature aurait opposées si la route avait été dangereuse ; les secondes étaient celles que les hommes auraient suscitées si le pays avait été rendu peu sûr par des bandes de malfaiteurs. En ce qui concerne les périls naturels, j'ai pu constater qu'ils n'existaient pas ; les six jours de marche de Moukden jusqu'à la sous-préfecture de T'ong-houa se font en charrette sur une route qui ne présente d'autres inconvénients que la poussière et les fondrières communes à toutes les voies de communication en Mandchourie ; à partir de T'ong-houa, la carte de la région est encore fort mal faite, et nous avons eu quelque peine à déterminer exactement le chemin par où nous devions passer ; ici encore cependant on ne se heurte à aucun obstacle sérieux ; les montagnes redoutables que nos cartes indiquent, en les plaçant d'ailleurs beaucoup trop à l'Ouest, entre la sous-préfecture de T'oung-houa et la rivière Yalou, n'ont en réalité pas plus de mille mètres d'élévation ; on les traverse en remontant le cours d'une petite rivière du versant occidental, puis en descendant la vallée d'un cours d'eau de moindre importance sur le versant opposé ; nous n'avons rencontré de difficultés que dans les passages à gué où nos montures avaient parfois de l'eau jusqu'au ventre dans un courant assez fort ; il faut quatre jours à cheval pour aller de T'ong-houa à T'ong-keou, par la route de Sseu tao kiang, Leou tao keou, Che yi tao keou, la crête du Lao-ling et la passe T'ou-k'eou ; si nous avons mis six jours à faire ce trajet, c'est par suite d'une modification d'itinéraire qui nous a obligés à revenir sur nos pas pendant une journée entière.

Quant aux fameux brigands à cheval (Ma tsei) ou Kongouses (Hong hou tseu), leur existence n'est point un mythe, encore que leurs exploits soient peut-être exagérés par les Japonais, désireux qu'aucun étranger ne pénètre dans la zone d'influence qu'ils s'attribuent. Comme le maréchal Tchao me garantissait cependant qu'il ne m'arriverait aucune mésaventure, je me suis mis en route avec quatre soldats d'escorte qui devaient être renforcés dans toutes les sous-préfectures où je passerais par un ou deux gendarmes de la police locale. Je n'ai fait aucune rencontre fâcheuse et j'ai été reçu par tous les fonctionnaires chinois auxquels j'ai eu affaire avec une courtoisie et une bonne grâce que je tiens à reconnaître.

La localité de T'ong-keou est située à quelques centaines de mètres au Nord du fleuve Yalou par environ 126° 20′ E. de Greenwich, et 41° 5′ de lat. Nord ; elle a été érigée en sous-préfecture sous le nom de Tsi-ngan hien depuis l'année 1902 ; pour marquer cette élévation en dignité, on l'a entourée d'un rempart quadrangulaire en terre, à l'intérieur duquel un petit nombre de maisons sont disséminées au milieu de terrains de culture ; cette prétendue cité n'a jusqu'ici qu'une existence factice, et si on lui enlevait son rempart et son titre de sous-préfecture, on ne se trouverait plus en présence que d'un maigre hameau. Le sous-préfet actuel, Wou Kouang-kouo, évalue à quatre cents le nombre des habitants de la ville ; il a sous sa juridiction, dans toute l'étendue du territoire qu'il administre, sept mille familles chinoises et mille familles coréennes ; il maintient l'ordre avec deux cents soldats.

Les monuments de T'ong-keou peuvent être répartis sous trois titres : la stèle, les tombes, l'ancien rempart.

I

LA STÈLE.

Dès que le voyageur qui vient de T'ong-houa a franchi le col de T'ou-k'eou et voit s'étendre devant ses yeux sur la rive droite du Yalou, la petite vallée semi-circulaire de T'ong-keou, il peut apercevoir vers le Sud une tache sombre

Fig. 2. — T'ong-keou. — Stèle du Kao-keou-li (face Est.) [1]

1. La photographie marquée 1 n'a pu être reproduite ; nous n'en avons pas moins conservé la numérotation établie par M. Chavannes.

dans la plaine; c'est le bloc énorme de la stèle à côté de laquelle il passera une demi-heure plus tard en continuant sa route. Ce monument est à huit li (un peu moins de quatre kilomètres) au N.-E. de T'ong-keou, dans le haut

Fig. 3. — T'ong-keou. — Stèle du Kao-keou-li (face Ouest).

d'un village nommé Tong-kang ; c'est un monolithe de granit verdâtre d'une hauteur de 6 m 20 environ, qui a la forme d'un pilier quadrangulaire ; on ne peut en mesurer les faces qu'approximativement, à cause de l'irrégularité des arêtes ; le côté sud est large de 1 m 45 et comprend 10 lignes d'écriture ; le côté ouest mesure 1 m 94 de large et compte 14 lignes, la première étant presque entièrement

Fig. 4. — T'ong-keou. — Stèle du Kao-keou-li (face Nord).

effacée ; le côté nord, qui est le mieux conservé, comporte 9 lignes et mesure 1 m 40 ; le côté est, avec 11 lignes de texte, est large de 1 m 46. Chaque ligne est de 41 mots ; les caractères sont profondément gravés dans le roc et mesurent en moyenne 10 centimètres de haut sur 9 de large. L'inscription commence à environ 1 mètre au-dessous du sommet du bloc et descend jusqu'en bas.

Il n'est point aisé d'estamper un texte d'aussi grande dimension; aussi dois-je une reconnaissance toute particulière au maréchal Tchao qui a bien voulu me faire don d'un excellent estampage pris, d'après la méthode chinoise, en blanc sur noir, ce qui permettra d'en tirer aisément une reproduction phototypique. Au moment où j'ai fait les photographies (n°s 2, 3, 4) que j'ai l'honneur de présenter à l'Académie, la stèle était toute noire de l'encre de Chine qui avait servi à imprimer cet estampage et les perches de l'échafaudage qu'avaient dû élever les ouvriers entouraient le monument.

Du contenu de l'inscription je ne dirai rien en ce moment, car ce n'est pas en cours de route que je puis avoir les moyens de faire une étude approfondie d'épigraphie. L'article précité de M. Courant permet dès maintenant d'apprécier l'importance de ce texte qui nous révèle que nous sommes à T'ong-keou sur l'emplacement de la capitale même de l'ancien Kao-keou-li, et qui nous apprend quels furent les exploits des chefs de ce puissant royaume; il y a là toute une page, et non des moindres, de l'histoire de l'Asie orientale. Mais il reste encore bien des points obscurs à élucider dans ce texte; l'estampage que j'ai pu me procurer assure du moins une base solide aux recherches nouvelles qu'il faudra entreprendre.

II

LES TOMBES.

A environ deux kilomètres au Nord de la stèle est une sorte de pyramide tronquée quadrangulaire construite en blocs énormes de granit rose; elle est connue localement sous le nom de « tombe du maréchal » (tsiang kiun fen), mais elle est en réalité une sépulture royale (figures 5, 6, 7, 8, 9); ce monument cyclopéen a vivement frappé l'imagination populaire; on raconte que les hommes qui le construisirent étaient des géants qui avaient le double de la taille ordinaire; un respect religieux l'entoure; un malfaiteur qui voulut violer cette sépulture tomba mort, dit-on, dès qu'il essaya de soulever une des dalles de la chambre

Fig. 5. — T'ong-keou. — Tombe du Maréchal (face Sud).
On voit, en haut, l'entrée de la chambre funéraire supérieure.

funéraire; deux autres qui avaient pénétré dans la tombe furent frappés de cécité.

La pyramide est orientée vers le Sud, mais avec une notable inclinaison du côté de l'Ouest; elle est constituée par sept assises successives, chaque assise étant en retrait par rapport à celle qui lui est inférieure. La première assise repose sur un soubassement qui la dépasse de 67 centimètres et qui émerge à 24 centimètres au-dessus du sol; cette première assise comprend quatre rangées de blocs de granit formant aux angles du monument une arête qui a en moyenne 3 m 30 de hauteur totale ; la plus basse pierre mesure de 1 mètre à 1 m 10 ; la seconde, environ 0 m 75 ; la troisième et la quatrième, chacune 0 m 60 ; en outre, le retrait de la seconde pierre sur la première est de 17 centimètres ; celui de la troisième sur la seconde est aussi de 17 centimètres ; celui de la quatrième sur la troisième est de 14 centimètres (fig. 9).

La seconde assise est en retrait de 1 m 10 sur la première ;

Fig. 6. — T'ong-keou. — Tombe du Maréchal (face Est).

elle se compose de trois rangs de blocs ayant une hauteur totale de 1 m 64. Dans cette assise comme dans les assises supérieures, le retrait de chaque pierre sur celle qui la précède est beaucoup moins marqué que dans la première assise ; ce retrait n'est plus ici constitué que par un rebord de 9 centimètres de large sur 1 centimètre et demi de haut qui court à l'extérieur de la pierre du dessous et qui assure la stabilité de la pierre du dessus encastrée à l'intérieur de ce rebord.

La troisième assise, en retrait de 1 m 16 sur la seconde, se compose de trois rangs de blocs ayant une hauteur totale de 1 m 50. Le retrait de chacune des assises suivantes sur celle qui la précède est également de 1 m 16 ; ces assises, composées elles aussi de trois rangs de blocs chacune, ont les hauteurs suivantes : la quatrième, 1 m 37 ; la cinquième, 1 m 32 ; la sixième, 1 m 16 ; la septième, 0 m 99.

Si on additionne les hauteurs des arêtes des sept assises,

Fig. 7. — T'ong-keou. — Tombe du Maréchal (angle Nord-Est, avec les faces Est et Nord).

on trouve que la longueur totale d'une arête de la pyramide doit être d'un peu plus de 11 mètres.

Au bas de chacune des quatre faces de la pyramide sont appuyés trois blocs de pierre énormes de forme irrégulière; ils s'élèvent pour la plupart plus haut que le sommet de la première assise; l'un de ces blocs est au centre de la face du monument; les deux autres sont voisins respectivement des deux angles. Le bloc occidental de la face sud mesure 3 mètres 78 de hauteur (fig. 9).

La largeur de la pyramide à la base est de 31 mètres de côté environ. Il est difficile de mesurer exactement la largeur que devait avoir à son faîte la pyramide tronquée, car la septième assise est presque entièrement détruite et il n'en subsiste guère qu'une partie sur la face orientale ; cependant, en tenant compte de divers indices de construction, on peut estimer que la dernière assise devait avoir environ 13 mètres de côté.

Les pierres formant la crête de cette dernière assise

Fig. 8. — T'ong-keou. — Tombe du Maréchal (angle Nord-Ouest, avec les faces Ouest et Nord).

présentent sur leur face supérieure des trous ronds de 8 centimètres de diamètre sur 11 centimètres de profondeur ; ils sont respectivement distants les uns des autres de 42 centimètres. Je ne m'explique l'existence de ces trous qu'en supposant qu'ils servaient à maintenir par la base des colonnettes en bois ; celles-ci elles-mêmes auraient supporté une toiture en tuiles, et c'est ce qui justifierait la présence sur les flancs du monument de nombreux débris de tuiles faites en une argile dure de couleur noire ; j'ai rapporté quelques-uns de ces fragments ; on remarquera sur leur face interne un quadrillage qui provient de ce qu'on façonnait la tuile fraîche en la posant sur une toile grossière de

Fig. 9. — T'ong-keou. — Tombe du Maréchal (angle Ouest de la face Sud. Remarquer le bloc de pierre servant de contrefort).

chanvre ; les tuiles qu'on fabrique aujourd'hui encore dans cette région présentent le même quadrillage dû à la même cause.

Si mes conjectures sont exactes, l'édifice, lorsqu'il était complet, devait donc offrir l'aspect d'une pyramide tronquée à sept assises dominée par une charpente quadrangulaire en bois qui supportait une toiture en tuiles noires. A l'intérieur de ce pavillon, l'énorme dalle servant de couvercle à la pyramide était surmontée d'un rang de blocs de granit rose.

A la hauteur de la seconde pierre de la quatrième assise se trouve, sur la face sud, la base d'une ouverture quadrangulaire dont le haut atteint juste la première pierre de la sixième assise. Cette ouverture mesure 1^{m} 94 de large et 1^{m} 50 de haut; mais sa hauteur est réduite à 91 centimètres environ par un seuil de 56 centimètres de haut sur 25 centimètres de large. Après avoir franchi le seuil, on traverse un couloir d'une longueur de 5^{m}50 environ, et, comme on descend quelques marches en partie détruites, la hauteur augmente progressivement en sorte qu'elle est de 2^{m} 20 au moment où on débouche du couloir dans la salle à laquelle il donne accès.

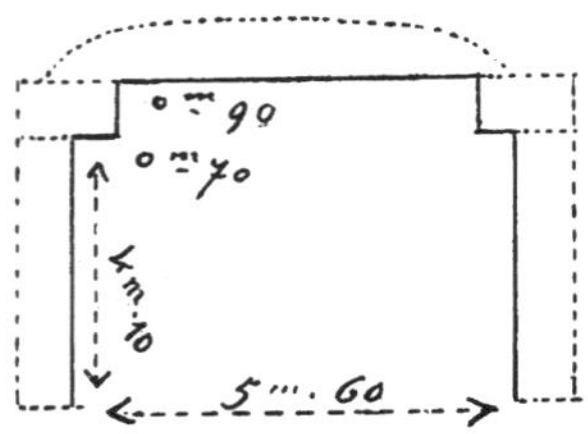

Coupe du couloir d'entrée de la salle supérieure de la pyramide.

Cette salle, qui s'élève jusqu'au sommet de l'édifice, est un cube de 5^{m} 40 à 5^{m} 60 de côté et de 4^{m} 93 à 5^{m} 03 de hauteur; elle n'est pas voûtée, elle est simplement recouverte par une dalle colossale reposant par ses bords sur quatre solives de pierre qui font saillie de 70 centimètres environ sur les quatre parois de la salle auxquelles elles sont respectivement parallèles. La hauteur de chaque paroi jusqu'à la solive qui la couronne étant de 4^{m} 10, tandis que la hauteur totale de la paroi et de la solive jusqu'à la dalle servant de couvercle est de 5 mètres environ, on peut évaluer à 90 centimètres l'épaisseur de la solive.

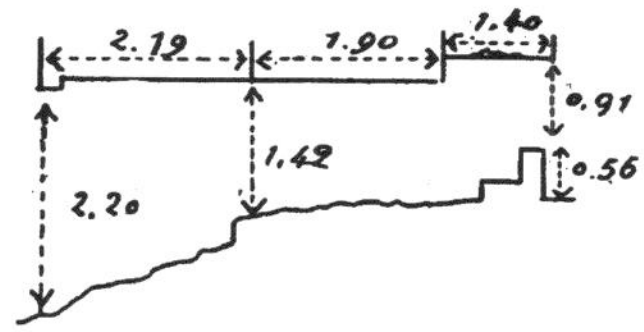

Coupe de la salle montrant la disposition des parois, des solives et de la dalle servant de couvercle.

Les parois sont faites de six rangs de blocs de granit; voici en mètres les dimensions des pierres qui forment la paroi occidentale:

?	?		0.74
?	?	?	0.53
0.96	4.49		0.75
3.06	2.57		0.68
1.84	1.68	1.95	0.76
3.82	1.78		0.73

Sur le sol de cette salle, on remarque des fragments de pierre qui sont en partie restés à leur place originaire, en sorte qu'on peut en reconstituer la disposition primitive: le

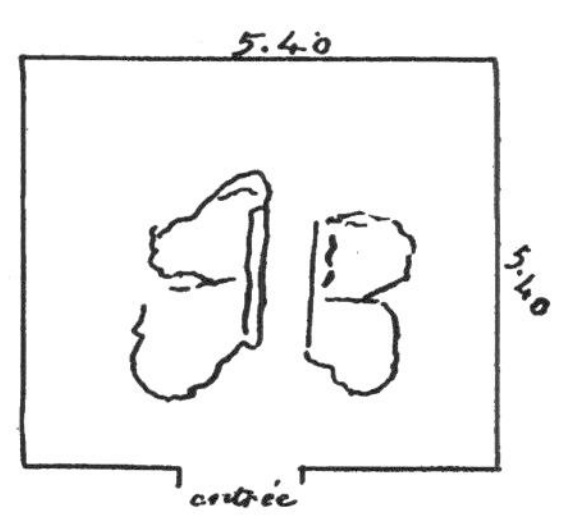

Disposition des dalles couchées au milieu de la salle. Aspect actuel.

milieu de la salle devait être occupé par deux grosses dalles rectangulaires couchées à plat et séparées l'une de l'autre par un intervalle de 0 m 55; chacune de ces dalles, ayant

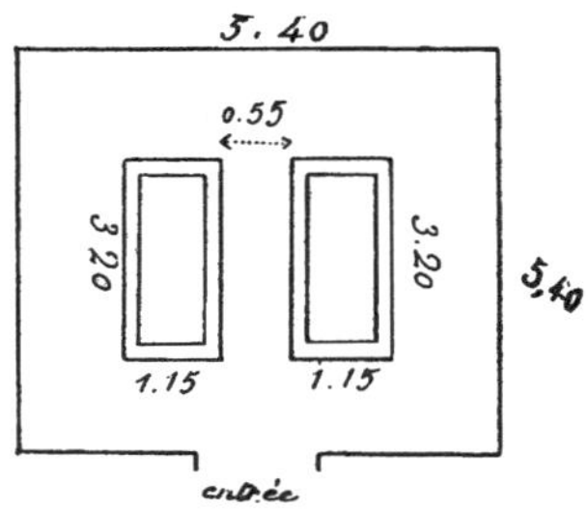

Disposition des dalles couchées au milieu de la salle. Reconstitution théorique.

l'orientation nord-sud dans le sens de sa longueur, mesurait 3 m 20 de long et 1 m 15 environ de large; elle s'élevait à 0 m 12 au-dessus du sol, mais elle présentait sur tout son pourtour un rebord de 0 m 13 de large qui l'exhaussait encore de 0 m 12, en sorte que, sur sa tranche, elle s'élevait à 0 m 24 au-dessus du sol; je ne puis déterminer quelle était la destination de ces deux grands plateaux rectangulaires à rebord.

Dans le fond de la salle, face à l'entrée, on a disposé un misérable petit autel de bois pour brûler des bâtonnets d'encens « en hommage à l'Auguste roi bon d'une ancienne dynastie ». Nous avons là une manifestation des sentiments religieux qui s'adressent aujourd'hui encore à la tombe du maréchal; mais la dédicace à l'Auguste roi est certainement fautive, car, ainsi que nous le montrerons plus loin, la tombe du souverain que la stèle nous fait connaître sous le nom de l'Auguste roi est située ailleurs; la tombe dite du maréchal ne nous a point encore révélé le nom du mort illustre qu'elle abrite. Peut-être ce nom nous serait-il connu si nous pouvions pénétrer dans la salle inférieure qui doit exister sous la salle que nous avons décrite, mais il ne serait pas possible actuellement de tenter cette profanation.

La tombe du maréchal n'était pas la plus grande de celles qu'avaient élevées au temps de leur splendeur les princes de Kao-keou-li et elle ne paraît pas avoir été la plus magnifique. Mais elle est la seule qui se soit à peu près conservée dans son intégrité et elle acquiert, de ce fait, une valeur documentaire inappréciable; c'est elle, en effet, qui nous apprend quelles étaient les dispositions caractéristiques de cette architecture funéraire et qui nous permet de recons-

Fig. 10. — T'ong-keou. — Tombe en partie détruite, au Nord-Est de la tombe du Maréchal (face Ouest).

tituer par la pensée les autres monuments dont il ne reste que des débris. Elle aussi cependant court de grands risques; une végétation vigoureuse de jeunes arbres l'a envahie comme on peut le voir sur mes photographies; nombre de pierres ont déjà été déplacées par les racines qui s'insinuent entre elles et plusieurs ont glissé jusqu'au bas de l'édifice; les jeunes gardiens de porcs viennent jouer sur les degrés de granit et achèvent de briser ce qui reste des tuiles de l'ancienne toiture ; actuellement, une restauration intelligente qui débarrasserait le monument de toute sa végétation parasite et qui remettrait en place les blocs gisant à terre permettrait de rendre à la pyramide son aspect primitif ; mais si on laisse les choses en l'état, il est bien à craindre que, dans une cinquantaine d'années, la dernière grande tombe du Kao-keou-li ne soit plus, comme ses voisines, qu'un amas de décombres.

Fig. 11. — T'ong-kcou. — Tombe en partie détruite au Nord-Est de la tombe du Maréchal (face Est. — Au second plan, on aperçoit les faces Est et Nord de la tombe du Maréchal).

A côté de la tombe du maréchal, mais un peu en arrière au Nord-Est, se trouve un autre tombeau qui m'a très vivement frappé au premier aspect, car il a toute l'apparence d'un dolmen (figures 10 et 11) : deux blocs de pierre de 2 m 55 de long, de 1 m 30 de haut et de 1 mètre à 1 m 20 d'épaisseur sont disposés parallèlement à une distance de 1 m 20 l'un de l'autre; une dalle de 1 m 20 de large sur 1 m 25 de haut ferme au fond l'espace compris entre ces deux blocs ; une très grosse pierre de 4 mètres environ de long sur 3^{m} 50 de large et sur près de 1 mètre d'épaisseur constitue le plafond de la chambre ainsi formée. Mais si, au lieu de considérer l'édifice de face, on le contourne par derrière, sa figure change (figure 12) ; on se trouve alors en présence du mur d'une pyramide analogue à la tombe du maréchal ; ce sont les mêmes blocs de granit encastrés les uns dans les autres grâce au rebord de la pierre inférieure dans lequel vient s'emboîter la pierre supé-

Fig. 12. — T'ong-keou. — Tombe en partie détruite, au Nord-Est de la tombe du Maréchal (face Nord. — On peut distinguer sur cette face la forme pyramidale du monument primitif).

rieure ; le retrait de chaque bloc sur celui qui le précède est uniformément de 7 à 8 centimètres ; au-dessus d'un soubassement qui dépasse de 46 centimètres le pied du monument, on peut encore compter huit rangées de blocs dont les arêtes légèrement inclinées mesurent respectivement 0^{m} 50, 0^{m} 40, 0^{m} 37, 0^{m} 35, 0^{m} 33, 0^{m} 36, 0^{m} 35, 0^{m} 34. Cette construction avait une base de 8^{m} 90 de côté. Il est évident que le pseudo-dolmen n'est autre chose que la chambre supérieure d'une pyramide dont la face sud a entièrement disparu et dont la face nord est seule conservée en majeure partie avec quelques fragments des assises de l'Est et de l'Ouest. On sait que des voyageurs ont signalé l'existence de dolmens en Corée; il y aurait lieu de vérifier si ces dolmens ne sont pas de simples chambres funéraires dont le revêtement, soit sous la forme d'une pyramide de pierre, soit sous la forme d'un tumulus de terre, a disparu.

Si je parle de tumulus en terre, c'est parce que précisément la région de T'ong-Keou présente, à côté de pyramides en pierres, des tumulus de terre qui, eux aussi, affectent parfois, lorsqu'ils sont de grandes dimensions, la forme de pyramides à quatre pans; en arrière et à l'Ouest de la tombe du maréchal on voit un de ces tertres; plusieurs autres, de taille moindre, s'alignent dans les champs qui, sont à l'Ouest de la tombe du maréchal; quelques-uns sont en partie détruits et permettent de distinguer la chambre funéraire qu'ils recouvrent.

Un second groupe de tombes du royaume de Kao-keou-li commence au village de Tong-kang, à peu de distance à l'Ouest de la stèle; la plus importante est celle qui se trouve derrière la principale auberge du village (figure 13); elle devait être construite comme la tombe du maréchal, mais elle était plus grande; malheureusement elle n'est plus qu'un tas de décombres; deux petits temples taoïstes qu'on a réédifiés en 1906 au pied de ce monument ont été construits avec ses débris et ont hâté sa ruine; d'autre part, j'ai pu voir deux meules à moudre le maïs qu'on était en train de tailler dans un des beaux blocs de granit de la base; la disparition totale de cet édifice est imminente. La photographie (n° 13) que j'ai prise de l'angle sud-est qui est le mieux conservé permet de distinguer sur la face sud les gros rochers qui, comme dans la tombe du maréchal, servaient de contreforts à l'assise inférieure. Ce monument si délabré offre cependant un intérêt tout particulier ; c'est lui en effet qui est la tombe de l'Auguste roi dont les exploits sont commémorés par la stèle voisine; on en a la preuve évidente dans le fait qu'on a trouvé sur cet emplacement des briques minces portant sur la tranche l'inscription suivante : « Nous souhaitons que la sépulture de l'Auguste roi reste ferme comme la montagne, solide comme le pic. » Une de ces briques est au Japon; j'en ai recueilli moi-même sur place un fragment qui porte les

Fig. 13. — T'ong-keou. — Tombe de l'Auguste roi (angle Sud-Est. On distingue sur la face Sud les gros blocs de pierre servant de contreforts).

deux premiers mots de l'inscription, et je dois à l'obligeance du sous-préfet de Tsi-ngan un autre fragment sur lequel les cinq premiers caractères sont conservés. Outre ces briques, on remarque encore des débris de tuiles analogues à ceux qu'on peut ramasser sur la tombe du maréchal; mais ces débris sont plus nombreux et témoignent d'une ornementation plus riche; c'est ainsi que j'ai rapporté plusieurs morceaux de rondelles à décor uniforme qui devaient former l'extrémité inférieure de chaque rangée de tuiles. Enfin, sur deux des fragments de tuiles que j'ai trouvés, on distingue le caractère *wou* « cinq », et, sur un autre, le caractère *tchong* « milieu ». Comme pour la tombe du maréchal, je suppose que ces briques et ces tuiles devaient constituer la toiture d'un pavillon en bois placé au faîte de la pyramide tronquée.

Dans la série de tombes qui s'alignent en demi-cercle au

Fig. 14. — T'ong-keou.
Tombe en ruines au Nord-Ouest de la tombe de l'Auguste roi (face Sud, partie occidentale).

pied des montagnes sur une longueur de deux à trois kilomètres à l'Ouest de la tombe de l'Auguste roi, on en peut signaler au moins deux qui, malgré leur état de ruine presque complète, ont été manifestement construites sur le même plan que la tombe du maréchal. J'ai pris deux photographies de l'une d'elles (n°s 14 et 15) qui a vingt mètres de côté à la base et qui a conservé sur sa face sud la première assise de granit et une partie de la seconde, ainsi que les gros blocs de rocher servant de contreforts. Sur la deuxième de ces tombes, j'ai ramassé, à côté de débris de poterie grise ou noire analogues à ceux qui abondent sur la tombe du maréchal et sur celle de l'Auguste roi, des fragments de poterie rouge ; ces fragments proviennent, selon toute vraisemblance, de grosses tuiles analogues à celle que le sous-préfet de Tsi-ngan a trouvée en faisant

Fig. 15. — T'ong-keou.
Tombe en ruines, au Nord-Ouest de la tombe de l'Auguste roi (angle Sud-Est).

creuser un puits dans son yamen ; cette tuile, dont j'ai pu prendre la mesure, est demi-cylindrique, mais fortement renflée à une de ses extrémités pour permettre l'emboîtage avec la tuile suivante ; elle a 44 centimètres de long ; une des extrémités a 13 centimètres de diamètre et 19 centimètres de pourtour extérieur, l'autre a 18 centimètres et demi de diamètre et 30 centimètres de pourtour.

Comme dans les environs immédiats de la tombe du maréchal, il y a, dans le second groupe de sépultures, plusieurs tumulus en terre; ceux-ci sont particulièrement nombreux et réguliers dans la région la plus occidentale; quelques-uns ont la forme d'une pyramide à quatre pans; sans doute ils recèlent une ou plusieurs chambres funéraires en pierre, mais il semble peu probable qu'ils recouvrent des pyramides en granit analogues à la tombe du maréchal ou à celle de l'Auguste roi; c'est du moins la conclusion que je

Fig. 16. — T'ong-keou.
Petite tombe dont on voit la chambre funéraire.

tire du fait que l'un de ces grands tumulus a été éventré au tiers environ de son épaisseur et qu'on ne voit dans la brèche aucune trace de construction en pierre.

Parmi les petits tumulus, plusieurs sont ouverts et laissent voir plus ou moins nettement la chambre funéraire qu'ils recouvrent; la figure n° 16 représente une de ces tombes secondaires qui ne mesure guère que 1 mètre de hauteur; il y en a un très grand nombre d'analogues.

L'une de ces sépultures de moindre dimension mérite une mention particulière, parce qu'elle est la seule qui ait conservé des vestiges encore perceptibles de peintures à fresque; elle est située à peu près à mi-distance entre les deux extrémités du groupe que nous étudions : en se glissant dans un couloir de 1 m 13 de large et de 0 m 90 de long, on accède dans une antichambre de 3 m 20 de long sur 1 m 12 de large ; sur les parois, un enduit qui s'effrite

Fig. 17. — T'ong-keou. — Peintures sur l'enduit en plâtre d'une tombe.

porte encore les traces d'un réticule de lignes rouges sinueuses ; un nouveau couloir de 80 centimètres de long nous amène dans la salle principale qui est un carré de 3 m 40 environ de côté; sur les parois verticales on distingue les traces d'une ornementation symétrique formée de grandes rosaces à seize pointes qui mesurent 26 centimètres de diamètre et qui sont distantes entre elles de 35 centimètres ; elles sont peintes en rouge et noir sur fond jaune ; au-dessus de la partie verticale de la paroi, le mur s'infléchit en avant pour diminuer la grandeur de l'ouverture au sommet; sur cette surface inclinée, le décor est constitué par des fleurs stylisées à treize pétales ; ces fleurs qui sont peintes en noir, en rouge et en jaune, mesurent 28 centimètres de large ; elles ont une tige qui se termine en forme de fleur de lys renversée (figure 17). Ces fresques sont malheureusement dans un fort mauvais état de conservation, et c'est à grand'peine si j'ai pu en obtenir quelques linéaments sur une plaque photographique.

III

LE VIEUX REMPART.

Immédiatement à l'Ouest de la ville de T'ong-keou coule un affluent de la rivière Yalou qui est connu sous le nom de rivière de T'ong-keou ; après l'avoir traversé, on remonte le long de la rive droite; on passe bientôt auprès de nombreux tumulus de peu d'importance ; l'un d'eux est ouvert et on peut pénétrer dans la chambre funéraire qui a 3 m 20 de côté ; des traces de peinture se voient sur les murs. Au bout de trois quarts d'heure de marche environ, on parvient à un promontoire rocheux qui domine un coude de la rivière; cette position stratégique a été autrefois mise à profit et on a construit un rempart en pierres de moyenne dimension pour couronner la falaise ; c'est cette muraille qui a valu à la localité son nom actuel de Chan tch'eng tseu « le rempart dans la montagne ». La tradition populaire attribue au royaume de Kao-keou-li la place forte qui devait autrefois se dresser là ; elle n'a peut-être pas tort puisqu'on trouve, en continuant à remonter la rive droite de la rivière, de nombreux tombeaux assez analogues à ceux du maréchal et de l'Auguste roi (figure 18). Il est à remarquer cependant que le nom de Kao-li est appliqué à toutes les ruines, de quelque époque qu'elles soient, dans

Fig. 18. — T'ong keou.
La Vallée des tombeaux, à l'Est de Chan tch'eng tseu.

la Mandchourie sud-orientale ; il y a donc lieu de garder un certain scepticisme au sujet de l'existence d'une ancienne cité du Kao-keou-li sur l'emplacement de Chan tch'eng tseu.

Je suis resté cinq jours à T'ong-keou parce que les distances entre les divers monuments sont assez grandes et que mes travaux de mensuration et de photographie, gênés pendant deux jours par une pluie torrentielle, m'ont pris plus de temps que je ne pensais d'abord y consacrer. Je n'ai pas fait de fouilles : il ne faut pas en effet songer à en pratiquer dans les tombes qui sont encore aujourd'hui entourées d'un respect religieux ; quant à creuser le sol à l'endroit où s'élevait autrefois la capitale du Kao-keou-li, l'entreprise serait assurément intéressante, mais il me semble difficile de savoir où était exactement cette capitale. Il est possible qu'elle fût située à Chan tch'eng tseu, mais rien ne le prouve, si ce n'est une tradition populaire qui ne paraît fondée sur aucun fait précis. Il est possible aussi, comme le croit le sous-préfet de Tsi-ngan, que cette ville fut située à l'endroit même où s'élèvent aujourd'hui les maisons de T'ong-keou ; mais les travaux de canalisation qui ont été faits dans cette localité n'ont amené la découverte d'aucun objet qui puisse être attribué avec certitude à la civilisation du Kao-keou-li. Enfin les fonds dont je disposais étaient restreints et je ne pouvais m'exposer à les dépenser en totalité dans des recherches qui étaient trop mal localisées pour promettre d'être fructueuses.

Je rapporte de mon voyage : la notice qu'on vient de lire et les photographies qui y sont jointes ; l'estampage de la grande inscription du Kao-keou-li ; enfin des débris de tuiles recueillis sur les tombes du maréchal et de l'Auguste roi ; j'y ai joint deux pointes de flèche quadrangulaire en fer, une tuile ronde de style chinois et une monnaie de l'époque des Song qui m'ont été données par le sous-préfet de Tsi-ngan et qui ont été exhumés dans l'enceinte de la ville de T'ong-keou. La caisse contenant ces divers objets et l'estampage a été envoyée à M. le Ministre de l'instruction publique à Paris.

Le Gérant, A. PICARD.

MACON, PROTAT FRÈRES, IMPRIMEURS

V
관련 자료집(4)

〈번역〉『회여록(會餘錄)』 제5집에 실린
고구려 옛 비석 출토기 및 고찰
〈원문〉 高句麗古碑出土記 · 考

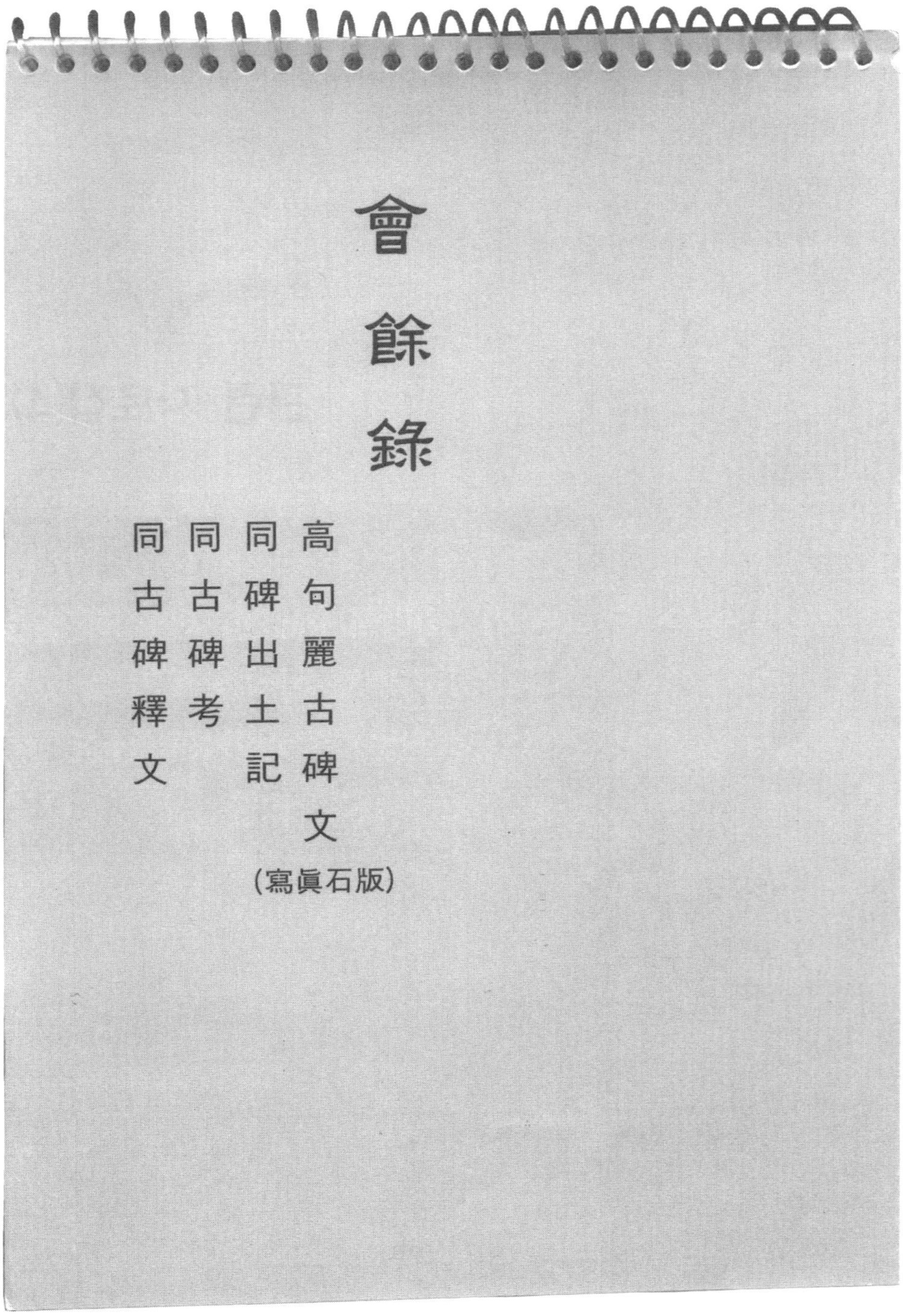

會餘錄

高句麗古碑文

同碑出土記

同古碑考

同古碑釋文

(寫眞石版)

V. 『회여록(會餘錄)』 제5집[243]에 실린 고구려 옛 비석 출토기 및 고찰

고구려 비 출토기(高句麗碑 出土記)

고구려 옛 비석에 대한 고찰(高句麗 古碑 考)

243) 〔옮긴이 해설〕 메이지 22년(1889) 6월 3일 초판, 쇼와 46년(1971) 10월 25일 발행한 『회여록(會餘錄)』〔제5집, 아세아협회(亞細亞協會), 1889〕을 한국어로 옮긴 것이다. 이 『회여록』에는 다음 다섯 가지가 함께 실려 있다. ① 고구려 옛 비문(古碑文) : 석판 인쇄한 사카와의 쌍구가묵본. 모두 44쪽에 실렸는데, 한 쪽에 가로 5자, 세로 8자씩 들어 있다. 모두 1760자인데 153개의 빠진 글자는 모두 빈칸으로 놔두었기 때문에 실제는 1607자이다. 남아 있는 글자 가운데서도 분명하지 않는 글자도 제법 있다. ② 고구려 비 출토기 : 고구려 비가 발견된 지역과 발견된 경위, 비문의 글자 수, 아울러 주변의 장군무덤 같은 내용도 들어 있는데, 모두 4쪽이다. ③ 고구려 옛 비에 관한 고찰(高句麗古碑考) : 비석의 주인공과 세운 연대, 비문의 내용, 시조에 관한 것, 광개토태왕에 대한 것, 비석을 통해서 본 『삼국사기』나 『동국통감』 같은 한국 사서들의 문제점, 왜가 신라와 백제를 신민으로 삼은 전말 같은 것들을 연구 결과로 내놓고 있다. ④ 각서 참고 : 『동국통감』, 『조선사략』, 『양서』, 『삼국지』, 『독사방여기요』 같은 여러 사료에서 비문을 해석하는 데 도움이 되는 자료를 뽑아서 실었다. ⑤ 고구려 비 석문(釋文) : 비문 전체의 글자를 읽어내는 석문을 실었다. 이 가운데 ④ 각서 참고와 ⑤ 고구려 비 석문을 빼고 모두 번역하였다. 이 자료는 단국대 서영수 교수가 제공해 주었고, 일본어로 옮기는 데 양승희 선생이 도움을 주었다.

會餘錄第五集

高勾麗碑出土記

碑在淸國盛京省懷仁縣其地曰洞溝在鴨綠江之北距其上流九連城八百餘里（淸國里法以下倣之）地勢平坦廣三四里長十二三里中央有舊土城周圍五里餘內置懷仁縣分縣卽古之令安城也距此城東約四里許離江邊三里餘山下有一小溪則碑所在也據土人云此碑舊埋沒土中三百餘年前始漸々顯出前年有人由天津雇工人四名來此掘出洗刷費二年

회여록 제5집

고구려(高句麗) 비(碑) 출토기

비(碑)는 청나라 성경성(盛京省) 회인현(懷仁縣)에 있다. 그 땅을 통구(洞溝)라고 부르는데, 압록강 북쪽에 있으며, 그 상류 까오리엔 성(九連城)에서 800리(里, 청나라 거리의 단위, 앞으로 이 단위에 따른다) 떨어진 곳이다. 지세는 평탄하고 너비 3~4리, 길이 12~13리쯤 된다. 한 가운데 옛날 토성이 있는데 둘레가 5리쯤 된다. (성)안에 회인현의 분현(分縣)을 두었는데 이것이 옛날의 링안 성(令安城)이다. 이 성에서 동쪽으로 4리쯤 떨어지고 강변에서 3리쯤 떨어진 곳에 작은 개울이 하나 있는데 바로 비가 있는 곳이다.

본토박이 말에 따르면, 이 비는 오랫동안 땅 속에 파묻혀 있었는데 300년 전쯤부터 조금씩 드러나기 시작하였다고 한다. 몇 년 전 어떤 사람이 톈진(天津)에서 장인 4명을 데리고 와 파내서 씻고 더러운 것을 닦아내기를 2년 동안이나 한 뒤에야 간신히 읽을 수 있었다.

之工、稍至可讀、然久爲溪流所激、缺損處甚多、初掘至四尺許、閱其文、始知其爲高勾麗碑、於是四面搭架、令工氈搨、然碑面凸凹不平、不能用大幅一時施工、不得已用尺餘之紙、次第搨取、故工費多而成功少、至今僅得二幅云、日本人某適遊此地、因求得其一齎還、碑已掘出者、其高一丈八尺、前後廣五尺六七寸、兩側四尺四五寸、埋沒土中者、尙不知有幾尺、面南而背北、四面皆刻有字、南十一行、西十行、北十三行、東九行、通計四十三行、每行四十一字、大略一千七百五十九字、字長短不齊、長者五寸、短或三寸、

그러나 오랫동안 시내물이 흘러드는 곳에서 비가 물살에 부딪쳐 흠이 난 곳이 아주 많았다. 처음 팔 때 4자(尺)쯤 나오자 글자를 읽을 수 있어 처음으로 고구려 비라는 것을 알게 되었다. 그래서 (비의) 네 면에 말뚝으로 선반을 세워 장인에게 탁본(氈搨)을 뜨도록 하였다. 그러나 비면이 오목 볼록하고 평탄하지 않아 큰 종이를 대서 한꺼번에 뜰 수 없었기 때문에 어쩔 수 없이 1자 남짓한 종이를 써서 차례대로 탁본을 떴다. 그러나 비용이 많이 들고 성공률이 낮기 때문에 지금까지 간신히 2폭밖에 뜨지 못했다고 한다.

일본인 아무개가 우연히 이곳을 여행하다가 그 (탁본) 하나를 얻어서 (일본으로) 돌아왔다. 비(碑)는 이미 파낸 것이 높이 1길(丈) 8자(尺), 앞뒤 너비 5자(尺) 6~7치(寸), 양쪽 옆면 4자 4~5치이다. 땅 속에 묻혀 있는 것은 몇 자나 될지 아직 알 수가 없다. 비 앞면은 남쪽이고, 뒷면은 북쪽이다. 네 면 모두 글자가 새겨져 있는데, 남쪽 11줄, 서쪽 10줄, 북쪽 13줄, 동쪽 9줄, 합하여 모두 43줄이다. 줄마다 41자이니 1759자쯤 된다. 글자의 길이는 하나같지 않다. 긴 것은 5치, 짧은 것은 3치이며, 새긴 깊이는 5~6치에 이른다. 비문 가운데 깨져 없

刻深至五六寸、其殘缺者凡一百九十七字、碑之傍
有一大墳、宛然丘陵、而其形傾欹、勢如被壓、蓋高勾
麗盛時、葬永樂太王之處、某聞其中有古磚、懸金募
購、得數枚而還、今藏其家、令安城一江之隔、與朝鮮
高山城滿浦城對峙、四面有古墳數百、星羅碁布、皆
立柱地下、用石疊造、詢之土人、均稱高麗墳、碑之東
又有一大墳、俗呼爲將軍墳、極廣大、其墳突出地上
者一丈七尺、上有兩層、地下更不知有幾層、入上層
石門之內、方廣二丈、其高一丈四尺、全用大石砌成、
梁柱長一丈四尺、見方三尺二寸、其下舖大石、就有

어진 것은 모두 197자이다.

비 곁에 커다란 무덤이 하나 있는데, 마치 언덕(丘陵)처럼 보인다. 그 생김새는 기울어져 있는데 기세에 압도당하는 것 같았다. 고구려가 강성할 때 영락태왕(永樂太王)을 장사를 지낸 곳일 것이다. 아무개는 그(무덤) 안에 옛날 벽돌이 있다는 말을 듣고 돈을 들여 여러 장을 사서 돌아와 지금 자기 집에 보관하고 있다.

링안 성(令安城)은 강 하나 건너 조선(朝鮮)의 고산성(高山城) · 만포성(滿浦城)과 서로 마주보고 있다. 사방에 옛 무덤 수백 기가 별을 뿌려놓은 듯, 바둑돌을 깔아놓은 듯, 펼쳐져 있다. 모두 땅 속에 기둥이 세우고, 돌을 쌓아 만들었다. 본토박이에게 물으니, 모두 한결같이 고구려무덤(高麗墳)이라고 한다.

비(碑) 동쪽에 커다란 무덤이 하나 더 있다. 보통 장군무덤(將軍墳)이라 부른다고 한다. 더할 수 없이 넓고 큰 그 무덤은 땅 위로 불쑥 솟아 있는 것이 1길(丈) 7자(尺)이다. 위에 2층이 있는데, 땅 속에는 또 몇 층이나 있는지 알 수가 없다. 위층 돌문 안으로 들어가면, 사

隙處投以小石久之始隱々聞響昔有山賊群集欲掘此墳而竟不能得手其堅固可知蓋此地方當是昔時一都會陵谷變遷其興廢之由今不可得而詳也

방 너비 2길, 높이 1길 4자(의 방)인데 모두 큰 돌을 쌓아 만들었다. 들보 기둥(梁柱)의 길이 1길 4자이고, 지름(見方) 3자 2치인데, 그 아래 큰 돌을 깔았다. 틈이 난 곳에 작은 돌을 던져 넣으며 한참 지난 뒤에야 소리가 흐릿하게 들리기 시작한다. 옛날에 산적들이 떼지어 이 무덤을 파려고 하였으나 끝내 해낼 방법이 없었다는 것을 보면 무덤이 얼마나 단단한지 알 수 있다. 이 지방이 모두 도회지로 바뀌어 언덕과 골짜기가 변했기 때문에 그 흥망의 연유를 지금은 상세히 알 수 없다.

高勾麗古碑考

一碑文、前無款題、後無年月、據文攷之、則頌第十七世好太王功德、且銘記守墓人烟戶者、而其王殂之三年甲寅所建也、

一碑文、凡分三大段、起首至以永後世焉、爲第一大段、提立碑綱領、自始祖說起、自其言曰、至村一千四百、爲第二大段、歷叙好太王武功、自守墓人烟戶至終、爲第三大段、規定守墓人烟戶、揭好太王遺訓爲法、

一好太王、韓史（指東國通鑑、三國史記等、以下皆準此、）逸名、故所謂甲

고구려 옛 비석에 관한 고찰(高句麗古碑考)

• 비문은 앞에 제목(款題)이 없고, 끝에 연월(年月)이 없다. 문장에 바탕으로 해서 이를(제목과 연월에) 살펴보면, 제17세 호태왕의 공덕을 기리고, 무덤지기(守墓人) 연호(烟戶)에 대해 새겨둔 것이다. 따라서 그 왕(호태왕)이 죽고 3년째인 갑인년(414년)에 세운 것이다.

• 비문은 어림잡아 3단락으로 나뉜다. 첫머리에서 '이영후세언(以永後世焉)'까지가 1단락인데, 비를 세운 큰 줄거리를 밝힌 것으로, 시조 이야기부터 시작하였다. '기언왈(其言曰)'에서 '촌일천사백(村一千四百)'까지가 2단락인데, 호태왕의 무공(武功)을 연대순으로 기록하였다. '수묘인연호(守墓人烟戶)'에서 끝까지가 3단인데, 무덤지기(守墓人) 연호(烟戶)에 대한 규칙을 정하고 호태왕의 유훈을 법으로 삼도록 내걸었다.

• 호태왕은 한국의 사서(韓史 - 『동국통감』, 『삼국사기』 같은 것 가리킨다. 앞으로 모두 이에 따른다)에는 나오지 않는 이름이다. 그렇기 때문에 이른바 갑인이라는 간지는 우리(일본)의 어떤 대에 들어맞는지 알 수가 없다. 시험 삼아 (비문에 나온) 17세를 억측으로 판단해 보니 풍포궁(豊浦宮) 명궁(明宮) 때가 아닌가 한다. 대개 중국과 한국의 사서들은 고구려 시조가 임

寅、不知當我何代、試據其十七世以臆斷之、其在豐浦宮明宮之際乎、盖漢韓之史、以高勾麗始祖即位之年、爲東漢永光壬午、乃以一世十六年算、其十七世、則壬午後二百七十二年之甲寅乎、(我神后攝政三十四年) 或以廿年爲中數、則壬午後三百卅二年之甲寅乎、(我明宮二十五年) 則此碑之距今、一千六百四十五年、若一千五百八十五年也、(韓史多誤謬、漢籍之所記、亦訛傳不少、永光壬午、未可知其信否、然他無可爲標準、因姑從之、)

一碑文有始祖鄒牟王之語、然韓史之稱始祖、皆用朱蒙字、一無書鄒牟者、乃閱我姓氏錄則有之、曰、

금 자리에 오른 해를 동한(東漢) 영광(永光) 임오년[244]으로 삼는다. 이에 1세(世)를 16년으로 셈하면 17세는 임오(壬午)년에서 272년이 지난 갑인년(옮긴이 주 : 234년)이 되거나〔우리의 신후(神后) 섭정 34년이다〕, 20년을 평균으로 하면 임오년에서 332년이 지난 갑인년(옮긴이 주 :294년)이 되지 않겠는가(우리나라의 명궁 25년이다). 이렇게 되면, 이 비는 지금부터 1645년이나 1585년쯤 지난 것이다(한국의 사서에는 잘못된 것이 많고, 중국 책에 기록된 것들도 그릇되게 전한 것이 적지 않다. 영광 임오년은 믿을 수 있는 것인지 없는 것인지 알 수가 없다. 그러나 다른 것은 표준으로 삼을 것이 없기 때문에 일단 그대로 따른 것이다).

• 비문에는 시조 추모왕(鄒牟王)이란 말이 있다. 그러나 한국 사서에는 시조를 부를 때 모두 주몽(朱蒙)이란 글자를 쓰지 추모(鄒牟)라고 쓰는 경우는 어디에도 없다. 그래서 우리나라 『(신찬)성씨록(新撰姓氏錄)』을 훑어보니 (추모가) 있었는데, "장배련(長背連)은 고려의 국주(高麗國主) 추모왕(鄒牟王) ― 주몽(朱蒙)이라고도 부른다 ― 의 후손이다"고 되어 있다. '추모'라

244) 〔옮긴이 주〕 : 동한 영광 임오년이라고 했는데, 영광 임오년은 동한(東漢, 後漢)이 아니고 전한(前漢, 西漢) 때이다. 전한 영광(永光) 임오년은 서기전 39년이다. 그러나 중국과 한국의 사서에는 일반적으로 고구려가 서기전 37년(갑신년)에 처음 세워진 것으로 되어 있다.

長背連、高麗國主鄒牟王（一名朱蒙）之後也、不書鄒牟、更註朱蒙矣、（鄒朱牟蒙、一音之轉、朱蒙之於鄒牟、猶斯盧之於新羅、息愼之於肅愼耳、其實同名、非二名也、）何其記載之周詳、而能與此古碑吻合也、

一十七世好太王、亦韓史無所記、而我姓氏錄則有之、曰、難波連、高麗國好太王之後也、何其此碑之能與我古書吻合也、蓋彼國亂離相踵、加有革命、是以雖始祖中宗之德業、不能使後人不忘其名、如我邦則不然、國體尊嚴、念祖重統、故歸化臣民、亦爲所薫陶、不敢失其傳也、

一韓史、高勾麗王第十九世廣開土王、在位廿二年、

고 쓰고, 다시 주몽이라고 주를 붙였을 뿐이다. (鄒=朱, 牟=蒙으로 음이 바뀌어 주몽이 추모가 된 것은 마치 사로(斯盧)가 신라로, 식신(息愼)이 숙신(肅愼)으로 바뀐 것과 같다. 실은 같은 이름이지, 두 이름이 아니다). 기록의 빈틈이 없고 자세한 것이 이 옛 비석과 딱 맞아 떨어진다.[245]

• 17세 호태왕도 한국 사서에는 기록이 없다. 그러나 우리의 『(신찬)성씨록』에는 '난파연(難波連)은 고구려(高麗國) 호태왕의 후손이다'고 실려 있다. 어찌하여 이 비가 우리나라의 옛 책과 딱 맞아 떨어지는가. 대개 그 나라(고구려)는 전쟁과 병란(亂離)이 교대로 이어지고 혁명이 더해져, 시조의 덕업이 뛰어났음에도 불구하고 후세 사람들이 그 이름을 잊지 않도록 할 수가 없었다. 우리나라는 그렇지 않았다. 국체가 존엄하고 조상을 생각하며, 계통을 중시하기 때문에 귀화한 신민(臣民)에게도 덕을 베풀어 가르치고 감화시키니(薰陶) 전해오는 것을 어찌 잃어버릴 수 있겠는가.

---

245) 〔옮긴이 주〕: 태왕비에 나오는 추모(鄒牟)는 관련 자료에 따라 여러 가지로 쓰여 있다. 5세기 중엽의 것으로 보이는 「牟頭婁墓誌」에서는 광개토태왕비와 같이 '鄒牟'로 씌어 있다. 『三國史記』 「고구려본기」 始祖東明聖王條 본문에서는 '朱蒙'으로 되어 있으나 같은 책 「백제본기」 시조 온조왕에서는 '其父鄒牟或云朱蒙'이라 해서 분명하게 추모라고 했으며, 같은 책 「신라본기」 文武王 10년조에서는 '中牟'라고 되어 있다. 『三國遺事』 「王曆」에서는 '朱蒙 一作鄒蒙'으로, 같은 책 「紀異」 高句麗條에서는 '朱蒙'으로 되어 있다. 『魏書』를 비롯한 중국 문헌에서는 '朱蒙'으로, 『日本書紀』 天智 7년조에서는 '仲牟'로, 『新撰姓氏錄』 「右京諸蕃下」 高麗 長背連條에서는 '鄒牟 一名朱蒙'으로, 같은 책 山城國諸蕃 高麗 高井造條에서는 '鄒牟'로 표기하고 있다.

而此碑好太王徽號中、有廣開土境、在位亦廿二年、則其稱廣開土王者、安知非夫好太王乎、抑廣開土境四字一連、而削其境字、可怪、且以十七世爲十九世、以元年辛卯爲壬辰、亦謬矣、碑文無元年干支、然以五年乙未推之也、在位年數、亦無明文、然有二九登祚、卅九晏駕之句、則二十二年也、蓋編韓史者、就蠹冊斷簡而綴輯、其誤謬不足信如此、

一韓史、三國史記之成、當宋紹興十年、距今七百四十八年東國通鑑、當明成化廿一年、距今四百零三年去古甚遠、誤謬之多、不亦宜乎、獨怪近時學者、往々憑據此二書、容疑國史、是所謂削趾適履、以杓爲矩者、非耶、

• 한국 사서에는 고구려왕 19세 광개토왕이 22년 동안 임금 자리에 있었다고 하였다. 그리고 이 비의 호태왕 휘호(徽號)[246] 가운데, 광개토경(廣開土境)이 있고, 임금 자리에 있었던 연수도 22년이라고 되어 있으니, 그 광개토왕이라고 부르는 것이 어찌 호태왕이라고 하지 않을 수 있겠는가! 광개토경 네 자를 하나로 이어쓰지 않고 경(境) 자를 지워 없애버린 것은 참 이상한 일이고, 17세를 19세로 하고, 원년인 신묘년을 임신년으로 한 것도 잘못이다. 〔비문에는 원년의 간지가 없으나, 5년 을미(乙未)를 가지고 추산한 것이다. 임금 자리에 있었던 햇수도 명확한 문자 기록이 없지만 '이구등조(二九登祚)', '세구안가(卅九晏駕)'라는 구절이 있어 22년이 되는 것이다〕. 일반적으로 한국의 사서를 편찬하는 자들은 책을 좀먹고(蠹書) 글월들을 잘라버리고 책을 만드니, 그릇되고 이치에 맞지 않고 믿을 수 없는 것이 이와 같다.

• 한국의 사서 『삼국사기』가 출간된 것은 송나라 소흥(紹興) 10년(옮긴이 주 : 1140년)이고〔지금부터 748년 전이다〕, 『동국통감』은 명나라 성화(成化) 20년(옮긴이 주 : 1484년)이다〔지금부터 403년 전이다〕. 옛날부터 세월이 너무 오래 흘렀기 때문에 오류가 많은 것은 당연한 일이 아니겠는가! 하나 이상한 것은 요즈음 학자들이 이따금 이 두 사서를 근거로 대면서 우리나라 역사를 의심하니, 이는 발가락 잘라 신발에 맞추는 것이고(削趾適履) 국자를 가지

246) 〔옮긴이 주〕 : 왕이 죽은 뒤 그 공덕을 기려 추중하는 칭호를 '시호(諡號)'라고 한다. 휘호(徽號)란 후비가 죽은 뒤 시호와 함께 올리던 존호이다.

一韓史杜撰、去古甚遠、故其書中所錄、除始祖事蹟外、莫復與此碑合、但其地名、頗有足參照者、乃抄出附後、

一碑文中有大關係于我者、辛卯渡海、破百殘新羅爲臣民數句、是也、古來漢韓史乘、唯書我寇邊通聘、未嘗書百濟新羅臣民於我、蓋諱國惡也、此碑建於三朝鼎峙之世、成于高駒驪人之手、故不復爲二國諱、能使當日事實、暴白於一千六百餘年之後、其功可謂偉矣、

明治廿一年十月　　横井忠直識

고 곱자(曲尺)로 쓰는(以杓爲矩) 것이 아닌가!

• 한국의 사서는 전거나 출처가 확실하지 못하고(杜撰) 세월이 너무 오래 지난 뒤 편찬되었기 때문에 그 책에 실린 것은 시조에 대한 사적을 빼놓고는 이 비석과 서로 맞는 것이 없다. 다만 땅 이름(地名)은 참고로 맞대어 볼 만하여 가려 뽑아 뒤에 덧붙였다.

• 비문 가운데 우리와 크게 관계가 있는 것은 신묘년에 바다를 건너 백잔과 신라를 쳐부수고, 신민으로 삼았다는 몇 구절이다. 예부터 중국(漢)과 한국의 사서에는 오직 우리가 변경을 침입하는 도적이라는 부분과 서로 사신을 보낸 것만 썼지, 일찍이 백제와 신라가 우리의 신민이 되었다는 것은 쓰지 않았는데, 자기 나라의 추악한 부분을 숨기기 위한 것이라고 생각한다. 이 비는 삼국의 왕조가 정립(鼎立)하고 있었던 시절, 고구려(高駒驪) 사람의 손으로 직접 만들었기 때문에 두 나라가 계속해서 숨기지 못하고 1600년이 지난 뒤 그 당시의 사실을 백일하에 드러내게 한 공은 그야말로 크다고 할 수 있다.

메이지(明治) 21년(옮긴이 주 : 1889년) 10월. 요꼬이 타다나오(横井忠直) 識

VI
관련 자료집(5)

최초의 고구려 유적 사진
-디지털로 재현한 기메박물관소장 유리 원판 사진

〈사진 1〉 신빈부(新賓府)의 강가

압록강 북녘에 있는 고구려 유물을 가장 먼저 사진으로 남긴 사람은 샤반느이다. 이 사진은 1907년 보고서와 1908년 논문에 실렸고, 이어서 샤반느의 중국 탐사 사진집 3권(Édouard Chavannes, 『Mission(Voyage) archéologique dans la Chine septentrionale』, vol. 3, Paris, 1909, 1913, 1915, Fig. 375~381)에 실렸다. 그러나 책에 실린 사진들은 너무 오래되어 사진 자체가 변색되어 버린 탓에 현재 기메박물관에 소장된 유리원판 사진을 디지털로 바꾸는 작업이 필요했다. 최근 샤반느의 유리 원판을 디지털로 다시 재현하는 작업이 마무리된 덕분에 아주 높은 해상도의 사진 자료를 입수할 수가 있었다. 유리원판은 9×12cm의 유리판 위에 은 젤라틴 브롬화물(gélatino-Bromure d'argent)을 발라 만든 것이다.

이 사진자료를 입수할 수 있도록 도와준 기메박물관 한국 담당 학예관 삐에르 깡봉 씨와 옛 사진자료부 책임자 Jérôme Ghesquière 씨에게 다시 한 번 감사를 드린다.

〈사진 3〉 혼강 상류 뗏목(1)

〈사진 4〉 혼강 상류 뗏목(2)

〈사진 5〉 4도강(四道江)과 6도구(六道溝) 합수 머리

〈사진 7〉 장군무덤(남쪽면)

〈사진 8〉 장군무덤(동면)

〈사진 9〉 장군무덤(남면 서쪽 모서리)

〈사진 10〉 장군무덤(동남모서리와 동 · 남면)

〈사진 11〉 장군무덤(북동 모서리와 동 · 북면)

〈사진 12〉 장군무덤(서북 모서리와 서 · 북면)

〈사진 13〉 장군무덤의 딸린무덤(앞면)

〈사진 14〉 장군무덤의 딸린무덤(뒷면)

〈사진 16〉 산성하무덤떼의 무덤

〈사진 17〉 널방이 드러난 작은 무덤

〈사진 18〉 광개토태왕릉 서북쪽에 있는 무너진 무덤(남면의 서쪽 부분)

〈사진 19〉 광개토태왕릉(동남 모서리)

〈사진 20〉 광개토태왕비 1면(남쪽)

〈사진 21〉 광개토태왕비 3면(북쪽)

〈사진 22〉 광개토태왕비 4면(동쪽)

〈사진 23〉 한국 쪽에서 찍은 압록강과 통구벌판

〈사진 24〉 장승과 담배 피는 한국인

찾아보기

ㄴ

ㅅ

ㅈ

ㅊ

ㅋ

ㅌ

한말 유럽 학자의 고구려 연구
● 모리스 꾸랑 | 에두아르 샤반느 ●

2007년 8월 15일 1판 1쇄 펴냄

지은이 · 서길수
펴낸이 · 조영준

편집 디자인 · Designsi
표지 디자인 · 김국훈

스캔 및 출력 · (주)한국커뮤니케이션 | 종이 · 대림지업 | 인쇄 · 대원인쇄 |
라미네이팅 · 영민사 | 제책 · 대신제책

펴낸곳 · 여유당출판사 | 출판등록 · 395-2004-00068
주소 · 서울 마포구 서교동 451-48(2층)
전화 · 02-326-2345 | 팩스 · 02-326-2335
이메일 · yybooks@hanmail.net

ISBN 978-89-92351-08-9 93900

책값은 뒤표지에 있습니다.
잘못된 책은 바꾸어 드립니다.